AF154924

WALTER SCHAUB-CHAN

PARKINSON
mein Untermieter
—————— Teil 1 ——————

Von den ersten Anzeichen
bis zur Hirnstimulation

novum pro

Dieses Buch ist auch als
e-book
erhältlich.

www.novumverlag.com

© 2021 novum Verlag

ISBN 978-3-99107-377-2
Lektorat: H. Schwinger
Umschlagfoto: www.pixabay.com
Umschlaggestaltung, Layout & Satz:
novum Verlag
Innenabbildungen:
Walter Schaub-Chan

Die vom Autor zur Verfügung ge-
stellten Abbildungen wurden in der
bestmöglichen Qualität gedruckt.

Gedruckt in der Europäischen Union
auf umweltfreundlichem, chlor- und
säurefrei gebleichtem Papier.

www.novumverlag.com

Bibliografische Information
der Deutschen Nationalbibliothek:

Die Deutsche Nationalbibliothek
verzeichnet diese Publikation in
der Deutschen Nationalbibliografie.
Detaillierte bibliografische Daten
sind im Internet über
http://www.d-nb.de abrufbar.

Für mich ist Parkinson einer, der sich ohne meine Erlaubnis in meinem Körper eingenistet hat. Er ist also ein Untermieter in meinem Körper. Allerdings einer, der keinen Zins bezahlt.

INHALTSVERZEICHNIS

KRANKHEITSTAGEBUCH

Zittern

April 2013

An einem sonnigen Tag, Anfang April 2013, sitze ich entspannt auf einem Stuhl an unserem Sitzplatz auf der Westseite unseres Reihenhauses. Nachdem ich vorher in der Zeitung gelesen habe, mache ich einen Moment Pause und lasse meinen Gedanken freien Lauf. Ich genieße es, den zwitschernden Vögeln zuzuhören oder von meinem Platz aus die farbenprächtigen Tulpen im Garten zu bestaunen. Ich genieße die innere Ruhe und Gelassenheit.

Plötzlich verspüre ich ein starkes Zittern in meinem linken Bein. Zuerst messe ich dem keine besondere Bedeutung zu. Nach ca. fünf Minuten ist es wieder vorbei.

Zirka eineinhalb Stunden später meldet sich dieses Zittern wieder. Als ich aufstehe, ist es sofort weg und meldet sich erst wieder, als ich mich wieder setze. Ich spiele dieses Spiel ein paar Mal durch. Immer, wenn ich stehe oder herumlaufe, zittere ich nicht, während es sich beim Hinsetzen wieder zurückmeldet. Nach einer gewissen Zeit ist der ganze Spuk vorbei, d.h. ich habe kein Zittern mehr.

Nach etwa zwei Wochen, während dem Nachtessen, verspüre ich wieder dieses Zittern im linken Bein. Es ist manchmal recht heftig und ich kann es nicht stoppen. Nach einer gewissen Zeit spüre ich es auch in meinem linken Arm. Nun bemerkt es auch meine Frau und fragt mich, was ich hätte. Als ich ihr erkläre, dass es einfach zittert ohne, dass ich es stoppen könne, meint sie, dass dies meine Nerven seien. Ich solle doch einmal Magnesium probieren. Da sie selbst manchmal Krämpfe in ihren Beinen hat und deshalb von Zeit zu Zeit eine Magnesiumbrausetablette nimmt, gibt sie mir auch eine. Nach ca. zwei Stunden ist auch mein Zittern vorbei.

Erste Nachforschungen

Obwohl das Zittern manchmal verschwindet, kommt es von Zeit zu Zeit wieder. Da es aber immer heftiger wird und nun auch in meinem linken Arm und den Fingern der rechten Hand zu spüren ist, schaue ich zum ersten Mal im Internet nach und gebe „Zittern in den Beinen" ein. Es tauchen dabei Begriffe wie Restless Legs, Tremor, Essentieller Tremor, Ruhetremor, Aktionstremor, Bewegungstremor bis zum Parkinson auf, mit denen ich im ersten Moment nichts anfangen kann.

Ich konzentriere mich dabei zuerst auf das Wort Tremor, wobei ein Artikel von Dr. med. Kägi von St. Gallen interessante und aufschlussreiche Informationen abgibt.

Ich finde auch andere Seiten, wobei eine beschreibt, dass ein Tremor auch körperliche Ursachen haben kann, z. B. http://www.netdoktor.de/symptome/tremor/:

* **Essenzieller Tremor:** Der essenzielle Tremor ist die häufigste Tremorform. Er kann in jedem Alter auftreten. Die Ursachen sind unbekannt, man geht aber von einer genetischen Ursache aus. Ein essenzieller Tremor kommt familiär gehäuft vor, kann aber auch ohne familiäre Veranlagung vorkommen. Er macht sich bei Bewegungen bemerkbar und äußert sich vor allem durch Händezittern und Kopfzittern. Auch die Stimmbänder können von einem essenziellen Tremor betroffen sein.
* **Morbus Parkinson:** Bei der Schüttellähmung ist der Tremor sogar namensgebend für die deutsche Bezeichnung. Bei Menschen mit Parkinson sind Schaltstellen im Gehirn geschädigt, was zu Bewegungsstörungen und Zittern führt. Parkinsonpatienten neigen dabei vor allem zu einem Ruhe-

tremor. Der Tremor tritt also beispielsweise dann auf, wenn die Hand im Schoß ruht. In der Bewegung bessert sich das Muskelzittern teilweise.

- **Dystonie:** Bei Dystonien liegt eine Störung in den motorischen Zentren des Gehirns vor. In der Folge kommt es zu Fehlhaltungen, beispielsweise neigen die Betroffenen den Kopf unnatürlich in eine Richtung (dystoner Schiefhals, Torticollis). Die Dystonie kann mit einem Tremor einhergehen oder sich durch einen solchen ankündigen.
- **Schilddrüsenüberfunktion** (Hyperthyreose): Bei einer Schilddrüsenüberfunktion produziert die Schilddrüse zu viele Hormone. Folge ist eine psychomotorische Unruhe: Die Patienten sind zappelig und nervös. Bei vielen tritt ein Tremor in den Fingern auf.
- **Basedow-Krankheit** (Autoimmunhyperthyreose): Die Basedow-Krankheit ist eine Autoimmunerkrankung, die sich auf die Schilddrüse auswirkt. In der Folge kommt es zu einer Überfunktion, die mit Zittern einhergehen kann.
- **Multiple Sklerose:** Auch Menschen mit Multipler Sklerose leiden häufig unter einem Tremor. Das Symptom entsteht aufgrund der Entzündungsherde im Gehirn der Patienten.
- **Schlaganfall und Transitorisch Ischämische Attacke** (TIA): Ein Schlaganfall hinterlässt Narben im Gehirn. Sind bestimmte Zentren betroffen, kann auch das zu Muskelzittern führen. Neuere Forschungen bringen den Schlaganfall auch mit der Entstehung von Morbus Parkinson in Verbindung.
- **Gehirnentzündung** (Enzephalitis): Eine Entzündung des Gehirns, beispielsweise infolge einer Masern- Röteln oder FSME-Infektion geht mit Schädigungen der Nervenzellen einher. Dies kann einen Tremor auslösen.
- **Morbus Wilson:** Dabei ist der Kupferstoffwechsel der Leber gestört. Es kommt zu einer vermehrten Einlagerung von Kupfer in Leber, Augen und Gehirn, was zu Funktionsstörungen und Zittern führt.
- **Morbus Alzheimer:** Bei einer Alzheimererkrankung degenerieren die Nervenzellen im Gehirn. Neben Verlusten von

Gedächtnis und Denkfähigkeit geht das auch mit motorischen Störungen und Tremor einher.

- **Nierenversagen mit Harnvergiftung** (Urämie): Arbeitet die Nieren nicht mehr richtig, reichern sich Stoffwechselprodukte wie Kreatinin und Harnstoff an und führen zu einer Vergiftung. Dabei kann es auch zu neurologischen und motorischen Ausfällen und Muskelzucken kommen.
- **Leberversagen:** Die Leber ist das wichtigste Entgiftungsorgan des Körpers. Versagt sie, reichern sich giftige Stoffwechselprodukte an, was neben anderen auch neurologische und motorischen Störungen zur Folge haben kann. Der Tremor ist ein Symptom eines Leberversagens.
- **Gaumenzittern** (Gaumensegeltremor): Ein Gaumensegeltremor äußert sich in rhythmischen Bewegungen des Gaumensegels. Er tritt unter anderem nach einer Schädigung des Kleinhirns auf (symptomatischer Gaumensegeltremor). Bei einem essenziellen Gaumensegeltremor ist die Ursache unklar. Er geht oft mit Klickgeräuschen im Ohr einher.
- **Alkoholmissbrauch:** Alkohol ist ein Gift, das unmittelbar aufs Gehirn wirkt. Eine Überdosis macht sich am nächsten Morgen mit Katersymptomen wie Kopfschmerzen und Händezittern bemerkbar. Bei länger bestehendem Alkoholmissbrauch ist der Tremor ein typisches Entzugssymptom.
- **Medikamentennebenwirkung:** Auch bestimmte Medikamente können einen Tremor als Nebenwirkung haben. Dazu gehören Neuroleptika, die zur Behandlung von Psychosen eingesetzt werden, oder auch Antidepressiva, mit denen man neben Depressionen auch Zwangserkrankungen, Angststörungen und Panikattacken behandelt.
- **Vergiftungen:** Quecksilber, Arsen, Blei – auch Vergiftungen äußern sich neben anderen Beschwerden häufig als Zittern.

Wie man sieht, können viele Ursachen einen Tremor, was eigentlich Zittern bedeutet, hervorrufen, weshalb man ohne Abklärung durch einen Arzt nicht auskommt. Allerdings habe ich in den folgenden Monaten und Jahren bemerkt, dass viele Ärzte, vom Hausarzt bis zum Neurologen mit solchen gesundheitlichen Diagnosen überfordert sind. Mit der Zeit hatte ich das Gefühl, dass ich mehr über Parkinson wusste als diese. Die folgende Liste über die Anzeichen einer Parkinsonerkrankung sollte eigentlich jedem Arzt bekannt sein, damit er früh genug reagieren kann.

Erste Anzeichen von Parkinson

Da unter Tremor vieles nicht auf mich zutrifft, kommt bei mir je länger umso mehr der Verdacht auf, dass ich unter Parkinson leiden könnte. Allerdings muss man im Internet aufpassen, dass man sich nicht in etwas hineinsteigert und plötzlich eigene Diagnosen stellt, welche unter Umständen gar nicht zutreffen. Ich verdränge deshalb das Wort „Parkinson" noch.

Als ich meine Vermutung meinem Hausarzt mitteile, scheint er mich nicht ernst zu nehmen, er lacht zuerst und betont dass er dies kenne, da er dies auch schon gehabt hätte. Er meint, dass dies ein Mangel an Vitamin B12 sein könne. Er bittet mich am nächsten Morgen nüchtern zu einer Blutentnahme zu kommen. Am folgenden Tag nimmt man mir das Blut und verabreicht mir anschließend eine B12-Spritze.

Anzeichen einer Parkinsonerkrankung

Rot beschriftete Beschwerden waren bei mir vorhanden, heute zum Teil aber nicht mehr (*).
    Schwarz beschriftete Beschwerden waren bei mir bisher nicht vorhanden.

* Armschwingen (wenn ein Arm beim Gehen weniger schwingt)
* Blasen- und Miktionsstörungen
* Blutdruckprobleme
* Depressionen (zum Glück nicht lange) (*)
* Fettige Haut und Haare
* Gelenkschmerzen in den Fußgelenken, den Kniegelenken, den Fingergelenken, den Handgelenken und den Ellbogen
* Gestörte Sehstärke
* Gestörter Geruchsinn

- Handschrift ist unleserlich geworden
- Häufige Schmerzen im Nacken- und Schulterbereich
- Inkontinenz
- Juckende Hautauschläge
- Krämpfe und Brennen in den Beinen (*)
- Magen-Darm-Störungen mit Magenkrämpfen und Durchfall
- Müdigkeit, Antriebslosigkeit
- Muskelprobleme
- Muskelschmerzen
- Nach vorn gebeugte Haltung
- Nächtlicher Speichelausfluss
- Plötzliches Hitzeempfinden
- Plötzliches Kopfweh
- Plötzlicher Stimmverlust, d. h. ich habe einfach keine Stimme mehr und bringe keinen Ton heraus
- Saures Aufstoßen mit Mundgeruch
- Schlafstörungen
- Schleppender Gang, kleinere Schritte oder Bein nachziehen
- Schreibprobleme
- Schluckstörungen
- Sehvermögen verändert sich
- Sprechprobleme oder leiseres Sprechen
- Starkes Magenbrennen und Durchfall
- Störung der Gleichgewichtsreflexe
- Stolpern oder stürzen
- Taubheitsgefühle
- Trockene Augen
- Urologische Störungen
- Übermäßiges Schwitzen
- Verlangsamung, Verarmung der Bewegungen
- Zittern (obwohl man entspannt ist)
- Zeitweise schwankender Blutdruck und hoher Puls (*)

Medikamentenliste (alt)

von Walter Schaub-Chan

Medikamente		Morgenessen			Mittagessen			Abendessen			Vor dem schlafen	Bemerkung	Bestellen bei
		vor	mit	nach	vor	mit	nach	vor	mit	nach			
DHEA	10mg	1										täglich	Dr. Meier
Pregnenolon	60mg	1										täglich	Dr. Meier
Vitamin B-Komplex Plus	20mg										1	täglich	Dr. Meier
Rabeprazole Sandoz											1	täglich	Dr. Meier
Allopurinol-Mepha	300mg	1										täglich	Dr. Meier
Selen	40mg	1										täglich	Dr. Meier
Dekristol 20000 IE						1						Montag+Donnerstag	Dr. Meier
Vitarubin Depot B12				1								Mittwoch	Dr. Meier
Nebido												alle 2 Wochen 1/2 Spritze	Dr. Meier
Eiseninfusion												alle 3 Wochen 1/2 Spritze	Dr. Meier
Aderlass												nach Bedarf	Dr. Meier
Lacrycon-Augentropfen			1									nach Bedarf	Dr. Meier
Calcium D3 Sandosz			1					1				nach Bedarf	Dr. Branca
Metoject	15mg											immer am Freitag eine Spritze	Dr. Hüllstrung
Acidum folicum Streuli	5mg											Samstag+Sonntag	Dr. Hüllstrung
Sinemet CR 25/100	100mg	1 1/2			1 1/2			1 1/2				täglich	Dr. Hüllstrung
Clopin ECO	25mg						1/2				1/2	täglich	Apotheke
Lion`s Mane							2			2		täglich	iHerb

Medikamentenliste

von Walter Schaub-Chan

ab 10.06.2019

Medikamente		Morgenessen vor	Morgenessen mit	Morgenessen nach	Mittagessen vor	Mittagessen mit	Mittagessen nach	Abendessen vor	Abendessen mit	Abendessen nach	Vor dem schlafen	Bemerkung	Bestellen bei
Lacrinorm-Augengel		1 Tropfen			1 Tropfen			1 Tropfen			1 Tropfen	täglich	Dr. Branca
Calcium D3 Sandoz												täglich	Dr. Hüllstrung
Metoject	17,5mg		1			1			1			immer am Freitag eine Spritze	Dr. Hüllstrung
Acidum folicum Streuli	5mg		1									Samstag+Sonntag	Dr. Hüllstrung
Carbidopa/Levodopa Sandoz CR 25/100	100mg	07:00+11:00			15:00+17:00							täglich	Apotheke

18

Erster Verdacht

07.06.2013

Nachdem ich bereits im April 2013 erstmals und wenig später erneut ein Zittern bemerkt habe, recherchierte ich zunächst im Internet (s. oben «Erster Verdacht auf Parkinson», bevor ich den Hausarzt aufsuche. Er vermutet einen Mangel an Vitamin B12 Am 07. Juni bekomme ich von ihm folgendes E-Mail:

„Das Ferritin, die Speicherform des Eisens ist unverändert im tiefen Bereich. Vitamin B12 gemessen in seiner Transportform Holotranscobalamin ist im optimalen Bereich. Eine Zusatzladung an Vitamin B12 ist aber nicht schädlich. Dafür fehlt die Folsäure, die den Wert des Markers Homocystein anstiegen lassen hat. Ich empfehle Dir, die Folsäure 2x/Woche 1 Tablette abends und ab den Sommerferien 1x/Woche einzunehmen, denn Vitamin B12 und Folsäure werden für eine gute Funktion der Nervenzellen benötigt und haben auch sonst im Körper ganz wichtige Funktionen.

Du kannst die Folsäure in der Praxis abholen.

Wie geht es eigentlich mit den Zuckungen im Oberschenkel und dem Zittern der rechten Hand?“

15.07.2013

Am Abend bringen sie in der Fernsehreihe „Gesundheit heute" eine Sendung mit dem Titel „Zittern ist nicht immer Parkinson". Dabei stellen sie von einem Patienten vor, der an einem krankheitsbedingten Zittern leidet. Ein Neurologe vom Kantonsspital St. Gallen untersucht den Patienten, wozu er verschiedene Tests mit ihm macht, um herauszufinden, was das Zittern verursacht. Ein Gehtest, bei dem der Patient seine Arme hin und her schwingt, zeigt dem Neurologen, dass es sich sehr wahrscheinlich nicht um Parkinson handeln würde. Der Arzt möchte nun wissen, in welchen Situationen der Patient anfängt zu zittern, wozu er mit dem Patienten verschiedene Tests macht.

Neurologische Tests
- Der Patient muss locker auf einem Stuhl sitzen.
- Dann seine Hände nach vorne ausstrecken, was bei ihm ein starkes Zittern auslöst.
- Dann Hände vor die Brust nehmen.
- Hände wieder nach vorne, und zwar mit den Handinnenflächen nach oben.
- Mit dem rechten Zeigfinger zur Nase.
- Dann mit dem linken Zeigfinger zur Nase.
- Die Hände drehen.
- Die Hände auf und zu machen.
- Daumen und Zeigefinger aufeinander und wieder öffnen.

Den Arzt interessiert vor allem, ob das Zittern mehr in Ruhe auftritt, ob es beim Halten auftritt, oder ob es beim Bewegen auftritt, z. B. beim Einschenken.

Eine einfache Spirale zu zeichnen, bringt den Patienten ins Zittern. Einfache Arbeiten sind mühsam oder unmöglich. Von Hand einen kurzen Satz zu schreiben bereitet dem Patienten recht viele Probleme. Alles wird zur Zitterpartie, wobei auch die Emotionen Probleme bereiten, da man in der Öffentlichkeit auffällt, z. B. wenn man etwas unterschreiben muss. All dies belastet einen. Der Patient ist nicht mehr fähig, Wasser in ein Glas einzuschenken.

Der Patient erzählt dann, dass das Zittern vor ungefähr fünfzehn Jahren schleichend angefangen hätte. Die Tabletten, welche ihm sein Arzt gab, haben mit der Zeit nichts mehr genützt.

Dr. med. Kägi, der leitende Arzt von der Klinik für Neurologie im Kantonsspital St. Gallen erklärt dann, dass dieser Patient einen essentiellen Tremor hätte, wobei dieser angeblich bei über 60 % der Betroffenen erblich bedingt sei. Etwa 1 % der Bevölkerung leidet an dieser Krankheit, wobei es bei den über 60-Jährigen schon 4 ½ % sind.

Da bei dem erwähnten Patienten das Zittern zu stark wurde, hat er sich für eine Operation entschieden, und zwar einer Neurostimulation. Er erhoffte sich dadurch eine bessere Lebensqualität, was dann auch eingetroffen ist. Bei der Neurostimulation wird dem Patienten eine Sonde ins Hirn implantiert. Beim betreffenden Patienten wurde beidseitig solch eine Sonde eingepflanzt.

Dabei wird die Sonde an einem Schrittmacher angeschlossen, der vorne an der Sonde die entsprechenden Hirnregionen stimuliert, indem er elektrische Impulse aussendet und somit dem Patienten das Zittern wegnimmt. Laut Dr. med. Kägi ist diese Operation kein kleiner, banaler Eingriff, aber mit den langjährigen Erfahrungen kann man dies heute gut planen und dem Patienten eine wesentlich bessere Lebensqualität zurückgeben. Natürlich gibt es auch bei diesem Eingriff ein Restrisiko, wie bei jeder Operation.

Bei einem anderen Patienten stellte man einen Ruhetremor fest. Auch dieser Patient musste diverse Tests wie oben beschrieben über sich ergehen lassen. Im Gegensatz zum letzten Patienten wurde bei ihm ein asymmetrischer Tremor festgestellt, also nur einseitig. Zudem kam der Tremor immer dann, wenn er sich irgendwo ruhig hinsetzte. Obwohl auch bei ihm die Medikamente nicht immer wirksam waren, wollte er sich noch nicht operieren lassen. Da die Neurologen bei ihm aber nicht ganz sicher waren, ob er nun an einem einfachen Tremor oder an Parkinson leidet, entschloss man sich, bei ihm eine nuklearmedizinische Untersuchung zu machen, einen sogenannten DatScan. Bei dieser Methode kann man die Nervenzellen, welche beim Parkinsonpatienten absterben, markieren und so feststellen, ob man an Parkinson erkrankt ist oder nicht.

Anschließend wurde noch eine andere Behandlungsmethode vorgestellt, nämlich mit Ultraschall. Diese findet vor allem Anwendung, wenn eine Operation wie oben beschrieben nicht möglich ist. Bei dieser Methode hat der Patient eine Haube auf seinem Kopf und liegt in einem Magnetresonanztomograph MRT. Die Haube wird mit Wasser umspült, um zu kühlen. Nun strahlen über 1000 Ultraschallsonden auf die einzelnen Regionen im Hirn und helfen so, das Zittern zu reduzieren.

Nach dieser Sendung bin ich wieder etwas ruhiger, da es doch zeigt, dass es eine gewisse Hoffnung gibt. Allerdings habe ich nun auch wieder Zweifel, ob ich an Parkinson erkrankt bin oder nicht. Aber hoffen darf man doch.

Zweifel

26.07.2013

Ich gehe wieder zu meinem Hausarzt. Er vermutet immer noch, dass das Zittern mit dem Mangel an Folsäure zusammenhängt. Er fragt mich über meine Essgewohnheiten aus. Dabei meint er, dass der Shake, den ich aus dem Supermarkt habe, nicht das Richtige sei für mich, da er zu viel Fruchtzucker und andere Komponenten enthalte, welche für mich nicht gut sind. Er empfiehlt mir TopWel Pure Whey Protein vom Supermarkt. Mein Hausarzt meint immer noch, dass das Zittern und Zucken bei mir nicht vom Hirn ausgehe, sondern eine andere Ursache haben müsse. Ich erzähle ihm dann noch von meinen Fußproblemen, denn seit ein paar Wochen werde ich wieder von Schmerzen an meiner linken Fußsohle geplagt. Es fühlt sich dann an, wie wenn der vordere Teil meines Fußes gelähmt ist. Zudem ist mein linkes unteres Bein gegen den Fuß sehr stark geschwollen. Ein anderes Problem ist auch wieder aufgetaucht, nämlich mein Geruchsinn ist wieder gestört. Ich schmecke nichts mehr und meine Frau meint nun oft, dass ich stinken würde. Für das Stinken hat er keine Erklärung und meinen linken Fuß behandelt er mit dem Laser, was im Moment eine leichte Besserung bringt.

Ich bin nun am Internet und gebe unter Google „zittern im linken Bein" ein. Es erscheinen 249.000 Ergebnisse. Die Wenigen, welche ich mir anschaue, enthalten immer die Wörter Tremor oder Parkinson. Je mehr ich darüber lese, umso mehr bin ich überzeugt, dass ich eine dieser beiden Krankheiten haben könnte. Natürlich hoffe ich immer noch, dass es „nur" Tremor, und nicht Parkinson ist.

07.08.2013

Ich habe einen Termin bei meinem Hausarzt, da das Zittern wieder stärker geworden ist. Ich erkläre ihm meine Probleme mit dem Zittern im linken Bein, welches ich vor allem beim Sitzen verspüre. Er meint nun, dass es sehr wahrscheinlich daher komme, dass bei mir beim Sitzen ein Nerv beim Gesäß eingeklemmt werde. Er behandelt mich deshalb mit dem Laser an diversen schmerzhaften Punkten im Gesäß. Er meint auch, dass meine Fußprobleme von dort kommen könnten. Was den geschwollenen linken Fuß angeht, meint er, dass auch hier sehr wahrscheinlich eine Vene im oberen Bereich abgeklemmt werde. Er gibt mir das Rheumamittel Ecofenach CR 150, welches ich vier Tage nehmen solle.

24.08.2013

Ich sende meinem Hausarzt ein E-Mail und informiere ihn über meine Bauchschmerzen, die Zuckungen und das Zittern. Was die Zuckungen und das Zittern angeht, war dies bis gestern vor allem im linken Bein und beim Sitzen der Fall. Gestern beim Heimfahren hatte ich richtige Probleme mit meinem linken Bein. Es fing so stark an zu zittern, dass ich auf eine Raststätte fahren musste, wo es sich dann wieder beruhigte. Allerdings hatte ich dieses Mal auch beim Stehen oder beim Halten eines Glas Wasser meine Probleme.

Ich habe heute nun mit Magnesiocard 5 angefangen.

27.08.2013

Ich bin zu einer Nachkontrolle wegen meiner Bauchschmerzen in der Praxis meines Hausarztes. Die Ordinationshilfe nimmt mir das Blut ab, bevor ich zum Arzt gehe. Er untersucht durch Abtasten noch einmal meinen Bauch. Außer auf der linken Seite, wo ich noch leichte Schmerzen habe, bin ich beschwerdefrei.

Wir kommen auf das Thema Zittern in meinem linken Bein zu sprechen. Mein Hausarzt sieht nun selbst, dass mein linkes Bein sehr stark vibriert und zittert. Er ist nun nicht mehr ganz sicher, ob es sich doch um Parkinson handelt oder nicht. Er schlägt mir vor, zuerst mein Herz untersuchen zu lassen und mich anschließend bei einem Neurologen untersuchen zu lassen, um sicher zu sein. Nun ist es also **das erste Mal** gefallen **dieses Wort „Parkinson"**. Er verspricht mir, mich beim Herzspezialisten und Neurologe anzumelden und sich wieder bei mir zu melden.

Ich schaue im Internet nach, um etwas mehr über diese unheilbare Krankheit zu erfahren. Irgendwie habe ich mir die Pension etwas anders vorgestellt. Ich bin niedergeschlagen. Irgendwie kann ich es noch nicht ganz akzeptieren. Nein, ich akzeptiere es noch nicht.

Am Abend erzähle ich meiner Frau und unserer Tochter von den Vermutungen meines Arztes, dass ich eventuell Parkinson haben könnte. Beide versuchen, mich etwas aufzuheitern und mir Mut zu machen. Meine Frau nimmt mich in den Arm und meint „Weißt du, Papeli, zusammen werden wir dies schon schaffen". Ich bin froh, dass ich die Beiden habe.

Bis jetzt war ich immer in einem Wechselbad der Gefühle. Es gab Momente, in denen ich richtig deprimiert war, wenn ich an diese Krankheit Parkinson dachte. Nun gibt es wieder hoffnungsvolle Momente, wo ich voller Zuversicht bin.

09.09.2013

Da ich bis heute nichts vom Herzspezialisten gehört habe, frage ich in der Praxis meines Hausarztes nach, ob er es eventuell vergessen hätte mich anzumelden. Die Praxisassistentin ist am Telefon und muss es zuerst mit dem Doktor abklären. Am Nachmittag ruft sie mich zurück und erklärt mir, dass er es tatsächlich vergessen hätte, da er an einer Weiterbildung gewesen sei. Er würde dies aber noch machen.

16.09.2013

Heute kann ich endlich zum Herzspezialisten in L. Er stellt mir zuerst ein paar Fragen, ob ich Herzrasen hätte, unregelmässigen Puls, Schmerzen auf der Brust oder Probleme beim Atmen.

Ich erkläre ihm, dass ich in letzter Zeit beim Puls Aussetzer hätte und dass ich auch schon in der Nacht mit heftigen Schmerzen auf der linken Brusthälfte aufgewacht sei. Er misst meinen Blutdruck und den Puls, kann aber nichts Außergewöhnliches feststellen. Seine Praxisassistentin macht anschließend ein Herzkardiogramm. Danach untersucht mich der Arzt mit dem Ultraschall, wobei er zwischendurch Abspeicherungen macht.

Er kann auch hier nichts Ungewöhnliches feststellen und meint, dass alles in Ordnung sei und ich mir keine Sorgen machen müsse.

29.10.2013

Heute kann ich endlich zum Neurologen in L., einem jungen Arzt, welcher im Moment noch mit seinem Vorgänger zusammenarbeitet und später seine Praxis übernehmen wird. Er ist sehr freundlich und stellt mir einige Fragen zu meiner Gesundheit. Anschließend macht er diverse Bewegungstests. Nach diesen Tests meint auch er, dass ich Parkinson im Frühstadion hätte. Obwohl man die Krankheit nicht heilen kann, meint er, dass es heute gute Mittel dazu gebe, welche wenig Nebenwirkung hätten und welche die Fortschreitung der Krankheit sehr verlangsamen. Der einzige Nachteil sei, dass sie sehr teuer seien. Er schlägt neben einer medikamentösen Behandlung noch vor, dass man von meinem Kopf noch ein MRI machen sollte, um wirklich eine andere Störung auszuschließen. Auf meine Frage, was Parkinson eigentlich sei, erklärt er mir, dass es eine Krankheit sei, bei welcher die Bewegungen langsamer und schwieriger werden, bis man vollständig eingeschränkt sei und jede Bewegung zur Qual werde. Er fragt mich noch, ob mir mein Hausarzt nach meinem letzten Besuch bei seinem Vorgänger Aspirin gegeben hätte, weil dieser dies damals vorgeschlagen hätte. Als ich verneine, ist er etwas erstaunt.

Er wird nun meinem Hausarzt einen Bericht und gewisse Vorschläge senden. Er möchte mich in einem halben Jahr oder spätestens in einem Jahr wiedersehen, um zu sehen, wie die Krankheit fortgeschritten sei. Ich solle dies meinem Hausarzt sagen.

06.11.2013

Ich bin wegen dem Befund des Neurologen bei meinem Hausarzt. Leider hat er von diesem noch keine Informationen bekommen. Er möchte wissen, was dieser gemeint hat. Als ich ihm erkläre, dass dieser auch auf Parkinson tippe, zuerst aber ein Gehirn-MRT abwarten möchte, erklärt er mir, was bei Parkinson eigentlich abläuft. Allerdings weiß ich dies alles schon, da ich nun öfters im Internet bin und nach Hilfe suche.

Meine Frau, und ich sind bei Freunden von uns, zum Essen eingeladen. Max, unser Gastgeber zittert recht stark beim Einschenken vom Wein und auch beim Essen. Ich frage ihn, ob er Parkinson hätte. Er erklärt mir, dass die erste Diagnose Parkinson gewesen sei, dass aber eine Nachuntersuchung ergeben hätte, dass er einen Tremor, ein Alterszittern, hätte. Dies macht auch mir etwas Mut. Ich habe wieder Hoffnung, dass es bei mir auch so ist, dass auch ich kein Parkinson habe.

Im Internet finde ich eine Liste von prominenten Personen, welche unter Parkinson leiden.

Prominente, welche unter Parkinson leiden

Alois Mock	Ehemaliger Außenminister von Österreich
Adolf Hitler	Ehemaliger Diktator des Deutschen Reiches
Brigitte Kämpf	2. Vorsitzende des Parkinson-Selbsthilfevereins
Claus von Amsberg	Prinz der Niederlande
Deborah Kerr	britische Schauspielerin, welche vor allem während der 1950er Jahren erfolgreich war
Deng Xiaoping	chinesischer Politiker, welcher die Volksrepublik China von 1979 bis 1997 führte
Gunter von Hagens	Deutscher Anatom, Wissenschaftler und Unternehmer, welcher vor allem durch seine „Körperwelten" bekannt wurde
Jassir Arafat	Palästinensischer Freiheitskämpfer und Politiker
Johnny Cash	amerikanischer Countrysänger
Katharine Hepburn	amerikanische Schauspielerin mit vier Oscars
Leonid Breschnew	russischer Parteichef der KPdSU und Staatschef
Manfred Rommel	deutscher Politiker Oberbürgermeister von Stuttgart
Mao Tse-Tung	Vorsitzender der Kommunistischen Partei, sowie Staatspräsident der Volksrepublik China
Michael J. Fox	Kanadisch-US-amerikanischer Film- und Fernsehschauspieler

Muhammed Ali	Amerikanischer Boxer
Ottfried Fischer	Deutscher Schauspieler und Kabarettist
Papst Johannes Paul II	Er war der erste Slawe auf dem Papstthron
Peter Hofmann	Deutscher Opernsänger, der auch als Rockmusiker bekannt wurde
Raimund Harmstorf	Deutscher Schauspieler, der vor allem in seiner Rolle als Seewolf bekannt wurde
Salvador Dali	Spanischer Maler, Grafiker, Schriftsteller, Bildhauer und Bühnenbildner
Theodore Roosevelt	26. Präsident der Vereinigten Staaten von Amerika
Vincent Price	amerikanischer Schauspieler und Autor
Wilhelm von Humboldt	Deutscher Philosoph und Diplomat

Diese Liste ist zwar kein Trost für mich, zeigt aber doch, dass ich diese Krankheit mit Persönlichkeiten teilen kann. Was schreibe ich denn da. Es klingt gerade so, als ob ich diese Krankheit nun wirklich habe. Dabei glaube ich immer noch ein wenig, dass ich sie nicht habe. Im Moment bin ich hin- und hergerissen. Meine Stimmung schwankt von hochbetrübt bis zuversichtlich. Ich bilde mir aber immer noch ein, dass ich diese verfl… Krankheit nicht habe.

13.11.2013

Ich sende meinem Hausarzt ein E-Mail mit einem Artikel zu „Zittern ist nicht immer Parkinson» Gleichzeitig berichte ich ihm noch von Max Schicksal und dass man bei ihm zuerst auch Parkinson diagnostiziert hätte, was sich später aber nicht bestätigte.

Lieber P.

„Ich sende Dir hier einen Artikel mit einem Link zu „Nicht jedes Zittern ist Parkinson", welchen ich von einem Bekannten bekommen habe und sich auf die Fernsehsendung vom 15.06.2013 bezieht.
Im Gegensatz zu mir hat er ein ständiges Zittern in seiner rechten Hand. Ihm wurde in einer ersten Diagnose auch erklärt, dass er Parkinson hätte. Er hat dann eine Zweitmeinung eingeholt bei einem Parkinsonspezialisten, welcher nach weiteren Tests erklärte, dass er unter Alterstremor leide.
Heute hat er sein Leiden mit Medikamenten soweit im Griff.

Nicht dass ich an der Meinung des Neurologen zweifle, aber wenn bei mir die Gehirnabklärungen gemacht sind, würde ich es eigentlich auch begrüßen eine Zweitmeinung einzuholen, um sicher zu sein, dass ich dann die richtigen Medikamente bekomme.

Herzliche Grüße,
Walter

Der Link „Nicht jedes Zittern ist Parkinson"
Zittern kennen alle. Menschen zittern, wenn sie frieren, wenn sie Angst haben oder wenn sie aufgeregt sind. In solchen Situationen ist Zittern eine natürliche, physiologische Antwort des Körpers. Zittern kann auch eine Alterserscheinung sein, dann spricht man von Alterstremor.
Manchmal ist Zittern (Tremor) jedoch Ausdruck einer Krankheit, wobei Parkinson am bekanntesten und häufigsten ist. Eine Schilddrüsenüberfunktion, Gehirnerkrankungen durch Entzündungen oder Infektionen oder eine Schädigung des Kleinhirns können Tremor auslösen. Auch Medikamente oder toxische Stoffe wie Nikotin und Alkohol können Zittern verursachen.
Bei gewissen Menschen zeigt sich der Tremor im Ruhezustand. Andere zittern beim Halten eines Gegenstandes oder beim

Versuch, ein Glas an den Mund zu führen. Es ist anspruchsvoll zu differenzieren, woher die Ursache kommt.

Zur Behandlung stehen verschiedene Möglichkeiten zur Verfügung. Sie reichen von Medikamenten bis hin zur sogenannten Neurostimulation im Gehirn. Die Zukunftstherapie zielt jedoch auf eine nicht invasive Ultraschallbehandlung hin. Mehr dazu vermittelt die Sendung „Gesundheit heute".

P. schreibt mir ein kurzes E-Mail und möchte wissen, welches Medikament mein Freund verwendet.

Ich schreibe ihm zurück:

Hallo P.

Ich habe vorher mit unserem Bekannten telefoniert wegen dem Medikament.
Dieses heißt Rivotril (Clonazepam) 0.5 mg. Er nimmt es aber nicht regelmäßig, sondern nur wenn er eingeladen ist, oder wenn das Zittern sehr stark geworden ist.
Zu Hause nimmt er das Zittern in Kauf. Er möchte nicht zu stark abhängig werden von diesem Medikament.

Besten Dank für Deine Bemühungen

Herzliche Grüße,
Walter

18.11.2013

Ich rufe bei der medizinischen Fachberatung meiner Versicherung an und schildere der Ärztin dort mein Problem mit meinen Testosteronspritzen und den Nebenwirkungen, welche ich im Moment hätte, vor allem Zittern, die Hitzewallungen, vermehrtes Schwitzen, zeitweilige Kopfschmerzen, Hitzewallungen, Müdigkeit und vieles andere.

Ich erzähle ihr auch von der Diagnose des Neurologen. Sie meint, dass man bei der Diagnose Parkinson sehr vorsichtig sein sollte und es sehr seriöse Abklärungen brauche. Sie rät mir, das Ganze durch einen Hormonspezialisten genauer abklären zu lassen. Im Weiteren rät sie mir, mit dem Hausarzt zu besprechen, ob man eventuell ein anderes Testosteronmedikament einsetzen könnte.

19.11.2013

Ich sende meinem Hausarzt ein E-Mail mit einer Liste der zu nehmenden Medikamente. Gleichzeitig sende ich ihm Dokumente über die Nebenwirkungen von Testosteronspritzen, Griffonia und Condrosulf, auf welchen ich auf die auf mich zutreffenden Nebenwirkungen aufmerksam mache, darunter auch Zittern, die Hitzewallungen, vermehrtes Schwitzen, Kopfschmerzen, Müdigkeit und vieles andere.

Ich berichte ihm auch von meinem Telefongespräch mit der Ärztin meiner Versicherung, welche mir bestätigt, dass diese Nebenwirkungen möglich seien.

Ich habe einen Termin bei einer Bekannten von uns, welche eine Gesundheitspraxis in L. betreibt und mich mit ihrem Global Diagnostik Gerät behandelt. Die Durchführung des Tests geschieht über zwei Elektroden an den Füßen, durch welche der Körper mit dem Gerät verbunden wird. Der Messvorgang wird im Liegen durchgeführt und ist schmerzfrei. In zehn Minuten hat das Global Diagnostik Gerät eine präzise Messung und Auswertung von über 550 verschiedenen Messobjekten des Körpers durchgeführt.

Die Messergebnisse, die sich auf Systeme, Funktionen, Organe usw. beziehen, werden sofort bildlich auf dem Computer dargestellt. Sie bietet mir an, genau zu erklären, was sie bedeuten.

Die Messung mit Global Diagnostik ist technisch außerordentlich präzise und zuverlässig. Nach einer automatischen Elektro-Smog-Messung (um äußere Störeinflüsse auszuschließen) folgen mehr als 100 Mio. Einzelmessungen des Körpers. Anschließend werden alle Messungen wiederholt, um die Ergebnisse zu überprüfen. Eigentlich müsste jeder Arzt ein solches Gerät haben.

Sie massiert zuerst meine Füße. Erstaunlicherweise zeigt dieses Gerät meine aktuellen Beschwerden an z.B. beim linken Bein den Ischiasnerv, die Blase, Muskelprobleme, Meniskusprobleme, Zähne usw.

22.11.2013

Ich rufe um 10:35 beim Neurologen an und informiere seine Praxisassistentin, dass ich vor ca. vier Wochen bei ihnen gewesen sei, dass aber mein Hausarzt bis heute noch keinen Bericht bekommen hätte. Als ich ihr mitteile, dass ich am Montag bei meinem Hausarzt einen Termin hätte, erklärt sie mir, dass sie versuche, ihm den Bericht bis dann zu senden.

25.11.2013

Ich bespreche mit meinem Hausarzt die einzelnen Nebenwirkungen. Gewisse Punkte kann er mir widerlegen, andere aber nicht. Er hat inzwischen den Bericht vom Neurologen bekommen. Dieser schlägt neben einer MRI-Untersuchung am Kopf noch gewisse Medikamente vor. Als ich meinem Hausarzt erkläre, dass ich nach meinen Informationen nicht mehr überzeugt bin, dass es Parkinson sei, und dass ich zuerst noch andere

Untersuchungen machen möchte, bevor ich Medikamente nehme, welche gar nicht die richtigen sind, versucht er mir zu erklären, dass man Parkinson nicht sichtbar machen könne. Ich erzähle ihm von der DatScan-Methode, sowie von der Ultraschallbehandlung im Kantonsspital G. Er geht ins Internet und ist ganz erstaunt, was für andere Behandlungsmethoden es für Parkinson gibt. Ich zähle ihm dann einige Punkte auf, welche gegen Parkinson sprechen, z. B. die schwingenden Arme beim Gehen, die Reduktion des Zitterns bei Alkoholkonsum, Zittern auf einem Stuhl aber kein Zittern auf einem Velosattel. Er ist nun plötzlich auch nicht mehr sicher über die Diagnose Parkinson. Er behandelt meinen Ischiasnerv auf der linken Seite, was sofort eine gewisse Erleichterung bringt. Wir machen ab, dass er noch einmal das Blut kontrollieren lassen möchte und dass wir vorläufig auf das MRT verzichten und er mich eher mit Laser behandeln möchte. Von dem Medikament Condrosulf soll ich wie die letzten Tage nur noch jeden zweiten Tag eines nehmen und von Griffonia wie bisher oder versuchen sechs oder sieben Stunden nach der ersten eine zweite zu nehmen.

26.11.2013, 29.11-2013, 05.12.2013, 19.12.2016 und 23.12.2013

Ich habe Termine in der Gesundheitspraxis. Während sie mir die Füße massiert, läuft die Behandlung durch das Global Diagnostics-Gerät. Anschließend behandelt sie meinen Rücken durch Massage und durch Schröpfen. Dabei zeigen sich wieder die Beschwerdebilder über meinen Ischiasnerv.

Ich sende meinem Hausarzt ein E-Mail und informiere ihn über den neusten Untersuchungsbericht aus der Gesundheitspraxis.

29.11.2013

Ich sende meinem Hausarzt folgendes E-Mail:

Lieber P.

Unter anderem habe ich mir dann die Mühe genommen, einmal die Nebenwirkungen der Medikamente näher anzuschauen, welche ich im Moment einnehmen muss oder eingespritzt bekomme. Momentan nehme ich folgende Medikamente.

- *DHEA*
- *Pregnenolon*
- *Griffonia*
- *Condrosulf*
- *Dekristol*
- *Drossafol*
- *Nebido*

Dabei habe ich festgestellt, dass vor allem Nebido und Griffonia einige Symptome aufweisen, welche bei mir zutreffen. Zudem sind vor allem auch das Zittern, die Hitzewallungen, vermehrtes Schwitzen, Kopfschmerzen, Müdigkeit und vieles andere zu erwähnen.

Gestern hatte ich ein Telefongespräch mit einer Ärztin meiner Versicherung und habe ihr meinen Fall beschrieben.
Sie hat dann gemeint, dass man bei der Diagnose Parkinson sehr vorsichtig sein sollte und es sehr seriöse Abklärungen brauche.
Diese Nebenwirkungen von Nebido könnten einer von vielen Gründen sein für meine Beschwerden.
Sie riet mir das Ganze durch einen Hormonspezialisten genauer abklären zu lassen.
Im Weiteren hat sie mir geraten, mit Dir zu besprechen, ob man eventuell ein anderes Testosteronmedikament einsetzen könnte.

Was meine Knieschmerzen angeht, habe ich eher weniger, dafür habe ich aber Magen-Darmprobleme. Die letzten Tage hatte ich sehr oft saures Aufstoßen und leichten Durchfall.

Herzliche Grüße,
Walter

Neben dem Zittern plagen mich auch immer noch Schmerzen in den Fußsohlen und den Beinen.

02.01.2014

Heute habe ich endlich einen Termin bei der Radiologie in L., wo sie ein MRT von meinem Gehirn machen. Zum Glück ergeben die Untersuchungen, dass keine Schädigungen im Gehirn vorhanden sind.

Anschließend gehe ich in die Praxis meines Hausarztes und bringe meine MRT-Bilder von meinem Gehirn. Die Praxisassistentin will sie zuerst gar nicht in Empfang nehmen und meint, dass sie diese nicht mehr selbst aufbewahren. Auf Anfrage beim Hausarzt behält sie sie dann aber doch. Ich hole noch die SAM-e-Kapseln, welche der Arzt mir empfohlen hat zu nehmen.

Ich will noch nicht akzeptieren, dass ich Parkinson habe. Ich hadere mit dem Herrgott und frage mich, wieso. Obwohl ich jeden Abend zum Herrgott bete, mich wieder gesund zu machen, spüre ich nichts und bin deshalb manchmal enttäuscht.

03.01.2014

Mein Hausarzt ruft mich am Abend um 20:45 Uhr an. Er hat die MRT-Bilder gesehen und meint, dass man nichts Gravierendes feststellen könne, außer dass bei einer Stelle im Gehirn der Hirnstamm löchrig oder sehr grobkörnig sei, was daher rühren könne, dass diese Stelle wahrscheinlich einmal schlecht durchblutet worden sei. Beim Oberkiefer links haben sie eine Zyste festgestellt. Er rät mir, noch einmal zum Zahnarzt zu gehen.

Wenn dieser nichts feststellen könne, müssten wir in zwei Wochen, wenn er von den Ferien zurück sei, noch einmal weiter schauen. Sonst rät er mir, die nächsten zwei Wochen diese SAM-e-Kapseln zu nehmen. Im Weiteren könne man anschließend einmal mit Ginkgo etwas probieren, damit mein Gehirn wieder besser durchblutet werde. Ich erkläre ihm auch, dass ich noch nicht gewillt sei, Medikamente gegen Parkinson zu nehmen, wenn nicht feststehe, dass ich diese Krankheit überhaupt hätte. Er meint auch, dass er mir im Moment keine solchen Medikamenten geben und das Ganze mit dem Neurologen besprechen möchte.

20.01.2014

Ich erzähle meinem Hausarzt von den Problemen, welche ich mit den SAM-e 200-Kapseln bekommen hätte, nämlich

- Durchfall,
- Einschlafstörungen,
- Fußsohlenschmerzen,
- Hitzewallungen,
- Kopfschmerzen links,
- Muskelschmerzen im linken Bein,
- Schreibprobleme,
- Taubheitsgefühl im linken Bein,
- Zittern im linken Bein und linken Arm + Hand.

Er kann sich dies nur so erklären, dass bei mir anstatt mehr Dopamin mehr Cortisol produziert wurde, was zu diesen Problemen geführt habe. Er bittet mich, dieses SAM-e nicht mehr zu nehmen und empfiehlt mir Symfona forte, ein Ginkgo-Produkt, zu nehmen, welches das Gehirn besser durchbluten sollte.

Ich bitte ihn, mich nun auch noch in die Neurologie der Universitätsklink B. zu schicken, um eine Zweitmeinung einzuholen. Ich erzähle ihm auch noch, dass mich mein Zahnarzt zu seinem Kollegen geschickt hätte, um ein Rundumbild von meinem Gebiss zu machen. Er wundert sich, dass dieser Zahnarzt einen solchen Apparat hat. Ich erkläre ihm, dass er das Bild bei meinem Zahnarzt anfordern könne. was er dann auch tut. Mein Hausarzt möchte nächste Woche, wenn man mir mein Blut nimmt mit anschließendem Nebido, dass man auch das Cortisol und Cortisolspiegel kontrolliert.

Zum X-ten Mal erzähle ich meinem Hausarzt von meinen Fußsohlenschmerzen im linken Fuß. Er geht gar nicht groß darauf ein.

Die Symfona-Kapseln vertrage ich soweit gut. Ich zittere weniger, dafür habe ich aber vermehrt ein Zucken im linken Bein und linken Arm.

Ich informiere mich im Internet wieder über Parkinson. (Wenn ich vor zehn Jahren das Wissen über Parkinson gehabt hätte, das ich heute habe, dann hätte ich schon damals sagen können, dass ich auf dem besten Weg war, an Parkinson zu erkranken. Siehe dazu Anzeichen einer Parkinsonerkrankung. Leider hat mein Hausarzt diese Zeichen nicht erkannt.)
Ich habe wieder Zweifel an den Ärzten und möchte wirklich eine Zweitmeinung einholen. Mein Hausarzt ist davon nicht so begeistert. Es macht den Eindruck, dass er glaubt, dass ich mit seinen Behandlungen nicht zufrieden bin.

Es gehen mir wieder diverse Gedanken durch den Kopf. Meine Frau und unsere Tochter trösten mich und sprechen mir Mut zu. Ich schöpfe wieder etwas Hoffnung.

Ich habe Termine in der Gesundheitspraxis. Die Therapeutin massiert mir die Füße, während die Behandlung durch das Global Diagnostics-Gerät läuft. Anschließend behandelt sie meinen Rücken durch Massage und durch Schröpfen.

Mein Patenkind sendet mir ein E-Mail mit einem Link:

> *„Hallo Götti, lugg mol villicht got de Link. Hani geschter no gfundä! liebs Grüessli Brigitte."*

Der Link führte zu einer Homepage mit einem Artikel und Film „Der kluge Bauch – Unser zweites Gehirn"

In diesem Artikel gehen sie von der Annahme aus, dass unser Magen-Darm-Trakt mit einem eigenen Nervensystem ausgestattet ist, in dem sich Milliarden verbundener Neuronen um Zehntausende Bakterien kümmern, die wiederum Einfluss auf unsere Stimmung, unsere Persönlichkeit und unseren Gesundheitszustand nehmen. Vor einigen Jahren entdeckten die Forscher, dass Magen und Darm des Menschen rund 200 Millionen Nervenzellen enthalten. Nur allmählich gelingt es, den ständigen Dialog zwischen den beiden Steuerzentralen Bauch und Kopf zu entziffern.

Die dabei gewonnenen Erkenntnisse eröffnen ungeahnte therapeutische Möglichkeiten. Denn vermutlich werden bei bestimmten neurologischen Erkrankungen, wie beispielsweise der Parkinson-Krankheit, zunächst die Neuronen im Magen-Darm-Trakt angegriffen. Noch erstaunlicher: Im Bauchhirn lebt eine Hunderte Milliarden von Bakterien zählende Kolonie, deren Aktivität sich auf Persönlichkeit und Entscheidungen des Menschen auswirkt und die dafür verantwortlich ist, ob jemand beispielsweise zurückhaltend oder verwegen reagiert.

Nach der Entdeckung dieses zweiten Nervensystems setzt sich unter den Forschern allmählich die Überzeugung durch, dass das Gehirn im Kopf nicht der einzige Kapitän an Bord ist.

Kurz gesagt, glauben die Wissenschaftler, dass das Bauchhirn dem Kopfhirn den Befehl gibt, Dopamin, also den Nervenbotenstoff, zu produzieren. Wenn nun die Verbindung vom Bauch zum Kopf, durch gewisse Umstände unterbrochen ist, produziert das Kopf Hirn kein Dopamin, was Parkinson auslöst.

Nach dem Filmbeitrag schreibe ich Brigitte zurück und bedanke mich bei ihr.

> *„Hallo Brigitte ich dank dir vill moll für dä Link.*
> *Jo äs het funktioniert. Äs isch ä sehr interessante Film. Är het mir doch wieder einigi Ideä geh.*
> *Jetz isch mir au klar, wieso ich z. B. wenn ich Magen-Darm-Tee drink, mis zittärä weniger isch. Oder wenn ich nach äm dusche ä Buchmassage mach. Ich ka mir au vorstellä, dass die richtigi Buchakupunktur, wies im Film zeigt wird, au einiges bringä cha. Ich wird uf jede Fall dra blibä und hoff, dass ich bald nach B. in Uniklink cha. Agmäldet bin ich scho sit drei wuchä, aber ä Termin hani nonig.“*

> *Also beschtä dank. Ich hoff, dä chasch äs läsä*
> *Alles gueti wünscht dir dr Götti.*

07.02.2014

Ich rufe um 09:45 Uhr in der Neurologie des Universitätsspitals B.an. Ich erkläre der Frau am Telefon mein Anliegen einer Zweitmeinung. Sie erklärt mir, dass sie bis Mai 2014 ausgebucht seien und empfiehlt, zum Neurologen in L. zu gehen. Ich erkläre ihr, dass ich schon dort gewesen sei und eben noch eine Zweitmeinung möchte. Sie empfiehlt mir deshalb, mich bei der Praxis Neurologie in M. zu melden, was ich dann auch mache. Ich bekomme einen Termin für den 10.02.2014 um 08:30 Uhr.

10.02.2014

Der Neurologe in M. befragt mich zuerst über den bisherigen Verlauf meiner Zitterbeschwerden. Anschließend untersucht er mich, indem er verschiedene Tests macht, eigentlich die gleichen wie letztes Jahr der Neurologe in L. Am Ende ist er bei gewissen Tests nicht ganz sicher, weshalb er noch seinen Kollegen dazu ruft, welcher einen Teil der Test noch einmal wiederholt. Anschließend besprechen sich beide und meinen, dass es sich bei mir tatsächlich um Parkinson handeln müsse. Ich bekomme Carbidopa/Levodopa Sandoz CR 25/100 ein Antiparkinsonmittel, mit leider vielen Nebenwirkungen.

Der Neurologe möchte mich nächste Woche noch einmal sehen, um einerseits zu sehen, wie die Medikamente wirken und andererseits, um meinen linken Fuß auszumessen. Zudem bittet er mich, das MRT von meinem Gehirn mitzubringen.

Da ich von diesem Antiparkinsonmittel Durchfall, Schwindelanfälle und Brechreiz bekomme, rufe ich den Neurologen an. Er erklärt mir, dass es eine gewisse Zeit brauche, bis diese Medikamente eingestellt seien, weshalb ich, wie besprochen, weiterfahren solle.

11.02.2014

Ich schreibe meinem Hausarzt ein weiteres E-Mail.

Lieber P.

Nachdem ich bis letzten Freitag, den 07.02.2014 von der Neurologie des Universitätsspitals B. nichts gehört hatte, rief ich dort an, um zu wissen, was los ist. Man musste zuerst Deine Unterlagen suchen und erklärt mir, dass sie bis Mai 2014 ausgebucht seien, Sie empfahlen mir dann zum Neurologen in L. zu gehen. Ich erklärte dann aber, dass ich schon dort gewesen sei und ich noch eine Zweitmeinung möchte. Sie empfahlen mir deshalb, mich bei der Praxis Neurologie in M. zu melden.

Gestern war ich dann bei diesem Neurologen in M. Er befragte mich zuerst über den bisherigen Verlauf meiner Zitterbeschwerden. Anschließend untersuchte er mich, indem er verschiedene neurologische Tests machte, eigentlich die gleichen wie letztes Jahr beim Neurologen in L. Bei dieser Untersuchung war dann mein Blutdruck wieder recht hoch. Am Ende war der Neurologe bei gewissen Tests nicht sicher, weshalb er noch seinen Kollegen dazu rief, welcher einen Teil der Test noch einmal wiederholte. Anschließend besprachen sich beide und meinten, dass es sich bei mir tatsächlich um Parkinson handeln müsse.
Ich bekam Carbidopa/Levodopa Sandoz CR 25/100, ein Antiparkinsonmittel. Man möchte mich nächste Woche noch einmal sehen, um einerseits zu sehen, wie das Medikament wirkt und andererseits, um an meinem linken Fuß die Nervenströme zu messen. Zudem bat er mich, das MRT von meinem Gehirn mitzubringen.

Heute war ich zu einer weiteren Behandlung in der Gesundheitspraxis in L. Durch ihre Therapie konnten schon einige leichte Beschwerden behoben werden. Allerdings gilt es, wie schon die vergangenen Tests gezeigt haben, folgende Punkte zu beachten

- *Herzkranzgefäße*
- *Herzkammer links*
- *Ischiasnerv links*
- *Harte Rückenmarkshaut*
- *Sitzbein links*
- *Untere Schlüsselbeinvene rechts*
- *Lendenwirbel L1/02*
- *Kreuzdarmbeinfuge rechts*

Die Therapeutin bat mich, wie der Neurologe in M., mein Herz noch einmal untersuchen zu lassen. Ich weiß, dass wir dies schon letztes Jahr in L. gemacht haben. Dieses Mal würde ich gerne zu einem Kollegen, ebenfalls in L., gehen, welcher wesentlich moderner eingerichtet ist.

Gesundheitlich geht es mir nicht so schlecht. Ich habe mich nun damit abgefunden, dass ich Parkinson habe.
Was mir am meisten zu schaffen macht, sind das Zittern im linken Bein und Arm, sowie die Fußschmerzen an meiner linken Fußsohle. Während die Symfona – Kapseln nach ca. einer Woche das Zittern im linken Bein in Zuckungen veränderten, ist heute der alte Zustand wieder da, d. h. ich habe wieder dieses Zittern auf der linken Seite. Allerdings ist es stärker und ich habe es heute immer, also beim Stehen und Sitzen. Auch beim Gehen habe ich manchmal Mühe. Zudem hat es nun auch an meiner rechten Hand angefangen, besonders, wenn ich etwas schreiben muss. Es ist mir nun zwei Mal passiert, dass meine rechte Hand so stark gezittert hat, dass ich richtig Mühe hatte, als ich Formulare ausfüllen musste.
Was meinen Blutdruck und meinen Puls angeht, ist dieser inzwischen etwas höher, und zwar immer so zwischen 140/85/P80 und 165/115/P115. Zudem habe ich sehr oft unregelmäßigen Puls.

Was die Medikamente angeht, möchte ich auch wissen, ob sich dieses Antiparkinsonmittel des Neurologen in M. mit den Mittel, welche ich schon nehmen muss, verträgt. Er meinte zwar ja. Da es aber sehr viele gravierende Nebenwirkungen hat, habe ich mir schon meine Gedanken gemacht. Zudem hat mir der Neurologe in L. letztes Jahr gesagt, dass es heute sehr gute Parkinsonmittel gebe, welche fast keine oder nur wenig Nebenwirkungen hätten, welche aber sehr teuer seien.
Außerdem fragte mich der Neurologe in M., ob ich wirklich all dies Mittel brauche, welche ich von Dir bekomme.

Herzliche Grüße,

Walter

15.02.2014

Ich schreibe meinem Freund Max, welcher mit seiner Frau immer ein paar Monate im Jahr in Taiwan, der Heimat seiner Frau, wohnt. Unter anderem erzähle ich ihm auch von meinen Beschwerden und wie es mir gesundheitlich im Moment geht.

Neben Parkinson und meinem rechten Knie habe ich weiterhin mit meinen Blasen- und Hormonproblemen zu kämpfen. Ich bin trotzdem „wütend" auf den da oben, denn es scheint mein Schicksal zu sein, mit dieser unheilbaren Krankheit zu leben. Allerdings habe ich mir das hochgesteckte Ziel gesetzt, der Erste zu sein, der davon geheilt wird.

17.02.2014

Max schreibt mir ein E-Mail, welches mir guttut. Unter anderem schreibt er:

Ich bin etwas erschrocken von Deiner Neuigkeit, dass Du doch Parkinson haben sollst. Ganz sicher bist Du aber wohl doch nicht. Helfen denn die Antiparkinson Medikamente? Vielleicht versuchst Du es mal mit Akupunktur. Wir haben hier im Haus einen Mann, der hat jetzt schon seinen 3. Schlaganfall gehabt und war fast vollständig gelähmt. Mit Akupunktur über etliche Monate kann er nun aber wieder etwas gehen, wenn auch mit Stock und sehr langsam. Sonst musst Du auch nicht böse sein mit «dem da oben». Dies hilft auch nichts. Sei positiv. Parkinson ist letztlich keine Krankheit, bei der man zum Tod verurteilt ist. Das Zittern ist nur sehr unangenehm, vor allem in der Öffentlichkeit. Aber was soll's! «Who cares»! Genieße das Leben so, wie es ist. Es dauert ohnehin viel zu kurz.

Es tut so gut, von einem Freund solche Worte zu hören. Natürlich hat er Recht, wenn er sagt, dass es nichts bringt, wenn ich „mit dem da oben" hadere. Ich muss es nun akzeptieren, dass ich diese Scheißkrankheit habe und einfach hoffen, dass die Forschung in absehbarer Zeit ein Mittel auf den Markt bringt, das die Krankheit stoppt oder den Schaden regeneriert. Sonst kann ich nur beten und auf den Herrgott hoffen, dass er es gnädig mit mir meint.

18.02.2014

Ich schreibe Max zurück. Neben Anderem:

Max, möchte Dir zuerst danken für Deine Zeilen, welche mir wirklich gutgetan haben. Da hast Du natürlich recht, dass es nichts bringt, wenn ich mit „dem da oben" böse bin. Im Moment, als ich dies geschrieben habe, war ich ein wenig auf einem Tiefpunkt. Heute sehe ich dies auch wieder anders. Inzwischen habe ich mich mit „dem da oben" wieder versöhnt. Vielleicht muss dies so sein. Vielleicht hat es einen Grund, den ich erst viel später erkennen werde.
Auch Dein Satz „Parkinson ist keine Krankheit, bei der man zum Tod verurteilt ist." hat mich wieder aufgeweckt. Es gibt ja viele berühmte Persönlichkeiten, welche diese Krankheit hatten oder haben. Zudem kann man auch ein Alter erreichen, wie ein gesunder Mensch. Ich habe inzwischen auch vieles Neue erfahren über diese Krankheit und sehe es nun etwas positiver.

Ich informiere mich wieder im Internet und möchte noch mehr wissen über Behandlungsmöglichkeiten von Parkinson.

19.02.2014

Heute habe ich einen Termin in der Neurologie in M. Der Arzt misst an beiden Beinen und am rechten Arm die Nervenströme. Anschließend meint er, dass meine Nerven etwas geschädigt seien und deshalb auch diese Taubheitsgefühle ausgelöst hätten, welche ich nun schon seit über fünf Jahren habe. Auf meine Frage, was ich gegen die Schmerzen an meiner linken Fußsohle machen könne, ging er gar nicht ein, sondern meinte nur, dass er meinem Hausarzt einen Bericht schreiben werde, indem er ihm mitteilen wird, einen Bluttest zu machen.

Ich spreche ihn noch einmal an wegen einer Herzkontrolle. Er meinte, dass er mir dies nur empfohlen hätte, weil mein linker Fuß so stark geschwollen war und weil ich bei seiner Untersuchung einen zu hohen Blutdruck hatte.

Was das Parkinson angeht nehme ich nun seit einer Woche Carbidopa/Levodopa Sandoz CR 25/100. Leider bekam ich davon Durchfall, Brechreiz und ein komisches Gefühl im Magen. Obwohl ich überzeugt bin, dass diese Beschwerden von diesem Medikament sind, glaubt der Neurologe nicht daran, sondern sagt, dass ich sehr wahrscheinlich einen Infekt im Magen-Darm-Bereich habe.

Was das Zittern angeht, kann ich bis jetzt keine wesentliche Besserung feststellen, obwohl der Neurologe meint, dass er das Gefühl habe, dass es wesentlich besser sei. Ich habe aber immer noch Magen-Darm-Probleme, Durchfall und saures Aufstoßen, Als ich auch erwähne, dass ich die letzten vier Nächte Einschlafprobleme hatte, meint der Arzt nur, dass dies wahrscheinlich wegen dem Vollmond gewesen sei, dabei hatte ich noch nie solche Probleme. Allgemein vermutet er, dass meine jetzigen Probleme mit der Zeit verschwinden werden. Irgendwie habe ich das Gefühl, dass ich nicht ganz ernst genommen werde. Er stellt mir dann ein neues Rezept für Sinemet CR 25/100 aus.

Obwohl es nun den Anschein macht, dass ich mich damit abfinden muss, dass ich wirklich Parkinson habe, möchte ich nicht mehr zu diesem Neurologen.

20.02.2014

Ich schreibe meinem Hausarzt ein weiteres E-Mail.

Lieber P.

Gestern war ich zwecks Messung der Nervenströme an meinen Beinen beim Neurologen in M. Er erklärte mir dann, dass bei mir diese Nerven etwas geschädigt seien und deshalb auch diese Taubheitsgefühle ausgelöst hätten, welche ich nun schon seit über 5 Jahren habe. Auf meine Frage, was ich gegen die Schmerzen an meiner linken Fußsohle machen könne, ging er gar nicht ein, sondern meinte nur, dass er Dir einen Bericht schreiben werde, in dem er Dir auch mitteilt, einen Bluttest zu machen.

Ich habe ihn noch einmal angesprochen wegen einer Herzkontrolle. Er meinte, dass er mir dies nur empfohlen hätte, weil mein linker Fuß so stark geschwollen war und weil ich bei seiner Untersuchung ein zu hoher Blutdruck und Puls gehabt hätte.

Was das Parkinson angeht nahm ich nun seit einer Woche Carbidopa/Levodopa Sandoz CR 25/100. Leider bekam ich davon Durchfall, Brechreiz und ein komisches Gefühl im Magen. Obwohl ich überzeugt bin, dass diese Beschwerden von diesem Medikament sind, glaubte der Neurologe nicht daran, sondern sagte, dass ich sehr wahrscheinlich einen Infekt im Magen-Darm-Bereich hätte.
Was das Zittern angeht, konnte ich bis jetzt keine wesentliche Besserung feststellen, obwohl der Arzt gemeint hat, dass er das Gefühl habe, dass es wesentlich besser sei. Ich habe aber immer noch Magen-Darm-Probleme, Durchfall und saures Aufstoßen, Als ich auch erwähnte, dass ich die letzten vier Nächte Einschlafprobleme hatte, meinte er nur, dass dies wahrscheinlich wegen dem Vollmond gewesen sei, dabei hatte ich noch nie solche Probleme. Allgemein meinte er, dass meine jetzigen Probleme mit der Zeit verschwinden werden. Irgendwie hatte ich das Gefühl, dass ich nicht ganz ernst genommen werde. Er hat mir dann ein neues Rezept ausgestellt für Sinemet CR 25/100.
Heute war ich einen Verwandten besuchen. Zum Glück musste ich nicht fahren, denn ich hatte den ganzen Tag ein extremes

Zittern im linken Bein und Arm. Beim Mittagessen hatte ich sogar mit der rechten Hand meine Mühe, das Besteck ruhig zu halten. Auch jetzt, während ich dies schreibe, hört mein linkes Bein nicht auf zu Zittern und das saure Aufstoßen plagt mich schon die letzten zwei Stunden.

Herzliche Grüße
Walter

24.02.2014

Mein Hausarzt ruft mich an und erklärt mir, dass er die Unterlagen von meinem Neurologen in M. bekommen hätte. Er bittet mich, dass ich am Mittwochmorgen um 7:45 Uhr nüchtern in die Praxis kommen solle, um den entsprechenden Bluttest zu machen. Im Weiteren erklärt er mir, dass er an einer Weiterbildung über Borreliose gewesen sei und er heute nicht mehr so überzeugt sei, dass ich an Parkinson leide, sondern, dass er eher dazu tendiere, dass meine Borreliosen diese Beschwerden hervorrufen. Er rät mir zu einem speziellen Bluttest, den er aber nach Deutschland einsenden müsse und der von der Krankenkasse nicht bezahlt werde, d.h. ich müsste die 160.00 Euro selbst bezahlen. Ich erkläre ihm, dass mir dies egal sei und ich diesen Test machen möchte. Mein Hausarzt gibt mir noch diverse Infos, auch dass das Unispital in Be. mit diesem Deutschen Institut zusammenarbeite, dass er aber die nächste Blutentnahme erst am 18.03.2014 um 11:30 Uhr machen könne.

29.02.2014

Ich habe einen Termin bei meinem Augenarzt. Er untersucht meine Augen. Obwohl es etwas besser ist, meint er, dass ich dieses Brennen nur wegbekomme, indem ich die Augen von Zeit zu Zeit befeuchte. Als ich ihm sage, dass ich die Diagnose Parkinson bekommen hätte, meint er, dass dies der Grund für meine trockenen Augen sei, da die Parkinsonmittel die Augen austrocknen. Er gibt mir Lacrycon und bittet mich, die anderen Mittel nun weg zu lassen. Wenn es wieder schlimmer werden sollte, solle ich mich wieder melden.

10.03.2014

Die Ordinationshilfe meines Hausarztes ruft mich an und erklärt mir, dass ich um 14:00 zu ihnen kommen könne. Eigentlich bin ich wegen meiner Erkältung hier. Da ich aber wieder verstärktes Zittern auf der linken Seite verspüre, erwähne ich dies. Zudem erkläre ich dem Arzt, dass, wenn ich das NeoCitran-Grippemittel einnehme, zusammen mit einem Erkältungstee, das Zittern für ca. zwei Stunden fast weg ist. Er schaut im Internet nach, findet aber keinen Zusammenhang. Ich erkläre ihm, dass ich immer noch ein wenig Kopf- und Halsweh hätte, dass es mir aber allgemein besser gehe. Außerdem habe ich einen trockenen Hals mit Kratzen. Ich bin immer müde und kraftlos. Die Assistentin nimmt mir Blut, welches soweit in Ordnung ist, außer, dass noch immer eine Entzündung vorhanden sein muss. Mein Arzt fragt mich, ob ich saures Aufstoßen hätte. Ich erkläre ihm, dass ich dies vor etwa 2 Wochen hatte. Der Doktor glaubt, dass dies mit dem Hustenreiz zusammenhängen könne und gibt mir Pariet 20 mg Filmtabletten (einen Protonenpumpenblocker), welche ich vor dem Schlafen nehmen soll. Ich solle ihn am Mittwoch oder spätestens am Freitag anrufen.

Ich erwähne wieder meine Fußsohlenschmerzen. Der Arzt geht wieder nicht darauf ein.

18.04.2014

Ich habe einen Termin bei einem TCM-Mediziner in O. Er befragt mich zuerst über meinen Gesundheitszustand. Meine Frau

redet mit ihm in Chinesisch und erzählt ihm meine Leidensgeschichte mit meinen Knieschmerzen und meinem Parkinson.
Der Arzt untersucht meinen Blutdruck und macht eine Puls-
und Zungendiagnose.

Der Blutdruck ist mit 136/60 normal, während der Puls mit 90
etwas hoch ist. Anhand seiner Diagnosen meint er, dass meine Milz
etwas geschwächt sei. Bei den Knieschmerzen vermutet er, dass meine Kniegelenke entzündet seien. Was das Parkinson angeht, könne
er diese nur so beeinflussen, dass der Vorgang verlangsamt werde
und dass man das Zittern reduzieren oder ganz wegbringen könne.

Der Arzt hat das Gefühl, dass bei mir die Energien nicht
richtig fließen, weshalb ich mich auf den Bauch legen muss und
er seine Behandlung mit einer Tuina-Massage beginnt, welche
die Energie wieder zum Fließen bringen soll. Zuerst wird dabei
für etwa 10 Minuten der Nacken massiert. Anschließend geht
es langsam nach unten bis zu den Füßen. Nachdem ich mich auf
den Rücken gedreht habe, steckt er mir Akupunktur-Nadeln in
den Kopf, den Bauch, die Handgelenke, die Knie und bei den
Fußgelenken. Gleichzeitig wird der Bauch mit einer Mineralien-Wärmetherapielampe bestrahlt und bei meinen Knien mit
Schröpfen die Durchblutung und der Abtransport von Stoff-
wechselprodukten verbessert.

Nachdem ich mit leichten Knie- und Nackenschmerzen in
die Praxis gegangen bin, gehe ich schmerzfrei wieder hinaus.

23.04.2014

Ich habe einen weiteren Termin bei dem TCM-Arzt. Er macht
wieder zuerst eine Puls- und Zungendiagnose. Ich erkläre ihm,
dass ich im Moment drei Probleme hätte. Neben Parkinson sind
dies die Gelenkschmerzen in den Knien und dem rechten Handgelenk, sowie die Blasenprobleme. Anschließend muss ich mich
auf den Rücken legen.

Der Arzt steckt mir Akupunktur-Nadeln in den Kopf, den
Bauch, die Handgelenke, die Knie und bei den Fußgelenken.

Gleichzeitig wird der Bauch mit einer Mineralien-Wärmetherapielampe bestrahlt. Anschließend macht der Arzt TuiNa-Massage an meinen beiden Kniegelenken, dem rechten Handgelenk und dem Kopf. Beim Hinausgehen schmerzen mich die Knie, was sich später aber legt.

26.04.2014

Ich habe wieder einen Termin bei dem TCM-Mediziner. Er macht zuerst die Puls- und Zungendiagnose. Ich erkläre ihm, dass ich letztes Mal auf dem Weg zum Bahnhof Probleme mit beiden Knien gehabt hätte. Anschließend muss ich mich auf den Rücken legen. Er steckt mir Akupunktur-Nadeln in den Kopf, den Bauch, am linken Handgelenk, den Knien und bei den Fußgelenken. Gleichzeitig wird der Bauch mit einer Mineralien-Wärmetherapielampe bestrahlt. Anschließend macht er eine Tuina-Massage an meinen beiden Kniegelenken, dem linken Handgelenk und dem Kopf.

Zwischen dem 30.04.2014 und dem 09.08.2014

Ich habe weitere Termine bei dem TCM-Arzt. Leider bringen die Behandlungen mit Akupunktur und Tuina-Massagen nicht den Erfolg, welchen ich mir gewünscht habe.

Zwischen dem 30.04.2014 und dem 19.12.2016

In dieser Zeit bin ich wegen einer kompletten Zahnsanierung bei sechs verschiedenen Zahnärzten
Nebenbei wird mir in der Kieferhöhle eine Zyste entfernt.

04.06.2014

Mein Patenkind sendet mir ein E-Mail mit einem Artikel, dass indische Forscher herausgefunden haben, dass Bockshornklee zusammen mit den Parkinsonmitteln zu einer Verzögerung der Krankheit führen könne.

05.06.2014

Ich schreibe ihr ein E-Mail:

Liebe Brigitte

Besten Dank für Dein E-Mail über die Behandlung von Parkinson mit Bockhornklee. Es scheint recht interessant zu sein. Es ist ein weiterer Strohhalm. Obwohl ich nicht glaube, dass dieser Neurologe, zu dem ich gehe, daran glauben wird, werde ich ihm diesen Artikel zu lesen geben. Mein Hausarzt ist da wahrscheinlich empfänglicher.

Es ist aber schön, Menschen wie Dich zu kennen, der Anteil nehmen am Schicksal von anderen. Nochmals vielen Dank.

[Ich schreibe ihr noch über die Umweltzahnmedizin usw.]
– Du siehst Brigitte, mir wird nicht langweilig, obwohl ich mir meine Pension etwas anders vorgestellt habe. Ich möchte Dich nun aber nicht noch mehr mit meinen medizinischen Problemen langweilen. Nun stehen also der Metallunverträglichkeitstest und am nächsten Mittwoch die Kieferhöhlenoperation an, um diese Zyste herauszuholen.

Alles Gute und Liebe
Dein Götti

05.07.2014

Am Abend stelle ich fest, dass, wenn ich normal sitze, dann mein linkes Bein vom Fuß an aufwärts bis zum Knie ziemlich stark zittert, während meine rechte Seite, mein linker Arm und die linke Hand ruhig sind.

Wenn ich dann die Beine hochlagere, zittern mein linker Arm und meine linke Hand ziemlich stark, während meine rechte Seite, mein linkes Bein ruhig sind.

05.08.2014

Ich habe einen Termin beim Neurologen in M. Er möchte zuerst sehen, wie ich gehe. Anschließend muss ich meine Handflächen austrecken und schnell drehen. Dann muss ich zuerst mit offenen und dann mit geschlossenen Augen mit dem Zeigfinger zur Nasenspitze, und zwar mit der linken und dann mit dem rechten Zeigfinger. Ich erkläre ihm, dass, wenn ich sitze, mein linkes Bein zittert, während der linke Arm ruhig ist. Wenn ich die Beine hochlagere, sind diese ruhig, aber dafür zittert mein linker Arm bis zur Hand. Er geht aber nicht richtig darauf ein, sondern lächelt nur.

Ich spreche ihn dann noch auf Max' Probleme an und dass man bei ihm zuerst auch Parkinson und später auf Tremor getippt hätte. Er meint aber, dass es bei mir klare Anzeichen von Parkinson gebe. Irgendwie habe ich das Gefühl, dass mir der Neurologe nicht richtig zuhört, denn er geht nicht auf meine Anliegen ein. Er möchte mich in einem halben Jahr wiedersehen. Er empfiehlt mir, die Tabletten auf vier und nach einer Woche auf fünf zu steigern. Als ich ihn darauf anspreche, dass ich das Arztmodell hätte, meint er nur, dass ich von meinem Hausarzt eine Überweisung brauche und mich dann wieder melden solle. Wenn man in der Schweiz das Arztmodell gewählt hat, muss man zuerst zum Hausarzt, welcher dann einem bei Bedarf an einen Spezialisten überweist.

06.10.2014

Ich bin eigentlich wegen meinen Knieschmerzen beim Hausarzt.
Er möchte aber wissen, wie es mir mit meinem Zittern oder dem
Nervenflattern geht. Ich erzähle ihm, dass es meistens mit Nervenflattern anfängt und anschließend ins Zittern übergeht. Als
er mich fragt, wie es mit den Alpha-Lipogamma gehe, erkläre
ich ihm, dass ich eher das Gefühl hätte, dass mein Zittern stärker
sei. Er meint, dass ich das Medikament absetzen und den Rest
in die Praxis bringen solle. Die Frau meines Hausarztes, ebenfalls Ärztin, kommt noch kurz herein. Sie möchte wissen, wie
es mir ergangen sei mit meiner Zyste in der Kieferhöhle. Als ich
ihr schildere, dass diese zu 3/4 der Kieferhöhle ausgefüllt und
der behandelnde Arzt mehr als ein Schnapsglas grüngelbe eitri-
ge Flüssigkeit herausgeholt hätte, ist sie erstaunt. Mein Hausarzt
schildert ihr kurz meine jetzigen Probleme mit Parkinson. Sie
empfiehlt SAM-e 200-Kapseln. Als ich ihr erklärte, dass ich diese schon einmal hatte und darauf Durchfall, Einschlafstörungen
und Brechreiz bekam, meint sie, dass dies aber darauf hindeute,
dass ich noch diverse Entzündungen in mir haben müsste. Da
sich mein Hausarzt und seine Frau nicht ganz einig sind, welches
Mittel sie mir nun geben sollen, einigen sie sich darauf, dass man
bei mir zuerst ein 24-Stunden-EKG machen sollte. Die Assistentin klebt mir fünf Elektroden auf den Brustkorb. Die Kabel
werden mit einem miniaturisierten Aufzeichnungsgerät verbunden – in der Größe einem Walkman ähnlich –, welches bequem
unter der Kleidung getragen werden kann. Zusätzlich bekomme ich eine Protokollliste, welche ich noch ausfüllen muss. Die
Knieschmerzen rechts behandelt er leider nur kurz mit Laser.

Vom 19.10.2014 bis 25.10.2014 sind wir in Taiwan

Obwohl ich meistens die Tabletten vergesse, habe ich weniger Probleme als zu Hause. Vor allem das Zittern ist wesentlich weniger.

Vom 25.10.2014 bis 08.11.2014 sind wir in Hongkong

Auch hier nehme ich meistens nur die Tabletten am Morgen und Abend und diejenigen untertags vergesse ich. Trotzdem leide ich weniger unter dem Bein- und Armzittern links als zu Hause.

Wir gehen zu einem chinesischen Arzt. Er hört sich zuerst die Beschreibungen meiner Frau an. Anschließend macht er eine Puls- und Zungendiagnose. Dabei stellt er fest, dass ich eine schwache Leber, Niere und Milz hätte. Ich bekomme ein Rezept für chinesische Medizin, welche wir später in einem Labor holen müssen.

Gewissheit

Ich bin wieder bei meinem Neurologen in L. Er begrüßt mich sehr freundlich. Wir diskutieren über meinen bisherigen Parkinsonverlauf. Ich erzähle ihm auch meine bisherigen Erfahrungen und auch von verschiedenen Behandlungsmöglichkeiten wie Bockshornklee, Kokosöl, Bulgarisches Jogurt oder den Forschungsergebnissen von den Forschern am Max-Planck-Institut. Er schaut auch im Internet nach und findet Einiges von dem, was ich ihm erzählt habe. Er hört mir zu und gibt mir das Gefühl, dass er mich ernst nimmt – nicht wie der Neurologe in M.

Später macht der Arzt diverse Tests. Finger spreizen, nach hinten fallen, hin und hergehen usw. Dabei komme ich auf 7 Punkte. Vor ca. einem Jahr hatte ich 9 Punkte, also habe ich eine Verbesserung. Was die Sinemet-Tabletten angeht, rät er mir einfach, so viel zu nehmen, wie nötig sind. Ich müsse selbst herausfinden, wieviel ich brauchen würde. Allerdings könne man das Zittern dabei nicht wegbringen. Auf meine Frage zum Unterschied von Alterszittern und Parkinson erklärt er mir, dass man dies durch ein kompliziertes Verfahren feststellen könne. Allerdings sei dies sehr kompliziert, teuer und werde von den Krankenkassen nicht bezahlt. Es werde nur dann angewandt, wenn man nicht klar sagen könne, ob es wirklich Parkinson sei. Bei mir sei es aber eindeutig Parkinson, allerdings hätte ich insofern Glück gehabt, dass ich eine langsam verlaufende Form von Parkinson hätte. Als ich ihn frage, ob diese Untersuchung DATSCAN sei, bejaht er und meint, dass er merke, dass ich mich informiert hätte.

Aufgrund einer Behandlung von seinem Vorgänger, als es um mein Gehirn ging, vermutet er, dass ich eine leichte Streifung gehabt hätte. Er rät mir, zusätzlich Aspirin zu nehmen. Wenn nichts dazwischenkomme, würden wir uns in einem Jahr wiedersehen.

Ich bin froh, dass ich mich für den Neurologen in L. entschieden habe und gegen jenen in M.

26.01.2015

Ich bin wegen meinem Zittern und meinen Knieproblemen beim Hausarzt. Was den Serotoninspiegel angeht, sagt er, dass dieser eher zu tief sei. Als ich ihn darauf anspreche, dass vielleicht die Medikamente nicht richtig aufeinander abgestimmt seien oder sich gegenseitig beeinflussen, lacht er nur und sagt nichts. Auch auf meine Fußprobleme geht er nicht ein. Er meint, dass ich es noch einmal mit Griffonia probieren solle. Zudem empfiehlt er mir eine Neurologische Physiotherapie. Er gibt mir eine Überweisung für eine Physiotherapeutische Praxis in S. Anschließend behandelt er meinen rechten Oberschenkel mit Laser, nachdem er einige schmerzhafte Punkte gefunden hate.

13.02.2015

Meine Frau und ich fahren nach L. Solange ich fahre, verspüre ich kein Zittern. Sobald ich mich aber hinsetze oder stehe, kommt das Zittern auf der linken Seite zurück. Am Abend, beim Nachtmahl im Restaurant, habe ich für etwa fünf Minuten eine richtige Zitterattacke. In der Ferienwohnung will ich noch im Buch „Der Healing Code" etwas lesen. Ich habe aber richtig Mühe, denn meine beiden Hände zittern recht stark. Nach ca. zehn Minuten kann ich nicht mehr. Dies ist das erste Mal, dass ich nicht einmal etwas in Ruhe lesen kann. Ich fühle mich so hilflos und bin enttäuscht.

23.02.2015

Am Morgen versuche ich wie schon oft in den vergangenen Wochen mich mit autogenem Training in Ruhe und Schwere zu versetzen. Nachdem ich vor Jahren einmal einen Kurs besucht und es damals auch recht gut hinbekommen habe, ist mir dies nicht mehr gelungen. Heute war es aber wieder recht gut.

Ich lese intensiv im „Healing Code Buch" und schaue mir im Internet diverse Beiträge über Glaubenssätze an.

Eine Therapeutin aus der Physiotherapie-Praxis in S. ruft mich wegen des Termins an. Ich kann am Freitag den 27.02.2015 um 10:00 Uhr zu ihr gehen.

27.02.2015

Die Physiotherapeutin erledigt zuerst das Administrative. Dann fragt sie mich über meine Beschwerden aus und macht sich dazu ihre Notizen. Es folgen diverse Übungen:

Physiotherapeutische Übungen Teil 1
- Im Raum hin und zurück Laufen
- Stehen, gerade mit offenen Augen
- Stehen, mit offenen Augen auf dem rechten Bein (wenn möglich 30 Sekunden)
- Stehen, mit offenen Augen auf dem linken Bein (wenn möglich 30 Sekunden)
- Stehen, mit geschlossenen Augen auf dem rechten Bein (wenn möglich 30 Sekunden)
- Stehen mit geschlossenen Augen auf dem linken Bein (wenn möglich 30 Sekunden)
- Versuchen, auf den Zehenspitzen zu stehen (wenn möglich 30 Sekunden)
- Versuchen, auf den Fersen zu stehen (wenn möglich 30 Sekunden)
- Gehen, zuerst mit offenen und dann mit geschlossenen Augen auf den Zehenspitzen
- Gehen, zuerst mit offenen und dann mit geschlossenen Augen auf den Fersen
- Mit dem rechten Bein einen Schritt nach vorne machen Die Augen schließen.

- Mit dem linken Bein einen Schritt nach vorne machen Die Augen schließen
- Einen kleinen Ball mit beiden Händen und gestreckten Armen über den Kopf so weit als möglich nach hinten und wieder nach vorne führen
- Einen kleinen Ball mit beiden Händen und gestreckten Armen so weit als möglich in der Waagrechten nach links und dann nach rechts drehen
- An der Wand stehen und die gestreckten Arme so weit als möglich nach oben heben und wieder zurück
- Stehen in die Mitte des Raums. Den Ball mit der rechten Hand hinter den Rücken führen und ihn an die linke Hand übergeben Den Ball nach vorne führen und ihn wieder an die rechte Hand übergeben, usw. Anschließend die gleiche Übung, aber in die andere Richtung

Diverses auf dem Bett
- Ich ziehe meine Hosen aus und lege mich aufs Bett. Die Physiotherapeutin massiert kurz meinen inneren Oberschenkel und kommt dabei, wie auch mein Hausarzt, auf schmerzhafte Punkte. Sie macht ein Tape über mein rechtes Knie.

Was das Zittern auf meiner linken Seite angeht, meint sie, dass ich mich noch einmal beim Neurologen melden solle. Was meine Blase angeht, meint sie, dass mir wahrscheinlich ein Beckenbodentraining guttun würde. Sie bittet mich, die Übungen von zu Hause einmal mit zu bringen. Sie fragt mich auch, was das für ein Massagegerät sei, mit welchem ich die inneren Oberschenkel massiere.

04.03.2015

Ich gehe in die Neurologie in L. Mein Arzt sieht auch, dass mein linker Arm zittert und befragt mich über meinen generellen Gesundheitszustand. Ich erkläre ihm, dass mich im Moment mein

Zittern am meisten störe. Sonst habe ich vor allem mit den Füßen, der linken Vene, dem rechten Knie, der Blase und dem Magen-Darm so meine Probleme. Er meint, dass er wegen meinem Zittern das Medikament Akineton empfehle. Der nächste Termin ist am 27.05.2015 um 10:00 Uhr.

Im Wartezimmer finde ich eine Broschüre von der Abteilung für klinische Neurophysiologie vom Universitätsspital B., in dem sie für eine Studie Patienten suchen, welche unter Parkinson leiden. Bei dieser Studie geht es darum, in einem Psychosozialem Gruppentraining auftretende Stresssituationen besser bewältigen zu können.

Gegen Abend bin ich bei meinem Hausarzt. Seine Frau erklärt mir, dass sie und ihr Mann über mich diskutiert und den Eindruck bekommen hätten, dass ich mit ihnen nicht zufrieden sei. Laut ihren Äußerungen hätte sie ihrem Mann den Vorschlag gemacht, dass sie sich einmal um mich kümmern möchte, da die Probleme besser in ihr Gebiet passten als zu ihrem Mann.

Sie erklärt mir dann, dass ich zu viele rote Blutkörperchen in meinem Blut hätte, was das Blut dicker mache und somit mein Risiko für Thrombose, Herz-, Lungen-, oder Nierenprobleme erhöht sei.

Sie informiert mich dann auch über gewisse Zusammenhänge von Nahrungsmitteln, meiner Zahnsituation, den Metallen und den Borrelien in meinem Körper und was sie auslösen können.

Ich erzähle ihr von den Forschern der TU Dresden, deren Idee darauf beruht, dass der Mensch zwei Gehirne haben soll, eines im Magen-Darmbereich und eines im Kopf. Das Magen-Darm-Gehirn gebe nun dem Kopfhirn den Befehl, Dopamin zu produzieren. Wenn der Weg dorthin aber blockiert oder unterbrochen ist, sei dies nicht möglich. Zu meiner Überraschung meint sie dann, dass sie sich dies gut vorstellen könne.

Um den momentanen Blutwert zu ermitteln, nimmt die MPA mein Blut. Es scheint, dass der Aderlass den Blutwert etwas verbessert hat. Meine Ärztin empfiehlt, dass man später vielleicht noch einmal einen Aderlass machen sollte.

Als sie auf meine Zähne zu sprechen kommt, meint sie, dass ich, wenn ich Implantate einsetzen lassen möchte, darauf achten solle, dass sie Keramikimplantate und nicht Metallimplantate verwenden. Zudem meint sie, dass sie den Goldzahn auch entfernen würde.

Wir reden dann noch über die Ursachen von Stress, der eigentlich verantwortlich ist für gesundheitliche Probleme. Als ich auf das Thema Glaubenssätze zu sprechen komme, zeigt mir die Ärztin, dass sie von dieser Art Heilung nicht viel hält.

Sie kommt dann noch einmal auf meine Unzufriedenheit zu sprechen und zeigt sogar Verständnis dafür.

Sie macht den Vorschlag, dass man, bevor man die Borrelien behandelt, als erstes die toxischen Metalle und Mineralstoffe im Blut bestimmen und behandeln sollte. Nachdem sie zuerst vorschlägt, ich solle es mir noch einmal überlegen, denn die Kosten von 600,00 CHF würden nicht von der Krankenkasse übernommen, da sie das Blut nach Berlin senden müssten, erkläre ich, dass ich nicht mehr überlegen müsse, sondern, dass wir dies nun machen. Sie füllt ein Formular für dieses Labor in Berlin aus, wobei der Termin für die Blutentnahme erst später ist.

06.03.2015

Ich bin wieder in der Physiotherapeutischen Praxis in S. Zuerst übergebe ich der Therapeutin meine Unterlagen (Kopien von meinen Turnübungen und vom Massagegerät).

Sie fragt mich, wie es die vergangene Woche gegangen sei. Dann folgen wieder diverse Übungen.

Physiotherapeutische Übungen, Teil 2

- im Raum hin und zurück laufen (Vorwärts normal, zurück rückwärtslaufen)
- Gerade stehen,
- mit dem linken Bein einen Schritt nach vorne machen.
- Die Arme seitlich ausstrecken,
- nun mit beiden Beinen in die Knie gehen
- (nicht mit dem Knie über die Zehenspitze hinaus und nur so weit, dass es keine Schmerzen macht)
- Gerade stehen,
- mit dem rechten Bein einen Schritt nach vorne machen
- die Arme seitlich ausstrecken,
- nun mit beiden Beinen in die Knie gehen.
- (nicht mit dem Knie über die Zehenspitze hinaus und nur so weit, dass es keine Schmerzen macht)
- die gleiche Übung wie vorher, aber dabei einen Ball waagrecht nach vorne halten
- den Ball mit gestreckten Armen nach oben halten,
- nach rechts und wieder zurückdrehen,
- ach links und wieder zurück drehen
- gerade stehen
- in jede Hand eine Flasche nehmen, welche mit Sand gefüllt ist
- vorsichtig in die Knie gehen (nicht übertreiben),
- wieder in die Ausgangsstellung
- einen Schritt von der Wand weg stehen
- Arme nach vorne strecken und die Handflächen auf die Wand lege
- nun die Körperöffnungen (Harnröhre und After) schließen und sich vorstellen, dass man sie in sich hineinzieht
- nun die Beckenbodenmuskulatur in den Körper hineinziehen und dann die beiden Sitzbeinhöcker zur Mitte hin zusammen ziehen
- Die Bauchmuskeln sind dabei auch nach innen gezogen und stehen unter Spannung.
- mit dem Oberkörper zur Wand gehen, wie wenn man Liegestütz an der Wand machen würde

62

- diese Stellung einen Moment halten
- wieder in die Ausgangsstellung
- auf den Bettrand sitzen, die Füße sind vorne auf dem Boden.
- nun einen Ball unter den rechten Fuß legen und hin- und herrollen
- Wenn man einen Schmerzpunkt spürt, einen kurzen Moment darauf drücken, bis der Schmerz weg ist.
- nun die gleiche Übung mit dem linken Fuß
- mit gespreizten Beinen in der Mitte des Raums stehen
- den Ball mit der rechten Hand unter den Beinen durchführen und ihn an die linke Hand übergeben.
- eine 8 beschreiben und ihn wieder an die rechte Hand übergeben usw.
- anschließend die gleiche Übung, aber in die andere Richtung
- wieder gerade stehen
- mit dem rechten Bein einen Schritt nach vorne machen
- nun mit beiden Beinen in die Knie gehen
- (mit dem Knie nicht über die Zehenspitze hinaus gehen und nur so weit, dass es keine Schmerzen macht)
- während der Übung Rechenaufgaben lösen(z. B. 30 minus 3 = 27 minus 3 = 24 minus 3 = 21 usw.)
- nun die Übung auf die andere Seite

Anschließend gibt mir die Therapeutin ein Büchlein mit Bewegungsübungen für Parkinsonpatienten. Sie macht ein neues Tape über mein rechtes Knie.

Ich rufe in der Abteilung für klinische Neurophysiologie vom Universitätsspital B. wegen dem Gruppentraining zur Stressreduktion an. Man wird mir Unterlagen senden.

07.03.2015

Ich bekomme die Unterlagen vom Universitätsspital B., welche ich durchlese. Es wird darin der Ablauf der Studie beschrieben.

10.03.2015

Eine Mitarbeiterin von der Abteilung für klinische Neurophysiologie vom Universitätsspital B. ruft mich an wegen der Teilnahme an der Parkinsonstudie. Da ich interessiert bin, gibt sie mir drei Termine, nämlich am 12.03.2015 um 15:30 Uhr, am 17.03.2015 um 12:00 Uhr und am 19.03.2015 um 15:30 Uhr.

11.03.2015

Die Mitarbeiterin von der Abteilung für klinische Neurophysiologie vom Universitätsspital B. ruft mich erneut an. Sie arbeitet als Psychologin und Wissenschaftliche Mitarbeiterin. Sie möchte wissen, bei welchem Neurologen ich sei und ob ich Unterlagen von ihm hätte. Sie wird diese bei meinem Neurologen in L. anfordern.

12.03.2015

Ich gehe zur klinischen Neurophysiologie des Universitätsspitals B. Eine junge Praktikantin empfängt mich. Wir gehen in den 4. Stock. Ich übergebe ihr meine Medikamentenliste. Sie stellt mir diverse Fragen. Später kommt noch eine andere Ärztin dazu, um die Einwilligungserklärungen zu unterschreiben. Kurz darauf kommt eine der Ärztinnen, welche die Studie überwacht. Auch sie stellt gewisse Fragen. Sie meint auch, wie mein Neurologe in L., dass ich zum Glück die langsame Form von Parkinson hätte.

Anschließend macht die Praktikantin mit mir diverse Tests und stellt diverse Fragen über meine Gesundheit.

Eigentlich sind es ähnliche Tests wie bei den beiden Neurologen in L. und in M., nur sind sie hier umfangreicher.

Am Schluss gibt mir die Praktikantin einen iPad mit verschiedenen Fragen, welche ich zu Hause beantworten kann. Den

64

Termin vom 19.03.2015 ist neu nicht um 15:30 Uhr, sondern schon um 14:00 Uhr.

13.03.2015

Ich bekomme die Trainingsdaten von der klinischen Neurophysiologie vom Universitätsspital B. 16.03.2015, 23.03.2015, 13.04.2015, 20.04.2015, 27.04.2015, 04.05.2015, 11.05.2015, 11.05.2015, 18.05.2015 und 01.06.2015. Jeweils von 16:30 Uhr bis 18:30 Uhr.

Ich gehe noch zur Neurophysio in S. Zuerst gebe ich der Physiotherapeutin das Büchlein mit Bewegungsübungen für Parkinsonpatienten zurück. Sie gibt mir dafür die neuere Version. Ich erzähle ihr dann über die Schmerzprobleme, welche ich mit meinem rechten Knie hatte. Sie massiert mein rechtes Knie und macht gewisse Bewegungsübungen. (Siehe unter Parkinson-Therapie)

Physiotherapeutische Behandlung
- Ich muss mich auf das Bett legen.
- Die Therapeutin massiert nun dieses Knie und den Oberschenkel, wobei sie diverse Schmerzpunkte ausfindig macht.
- Sie biegt mein Bein im Kniegelenk langsam hin und her.
- Sie bittet mich, das Bein langsam zu strecken und wieder langsam im Knie zu biegen.
- Anschließend muss ich mich auf den Bettrand setzen.
- Nun muss ich das Bein langsam strecken und wieder langsam zurück.
- Nun strecke ich das Bein wieder und drehe den Fuß um die Ferse auf und ab.

Psychosoziales Training & Neurophysio

16.03.2015

Ich gehe an die erste Parkinsonstudiensitzung mit anderen Parkinsonpatienten ins Universitätsspital B.

Selbstbeobachtung
Eine Psychologin, eine Ärztin und ein Psychologiestudent begrüßen uns. Wir wechseln in das Nachbargebäude, wo wir von einer weiteren Ärztin empfangen werden.

Zuerst bekommen wir ein Inhaltsverzeichnis über die kommenden Sitzungen, ein Patientensitzungsbogen und zwei Fragebogen, welche wir zu Hause ausfüllen sollen.

Bevor es los geht, gibt es eine Vorstellungsrunde. Während die Psychologin ihre Arbeit beginnt, verlässt uns die zusätzliche Ärztin. Anschließend führt uns die Psychologin durch die Sitzung.

Zuerst machen wir mit geschlossenen Augen eine Entspannungsübung. Leider bekomme ich dies nicht so leicht hin wie damals, als ich noch autogenes Training, oder Sophrologie machte. Nun muss jeder beschreiben, was er gefühlt hat oder welche Gedanken aufgekommen sind. Nach diversen anderen Übungen übernimmt die Ärztin. Sie erklärt uns den Speicheltest, welchen wir zu Hause durchführen sollen.

Zwischendurch machen wir eine kurze Pause in welcher uns die Psychologin mit Kaffee und Kuchen verwöhnt.

17.03.2015

Ich melde mich wieder bei der Anmeldung EEG im ersten Stock des Universitätsspitals in B. Die Ärztin, die uns gestern begrüßt hatte, und ein Assistent sind anwesend begrüßen mich. Wir gehen in einen anderen Raum im vierten Stock. Während der Assistent diverse Tests am Computer und anschließend am Tisch macht, schaut die Ärztin dem Ganzen zu und macht sich ihre Notizen.

Bei der ersten Übung muss ich mir Zahlen merken, z. B. wenn zwei Zahlen kommen, muss ich mir immer die vorletzte merken. Wenn dann eine dieser Zahlen erscheint, muss ich auf den Knopf drücken.

z. B. wenn die Zahlen 10 und 15 erscheinen, muss ich mir die 10 merken. Dann kommen die nächsten Zahlen, z. B. 20 und 16, dann muss ich mir die 20 merken. Wenn bei den nächsten Zahlen z. B. 20 und 9 kommen, muss ich die Taste drücken und gleichzeitig die Zahl 20 merken. usw.

Bei der nächsten Übung muss ich immer, wenn eine gerade Zahl kommt, den Knopf drücken.

Am Tisch legt mir der Assistent eine komplizierte Skizze vor, welche ich nachzeichnen muss. Anschließend nimmt er die Skizze weg und ich muss sie aus dem Gedächtnis heraus noch einmal aufzeichnen.

Dann gibt es verschiedene Tests mit farbigen Klötzchen, wobei ich diese nach Vorlage richtig zusammenstellen muss. Nach diversen Fragen musste ich noch einige Gedächtisübungen machen.

19.03.2015

Ich melde mich wieder im ersten Stock bei der Anmeldung EEG. Die junge Praktikantin empfängt mich. In einem Nebenraum legt mir eine Schwester eine Kappe mit 256 Elektroden über den Kopf. Die Elektroenzephalographie (EEG) zeichnet die Hirnströme an der Kopfoberfläche auf. Sie hilft bei der Diagnose von Anfallsleiden (Epilepsie) und vielen anderen Hirnfunktionsstörungen.

Die erste Übung besteht darin, dass ich auf ein Zeichen meine Augen schließen und wieder öffnen muss. Anschließend muss ich ¼ Stunde die Augen schließen. Am Schluss wird die erste Übung wiederholt.

Bevor ich von der Praktikantin abgeholt werde, wird mir noch Blut entnommen.

Die Praktikantin und ich gehen dann in den vierten Stock, wo ich weitere Übungen machen muss. Eine Übung besteht darin, dass ich auf einem Bord mit Löchern und einer vertieften, schmalen Nut mit einem Stift entlangfahren muss und dabei möglichst die Seitenwände oder den Nutboden nicht berühren soll. Dann heißt es, kleine Stifte in die kleinen Löcher stecken. Die nächste Übung besteht darin, mit dem Stift runde Flächen, welche in einer Reihe sind, so schnell als möglich zu berühren. Dann muss ich mit dem Stift auf einer quadratischen Fläche so schnell als möglich trommeln.

All diese Übungen muss ich zuerst mit der rechten Hand, dann mit der linken und anschließend mit beiden Händen machen.

Es folgten dann diverse andere Tests, z. B. muss ich mir eine Wortreihe merken, welche die Praktikantin mir vorsagt. Eine andere Übung besteht darin, dass sie mir ein Blatt zeigt mit diversen Figuren, welche ich nachher aus dem Gedächtnis heraus aufzeichnen muss. Auch verschiedene Fragen muss ich beantworten, z. B. wenn sie mir zwei Worte sagt, z. B. Tiger und Kuh, dann muss die Antwort „Tier" sein. Oder ich muss die fünf Kontinente aufsagen, das heutige Datum, die aktuelle Jahreszeit usw.

Anschließend muss ich am Computer diverse Aufgaben lösen, z. B. auf drei Säulen sind farbige Kugeln, welche ich nun anhand der Vorgabe richtig einordnen muss, wobei der Schwierigkeitsgrad immer höher wird.

Am Schluss stellte mir die Praktikantin noch diverse Fragen, z. B. ob ich Drogen nehmen, ob ich rauchen oder ob ich Alkohol trinken würde und wie viel. usw. Zu Hause fülle ich noch die diversen Fragebögen aus.

20.03.2015

Heute bin ich wieder in der Physiotherapeutischen Praxis in S. Zuerst gebe ich der Physiotherapeutin das Büchlein „Bewegungsübungen für Parkinsonpatienten" zurück. Ich erzähle ihr dann über die Schmerzprobleme, welche ich mit meinem rechten Knie hatte. Sie wird auch meinen Hausarzt anrufen.

Neurophysiologische Behandlung
* Ich muss mich auf das Bett legen.
* Die Therapeutin massiert nun das eine Knie und den Oberschenkel außen und innen, wobei sie diverse Schmerzpunkte ausfindig macht.
* Anschließend massiert sie das andere Knie und die Unterschenkel außen und innen.
* Sie biegt mein Bein im Kniegelenk langsam hin und her.
* Sie bittet mich, das Bein langsam zu strecken und wieder langsam im Knie zu biegen.
* Nun muss ich das Bein langsam strecken und wieder langsam zurück, wobei sie immer etwas Gegendruck gibt.
* Sie macht den Vorschlag, dass sie versuchen wolle, zuerst mein Knie wieder in Ordnung zu bringen. Ich erkläre ihr, dass mir dies recht sei, denn ich kann später immer noch eine weitere Verordnung beim Hausarzt verlangen.

22.03.2015

Ich mache den Speicheltest. Dazu muss ich heute zwischen 6:00 und 8:00 Uhr, zwischen 12:00 und 14:00 Uhr, zwischen 16.00 und 18:00 Uhr und zwischen 20.00 und 22.00 Uhr aus einem Röhrchen eine Watterolle nehmen und sie zwei Minuten im Mund behalten und mit möglichst viel Speichel durchtränken. Anschließend muss ich die Watterolle wieder in das Röhrchen zurücktun und gut verschossen im Kühlschrank aufbewahren.

Am Nachmittag suche ich im Internet diverse Seiten auf über Parkinson, Entspannungs- und andere Übungen.

Ich schreibe Klaus, einem Freund in Huston, welcher ebenfalls unter Parkinson leidet.

23.03.2015

Zuerst muss ich zwischen 06:00 und 08:00 Uhr noch den letzten Speicheltest durchführen und alles auf dem Formular dokumentieren.

Stressbewältigung

Am Nachmittag gehe ich in die Sitzung mit anderen Parkinsonpatienten. Die Psychologin, die Ärztin und der Student begrüßen uns. Heute sind nur fünf Patienten hier.

Die Ärztin verteilt zuerst Ostergeschenke, Lübecker Edel-Marzipan und ein Büchlein „Nur Mut" in dem es um Soforthilfen bei Herzklopfen, Angst, Panik usw. geht. Bevor sie sich verabschiedet, sammelt sie noch die Speicheltests ein.

Anschließend muss jeder Teilnehmer von seinen Erfahrungen in der vergangenen Woche erzählen. Im Anschluss gibt die Psychologin jedem ein Puzzle, für welches wir sieben Minuten Zeit haben es zu lösen, was aber keiner schafft.

Nun werden wir aufgefordert, uns Gedanken zu machen, was Stress erzeugen kann. Dann müssen wir uns Gedanken machen, wie man Stress begegnen kann. Der Student notiert alles auf einem Flipchart und gibt dann jedem eine Kopie. Zwischendurch wird wieder eine Pause mit Kaffee und Kuchen gemacht. Als Aufgabe bekommen wir den Auftrag, die Situation an einer Kasse wahr zu nehmen.

27.03.2015

Ich gehe Neurophysiologin in S. und erzähle ihr von den Schmerzproblemen, welche ich mit meinem rechten Knie hatte. Bis am
Mittwoch hatte ich keine Probleme. Während dem Velo fahren
in der Fitness und als ich nach Hause lief, hatte ich wieder diese
Schmerzattacken. Sie massiert mein rechtes Knie und macht gewisse Bewegungsübungen.

Neurophysiologische Behandlung
- Ich muss mich auf das Bett legen.
- Die Therapeutin massiert nun dieses Knie und den Ober-
  schenkel außen und innen, wobei sie diverse Schmerzpunk-
  te ausfindig macht.
- Sie biegt mein Bein im Kniegelenk langsam hin und her.
- Sie bittet mich das Bein langsam zu strecken und wieder lang-
  sam im Knie zu biegen.
- Nun muss ich das Bein langsam strecken und wieder lang-
  sam zurück, wobei Frau Bl.sie immer etwas Gegendruck gibt.

02.04.2015

Ich gehe zu meinem Hausarzt. Er möchte wissen, wie es mir geht.
Nachdem ich letzte Woche sehr oft leichte Schmerzen in der Nierengegend hatte, geht es mir seit gestern Mittag eigentlich nicht
so schlecht, außer das rechte Knie schmerzt wieder mehr. Er behandelt meine Oberschenkel innen und außenaußen mit Laser,
dabei findet er einige schmerzhafte Triggerpunkte.

Ich erzähle ihm noch, dass ich beim Neurologen u L. gewesen
bin und er mir Akineton verschrieben hat gegen mein Zittern.
Zudem erzähle ich ihm noch von meiner Teilnahme an dieser
Parkinsonstudie in der klinischen Neurophysiologie vom Universitätsspital B. Bei den Schmerzen im Nierenbereich nimmt er
an, dass dies Muskelschmerzen seien. Er meint, dass wir nun die
Resultate von der Blutuntersuchung abwarten sollten, um das

weitere Vorgehen zu bestimmen. Er gibt mir noch einen Rapport mit für die Physiotherapeutin in S.

10.04.2015

Ich gehe wieder zur Neurophysio. Ich übergebe der Therapeutin noch ein paar Unterlagen über LSVT BIG, eine neue Therapie, wie man Parkinsonpatienten behandelt. Da sie noch nie von dieser Therapieform gehört hat, wird sie es sich einmal anschauen.

Anschließend erzähle ich ihr über die Schmerzprobleme, welche ich mit meinem rechten Knie und den Schmerzen in der Nierengegend hatte. Ich erzähle ihr auch von der Laserbehandlung, welche ich beim Hausarzt hatte, welche aber nur gerade einen Tag Schmerzfreiheit brachte.

Sie behandelt mich nun zuerst im Nackenbereich, dann in beide Knien. Sie stellt auch fest, dass mein ganzer Körper verspannt ist. Sie kann diese Verspannung etwas lösen. Sie macht ein neues Tape über mein rechtes Knie.

Neurophysiologische Behandlung

- Ich muss mich auf das Bett legen.
- Sie behandelt zuerst meinen Nacken.
- Dann massiert sie mein rechtes Knie und den Oberschenkel außen und innen, wobei sie diverse Schmerzpunkte ausfindig macht.
- Sie biegt mein Bein im Kniegelenk langsam hin und her.
- Sie bittet mich das Bein langsam zu strecken und wieder langsam im Knie zu biegen.
- Nun muss ich das Bein langsam strecken und wieder langsam zurück, wobei sie immer etwas Gegendruck gibt.
- Am Ende macht sie ein Tape über mein rechtes Knie.

Entspannung und Genuss

Am Nachmittag gehe ich zu der Sitzung mit anderen Parkinson-patienten. Die Psychologin und der Student begrüßen uns. An der Tramhaltestelle bei der SBB treffe ich einen Studienkollegen. Da die SBB Probleme hatte, sind wir etwas verspätet. Heute sind nur sechs Patienten hier.

Die Psychologin möchte zuerst von uns wissen, wie es uns ergangen ist an einer Kasse. Anschließend müssen wir die Augen schließen. Sie macht mit uns eine Entspannungsübung, in der wir uns einen wohltuenden Platz vorstellen müssen. Leider funktioniert es bei mir heute nicht so, wie ich es gerne hätte. Ich kann mich nicht richtig entspannen, da meine linke Seite wieder extrem zittert. Nach der Übung bekommen wir Schokolade.

Nun werden wir aufgefordert, uns Gedanken zu machen über Entspannung und Genuss. Der Student notiert alles auf einem Flipchart und gibt dann jedem eine Kopie. Zwischendurch wird wieder eine Pause gemacht mit Kuchen. Als Aufgabe müssen wir uns bis nächsten Montag Gedanken machen über genussvolles Leben und über den Verlauf unserer Krankheit.

17.04.2015

Ich gehe zur Neurophysio und erzähle der Therapeutin von den Schmerzproblemen, welche ich mit meinem rechten Knie hatte. Bis am Donnerstag hatte ich keine Probleme. Sie freut sich darüber. Ich erkläre ihr, dass mich mein Hausarzt nun wöchentlich mit Laser und sie mich weiterhin mit Massage behandeln solle.

Sie erzählt mir dann, dass sie die Unterlagen über LSVT BIG, welche ich ihr das letzte Mal gegeben habe, gelesen habe. Da sie es als sehr interessant erachtet, hat sie sich schon angemeldet.

Neurophysiologische Behandlung
- Ich muss mich auf das Bett legen.
- Sie massiert nun dieses Knie und den Oberschenkel außen und innen, wobei sie diverse Schmerzpunkte ausfindig macht.
- Sie biegt mein Bein im Kniegelenk langsam hin und her.
- Sie bittet mich, das Bein langsam zu strecken und wieder langsam im Knie zu biegen.
- Nun muss ich das Bein langsam strecken und wieder langsam zurück, wobei sie immer etwas Gegendruck gibt.
- Anschließend macht sie ein Tape über mein rechtes Knie.
- Am Schluss massiert sie noch meinen Nacken.

20.04.2015

Ausdruck der Krankheit
Am Nachmittag gehe ich zu der Sitzung mit anderen Parkinsonpatienten. Die Psychologin und der Student begrüßen uns. Zuerst möchte die Psychologin wissen, was für Gedanken wir uns zum letzten Thema „Entspannung und Genuss" gemacht haben. Heute scheint die Gruppe etwas müde.

Das heutige Thema ist, wie man seine Krankheit andern mitteilt. Wir einigen uns auf folgendes:
- Meine Finger wollen nicht immer, wie ich will.
- Die Verbindung zwischen Gehirn und Muskulatur ist gestört.
- Das ist eine unheilbare Krankheit.
- Parkinson bewirkt, dass ich zittere.
- Es ist kompliziert. Ich erkläre es Dir ein anderes Mal.

24.04.2015

Ich gehe zur Neurophysio und erzähle der Therapeutin von den Schmerzproblemen, welche ich mit meinem rechten Knie hatte. Bis am Montag, den 20.04.2015 hatte ich keine Probleme. Am

Dienstag hat mich dann mein Hausarzt behandelt. Seine Laserbehandlung hielt aber nur bis am Nachmittag. Beim Treppenlaufen in M. hatte ich wieder Probleme. Der anschließende Spaziergang nach F. war dann allerdings nichts für meine Knie.

Die Therapeutin zeigt mir zuerst ein paar Übungen, um meine Muskeln zu stärken. Unter den Übungen sind auch solche von LSVT BIG. Anschließend macht sie ein Tape über mein rechtes Knie.

Neurophysiologische Behandlung

- Ich setze mich auf die Bettkante.
- (die Füße sind breitbeinig auf dem Boden und die Fußspitze senkrecht zu den Kniescheiben)
- Nun richte ich mich auf, wobei die Arme seitlich nach oben schwingen (Anspannung im Rücken)
- Wieder zurück in die Ausgangsstellung.
- Ich wiederhole diese Übung 10 Mal.
- Nun schiebe ich den linken Fuß etwas nach vorne und mache die Übung wie oben.
- Ich wiederhole diese Übung 10 Mal.
- Ich setze mich auf einen Stuhl, ohne anzulehnen.
- (die Füße sind breitbeinig auf dem Boden und die Fußspitze senkrecht zu den Kniescheiben)
- Ich bücke mich nach vorne und berühre mit den Händen den Boden.
- Nun schwinge ich meine Arme seitlich nach oben (Anspannung im Rücken, bis 10 zählen)
- Nun schwinge ich die Arme nach unten und klatsche mit den Händen auf meine Oberschenkel.
- Ich wiederhole diese Übung 10 Mal.
- Ich muss mich vor das Bett stellen, die Knie sind etwas von der Oberkannte der Matratze weg.
- Nun schwinge ich meine Arme vor mir parallel schräg nach oben. Gleichzeitig neigt sich mein Oberkörper möglichst schräg nach vorne, wobei ich mit den Kniescheiben die Matratze berühre.

- Der Oberkörper und die nach vorne ausgestrecktem Arm bilden eine Linie.
- Nun muss ich mich auf das Bett legen.
- Die Therapeutin massiert nun das rechte Knie und den Oberschenkel außen und innen, wobei sie wieder diverse Schmerzpunkte ausfindig macht.
- Sie biegt mein Bein im Kniegelenk langsam hin und her.
- Sie bittet mich, das Bein langsam zu strecken und wieder langsam im Knie zu biegen.
- Nun muss ich das Bein langsam strecken und wieder langsam zurück, wobei die Therapeutin immer etwas Gegendruck gibt.
- Anschließend macht sie. ein Tape über mein rechtes Knie.

27.04.2015

Trauer und Depression

Am Nachmittag gehe ich in die Sitzung mit anderen Parkinsonpatienten. Die Psychologin und der Student begrüßen uns. Heute möchte sie von uns wissen, was für Gedanken wir uns zum letzten Thema „Ausdruck der Krankheit" gemacht haben. Das heutige Thema ist „Trauer und Depression". Wir bekommen diverse Unterlagen dazu.

- Negative Gedanken und Veränderung des Verhaltens: z.B.
- Ich bin zu nichts mehr zu gebrauchen = Aufhören, Dinge zu tun
- Ich kann nichts gegen die Erkrankung tun = Sich nicht an die Behandlung Halten
- usw. (Siehe Unterlagen
- Körperliche Folgen:
- Kopfschmerzen, Bluthochdruck, Muskelverspannungen, usw.
- Psychische Folgen
- mürrisch, reizbar, niedergeschlagen usw.

Die Psychologin macht wieder eine Entspannungsübung mit uns, welche wir anschließend diskutieren. Sie bittet uns, diese zu Hause zu wiederholen und sich die Erfahrungen damit zu merken.

04.05.2015

Suche nach Unterstützung

Am Nachmittag gehe ich zu der Sitzung mit anderen Parkinsonpatienten. Da unsere Psychologin heute nicht hier ist, betreuen uns heute die Ärztin, die uns zur ersten Sitzung begrüßt hat, auch Psychologin, und der Student, welcher heute die Sitzung leitet.

Er will zuerst wissen, wie es uns mit der Übung zu Hause ergangen ist. (Selbstberuhigung)

Anschließend werden zwei Gruppen gebildet. Gruppe 1 muss farbige Blätter sortieren und je nach Farbe alphabetisch einordnen. Bei Gruppe 2 muss jeder auf ein großes Blatt seinen Namen schreiben.

Anschließend werden Zweiergruppen gebildet. Jede Gruppe muss nun auf einem Blatt negative Ideen aufschreiben zum heutigen Thema, z.B. „Ich brauche keine fremde Hilfe.", oder „Angst vor Gesichtsverlust". Auf einem anderen Blatt müssen positive Ideen zum Thema aufgeschrieben werden, z: B. „Ich bin froh um jede Hilfe, welche ich bekomme" oder „Es geht schneller, wenn ich mir helfen lasse." Zusammen werden dann die einzelnen Ideen besprochen.

Nebenbei müssen wir auf einer Skala angeben, wieviel Hilfe wir annehmen wollen. Für das nächste Mal müssen wir in einem Laden einkaufen und bei der Kasse den Geldbeutel der Kassiererin geben und sie um Hilfe bitten.

07.05.2015

Am Nachmittag gehe ich zu einem Vortrag über Parkinson. Es sind etwa 120 Personen anwesend.

Zuerst hält ein Leitender Arzt einen Vortrag über Parkinson aus medizinischer Sicht. Anschließend hält eine Psychologin einen Vortrag aus psychologischer Sicht.

Mir gegenüber sitzt ein älteres Ehepaar, wo sie unter Parkinson leidet. Auch sie sind das erste Mal bei einem Vortrag wie diesem. Wie ich haben auch sie das meiste schon gewusst.

08.05.2015

Ich gehe zur Neurophysio und erzähle ihr von den Schmerzproblemen, welche ich mit meinem rechten Knie hatte. Bis am Sonntag den 26.04.2015 hatte ich keine Probleme. Am Dienstag war ich dann beim Hausarzt, welcher mein rechtes Bein abgetastet und wieder einige sehr schmerzhafte Punkte gefunden hat. Nach einer Kontrolle meiner Einlagen meinte er, dass diese immer noch etwas höher sein sollten, da sie jetzt eher X-Beine ergeben und so die Schmerzen in den Bändern und dem Knie verursachen. Er gab mir ein Rezept für neue Einlagen. Gestern war ich dann beim Orthopäden in G.

Die Physiotherapeutin erzählt mir, dass sie gestern ihre Prüfung für LSVT gemacht hat. Sie möchte zuerst meine Knieschmerzen in den Griff bekommen, bevor sie mit den Übungen für Parkinson beginne. Sie massiert zuerst mein rechtes Knie, mit Unter- und Oberschenkel. Auch sie findet wieder einige Schmerzpunkte. Anschließend zeigt sie mir diverse Übungen mit dem Blackroll. Sie gibt mir sogar eine Rolle, damit ich es bis nächste Woche ausprobieren kann.

11.05.2015

Ausdruck von Emotionen
Am Nachmittag gehe ich zu der Sitzung mit anderen Parkinsonpatienten. Unsere Psychologin und der Student begrüßen uns. Obwohl heute eigentlich eine Sitzung mit Angehörigen vorge-

sehen war, war meine Tochter die Einzige, die gekommen ist. Irgendwie kann man sehen, dass die Pschologin enttäuscht ist, dass sie die einzige ist.

Zuerst möchte sie von uns wissen, wie die vergangene Woche verlaufen sei und was uns im Moment bewegt. Am meisten berühren meine Tochter und mich die Aussagen eines ehemaligen Anwalts, der früher anderen zu ihrem Recht verholfen hat. Heute ist er derjenige, welcher Hilfe braucht, was ihm aber sehr schwerfällt. In den vergangenen Wochen lebte er bei der Familie von seinem Sohn. Durch familiäre Veränderungen muss er nun selbst eine Wohnung suchen, was aber anscheinend nicht so einfach ist. Er erzählt dann noch von seinem 11-jährigen Enkelkind, zu welchem er anscheinend ein herzliches Verhältnis hat. Irgendwie haben meine Tochter und ich das Gefühl, dass er von seinem Sohn und seiner Tochter und deren Familien im Stich gelassen wurde.

Anschließend wird uns ein kurzer Film gezeigt, mit dem Titel „Rwanda Hotel" in dem es um den Hotelmanager Paul Rusesabagina geht, der versucht, über tausend Tutsi-Flüchtlinge zu retten, welche vor den brutalen Hutu-Milizen fliehen.

Anschließend werden Zweiergruppen gebildet. Meine Tochter und ich bilden eine Gruppe. Nun müssen wir gegenseitig versuchen, ob wir Emotionen aus dem Gesicht des Andern herauslesen können. Da der Film meiner Ansicht zu kurz war, gelingt dies keiner der Gruppen. Meine Tochter und ich haben uns aber Notizen gemacht, was uns zu diesem Film in den Sinn gekommen ist. Wir sind traurig über die Brutalität dieser Hutu-Milizen, welche Menschen abschlachten wie Tiere. Es herrscht Hoffnungslosigkeit, es macht einen nachdenklich, der Hotelmanager bringt zuerst Hoffnung, aber nachher herrscht Verzweiflung. Wir stellen uns die Frage, was dies für Menschen sind, welche so brutal und emotionslos sind. Wir fragen uns, wie diese Menschen funktionieren. Anschließend werden unsere Gedanken im ganzen Kreis diskutiert.

Nach der Pause müssen wir die Aufgaben welche wir letztes Mal von dem Studenten bekommen haben, erzählen. Wie meistens fange ich damit an und erzähle, dass ich zwei Mal an einer Kasse meinen Geldbeutel abgegeben hätte und die Kassiererin gebeten habe, das Geld heraus zu nehmen. Dabei wollte die Psychologin mehr über meine Gefühle wissen, über die anschließend in der Gruppe diskutiert wurde. Bei den anderen ist dabei nicht viel passiert.

Dann wird uns noch der Film von Bundesrat Merz gezeigt, als er im Parlament wegen dem Bündnerfleisch für einen Lacher sorgte.

Am Schluss informiert uns die Psychologin, dass die letzte Sitzung am 01.06.2015 entfalle.

15.05.2015

Ich gehe zur Neurophysio und erzähle von den Schmerzproblemen, welche ich mit meinem rechten Knie hatte. Leider hatte ich schon am Nachmittag Schmerzen im rechten Knie. Irgendwie bin ich aber selbst schuld, denn ich arbeitete im Garten, wobei mir vor allem beim Unkraut ausreißen beide Knie schmerzten. Samstag und Sonntag hatte ich weniger Probleme. Am Montag nach meinen Blackroll Übungen hatte ich wieder an beiden Knien heftige Schmerzen, welche dann am Dienstag anhielten. Ich erzähle ihr dann von den Übungen mit der Blackroll, welche vor allem an meinem linken Bein einige heftige Schmerzpunkte zu Tage brachten, welche ich bisher nicht kannte. Bis jetzt hatte ich immer im rechten Bein und Knie meine Probleme.

Die Therapeutin behandelt zuerst mein rechtes Knie indem sie mit der Kniemassage etwas tiefer geht. Anschließend zeigte sie mir zuerst ein paar Übungen an der Bettkannte, bevor sie mir die ersten zwei LSVT-Parkinsonübungen zeigt.

Neurophysiologische Behandlung
- Ich setze mich auf die Bettkante.
- (die Füße sind breitbeinig auf dem Boden und die Fußspitze senkrecht zu den Kniescheiben)

- Nun muss ich den rechten Fuß so weit als möglich nach vorne schieben.
- Wieder zurück in die Ausgangsstellung.
- Ich wiederhole diese Übung 10 Mal.
- Gleiche Übung aber dieses Mal nicht so weit nach vorne, dafür etwas schneller.
- Nun schiebe ich den linken Fuß etwas nach vorne und mache die Übung wie oben.
- Ich wiederhole diese Übung 10 Mal.
  Ich mache die gleiche Übung mit dem linken Fuß.

Neurophysiologische Übung Nr. 01
- Ich setze mich auf die Bettkante. Ich soll
- die Hände geöffnet, so weit als möglich nach vorne schieben, Handgelenke in Extension/Arme gestreckt
- die Arme so weit als möglich zum Boden strecken,
- mit „großen Armen" diese so weit wie möglich zur Decke strecken,
- die Arme in einem Kreis seitlich nach hinten führen. „Große Arme" dort halten, nach hinten drücken und bis 10 zählen. Die Hände sind geöffnet, die Daumen zeigen nach oben. Um die Anstrengung zu erhöhen, die Hände während den 10 Mal schnell weit öffnen und die Arme nach hinten drücken.
- Abschließend mit den Händen auf die Oberschenkel klatschen.
- Diesen Ablauf 10 Mal wiederholen.

Neurophysiologische Übung Nr. 02
- Ich setze mich auf die Bettkante.
- ich strecke den rechten Arm nach rechts. (Großer Arm)
- Nun bewege ich den rechten Arm schwungvoll über die Körpermitte hinüber zur gegenüberliegenden Seite (der Körper dreht sich mit), halte die Hand weit offen, wobei die Handinnenseite nach oben zeigt. Das rechte Bein ist vollständig gestreckt, der Zeh drückt in den Boden. Ich strecke den Oberkörper nach oben und halte diese Stellung, während ich bis auf 10 zähle. Um den Schweregrad zu erhöhen, soll ich die

Hand 10 Mal schnell öffnen, während ich den Fuß in den Boden stemme.

- Während der Armbewegung von rechts nach links, geht die linke Hand hinter den Rücken und stützt sich auf dem Bett ab.
- Ich schließe die Übung ab, indem ich mich in die Ausgangsstellung drehe und mit der linken Hand auf den linken Oberschenkel klatsche.
- Ich wiederhole diese Übung 10 Mal und
- mache die gleiche Übung auf die andere Seite.

18.05.2015

Betreuung

Am Nachmittag gehe ich zu der Sitzung mit anderen Parkinsonpatienten. Die Psychologin und der Student begrüßen uns das letzte Mal.

Obwohl heute eigentlich wieder eine Sitzung mit Angehörigen vorgesehen war, sind meine Frau und eine zweite Ehefrau die einzigen, die gekommen sind. Auch heute kann man sehen, dass die Psychologin enttäuscht ist.

Zuerst will sie von uns wissen, wie die Angehörigen mit der Krankheit des Partners umgehen. Bei der Übung bilden die beiden Ehefrauen eine Gruppe, sowie der andere Ehemann und ich eine. Jede Gruppe muss sich Gedanken notieren, welche einem in den Sinn kommen.

Das heutige Thema ist, wie man gerne betreut werden soll, oder wie die jeweiligen Partner damit umgehen. Wir einigen uns auf Folgendes.

- Ich brauche Hilfe.
- Wenn ich Hilfe annehme, gibt dies dem anderen ein gutes Gefühl.
- Ich schäme mich nicht, Hilfe anzufordern.
- Es geht schneller, wenn mir jemand hilft.
- Es ist aussichtslos, wenn ich keine Hilfe annehme.

82

- Ich spare Energie.
- Ich fühle mich nicht schuldig, wenn ich Hilfe annehme.
- Ich brauche keine Hilfe.
- Es ist mir peinlich, Hilfe anzufordern.
- Ich habe Angst, dass ich dem anderen etwas schuldig bin.
- Ich habe das Gefühl, dass ich es selbst bewältigen kann.
- Ich bin überzeugt, dass ich es selbst besser kann, als wenn ein anderer es macht.

27.05.2015

Ich gehe in die Praxis meines Neurologen in L. Er will zuerst wissen, wie es mir gegangen ist und wie es heute ist. Ich erkläre ihm, dass ich folgende Probleme hatte und zum Teil immer noch habe.

- Nervosität
- Kopfschmerzen
- Muskelzuckungen
- Schweißausbrüche (vor allem in der Nacht)

Er macht sich seine Notizen und erklärt dann, dass dies tatsächlich Nebenwirkungen vom Akineton seien. Er empfiehlt mir, in Zukunft Akineton redart 4 mg zu nehmen, und zwar jeweils am Morgen und Abend eine halbe Tablette.

Anschließend will er meine Beweglichkeit in meinen Fingern sehen. Er möchte mich am 11.08.2015 wiedersehen.

01.06.2015

Abschluss
Am Nachmittag gehe ich zu der Sitzung mit anderen Parkinson-patienten. Unsere Psychologin ist heute nicht dabei, weshalb uns die Ärztin und die Psychologin, die auch bei der ersten Stunde anwesend waren, und der Student zum Abschuss begrüßen.

Die Ärztin beschenkt jeden mit einem Sack, welcher mit Basler Läckerli, Pralinen und einem Büchlein über den Schlaf, gefüllt ist.

Anschließend erklärt sie uns, dass sie noch einen zweiten Speicheltest braucht, welchen wir in einer Woche zu Hause durchführen und an sie senden sollen, damit sie einen Vergleich haben zur letzten Probe.

Als erstes müssen wir eine Aufgabe lösen, welche mit Regen zu tun hat. Dazu müssen wir eine Szene zeichnen.

Die meisten zeichnen einen Regenschirm. Nach der letzten Pause bei Kuchen und Wasser erklärt sie uns noch kurz, wie der letzte Speicheltest ausgefallen ist und übergibt jedem, der es will, die Testergebnisse.

Draußen verabschiede ich mich noch von dem Anwalt. Wir wünschen uns gegenseitig gute Gesundheit und alles Gute. Die anderen Teilnehmer fahren im gleichen Tram wie ich, zum Bahnhof, wo wir uns gegenseitig verabschieden und einander bessere Gesundheit und alles Gute wünschen.

02.06.2015

Ich gehe zur Neurophysio und erzähle ihr von den Schmerzproblemen, welche ich mit meinem rechten Knie hatte. Sie macht mir den Vorschlag, dass sie, solange das Knie nicht besser sei, mit der Parkinsonbehandlung aufhöre und wir uns auf das Knie konzentrieren sollten.

Zuerst massiert sie mein Knie und zeigt mir anschließend einfache Übungen an der Bettkannte.

Neurophysiologische Behandlung 2
- Ich setze mich auf die Bettkante. (die Füße sind breitbeinig auf dem Boden und die Fußspitze senkrecht zu den Kniescheiben)
- Nun muss ich den rechten Fuß so weit als möglich nach vorne schieben.
- Wieder zurück in die Ausgangsstellung.

- Ich wiederhole diese Übung 10 Mal.
- Gleiche Übung aber dieses Mal nicht so weit nach vorne, dafür etwas schneller.
- Nun schiebe ich den linken Fuß etwas nach vorne und mache die Übung wie oben.
- Ich wiederhole diese Übung 10 Mal.
- Ich mache die gleiche Übung mit dem linken Fuß.
- Den rechten Fuß ganz nach hinten gegen das Bett.
- Nun versuche ich, den Fuß ganz auf den Boden zu drücken.

03.06.2015

Ich gehe in die Praxis meines Hausarztes. Zuerst macht die Assistentin den Body Test. Anschließend bin ich bei der Frau meines Hausarztes. Die Ärztin erklärt mir kurz, dass ich einen leicht erhöhten Borrelienwert, zu wenig Kupfer, zu viel Arsen, Quecksilber und Zink in mir hätte. Sie erklärt mir, dass ihr Mann nicht mehr weiterwüsste und mich deshalb an sie abgegeben hätte. Ich solle mich in Zukunft nur noch bei Gelenksachen und Prostataproblemen an ihn wenden, alles andere würde nun sie behandeln.

Sie redet, in meinen Augen fast ein wenig abschätzig über ihren Mann, indem sie sagt, dass er eben die Schulmedizin vertrete, während sie eher auf Naturbasis arbeite. Wenn es darum geht, Muskelbeschwerden bei jemandem mit Laser zu behandeln, da sei ihr Mann gut.

Wegen den Knieschmerzen, meint sie, dass es ein Muskelproblem sei und sie mich am liebsten nach F. zu Kieser senden würde. Ich sei einfach zu schwer und müsse dringend schauen, das Gewicht herunter zu bringen.

Sie meint dann, dass sie mich als depressiven Menschen einschätze, was die Sache nicht einfacher mache. Ich entgegne, dass ich nun schon 2 ½ Jahre mit diesen Knien Probleme hätte und wir einfach nichts erreicht hätten. Sie erklärt, dass sie nicht verantwortlich sei für die hohen Kosten im letzten Jahr. Als ich erwähne, dass ich mein rechtes Knie am liebsten im Kantonsspital in L. noch einmal untersuchen lassen möchte, erwartet sie, dass ich mich nun für die Schulmedizin mit ihrem Mann, oder die Naturmedizin mit ihr entscheide. Als ich ihr erkläre, dass ihr Mann mir neue Einlagen verschrieben hätte und ich seither wieder mehr Probleme mit meinem rechten Knie hätte, entgegnet sie nur, dass sie mir nie Einlagen verschrieben hätte.

Was mein Parkinson angehe, müsse ich mir einfach bewusst sein, dass diese Krankheit eben nicht heilbar sei und wie ein schleichendes Todesurteil anzusehen sei. So etwas sagt eine Ärztin

Als ich dann den deutschen Heilpraktiker Karstädt erwähne, der einmal gesagt hat, dass man den Körper nicht vergiften, sondern entgiften sollte, stimmt sie mir auch zu und meint, dass sie dies auch wolle. Sie erwähnt dann kurz, dass sie auch schwer krank und nahe am Tod gewesen sei.

Auf meine Frage, was denn mit meinem Blut sei, ob ich immer noch zu viele rote Blutkörperchen hätte, erklärt sie, was mich ein wenig verunsichert, dass man mein Blut seit drei Monaten gar nicht mehr getestet habe. Sie fügt dann noch hinzu, dass man meine Gesundheitsgeschichte zehn Ärzten geben könne und ich würde zehn verschiedene Berichte bekommen.

Ich bekomme noch diverse Unterlagen (Laborblätter, die Berichte aus Berlin und den Arztbericht meines Neurologen)

Anschließend empfiehlt sie mir das Ausschwemmen von zu hohen Metallwerten. Ich bekomme deshalb diverse Medikamente, 5HTP 50 mg, Selenase 300 RP, Kupfer, Mangan und Chrom, von welchen ich in den kommenden Tagen wieder diverse Beschwerden bekomme. Mir ist ständig schlecht und unwohl. Am liebsten würde ich alle Medikamente außer die Parkinsonmittel das WC hinunterspülen.

05.06.2015

Eine Mitarbeiterin von der Uni B. ruft mich an wegen weiteren Terminen zu Nachfolgetests. Meine nächsten Termine sind

26.06.2015 von 10:00 – 12:00 Uhr.
03.07.2015 von 12:00 – 14:00 Uhr
08.07.2015 von 10:00 – 12:00 Uhr

12.06.2015

Ich gehe zur Neurophysio und erzähle der Therapeutin von meinen Schmerzproblemen. Als ich ihr sage, dass die Übungen mit der Blackroll und der Behandlung mit dem Nerven- und Muskelstimulator recht viel gebracht hätten und dass ich praktisch eine schmerzfreie Woche hinter mir hätte, ist sie natürlich auch erfreut. Sie bietet mir an, das Gerät noch eine weitere Woche zu gebrauchen.

Ich muss mich auf die Bettkante setzen. Die Therapeutin streckt zuerst mein rechtes Bein, um eine gewisse Spannung in die Muskeln zu bringen. Leider verspannt sich mein Oberschenkelmuskel immer wieder. Je länger sie es macht, umso besser wird es aber.

Anschließend muss ich mich auf das Bett legen und sie behandelt mein Knie, die Wadenmuskeln, die Kniescheibe und den Oberschenkelmuskel. Von Zeit zu Zeit kommt sie wieder auf einen Schmerzpunkt. Es sind aber schon wesentlich weniger als noch bei Beginn der Physio. Nun muss ich zuerst versuchen, mein Bein nach unten zu drücken, während sie dagegen drückt. Dann muss ich versuchen, mein Bein nach oben zu ziehen, während sie wieder dagegen zieht.

Am Schluss zeigt sie mir noch Übungen, welche ich zu Hause machen muss.

Neurophysiologische Übungen für zuhause

Die erste Übung geht wie folgt:
- Ich setze mich auf die Bettkante oder auf einen Stuhl.
- Nun stehe ich im Zeitlupentempo auf.
- Nun setze ich mich wieder ganz langsam.

- Ich wiederhole diese Übung 8x.
- Dann eine kurze Pause.
- Wieder 8x obige Übung.
- Wieder eine kurze Pause.
- Wieder 8x obige Übung

Die zweite Übung geht wie folgt:
- Ich stehe vor dem Bett oder einem Tisch oder dem Waschbecken.
- Nun stelle ich mich im Zeitlupentempo auf die Zehenspitze, wobei ich mich mit den Händen am Bett oder Tisch oder Waschbecken abstütze.
- Dann gehe ich wieder ganz langsam in die Ausgangsstellung zurück.
- Ich wiederhole diese Übung 8x.
- Dann eine kurze Pause.
- Wieder 8x obige Übung.
- Wieder eine kurze Pause.
- Wieder 8x obige Übung.

19.06.2015

Ich gehe zur Neurophysio und erzähle ihr von meinen Schmerzproblemen. Als ich ihr berichte, dass ich letzten Sonntag nach der Übung, wo ich langsam vom Stuhl aufstehen muss, plötzlich in beiden Knie sehr starke Schmerzen verspürte – ich konnte nicht mehr richtig die Treppe hochsteigen – schlägt sie mir vor, dass sie zuerst wieder das Knie behandelt und nachher können wir noch die ersten beiden LSVT-Übungen machen.

Ich lege mich also auf das Bett und sie behandelt mein Knie, die Wadenmuskeln, die Kniescheibe und den Oberschenkelmuskel. Von Zeit zu Zeit kommt sie wieder auf einen Schmerzpunkt. Es sind aber schon wesentlich weniger als noch bei Beginn der Physio. Nun muss ich zuerst versuchen, mein Bein nach unten zu drücken, während sie dagegen drückt. Dann muss ich versuchen, mein Bein nach oben zu ziehen, während sie wieder da-gegen zieht.

Anschließend zeigt sie mir die ersten beiden Übungen.

LSVT-Übungen 1 und 2

Die erste Übung geht wie folgt: (siehe oben Übung Nr. 01)

- Ich setze mich auf die Bettkante.
- Hände geöffnet so weit als möglich nach vorne schieben, Handgelenke in Extension/Arme gestreckt
- Arme so weit als möglich zum Boden strecken.
- Mit „großen Armen" diese so weit wie möglich zur Decke strecken.
- Die Arme in einem Kreis seitlich nach hinten führen. „Gro-ße Arme" dort halten, nach hinten drücken. und bis 10 zäh-len. Die Hände sind geöffnet, die Daumen zeigen nach oben. Um die Anstrengung zu erhöhen, die Hände während den 10 Mal schnell weit öffnen und die Arme nach hinten drücken.
- Abschlie0end mit den Händen auf die Oberschenkel klatschen.
- Diesen Ablauf 10 Mal wiederholen.

Die zweite Übung geht wie folgt: (siehe oben Übung Nr. 02)

- Ich setze mich auf die Bettkante,
- strecke den rechten Arm nach rechts. (Großer Arm)
- Nun bewege ich den rechten Arm schwungvoll über die Kör-permitte hinüber zur gegenüberliegenden Seite (der Körper dreht sich mit), halte die Hand weit offen, wobei die Hand-innenseite nach oben zeigt. Das rechte Bein ist vollständig ge-streckt, der Zeh drückt in den Boden. Ich strecke den Ober-körper nach oben und halte diese Stellung, während ich auf 10 zähle. Um den Schweregrad zu erhöhen, die Hand 10 Mal schnell öffnen, während ich den Fuß in den Boden stemme.
- Während der Armbewegung von rechts nach links geht die linke Hand hinter den Rücken und stützt sich auf dem Bett ab.

- Ich schließe die Übung ab, indem ich mich in die Ausgangs-stellung drehet und mit der linken Hand auf den linken Ober-schenkel klatsche.
- Ich wiederhole diese Übung 10 Mal.

23.06.2015

Ich gehe zur Neurophysio und freue mich, erzählen zu dürfen, dass ich seit dem letzten Mal keine Probleme hatte mit meinem rechten Knie. Ich übergebe ihr noch ein Paket Selbstklebe-Elektrofolien.

Sie schlägt mir vor, dass sie heute zuerst mein Knie wieder leicht und kurz behandelt und sie mir nachher alle LSVT-Übungen zeigen möchte. Ich lege mich also auf das Bett und sie behandelt mein Knie, die Wadenmuskeln, die Kniescheibe und den Oberschenkelmuskel. Von Zeit zu Zeit kommt sie wieder auf einen Schmerzpunkt.

Anschließend zeigt sie mir alle Übungen.

Die ersten zwei Übungen siehe oben.

LSVT-Übungen 3 bis 8

Übung Nr. 03
- Ich stehe in der Ausgangsstellung, d. h. die Füße sind schulterbreit auseinander.
- Ich mache mit dem rechten Bein einen großen Schritt nach vorne und stemme den Fuß in den Boden. (Wenn Mühe nur einen kurzen Schritt)
- Ich strecke gleichzeitig die Arm weit auseinander nach hinten, so dass in den Schultern eine Spannung entsteht. Die Hände sind geöffnet, mit den Handinnenflächen nach oben,
- bringe den rechten Fuß in die Ausgangsstellung zurück und

klatsche gleichzeitig mit den Händen auf die Oberschenkel.
- Nun die gleiche Übung mit dem andern Bein.
- Ich wechsle nun ab, einmal rechts, dann links.
- Ich wiederhole diese Übung 10 Mal.

Übung Nr. 04

- Ich stehe in der Ausgangsstellung, d. h. die Füße sind schulterbreit auseinander.
- Ich mache mit dem rechten Bein einen großen Schritt zur Seite. Der Kopf und der Fuß zeigen nun in einem rechten Winkel zum andern Fuß auf die Seite. Ich stemme den rechten Fuß in den Boden.
- Ich strecke gleichzeitig die Arme aus, wobei die Hände geöffnet sind und die Handinnenflächen nach oben zeigen,
- bringe den rechten Fuß in die Ausgangsstellung zurück und klatsche gleichzeitig mit den Händen auf deine Oberschenkel.
- Ich mache nun die gleiche Übung mit dem andern Bein.
- Ich wechsle nun ab, einmal rechts, dann links.
- Ich wiederhole diese Übung 10 Mal.

Übung Nr. 05

- Ich stehe in der Ausgangsstellung, d. h. die Füße sind schulterbreit auseinander. Die Arme sind weit nach vorne gestreckt, wobei die Hände geöffnet sind und die Handinnenflächen nach vorne zeigen.
- Ich mache mit dem rechten Bein einen großen Schritt nach hinten, stemme den rechten Fuß in den Boden. Die linke Fußspitze hebt sich.
- Ich schwinge gleichzeitig die Arme nach hinten, wobei die Handinnenflächen nach hinten zeigen.
- Ich bringe den rechten Fuß in die Ausgangsstellung zurück und klatsche gleichzeitig mit den Händen auf die Oberschenkel.
- Ich mache nun die gleiche Übung mit dem andern Bein,
- Wechsle dann ab, einmal rechts, dann links und
- wiederhole diese Übung 10 Mal.

Übung Nr. 06

- Die Ausgangsstellung bei dieser Übung ist etwas anders, denn der rechte Fuß ist vorne und der linke einen Schritt weit hinten. Der rechte Fuß ist dabei fest auf dem Boden, während der hintere Fuß den Boden nur mit den Zehen berührt. Der rechte Arm zeigt vorne nach oben gegen die Decke und der linke Arm hinten gegen unten zum Boden.
- Ich schaukle nun den Körper nach hinten. Nun ist der hintere Fuß fest auf dem Boden, während der vordere Fuß den Boden nur mit der Ferse berührt. Die Arme schwingen gleichzeitig mit, so dass nun der linke Arm nach vorne oben gegen die Decke zeigt und der rechte Arm hinten gegen unten zum Boden.
- Ich gehe in die Ausgangsstellung zurück und klatsche gleichzeitig mit den Händen auf die Oberschenkel.
- Ich wiederhole diese Übung 10 Mal und
- mache nun die gleiche Übung mit dem andern Bein, d. h. der linke Fuß ist bei der Ausgangsstellung vorne.

Übung Nr. 07

- Bei dieser Ausgangsstellung stehe ichbreit auseinander. Die Hände sind auf den Oberschenkeln.
- Ich drehe nun den ganzen Körper nach rechts. Der linke Arm schwingt vor dem Körper durch nach rechts oben, während der rechte Arm nach hinten schwingt. Der Kopf zeigt nun nach hinten.
- Gleichzeitig dreht sich der linke Fuß und berührt den Boden nur noch mit den Zehenspitzen.
- Ich gehe in die Ausgangsstellung zurück und klatsche gleichzeitig mit den Händen auf die Oberschenkel.
- Ich mache nun die gleiche Übung mit dem andern Bein,
- wechsle dann ab, einmal rechts, dann links, und
- wiederhole diese Übung 10 Mal.

Übung Nr. 08

- Bei dieser Ausgangsstellung sitzt man auf einem Stuhl oder der Bettkante. Die Arme sind nach vorne weit ausgestreckt. Die Hände sind geöffnet und die Handinnenflächen zeigen nach unten.
- Ich hebe nun langsam das Gesäß und stehe auf gehe dabei weit nach vorne,
- drehe die Arme gleichzeitig zur Seite, wobei sie schräg nach unten und hinten zeigen, so dass ich die Spannungen spüre. Die Finger sind dabei gespreizt.
- Ich gehe in die Ausgangsstellung zurück und klatsche gleichzeitig mit den Händen auf die Oberschenkel, und
- wiederhole diese Übung 10 Mal.

Parkinsonstudie & Neurologie

26.06.2015

Ich gehe ins Universitätsspital B. wo ich wegen einer weiteren Parkinsonstudie einen Termin habe.

Die Dame, mit der ich den Termin vereinbart habe, eine junge hübsche Praktikantin empfängt mich. Wir gehen in den 4. Stock. Ein Assistent, der bereits diverse Tests mitgemacht hat, ist auch schon hier. Ich übergebe der Praktikantin meine Medikamentenliste, welche sie kopiert.

Bevor sie mit Tests und Fragen anfängt, übergibt sie mir noch einen iPad mit verschiedenen Fragen, welche ich zu Hause beantworten kann. Anschließend macht sie mit mir diverse Tests und stellt diverse Fragen über meine Gesundheit.

Eigentlich sind es die gleichen Fragen und Tests jene, die die Praktikantin schon letztes Mal gestellt und gemacht hatte.

Fragen
- Haben Sie Schlafprobleme   Nein
- Können Sie sich drehen
  im Bett   Ja
- Ist das Gedächtnis
  schlechter geworden   Ja, wenn ich manchmal etwas lese, weiß ich es eine Minute später nicht mehr.
- Wie ist Ihre Konzentration   Seit ich Akineton nehme, hat diese stark nach gelassen.
- Haben Sie Schluckprobleme   Ja öfters
- Wie ist Ihr Geruchsinn   Ich rieche schon seit zehn Jahren nichts mehr.
- Haben Sie Probleme
  beim Gehen   Nein
- Fahren Sie Auto   Ja, aber nur noch wenig
- usw.

- Mit dem rechten Zeigfinger zur Nasenspitze, dann mit dem linken Zeigfinger
- Hände mit gespreizten Fingern so schnell als möglich drehen
- Beidseitig Zeigfinger und Daumen zusammenführen
- Die Praktikantin dreht meinen rechten und linken Ellbogen.
- Anschließend dreht sie mein rechtes und dann das linke Knie.
- Sie steht hinter mir. Ich muss mich nun nach hinten fallen lassen. Sie beobachtet meinen Auslaufschritt.
- Ich muss diverse vorgelegte Skizzen auf einem separaten Blatt nachzeichnen.
- Sie zählt eine Liste mit 20 Wörtern auf, welche ich mir merken sollte, um anschließend so viel wie möglich aufzuzählen (z. B. Gurke, Bluse, Krawatte, usw.)
- Diese Übung macht sie 5 Mal.
- Ich muss Wörter, welche sie mir sagt, buchstabieren.
- Ich muss eine Uhr zeichnen mit Zahlen. Die angegeben Zeit schriftlich festhalten.
- Ich muss von 100 7 abzählen, also 100, 93, 86, 79 usw.
- Nun gibt es eine zweite Wortreihe, welche ich mir merken sollte, um anschließend so viel wie möglich aufzuzählen.
- Nun fragt sie mich Wörter aus diesen beiden Wortreihen ab. Wenn sie in Liste 1 vorkommen muss ich mit Ja antworten, wenn nicht mit Nein.
- Nun muss ich die Skizzen, welche ich vorher aufgezeichnet habe, wieder aufzeichnen.
- Ich muss eine Zahlenreihe nachsagen, zuerst vorwärts, dann rückwärts.
- Ich muss einen Satz schreiben z. B. „Heute ist ein schöner Tag."
- Sie legt mir ein Blatt vor, auf welchem diverse nummerierte Punkte sind. Ich muss nun in einem Zug die 20 Zahlen verbinden, also 1, 2, 3… 20.
- Anschließend von 20 retour.

- Dann bekomme ich eine ähnliche Liste, aber dieses Mal mit Punkt 1, dann Punkt A. Punkt 2, Punkt B usw. Auch diese muss ich so schnell wie möglich verbinden.
- Sie legt mir ein Brett vor mit diversen Stiften. Nun berührt sie die Stifte mit ihrem Zeigfinger. Meine Aufgabe ist nun das gleiche in der richtigen Reihenfolge zu tun.
- Anschließend die gleiche Übung aber retour.
- usw.

30.06.2015

Ich habe einen Termin bei meinem Hausarzt wegen meinen Testosteronspritzen.

Zuerst bittet mich die Assistentin, Socken auszuziehen, Hände und Füße zu desinfizieren und auf das Analysegerät zu steigen. Anschließend macht sie mir die Nebidospritze. Sie macht es, wie die anderen langsam. Dieses Mal habe ich keine Probleme. Nachdem ich etwa 10 Minuten mit einem kühlenden Wickel liegen bleibe, kann ich zu meiner Ärztin gehen. Sie erzählt mir, dass sie und ihr Mann am vergangenen Wochenende in München bei einem Vortrag und einer Weiterbildung waren, wo es um Borreliose ging. Sie hätten dabei auch meinen Fall angesprochen. Dabei sei auch erwähnt worden, dass ein tiefer Borreliose Wert ebenfalls zu gesundheitlichen Problemen führen könne, unter anderem auch dieses Zittern, wie ich es habe. Sie will deshalb wissen, wie dies damals im Jahr 2000 abgelaufen sei. Die Ärztin schlägt nun vor, dass wir zuerst versuchen, die Borreliose zu behandeln und zu schauen, ob sich das Zittern verbessert. Deshalb gibt sie mir „Azithromycin", ein Antibiotikum mit, welches ich nun 3 Tage je am Abend eine Tablette nehmen muss. Wir kommen dann noch auf die anderen Mittel zu sprechen. Sie meinte, dass ich eigentlich nur zwei Medikamente hätte, während die anderen Mittel Hormonpräparate seien. Die Präparate vom letzten Mal müsse ich nicht jeden Tag einnehmen, sondern nur einmal pro Woche und zwar schön verteilt auf die Woche.

Da sie und ihr Mann nächste Woche wegen einer Masterarbeit in Dresden sind, soll ich bei Komplikationen ihrem Mann und der Praxis ein E-Mail senden. Sie möchte mich aber vorher noch sehen, d. h. wenn möglich am Freitag, den 03.07.2015 ca. 15:00 Uhr.

Ich habe einen Termin bei meiner Neurophysiologin und erzähle ihr kurz, dass es seit dem letzten Mal sehr gut gegangen sei, außer heute Morgen. Bei der dritten Übung hat es mir wieder eine gezwickt. Sie fragt mich, wie wir vorgehen möchten. Wir einigen uns, dass sie mich etwa 20 Minuten am Knie behandelt und anschließend machen wir die LSVT-Übungen.

Ich lege mich also auf das Bett und sie behandelt mein Knie, die Wadenmuskeln, die Kniescheibe und den Oberschenkelmuskel. Von Zeit zu Zeit kommt sie wieder auf einen Schmerzpunkt. Allerdings sind die Schmerzen lange nicht mehr so heftig wie am Anfang.

Anschließend fangen wir mit den LSVT-Übungen an. (Siehe oben) Bei der 4 t. Übung erwischt es mich wieder, denn ein heftiger Schmerz fährt durch mein Knie. Er ist zwar nur kurz, wir brechen die LSVT-Übungen aber ab und die Therapeutin macht Dehnungsübungen mit meinem rechten Knie, welche eine Erleichterung bringen.

03.07.2015

Ich gehe ins Universitätsspital B., wo ich wegen einer weiteren Parkinsonstudie einen Termin habe.

Die junge Praktikantin holt mich pünktlich bei der Anmeldung ab. Zusammen gehen wir wieder in den 4. Stock, wo eine weitere Praktikantin auf uns wartet.

Neurologische Tests im Rahmen der Studie

Zuerst muss ich am Computer zwei Tests machen

- Wenn ein Kreuz erscheint, muss ich die Taste drücken.
- Wenn ein Kreuz oder ein hoher Ton erscheint, muss ich die Taste drücken
- Dann muss ich am Tisch andere Übungen machen.
- Eine komplizierte Skizze nach Vorlage abzeichnen.
- Dann die Skizze aus dem Gedächtnis noch einmal aufzeichnen.
- Mit dem rechten Zeigfinger zur Nasenspitze, dann mit dem linken Zeigfinger.
- Hände mit gespreizten Fingern so schnell als möglich drehen.
- Beidseitig Zeigefinger und Daumen zusammenführen, und zwar so schnell wie möglich.
- Nun muss ich so schnell wie möglich 9 Klötze nach einer Vorlage zusammenstellen.
- Nun muss ich so schnell wie möglich 16 Klötze nach einer Vorlage zusammenstellen.
- Die erste große Skizze aus dem Gedächtnis noch einmal aufzeichnen.
- Auf einer Tabelle sind farbige Wörter. Nun muss ich diese von links nach rechts nach der Farbe aufrufen z.B. es steht in „roter Schrift" das Wort „Haus", also muss ich „Rot" sagen. usw.
- In der zweiten Tabelle sind Farben in Wort und Schrift, z.B. steht das Wort „Rot" in „blauer Schrift", oder „Gelb" in „grüner Schrift". Es wird aber nach der Farbe gefragt, d.h. also beim Wort „Rot" muss ich blau sagen, da es in blauer Schrift geschrieben steht.
- Ich muss lachen.
- Die Praktikantin sagt Sätze wie „mit dem Hammer einen Nagel einschlagen", oder „Haare kämmen" usw. Meine Aufgabe ist es nun, diese pantomimisch vorzuzeigen.
- Ich muss Grimassen schneiden.
- Bei der nächsten Übung sind etwa 30 Quadrate mit fünf Punkten. Nun muss ich jeweils 2 oder 3 Punkte miteinander verbinden. Es darf aber keine Figur zwei Mal vorkommen.

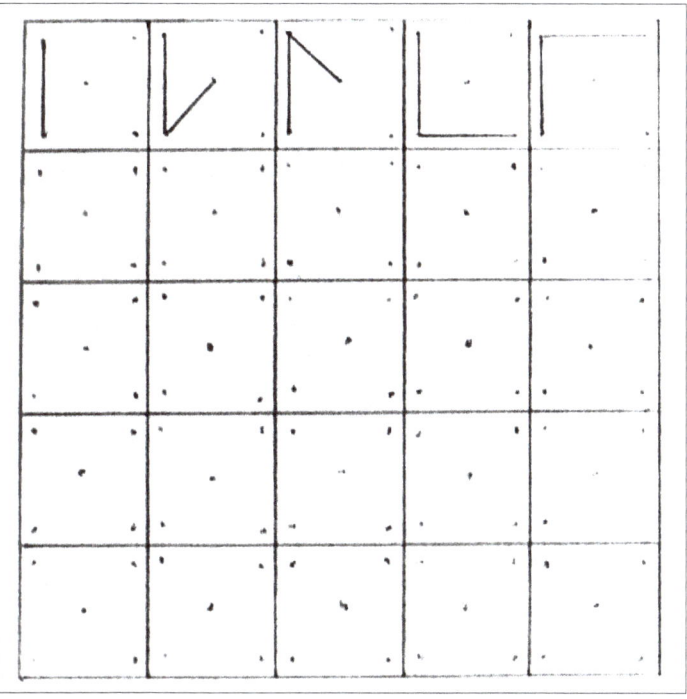

- Nun muss ich am Computer eine Übung mit Zahlen machen. Dabei muss ich mir immer die vorletzte Zahl merken. Wenn diese Zahl dann vorkommt, muss ich die Taste drücken. z.B. bei der Zahlenreihe 5, 6, 8, 6, 7, 9, 5, 9 usw. muss ich die 6 und später die 9 drücken.
- Bei der nächsten Übung muss ich immer, wenn eine gerade Zahl kommt, den Knopf drücken.

Anschließend habe ich eine Dreiviertelstunde Pause.

Die Praktikantin, die mit mir die Tests gemacht hat, und die zweite Praktikantin kommen pünktlich um 13:45 Uhr und holen mich. In einem Nebenraum muss ich zuerst diverse Fragen beantworten, wie:

- Wann sind Sie gestern ins Bett gegangen?
- Wann sind Sie vorgestern ins Bett gegangen?
- Wann sind Sie vorvorgestern ins Bett gegangen?
- Hatten Sie gestern Abend Alkohol?
- Hatten Sie vorgestern Abend Alkohol?
- Nehmen Sie Drogen?

Anschließend prüft die Praktikantin meine Beweglichkeit

- Sie dreht meinen rechten und linken Ellbogen
- Dann dreht sie mein rechtes und dann das linke Bein um das Knie

Dann misst mir eine junge hübsche Assistenz-Ärztin, welche sich neurologisch weiterbilden möchte, zuerst meinen Kopfumfang, um die richtige Netzhaube mit 256 Elektroden über den Kopf zu stülpen. Bevor sie dies aber tut, legt sie die Haube in eine Flüssigkeit, welche aus Shampoo und anderen Mittel besteht, welche anschließend die Leitfähigkeit garantieren sollen.

Die Elektroenzephalographie (EEG) zeichnet die Hirnströme an der Kopfoberfläche auf. Sie hilft bei der Diagnose von Anfallsleiden (Epilepsie) und vielen anderen Hirnfunktionsstörungen. Bevor sie anfängt, prüft sie am Bildschirm, ob wirklich alle Elektroden gut funktionieren.

Die erste Übung besteht darin, dass ich nach einem tiefen Ton meine Augen schließen und bei einem hohen Ton wieder öffnen muss. Anschließend muss ich eine Viertelstunde lang die Augen schließen. Am Schluss wird die erste Übung fünf Minuten wiederholt. Nach ca. einer Stunde kann ich wieder gehen.

Ich gehe um 15:30 zu meiner Hausärztin. Sie fragt mich, wie es mir ergangen sei in den vergangenen Tagen. Da ich das Antibiotikum gut vertragen habe, soll ich so weiter machen, wie wir letztes Mal besprochen haben, d. h. drei Tage das Azithromycin Sandoz und vier Tage das neu Mittel Plaquenil 200 mg. Ich bekomme vom Ersten zwei Pakete mit je drei Stück und vom Zweiten 1 Paket. Als ich ihr meine Medikamentenliste vom Jahr 2000 von meinem Hausarzt, ihrem Mann,. und dem Chefarzt des Universitätsspitals gebe, meint sie, dass dies die klassischen Mittel gewesen seien. Leider hätten damals die hohen Dosen nur die äußersten Schichten der Borrelioseviren vernichtet, während sich die inneren Schichten zurückgezogen und quasi versteckt hätten, sodass das Immunsystem meinte, dass alle Viren vernichtet seien. Im Hintergrund hätten sie sich aber wieder neu aktiviert.

Borrelien können den Angriffen von Antibiotika entgehen, indem sie sich in Ruheformen mit geringstem Stoffwechsel verwandeln und nur zeitweise aktiv werden.

Sie rät mir deshalb, die beiden oben erwähnten Mittel zu nehmen, und zwar vier Wochen lang.

08.07.2015

Ich melde mich in der Neurologie des Universitätsspitals B., wo ich den letzten Termin habe. Die Praktikantin und ihre Kollegin holen mich pünktlich um 10:00 Uhr ab. Zusammen gehen wir in den 4. Stock.

Heute macht die zweite Praktikantin die Tests mit mir, während die erste korrigierend zuschaut.

Bei der ersten Übung musste ich mir Zahlen merken, z.B. wenn zwei Zahlen kommen, muss ich mir immer die vorletzte merken. Wenn dann eine dieser Zahlen erscheint, muss ich auf den Knopf drücken.

z.B. wenn die Zahlen 10 und 15 erschienen, muss ich mir die 10 merken. Dann kommen die nächsten Zahlen, z.B. 20 und 16, dann muss ich mir die 20 merken. Wenn bei den nächsten Zahlen z.B. 20 und 9 kommen, muss ich die Taste drücken und gleichzeitig die Zahl 20 merken. usw.

Bei der nächsten Übung muss ich immer, wenn eine gerade Zahl kommt, den Knopf drücken. Dann die gleiche Übung noch einmal, aber zusätzlich muss ich bei einem hohen Ton die Taste ebenfalls drücken.

Am Tisch legt mir die zweite Praktikantin eine komplizierte Skizze vor, welche ich nachzeichnen muss. Anschließend nimmt sie die Skizze weg und ich muss sie aus dem Gedächtnis heraus noch einmal aufzeichnen. Dann das gleiche Spiel noch zwei Mal.

Dann gibt es diverse Tests mit farbigen Klötzchen, wobei ich diese nach Vorlage richtig zusammenstellen musste. Nach etlichen Fragen muss ich noch verschiedene Gedächtnisübungen machen.

Wie am 19.03. muss ich einen Stift einer Nut entlangführen, in Löcher stecken oder auf Quadrate trommeln.

Es folgten dann diverse andere Tests, bei denen ich mir – wie bereits am 19.03. – Wortreihen merken, Worte nach der Farbe der Schrift benennen oder das aktuelle Datum angeben soll.

Anschließend muss ich am Computer diverse Aufgaben lösen, z. B. auf drei Säulen sind farbige Kugeln, welche ich nun anhand der Vorgabe richtig einordnen muss, wobei der Schwierigkeitsgrad immer höher wird.

Um 11:15 Uhr sind wir schon fertig und ich werde mit dem besten Dank für meine Beteiligung an diesem Test verabschiedet.

10.07.2015

Ich gehe zur Neurophysio. Ich erzähle kurz, dass es seit dem letzten Mal nicht so gut gegangen sei und ich immer wieder Schmerzattacken hatte. Wir einigen uns, dass sie mich heute am Knie behandelt, denn nachher hat sie drei Wochen Ferien.

Neurophysiologische Behandlung
- Die Therapeutin streckt mein rechtes Bein.
- Dann lockert sie die Streckung.
- Sie massiert mein Knie und streckt das Bein erneut.
- Dies wiederholt sie ein paar Mal.

- Anschließend muss ich mich auf die Bettkante setzen. (die Füße sind breitbeinig auf dem Boden und die Fußspitze senkrecht zu den Kniescheiben)
- Nun muss ich den rechten Fuß so weit als möglich nach vorne schieben.
- Wieder zurück in die Ausgangsstellung.
- Ich wiederhole diese Übung 10 Mal.
- Gleiche Übung aber dieses Mal nicht so weit nach vorne, dafür etwas schneller.
- Nun zeigt sie mir noch zwei Übungen, um die Muskeln im rechten Bein zu stärken.
- Ich stelle mich an eine Wand oder ein Möbelstück.
- Das linke Bein und der linke Fuß sind vorne, während das rechte Bein und der rechte Fuß eine Schrittlänge hinten sind.
- Das Hauptgewicht ist auf dem linken Bein und Fuß.
- Nun versuche ich, das rechte Bein etwas zu strecken, bis es in den unteren Waden spannt.
- Ich halte die Spannung und zähle bis 10.
- Nun lockere ich das Bein wieder und mache eine kurze Pause.
- Ich wiederhole diese Übung 3 bis 4 Mal.
- Bei der zweiten Übung nehme ich die gleiche Grundeinstellung ein.
- Das Hauptgewicht ist auch hier auf dem linken Bein und Fuß.
- Nun gehe ich mit dem rechten Bein etwas in die Knie, d. h. das Knie wird leicht gebeugt und es entsteht eine Spannung im Oberschenkel.
- Ich halte die Spannung und zähle bis 10.
- Nun lockere ich das Bein wieder und mache eine kurze Pause.
- Ich wiederhole diese Übung 3 bis 4 Mal.
- Anschließend muss ich mich auf das Bett legen.
- Die Therapeutin massiert nun dieses Knie und den Oberschenkel außen und innen, wobei sie diverse Schmerzpunkte ausfindig macht.
- Anschließend massiert sie das Knie und die Unterschenkel außen und innen.
- Sie biegt mein Bein im Kniegelenk langsam hin und her.

- Sie bittet mich, das Bein langsam zu strecken und wieder langsam im Knie zu biegen.
- Nun muss ich das Bein langsam strecken und wieder langsam zurück, wobei sie immer etwas Gegendruck gibt.
- Am Ende macht sie ein Tape über mein rechtes Knie.

Nun wiederholen wir kurz die heutigen Übungen.

Anschließend wünschen wir uns gegenseitig schöne Ferien.

11.08.2015

Ich habe einen Termin bei meinem Neurologen in L. Er möchte wissen, wie es mir ergangen ist. Ich erkläre ihm, dass ich die erste Woche etwas Mühe gehabt hätte, da ich unter Brechreiz und Schlechtheitsgefühl litt. Das Zittern ist zwar nicht besser geworden, aber im Moment stören mich meine Muskelverhärtungen und Knieschmerzen mehr. Auch er meint, dass Parkinson auch Muskelverhärtungen auslösen könne. Er erklärte mir dann, dass es, wenn mich das Zittern stark störe, noch ein weiteres Mittel gebe, welches das Zittern fast zum Verschwinden bringe, welches aber sehr starke Nebenwirkungen hätte, sodass er es eigentlich erst einsetzen möchte, wenn es nicht mehr gehe. Da ich im Moment aber doch einiges schlucken muss und mir noch die Zahnsanierung bevorsteht, möchte ich noch warten, was er auch versteht.

14.08.2015

Ich gehe zur Neurophysio. Ich erzähle ihr kurz, wie es mir in der vergangenen Woche ergangen ist. Am Tag nach ihrer Behandlung hatte ich am Abend wieder einen der schmerzhaften Stiche. Sonst hatte ich fast jeden Tag zu verschiedenen Zeiten leichte oder heftigere Schmerzattacken. Allerdings hatte ich früher weiterhin Schmerzen, während sie in dieser Woche meistens nach ein oder zwei Minuten wieder verschwanden.

Zuerst muss ich auf den Rücken liegen. Die Therapeutin bearbeitet dann mein rechtes Bein von den Zehen bis zum Oberschenkel. Zwischendurch findet sie wieder einige Schmerzpunkte, wovon einige sehr schmerzhaft sind. Anschließend liege ich auf dem Bauch und sie bearbeitet mein rechtes Bein auf der Rückseite. Am Schluss zeigt sie mir noch einmal kurz die LSVT-Übungen.

15.08.2015

Ich habe heute einen Termin bei meiner Hausärztin. Was mich heute ärgert ist, dass ich einen Termin um 09:45 Uhr gehabt hätte, dass aber zwei Patienten, welche später kamen als ich, vor mir drankommen. Ich werde erst um 10:50 Uhr aufgerufen, mit der Begründung, dass die andern beiden Neupatienten gewesen seien. Ich erkläre der Ärztin, dass ich es hätte akzeptieren können, wenn man mich wenigstens informiert hätte. Als ich ihr mitteile, dass ich gegangen wäre, wenn ich noch 5 Minuten länger hätte warten müssen, ist sie beleidigt und hält mir eine 10minütige Strafpredigt. Sie meint, dass ich kein Verständnis hätte, wenn sie bei einem Patienten etwas länger bräuchte. Zudem hätte auch ich kein Anrecht auf eine fixe Zeit.

Auf mein E-Mail, welches ich ihr am 27.07.2015 gesandt hatte, geht sie zuerst gar nicht groß ein. Sie sagt nur, dass sie daraus gespürt hätte, dass ich mit ihr nicht zufrieden sei. Man könne daraus erkennen, dass ich unzufrieden sei, was überhaupt nicht stimmt. Ich habe damals nur Tatsachen aufgelistet, z.B., dass ich nun schon seit sechs Jahren Fußsohlenschmerzen hätte oder dass ich nun schon seit vier Jahren an meinen Knieschmerzen herumdoktere usw. Sie meint dann, dass es, wenn man diese beiden Probleme hätte, laut der Schulmedizin nur eine Lösung gebe, nämlich ein künstliches Kniegelenk, welches aber auch nicht unproblematisch sei.

Sie geht dann plötzlich auf E-Mails ein, welche ich eigentlich ihrem Mann gesandt hatte. Ich hatte ihm zum Beispiel geschrieben, dass ich, wenn ich das was ich heute über Parkinson wisse, schon damals gewusst hätte, voraussagen hätte können, dass ich eines Tages an Parkinson erkranken würde. Sie erklärt mir, dass diese Bemerkung eigentlich fehl am Platz sei, da sie und ihr Mann sich die größte Mühe geben würden, mir meine Krankheit so gut als möglich erträglich zu machen.

Für meine Probleme schlägt sie mir vor eine Eigenbluttherapie zu machen, wobei dem Patienten Blut entnommen wird und anschließend beim Gesäß wieder injiziert wird. Dieser Vorgang werde jeden zweite Tag gemacht, insgesamt 12 Mal.

Auf meine Frage, ob immer noch Entzündungen in mir hätte, meint sie klar: Ja. Auf meine Frage, wieso ihr Mann dann meint, dass diese weg sind, und sie sagt, ich hätte sie noch, erklärt sie, dass es darauf ankomme, wie man es anschaue und definiere. Also eine „klare Antwort." Ich stelle mir immer noch diese Frage.

Auf meine weitere Frage, ob ich immer noch zu viele rote Blutkörperchen hätte, antwortet sie, dass ich diese schon lange hätte. Dabei kam dies erst im Januar bei einer Blutkontrolle hervor, also wieder eine „klare Antwort."

Inzwischen ist schon fast eine Stunde vergangen und ich habe keine Lust mehr auf die Theorien meiner Ärztin.

Sie erwähnt dann noch, dass das Schicksal von gewissen Patienten ihr nahe gehen würde und ich sei eben auch einer von ihnen, darum möchte sie mir helfen, mein Leben erträglicher zu machen.

Am Schluss schlägt sie mir eine Blutentnahme vor, damit wir das neueste Blutbild hätten, um das weitere Vorgehen besser bestimmen zu können. Sie würde sich dann per E-Mail wieder melden.

15.09.2015

Im Fernsehen kommt eine Medizinsendung über Polyneuropathie. Bei dieser Nervenkrankheit treten in den Händen und Füßen die gleichen Symptome auf, wie es sich in meinen Füßen abspielt, also Kribbeln oder Taubheitsgefühle. Anschließend hole ich mir aus dem Internet div. Unterlagen. Ich bin zu einem großen Teil überzeugt, dass ich diese Krankheit auch habe.

17.09.2015

Ich melde mich in der Neurologie des Universitätsspitals B., wo ich einen weiteren Termin habe. Die beiden Praktikantinnen, die die Tests mit mir gemacht haben, holen mich pünktlich um 10:00 Uhr ab. Zusammen gehen wir in den 4. Stock. Bevor die eine mit Tests und Fragen anfängt, übergibt mir die andere noch einen iPad mit verschiedenen Fragen, welche ich zu Hause beantworten kann. Anschließend machen sie mit mir diverse Tests weiter und stellen etliche Fragen über meine Gesundheit. Die Fragen und Tests sind fast die Gleichen wie am 26.06.2015. Am Schluss kopieren sie noch meine Medikamentenliste.

18.09.2015

Ich gehe zur Neurophysio. Ich erzähle kurz, wie es mir in den vergangenen Tagen ergangen ist und gebe das Sehnenband zurück. Als ich erkläre, dass ich nun einen Knieschoner trage, meint die Therapeutin, dass dies auch nicht schlecht sei, da dies vor allem im Kopf eine Schmerzberuhigung auslösen könne. Als ich ihr erzähle, dass es mit meinen Knieschmerzen besser verlaufe, seit sie vor allem die Stellen vom Fuß bis zum Knie behandelt hätte, sagt sie, dass sie dort weiter machen wolle. Ich erzähle ihr dann, dass ich, wenn ich die Blackroll anwende, im Oberschenkel praktisch keine Schmerzpunkte mehr finde, während es in der Wade schon noch einige Punkte gibt, was sie bestärkt, mich vom Fuß bis zum Knie zu behandeln.

Da sie am letzten Wochenende einen weiteren Kurs besucht hat, möchte sie am Schluss der heutigen Behandlung bei mir das Gelernte anwenden, wenn ich nichts dagegen hätte. Da es bei dieser Behandlung vor allem auch um neue Formen für Parkinsonpatienten geht, habe ich natürlich nichts dagegen.

Sie behandelt mich also zuerst vom Fuß bis zum Knie, dann kurz vom Knie an aufwärts. Anschließend wendet sie diese neue Form an, bei der sie meinen Kopf für eine gewisse Zeit in ihren Händen hält. Ich werde dabei ganz ruhig, so dass sogar mein linker Arm und mein linkes Bein aufhören zu zittern. Am Schluss klebt sie mir noch ein kleines Band auf den inneren Schmerzpunkt.

02.10.2015

Ich gehe zur Neurophysio. Ich erzähle kurz, wie es mir in den vergangenen Tagen ergangen ist. Die ganze Woche war nicht so schlecht, denn ich hatte doch einige schmerzfreie Tage. Letzten Mittwoch konnte ich zum ersten Mal sogar die Knieübung machen ohne Schmerzen. Leider hatte ich dann aber gestern Donnerstag beim Treppengehen wieder Probleme. Die Therapeutin ist erfreut und erklärt mir, dass sie so weiter verfahre wie das letzte Mal. Sie massiert also mein rechtes Knie von den Zehen bis zum Oberschenkel. Anschließend wendet sie diese neue Form an, bei der sie meinen Kopf für eine gewisse Zeit in ihren Händen hält. Ich werde dabei ganz ruhig, so dass sogar mein linker Arm und mein linkes Bein aufhören zu zittern.

Am Nachmittag gehe ich in die Neurologie des Universitätsspitals B. wo ich einen weiteren Termin habe.

Eine Praktikantin führt mich in einen Nebenraum, wo ich zuerst diverse Fragen beantworten muss, wie

- Wann sind Sie gestern ins Bett gegangen?
- Wann sind Sie vorgestern ins Bett gegangen?
- Wann sind Sie vorvorgestern ins Bett gegangen?
- Hatten Sie gestern Abend Alkohol?
- Hatten Sie vorgestern Abend Alkohol?
- Nehmen Sie Drogen?

Anschließend prüft sie meine Beweglichkeit
- Sie dreht meinen rechten und linken Ellbogen
- Dann dreht sie mein rechtes und dann das linke Bein um das Knie

Dann misst mir eine junge hübsche Assistenz-Ärztin, welche sich neurologisch weiterbilden möchte, zuerst meinen Kopfumfang, um die richtige Netzhaube mit 256 Elektroden über den Kopf zu stülpen. Bevor sie dies aber tut, legt sie die Haube in eine Flüssigkeit, welche aus Shampoo und anderen Mittel besteht, welche anschließend die Leitfähigkeit garantieren sollen.

Die Elektroenzephalographie (EEG) zeichnet die Hirnströme an der Kopfoberfläche auf. Sie hilft bei der Diagnose von Anfallsleiden (Epilepsie) und vielen anderen Hirnfunktionsstörungen. Bevor sie anfängt, prüft sie am Bildschirm, ob wirklich alle Elektroden gut funktionieren.

Die erste Übung besteht darin, dass ich nach einem tiefen Ton meine Augen schließen und bei einem hohen Ton wieder öffnen muss. Anschließend muss ich eine Viertelstunde die Augen schließen. Dann wird die erste Übung wiederholt und am Schluss muss ich die Augen fünf Minuten offenhalten.

Anschließend werde ich von der Praktikantin abgeholt und wir gehen in den vierten Stock, wo ich weitere Übungen machen muss.

Zuerst soll ich am Computer zwei Tests und dann am Tisch mehrere Übungen machen. Es sind dieselben wie am 03.07.

Es kommen dann noch verschiedene Fragen, bevor ich um ca. 16:15 Uhr entlassen werde.

08.10.2015

Ich habe um 10:00 Uhr einen weiteren Termin in die Neurologie des Universitätsspitals B. Zuerst muss ich noch warten bis mich die zuständige Praktikantin abholt. Wir gehen zusammen in den 4. Stock, wo ich verschiedene Tests wie am 19.03. und am 08.07. 2015 mache.

Am Schluss stellte sie mir diverse Fragen, z. B. ob ich Drogen nehmen, ob ich rauchen würde oder ob ich Alkohol trinken würde und wie viel. usw.

23.10.2015

Ich gehe zum vorläufig letzten Mal zur Neurophysio. Ich erzähle kurz, wie es mir in den vergangenen zwei Wochen ergangen ist. Leider hatte ich am vergangenen Freitag wieder einen heftigen Schmerzanfall. Wir waren bei unserer Tochter. Dabei war vielleicht das Treppensteigen in den dritten Stock nicht so gut für mich, denn als wir in S. ankamen, stellten wir fest, dass wir erst in einer Viertelstunde einen Bus gehabt hätten. Wir entschlossen uns daher, den Rest der Strecke nach Z. zu laufen. Als ich zur Unterführung hinunter wollte, hatte ich eine solch heftige Schmerzattacke, wie ich sie im vergangenen halben Jahr nicht mehr hatte. Ich konnte im ersten Moment gar nicht mehr richtig gehen und musste mich am Geländer festhalten. Schließlich ging es dann wieder einigermaßen. Je länger wir gingen, umso mehr ließen die Schmerzen nach. Trotzdem hatte ich in den folgenden Tagen immer wieder Schmerzen im rechten Knie.

Die Therapeutin schlägt vor, dass sie mich noch einmal am Knie und anschließend am Kopf behandelt. Auch jetzt findet sie wieder diverse Schmerzpunkte um das rechte Knie.

Bei der Kopfbehandlung bringt sie wieder eine Ruhe in meinen Körper, denn das Zittern meiner linken Seite von Kopf bis Fuß ist wieder weg.

Ich überreiche ihr am Schluss, als Dank, noch mein Buch in welchem ich die Besteigung des Kilimandscharo beschreibe.

05.12.2015

Max schreibt mir aus Taiwan, dass sie dort von einem entfernten Bekannten gehört haben, welcher auch Parkinson hat. Dieser hat nun mehr aus Verzweiflung 3x8 Tabletten se2 eingenommen. Dabei hätte sich sein Parkinson innerhalb eines halben Jahres um 80 % reduziert.

09.02.2016

Ich habe einen Termin bei meinem Neurologen in L. Heute zittere ich wieder extrem. Er möchte wissen, wie es mir ergangen ist. Ich erkläre ihm, dass es unterschiedlich sei, denn manchmal zittere ich mehr, manchmal wieder weniger. Wenn ich aufwache, zittert nur mein linkes unteres Bein, später das ganze Bein, dann mein linker Arm und wieder etwas später auch die linke Hand, also die ganze linke Seite. Wenn ich dann sitze, kann es sein, dass nur das linke untere Bein und der Fuß zittern, oder nur der linke Arm. Er sieht dann auch, dass ich im Moment stark zittere. Er meint dann, dass nun die Zeit gekommen sei, wo man meine Medikamente anders einstellen müsste. Er rät mir, dass ich in Zukunft am Morgen 1 ½ Sinemet, am Nachmittag und Abend jeweils 1 Tablette nehmen soll. Anschließend solle ich alle drei Tage erhöhen bis ich morgens, mittags und abends je 1 ½ Tabletten einnehme. Das Akineton könne ich hingegen auf ½ Tablette am Morgen reduzieren.

Anschließend macht er noch diverse Tests:

Neurologische Tests
- Dazu soll ich die Hände auf meine Oberschenkel legen.
- Die rechte Hand abwechselnd, so schnell als möglich, mit der Innen- und dann mit der Außenseite auf meinen Oberschenkel legen.
- Die gleiche Übung mit der linken Hand.

- Den rechten Zeigfinger und den rechten Daumen abwechselnd, so schnell als möglich, zusammenbringen und wieder auseinanderspreizen.
- Die gleiche Übung mit dem linken Zeigfinger und Daumen.
- Der Arzt bewegt meinen rechten Arm rauf und runter, um die die Beweglichkeit festzustellen.
- Das Gleiche mit dem linken Arm.
- Das Gleiche mit dem rechten Bein.
- Das Gleiche mit dem linken Bein.
- Ich muss meinen Kopf ein paar Mal nach links und dann nach rechts drehen.
- Ich muss meinen Kopf ein paar Mal nach vorne und dann nach hinten bewegen.
- Ich muss aufstehen und mich nach hinten fallen lassen, wobei der Arzt hinter mir steht und mich auffangen würde, falls ich meinen Ausfallschritt zu spät machen würde.
- Nun muss ich im Gang hin und her laufen.

Dieses Mal habe ich 14 Punkte, das heißt gegenüber dem letzten Mal eine wesentliche Verschlechterung von 7 Punkten.

Ich spreche den Arzt dann auf meine gefühllosen Füße an und dass mein Hausarzt einen Test mit der Gabel gemacht hätte, bei dem ich nichts gespürt hätte.

Er schlägt mir vor, einmal einen Elektrotest zu machen, bei dem meine Nervenleitfähigkeit getestet wird. Ich bekomme einen Termin für den 17.05.2016 um 09:00 Uhr.

22.04.2016

Da mich neben dem Parkinson zeitweise vor allem starke Knieschmerzen plagen, falle ich manchmal in ein moralisches Tief und bin verzweifelt. Obwohl ich jeden Abend den Herrgott darum bitte, mir gesundheitlich beizustehen und mich wieder gesund zu machen, spüre ich nichts davon. Ich habe je länger je mehr meine Zweifel, da ich mittlerweile nicht nur mit Parkinson, sondern mit Fußschmerzen, mit Venenproblemen, starken Knieschmerzen, Blasenproblemen, Magen-Darm-Problemen, Hormon-, Blut-, Rücken- und Zahnproblemen zu kämpfen habe. Es scheint, dass meine Liste der gesundheitlichen Probleme immer größer wird. Vor allem meine heftigen Knieschmerzen veranlassen mich immer mehr zu fluchen. Ich ertappe mich öfters, dass mir das eine oder andere „Gottverdammi" rausrutscht, was ich am Abend, wenn ich vor dem Einschlafen meinen täglichen Rückblick mache, bereue und den Herrgott darum bitte, mir zu vergeben, da ich dies nicht möchte. Trotzdem schimpfe ich öfters mit dem Herrgott und frage ihn immer wieder, was ich falsch gemacht habe, dass er mich mit solchen gesundheitlichen Problemen bestraft. Ich bin hin- und hergerissen und es kommen mir öfters Gedanken, mit dem Beten und dem Glauben an Gott aufzuhören, da es sowieso nichts nützt. Wenn ich sehe, dass solche, welche nicht an Gott glauben, besser dran sind als ich, habe ich wirklich meine Zweifel. Wenn ich dann am Abend im Bett liege, bete ich aber trotzdem wieder zu Gott und bitte ihn, mir zu helfen. Ich weiß nicht, wieso. Irgendwie sage ich mir, dass, wenn ich nicht an Gott glauben würde, dass ich vielleicht noch schlimmer dran, oder gar nicht mehr hier wäre.

17.05.2016

Ich habe einen Termin bei meinem Neurologen. Er sieht sofort, dass ich mehr zittere als vorher. Er meint, dass er mir empfehlen würde, die Tabletteneinnahme zu ändern. In Zukunft werde ich nun Stalevo anstelle von Sinemet nehmen müssen. Allerdings muss ich diese Umstellung langsam vornehmen. Zudem soll ich vom Akineton wieder 2 Mal ½ Tablette nehmen. (siehe unten)

1. Woche

Sinemet	1 ½	1 ½	1 ½
Stalevo	0	0	0
Akineton	½	0	½

2. Woche

Sinemet	0	1 ½	1 ½
Stalevo	1	0	0
Akineton	½	0	½

3. Woche

Sinemet	0	0	1 ½
Stalevo	1	1	0
Akineton	½	0	½

4. Woche

Sinemet	0	0	0
Stalevo	1	1	1
Akineton	½	0	½

Sollte ich Verdauungsstörungen bekommen, empfiehlt er mir, Motilium lingual zu nehmen.

Wir reden dann noch über eine DatScan-Untersuchung. Er meint, dass man diese Untersuchung nur macht, wenn man nicht ganz sicher sei, dass man unter Parkinson leide. Bei mir sei es aber eindeutig, da ich viele typische Parkinsonzeichen wie einseitiges Zittern, nächtlichen Speichelfluss oder Geruchsstörungen usw. hätte. Der nächste Schritt wäre dann, die Tabletten so einstellen, dass es mir eine bessere Lebensqualität gebe. Wenn dies nicht mehr möglich und das Zittern so stark sei, dass es mich zu stark einschränkt, müsse man über die Einpflanzung einer Sonde im Gehirn nachdenken. Allerdings werde dies der allerletzte Schritt sein, da so eine Operation auch nicht alles sei und leider auch schon Todesfälle vorgekommen seien.

Der Neurologe untersucht anschließend an beiden Beinen und Füßen die Nervenströme. Er stellt dabei fest, dass es sich bei meinen Fuß- und Beinproblemen um eine Polyneuropathie handelt, d.h. einer Nervenschädigung, welche auch diese Taubheitsgefühle in meinen Füßen ausgelöst hätte.

Zur Prüfung der Nervenfunktion dient die Messung der Nervenleitgeschwindigkeit (NLG). Hierfür werden unter kontrollierten Bedingungen elektrische Reize auf die zu untersuchenden Nerven gegeben und der Reizerfolg aufgezeichnet. So können Nervenschädigungen genau diagnostiziert und beurteilt werden.

Nach der Untersuchung erklärt mir der Neurologe, wie diese Krankheit entsteht. Er wird meinem Hausarzt einen Bericht schreiben und ihn bitten, noch einmal einen Bluttest zu machen und vor allem zu untersuchen, ob ich eventuell unter Zucker leiden würde. Man müsste dabei auch die Nieren- oder Lebertätigkeiten prüfen.

Als ich im Internet nachschaue, zieht es mich etwas runter, was verständlich ist, wenn man die Zukunft im Rollstuhl sieht. (siehe dazu unter Polyneuropathie)

Was mich ärgert, ist, dass ich vor drei Jahren einmal im Internet geschaut habe und schon damals bei meinem Hausarzt den Verdacht äußerte, dass ich unter Polyneuropathie leiden würde. Er hat mich damals nur abgewimmelt und gemeint, dass dies nicht möglich sei. Natürlich hat er dann die Untersuchungen nicht gemacht, welche man hätte machen sollen.

20.05.2016

Nachdem ich gestern in der Apotheke Stalevo, das neue Parkinsonmittel geholt hatte, lese ich die Medikamenteninformation durch und sehe, dass Vorsicht geboten sei, wenn man bisher unter entzündlichen Darmerkrankungen gelitten hätte. Ich rufe deshalb in der Praxis meines Neurologen an und erkläre seiner Assistentin, dass ich schon vier Mal unter Divertikulitis gelitten hätte und erst im Februar 2016 fünf Tage im Spital gewesen sei.

Sie erklärt mir, dass sie dies zuerst mit dem Arzt besprechen müsse und mich wieder zurückrufen werde.

Nachdem ich schon am Freitag in der Praxis des Neurologen angerufen, bis heute aber keine Antwort bekommen habe, rufe ich
noch einmal an und erkläre der anderen Assistentin noch einmal,
dass ich von dem Doktor ein neues Parkinsonmittel bekommen
hätte und beim Durchlesen der Medikamenteninformation gelesen habe, dass Vorsicht geboten sei, wenn man unter entzündlichen Darmerkrankungen gelitten hätte. Auch ihr erkläre ich,
dass ich schon vier Mal unter Divertikulitis gelitten hätte und
erst im Februar 2016 fünf Tage im Spital gewesen sei. Auch sie
erklärt mir, dass sie dies zuerst mit dem Arzt besprechen müsse
und mich wieder zurückrufen werde.

Sie ruft mich zurück und erklärt mir, dass ich das Stalevo nehmen dürfe, dass ich, wenn ich aber nicht ganz sicher sei, auch
weiter verfahren könne wie bisher und der Arzt. dies mit mir das
nächste Mal besprechen würde.

Hausarzt & Hausärztin

24.05.2016

Ich habe einen Termin bei meinem Hausarzt wegen meiner Polyneuropathie. Da ihm mein Neurologe noch keinen Bericht geschrieben hat, möchte er den Stand der Untersuchung von letzter Woche Wissen, und auch die Ergebnisse meiner jüngsten Untersuchung bei meinem Hautarzt in B., den Stand mit meiner Zahnsanierung, den Stand mit meinem Knie, meinen Füßen und dem Parkinson.

Als ich ihm erzähle, dass sich ein Arzt im Spital gewundert hätte, dass man bei meinen Füßen nicht schon vor sechs Jahren eine neurologische Untersuchung gemacht hätte, entschuldigt er sich und sagt, dass dies bei ihm etwas unter gegangen sei, da er sich zu viel auf Parkinson, Borreliosen und die Zahnsanierung konzentriert hätte. Ich erkläre ihm, dass Mich mein Neurologe letzte Woche untersucht und nun festgestellt habe, dass ich tatsächlich Polyneuropathie hätte, und dass er ihm einen Bericht schreiben wollte mit der Bitte, mein Blut auf Diverses zu prüfen, darunter die Zucker-, Nieren-, Leber- und Vitaminwerte.

Mein Hausarzt hat aber, wie schon erwähnt noch keinen Bericht bekommen. Er ist immer noch überzeugt, dass die Borreliosen bei mir eine Rolle spielen. Er schlägt mir vor, zuerst das Blut zu untersuchen und dann weiterzuschauen. Er erzählt mir dann von einem Professor, welchem es gelungen ist, die Borreliose zu eliminieren, indem man dem Patienten Blut entnimmt, dieses sofort tiefkühlt und anschließend dem Patienten wieder ins Gesäß einspritzt. Allerdings müsse man diesen Vorgang vier Wochen lang machen, und zwar jede Woche 2 Mal.

Anschließend gibt mir die Assistentin zwei Termine, und zwar für die Blutentnahme am 31.05.2016 um 8:30 Uhr und am 07.06.2016 um 9:00 Uhr zur Besprechung und Prostatakontrolle.

Ich habe einen Termin bei meinem Hausarzt zur Besprechung der Laborwerte. Eigentlich sieht alles nicht so schlecht aus. Die Nieren-, Leber und Zuckerwerte sind gut. Entzündungen habe ich keine mehr. Das einzige, was nicht so gut ist, ist, dass ich zu viele rote Blutkörperchen habe und der Eisen- und der Vitamin B12-Wert etwas tief sind. Deshalb müssen wir den Aderlass machen. Anschließend muss der Eisen- und Vitamin B12-Wert nachkontrolliert werden. Aus den Laborwerten kann man auch sehen, dass ich einmal Probleme mit Borrelienviren gehabt hätte. Der Hausarzt hat meine Laborwerte an meinen Neurologen geschickt und ist gespannt, was dieser dazu meint.

Was das Parkinson angeht, glaubt mein Hausarzt. immer noch, dass es mit den Borrelien im Zusammenhang steht. Er wird dies mit meinem Neurologen. besprechen und ihm den Vorschlag machen, dass man mich im Spital noch einmal darauf testet. Er erzählt mir dann noch einmal von diesem Professor, welchem es gelungen ist, die Borreliose zu eliminieren.

Im Weiteren möchte mein Arzt noch wissen, wie es meinen Knieproblemen gehe. Ich erzähle ihm, dass es mit dem Tapen eigentlich recht gut gehen würde und ich seit bald zwei Wochen keine größeren Probleme mehr gehabt hätte. Als ich ihm von dem Gerät erzähle, mit dem ich meinen Oberschenkel abklopfe, meint er, dass dies sicher gut sei. Er zeigt mir noch, welche Punkte ich behandeln könne. Als ich ihm erzähle, dass ich seit drei Wochen Ananas essen würde, was mir ein Schulkollege empfohlen hätte, weil diese Frucht gewisse Enzyme enthalte, meint er, dass dies stimme und ich es ruhig weiter probieren könne.

Der Hausarzt fügt noch hinzu, dass die Laborwerte ergeben hätten, dass ich nicht zu viel Milchprodukte nehmen sollte, da diese Magen- und Darmprobleme verursachen könnten, wie Durchfall oder Blähungen.

Ich habe einen Termin bei meiner Hausärztin. Sie und ihr Mann haben meine gesundheitliche Situation besprochen, weshalb sie mich sehen wollte. Es scheint aber, dass sie sich nicht vorbereitet hat, denn sie sucht im PC meine Gesundheitsgeschichte, was eine gewisse Zeit in Anspruch nimmt. Sie erzählt mir dann, dass sie und ihr Mann über meine gesundheitliche Situation geredet und beschlossen hätten, dass ich wieder bei ihr zur Sprechstunde gehen sollte. Zudem sei er gerade bei einer Masterarbeit und im Moment ein wenig im Stress. Nachdem sie dann meine Gesundheitsgeschichte vor sich hat, meint sie, dass sie bei mir noch einmal einen Bluttest machen wolle, um festzustellen, ob ich noch Entzündungen hätte und woher diese kommen. Zudem wolle sie wissen, wie es mit meinen Nieren-, Leber-, Milz-, Zucker- und dem Cholesterinwerten stehe. Als ich erwähne, dass wir erst einen umfassenden Bluttest gemacht hätten und ihr Mann gesagt hätte, dass diese Werte gut seien, meint sie nur, dass sie vor allem feststellen wolle, wie es mit meinen Spurenelementen, vor allem den Mineralien, stehe. Sie hätte bei ihrer Masterarbeit festgestellt, dass die Mittel Viabiona Kupfer, Chromvital, Mangan Citrat und Eisen nicht diese Wirkung gezeigt hätten, wie sie erwartet habe. Ich solle also diese Mittel weglassen, damit wir nächste Woche einen anderen Bluttest machen können. Wenn jemand einen Mangel an diesen Stoffen habe, erreiche man mit einer Infusion viel bessere Resultate.

Sie fragt mich dann noch wegen meinem Gewicht und meinen Essgewohnheiten z. B. ob ich Milch trinken, Milchprodukte oder Eiweiß nehmen würde. Als ich ihr erkläre, dass ihr Mann mir empfohlen hätte,nicht zu viel Milchprodukte zu nehmen, wegen meinen Darmgeschichten, meint sie nur, dass ich laktosefreie Milch oder Jogurt nehmen solle. Sie meint, dass ich möglichst wenig zuckerhaltige Produkte zu mir nehmen solle.

Anschließend nimmt mir die Assistentin drei Röhrchen Blut ab und spritzt mir ein Mittel ein, um eine halbe Stunde später noch ein weiteres Röhrchen Blut zu nehmen. Am Schluss spritzt sie mir noch B12. Sie macht dies wirklich gut. Von allen Angestellten in der Praxis meines Hausarztes macht sie dies wirklich am besten.

29.07.2016

Die Hausärztin sendet mir zwei E-Mails mit den Laborwerten. Die Analyse der Mineralstoffe hat ergeben, dass ich vor allem einen Mangel an Selen hätte, welcher zu Muskelverspannungen und Unruhe führen kann. Selen ist auch sehr wichtig für die Entsorgung von Quecksilber, welches einen Zusammenhang mit dem Parkinson ergeben kann.

Selenmangel ist zudem der Beginn unterschiedlichster Erkrankungen. Augenkrankheiten, Herz-Kreislauferkrankungen und Krebs zählen ebenso dazu wie Multiple Sklerose und Parkinson (Angriff auf Nervenzellen), Alzheimer (Angriff auf Gehirnzellen) sowie viele andere mehr.

Kupfer ist leider nicht angestiegen und immer noch im Minus. Der Chromwert ist ebenfalls im Minus. Der Zinkwert ist viel zu hoch. Zudem hätte ich auch eine leichte Insulinresistenz, also die Vorstufe zu Diabetes 2. Zudem hätte der Bluttest immer noch Borrelien angezeigt.

Die Nierenfunktion, Hormone und der Cortisol-Test sind sehr gut. Mangan ist mit den Kapseln angestiegen und nun in einem guten Wert. Magnesium ist ebenfalls in einem guten Wert. Auch die Prostata ist in Ordnung.

Die Ärztin bittet mich telefonisch, mich bei ihr zu melden oder einen Termin abzumachen, um das weitere Vorgehen zu besprechen.

10.08.2016

Ich habe einen Termin in der Physiotherapie des Kantonsspitals Liestal. Ich erzähle Renzo, dass ich vor allem am Sonntag und Montag wieder leichte Schmerzen hatte und zwar auf der Innenseite, sowie der rechte Punkt vorne an der Kniescheibe. Es ist zwar kein heftiger hexenschussartiger Schmerz, sondern eher ein konstanter leichter Schmerz.

Renzo massiert zuerst das Knie, bevor er vor allem den inneren Punkt mit Ultraschall behandelt. Am Anfang ist es sehr schmerzhaft. Erst als er die Stärke reduziert, ist es besser. Anschliessend stabilisiert er meine rechte Kniescheibe mit zwei Tapes, und klebt er zwei Tapes darüber wie bisher.

15.08.2016

Ich habe einen Termin in der Praxis meines Hausarztes. In einem Nebenzimmer macht mir die Assistentin die Hormonspritze, was sie auch dieses Mal wieder sehr gut macht, denn ich spüre nichts.

Anschließend bin ich bei der Ärztin. Sie geht noch einmal auf die Analyse der Mineralstoffe ein. Während die Nierenfunktion, Hormone und der Cortisol-Test sehr gut sind und Mangan, sowie Magnesium gute Wert anzeigen und auch die Prostata in Ordnung ist, sind die Werte von Selen, Chrom, Molybdän und Kupfer im Minus. Zink ist extrem im Plus.

Sie empfiehlt mir, zuerst die Dosis der DHEA-Kapseln von 15 mg auf 10 mg zu reduzieren und vier weitere Vitamin B12-Spritzen im Abstand von eineinhalb Wochen zu machen. Im Weiteren empfiehlt sie mir eine Selenspritze. Ich solle mich dann nach drei Tagen melden.

Als ich sie frage, wo die Minus oder hohen Pluswerte herkommen, meint sie nur, dass es an der Ernährung liegen müsse. Sie verspricht, mir zwei Broschüren im PDF-Format zu senden.

Nebenbei erwähnt sie noch, dass das Quecksilber aus meinem Mund entfernt werden sollte. Als ich ihr erkläre, dass ich seit rund 30 oder 40 Jahren keine Quecksilberfüllungen hätte, sondern Kunststoff, ist sie ganz verwundert. Ich erkläre ihr dann auch, dass alle toten Zähne entfernt wurden und ich nun Kunststoff-Implantate hätte. Sie fragt, wo ich es machen lasse, und ist richtig überrascht, dass die Praxis in K. teurer sei als mein Zahnarzt. Sie wollte dann wissen, wie ich zu diesem gekommen und wie ich zufrieden sei. Als ich ihr erzähle, dass ich ihn über das Internet zu gefunden habe und er auch Kenntnisse in Homöopathie oder Mundakupunktur und Anderem besitzt, meint sie nur, dass sie nicht viel halte von diesen Methoden und sich lieber an die Schulmedizin halte. Obwohl ich der Meinung bin, dass die Schul- und die Naturmedizin zusammenarbeiten sollten, sage ich nichts mehr, denn die Ärztin neigt dann dazu, sich in einem Vortrag zu rechtfertigen.

Als ich sie auf meine Fußprobleme, welche ich nun schon sieben Jahre habe, sowie die Polyneuropathie anspreche, geht sie nicht groß darauf ein und meint nur, dass diese Krankheit viele Gesichter hätte.

Dann sagt sie etwas, das mich erstaunt, denn sie meint, dass mir das Kiffen weiterhelfen könnte.

Mein Hausarzt und auch seine Frau bilden sich ständig weiter und haben deshalb ein vielfaches Wissen, was ich eigentlich gut und vorbildlich finde. Ich habe aber das Gefühl, dass, wenn ein Patient mit einem Leiden zu ihnen geht, beide nicht mehr recht wissen, was sie von ihrem vielseitigen Wissen anwenden sollen. Sie, zum Beispiel, hat schon viele Proschüren verfasst mit den verschiedensten Themen, aber wenn es darauf ankommt, hat man das Gefühl, dass sie auch nicht mehr weiter weiß. Zudem muss man bei ihr aufpassen, was man sagt, denn sie ist auch schnell beleidigt. Außerdem braucht sie, wenn sie einem Laien etwas erklärt, zu viele Fachausdrücke und redet zu viel.

Nach meinem Gespräch mit der Ärztin zeigt mir die Assistentin, wie ich B12 selber spritzen kann, was ich dann auch gleich anwende.

B12 selber spritzen:
- Zuerst muss ich die lange dickere Nadel auf die Spritze schrauben.
- Die Glasampulle mit dem Vitamin B12 klopfen, damit die Flüssigkeit nach unten geht.
- Dann das obere Ende der Glasampulle aufbrechen. Dabei den einen Daumen auf dem weißen Punkt der Ampulle und mit den Fingern der anderen Hand den oberen Teil abbrechen. Dabei einen Tupfer benutzen, um die Finger vor Glasscherben zu schützen.
- Mit der Spritze (mit der langen dicken Nadel) den Inhalt der Ampulle in die Spritze ziehen.
- Die lange Nadel durch die kleinere, aber dünnere Nadel ersetzen.
- Mit dem Stempel die Luft aus der Spritze drücken, bis sich die Flüssigkeit im durchsichtigen Bereich der Nadel zeigt.
- Mit dem Daumen und Zeigfinger einer Hand eine Bauchfalte fassen und mit der anderen Hand die Hautstelle desinfizieren.
- Die Nadel leicht schräg bis zum Anschlag in die Bauchfalte stoßen.
- Mit dem Stempel B12 langsam bis zum Ende in die Bauchfalte spritzen.
- Spritze herausziehen und entsorgen.
- Sicherheitshalber ein kleines Pflaster auf die Einstichstelle kleben.

Anschließend gibt mir die Assistentin noch die Selenspritze in meinen rechten Oberarm.

16.08.2016

Morgens um drei Uhr erwache ich mit heftigen Knieschmerzen. Das Zittern auf meiner linken Seite, vom Fuß bis zur Schulter war schon lange nicht mehr so heftig. Zudem ist mir schlecht. Vielleicht waren die drei Spritzen von gestern zu viel. Ich kann lange nicht mehr einschlafen.

Am Morgen ist alles wieder gut, einzig meine Knieschmerzen plagen mich den ganzen Tag ein wenig.

17.08.2016

Ich habe einen Termin in der Physiotherapie des Kantonsspitals L. Ich erzähle dem Therapeuten, dass ich letzten Donnerstagnachmittag, sowie am Montag wieder extreme Schmerzen hatte an diesem inneren Punkt, wo er mich das letzte Mal behandelt hatte. Er massiert und bewegt zuerst das Knie, bevor er vor allem den inneren Punkt mit Ultraschall behandelt. Dieses Mal wählt er eine niedere Stärke am Ultraschallgerät. Da die Stellen, wo er bisher das Knie getapt hatte, etwas entzündet sind, schlägt er vor, dass er heute kein neues Tape anbringt und ich zu Hause eine feuchtigkeitsspendende Creme auftragen solle. Zudem können wir auch feststellen, wie sich das Schmerzverhalten entwickelt. Sollte ich wieder Knieschmerzen bekommen, wisse ich ja, wie ich das Knie tapen könne.

Um 9:00 Uhr habe ich einen Termin bei meinem Neurologen. Er möchte zuerst wissen, wie es mir geht. Wir sprechen über das neue Mittel, das ich bis jetzt nicht genommen habe, über die Ergebnisse der jüngsten Blutuntersuchung, den ausstehenden Bericht an meinen Hausarzt und vereinbaren einen Termin in einem halben Jahr. enttäuscht außer

Ich sende meiner Hausärztin ein E-Mail und teile ihr mit, wie es mir nach der Selenspritze und bei meinem Besuch beim Neurologenergangen ist. Ich äußere auch den Wunsch, dass man mich wegen den Fußschmerzen in die Fußabteilung der Orthopädie im Kantonsspital überweisen sollte, sowie wegen meinem Parkinson und der Polyneuropathie an die Uniklinik in B.:

Sehr geehrte Frau Doktor

Wie abgemacht möchte ich Ihnen berichten wie es mir die letzten Tage seit der Selenspritze vom letzten Montag den 15.08.2016 ergangen ist.

In der ersten Nacht, nach der Spritze, am Morgen um 03:00 Uhr, bin ich mit heftigen Fuß- und Kopfschmerzen links, sowie Knieschmerzen rechts aufgewacht. Die linke Körperseite, vom Fuß bis zur Schulter, inclusive linker Arm, zitterte dabei so stark, wie ich es bisher nicht kannte. Diese Schmerzen und das Zittern dauerten etwa eine Stunde und ließen dann nach, so dass ich wieder einschlafen konnte. Die ganze Zeit war es mir auch schwindlig.
Ich weiß nicht, ob es an der Selenspritze alleine, oder an den drei Spritzen Nebido, B12 und Selen zusammen lag oder nicht.

Außer, eben in der Nacht, hatte ich den ganzen Dienstag den 16.08.2016 keine Probleme. Ich war zwar den ganzen Tag müde und spürte leichte Schmerzen in meinem rechten Knie.

Am 17.08.2016 und 18.08.2016 war jeweils der ganze Tag nichts Außergewöhnliches.

Letzte Nacht bin ich um 01:30 Uhr mit starken Wadenschmerzen links aufgewacht. Die Wade war dabei steinhart. Nach zuerst warmem Abduschen und späterem Wechselduschen ließen die

Schmerzen nach, sodass ich wieder weiterschlafen konnte. Ob dies etwas mit der Selenspritze zu tun hat, weiß ich allerdings nicht.

Am Mittwochmorgen, dem 17.08.2016 hatte ich einen Termin bei meinem Neurologen. Er wollte zuerst wissen, wie es mir geht. Ich erklärte ihm, dass es Tage gebe, wo ich vom Aufwachen, bis ich ins Bett gehe auf der linken Seite immer zittere. Dann gibt es Tage, wo ich dazwischen wieder ruhige Phasen habe. Am besten ist es, wenn ich mich bewege. Er fordert mich auf im Gang etwas hin und her zu laufen. Dann möchte er sehen, wie schnell ich die Finger bewegen kann. Er meint, dass es gar nicht so schlecht sei.

Was das neue Mittel (Stalevo) angeht, welches er mir das letzte Mal verordnet hatte, habe ich es bis jetzt nicht genommen, da ich im Moment ein Buch lese über Parkinson, worin steht, dass wenn man einmal unter Darmentzündungen gelitten hätte, dieses Mittel nicht nehmen sollte. Da ich schon vier Mal Divertikulitis hatte und das letzte Mal im Februar eine Woche im Spital gewesen sei, hätte ich auf Stalevo verzichtet. Mein Neurologe meint dann nur kurz, dass alle diese Mittel bei Darmentzündungen kritisch seien, auch Sinemet. Wegen dem Zittern könnte er mir noch ein zusätzliches Mittel verschreiben, allerdings mit dem Nachteil, dass es starke Nebenwirkungen habe und man dabei am Anfang jede Woche eine Blutuntersuchung machen müsste. Da ich nicht noch mehr Medikamente schlucken möchte, einigten wir uns, dass wir im Moment nichts ändern an den Medikamenten.
Er erzählt mir dann noch einmal das Gleiche, was er mir schon das letzte Mal erzählt hatte. Der nächste Schritt wäre, die Tabletten so einstellen, dass es mir eine bessere Lebensqualität gebe. Wenn dies nicht mehr möglich und das Zittern so stark sei, dass es mich zu stark einschränkt, müsse man über die Einpflanzung einer Sonde im Gehirn nachdenken. Was Verdauungsstörungen angehe, empfiehlt er mir, Motilium lingual zu nehmen. Ich erkläre ihm dann, dass die letzte Blutuntersuchung mit der Analyse der Mineralstoffe Folgendes ergeben hätte. Während die Nierenfunktion, Hormone und der Cortisol-Test sehr gut sind

und Mangan, sowie Magnesium gute Wert anzeigten und auch die Prostata in Ordnung ist, sind die Werte von Selen, Chrom, Molybdän und Kupfer im Minus. Zink ist extrem im Plus. Als ich ihm den Untersuchungsbericht geben möchte, meint er nur, dass er damit nichts anfangen könne. Nebenbei fragt er mich noch, was Molybdän sei, was mich etwas wundert.

Bei der letzten Untersuchung der Nervenströme an den Beinen hat er eine beginnende Polyneuropathie festgestellt und versprochen, dass er P. einen Untersuchungsbericht senden und dabei auch Anweisungen geben werde, was zu tun sei. Als ich ihm erkläre, dass man in der Praxis meines Hausarztes nichts bekommen hätte, schaut er im Computer nach und meint, dass dieser Bericht am 17.05.2016 gesendet wurde. Er gibt mir dann den Bericht. (siehe Anhang)

Als ich meine Fußprobleme erwähne, welche ich nun schon sieben Jahre hätte und frage, was wir nun machen wegen der Polyneuropathie, meint er nur, dass man da nicht viel machen könne. Irgendwie hatte ich das Gefühl, dass er nicht mehr weiter weiß. Ich bin enttäuscht und frage mich, was dieser heutige Termin eigentlich sollte und wieso man dann das letzte Mal eine solch teure Elektroneurographie-Untersuchung gemacht hat. Mein erster Gedanke war dann, ob ich mich nicht in einem Spital wie z. B. in Unispital B. neurologisch untersuchen lassen sollte, obwohl sie dort angeblich lange Wartezeiten haben.

Der Neurologe meint dann noch, dass ich Glück gehabt hätte, dass ich mit beiden neurologischen Problemen erst am Anfang sei und glücklicherweise bei beiden eine langsame Form hätte.
Er möchte mich in einem halben Jahr wiedersehen, außer meine Situation verschlimmert sich.

Nachdem es schon eine Weile gedauert hat, bis Ihr Mann mich, wegen den Knieschmerzen rechts in die Knieabteilung der Orthopädie im Kantonsspital gesendet hat, wäre es, nach sieben Jah-

ren Fußproblemen wahrscheinlich an der Zeit, dass man mich deswegen an die Fußabteilung der Orthopädie im Kantonsspital überweisen würde.

Freundliche Grüße
Walter Schaub

Leider geht man darauf nicht ein.

10.09.2016

In der Gesundheitssendung „Gesundheit heute" bringen sie einen Beitrag über Polyneuropathie. Dabei besucht Dr. med. W. eine Frau, welche in beiden Füßen und beiden Händen Gefühlslosigkeit und Schmerzen verspürt. Dr. med. W. hat sich mit dem Fall beschäftigt und empfiehlt ihr, diese bis zu vier Mal am Tag Pfeffersalbe einzustreichen. Bei bis zu 60 % der Patienten wurde eine markante Besserung festgestellt.

15.09.2016

Heute spritze ich B12 in meinen Bauch. (Siehe 15.08.2016)

19.09.2016

Ich mache mir ernsthafte Gedanken, den Hausarzt zu wechseln, da ich von der Praxis immer noch keine Antworten erhalten habe, wie es mit mir weiter gehen soll. Ich warte nun schon seit bald fünf Wochen auf eine Antwort.

Wenn mein Hausarzt nicht weiter weiß, schickt er mich einfach zu seiner Frau. Diese fängt dann wieder etwas Neues an, aber verfolgt es dann nicht. Ich habe den Eindruck, je mehr Weiterbildung die Beiden machen, umso mehr wissen sie nicht mehr weiter. Immer heißt es, dass wir dies oder jenes noch probieren könnten.

Ich habe auch das Gefühl, dass meine Hausärztin zu viel macht, aber nichts richtig. In der Freizeit pflegt sie Beziehungen, wandert, tanzt, singt, fotografiert, ist gerne in der Natur, in ihrem Garten, kocht oder backt gerne, was ja gut und recht ist. Aber dann schreibt sie noch Broschüren oder gibt Vorträge über die verschiedensten gesundheitlichen Themen, ja sogar in einer Fernsehsendung habe ich sie schon gesehen. Dann macht sie zusammen mit ihrem Mann ein paar Mal im Jahr Weiterbildung. Zu all dem ist sie noch in der Praxis und behandelt Patienten. Ich finde dies zwar recht gut, aber es darf nicht auf Kosten der Patienten gehen. Es darf nicht sein, dass man einen Patienten bittet, sich per E-Mail zu melden und man hört dann von ihr über fünf Wochen nichts über das weitere Vorgehen. Ich werde in Zukunft nicht mehr zu ihr gehen. Zudem kam es schon oft vor, dass sie mir ein Medikament vorschlug und dann erstaunt ist, wenn ich ihr sage, dass ich dies schon seit Monaten einnehme, weil sie es mir verordnet habe.

Ich telefoniere mit meiner Krankenkasse und möchte wissen, wie ich vorgehen soll bei einem Arztwechsel. Man erklärt mir, dass ich, wenn ich den Arzt gewechselt hätte, sie einfach informieren müsse und den neuen Arzt angeben solle.

Am Abend um 21:37 Uhr bekomme ich von meiner Hausärztin das erste E-Mail. Sie erwähnt darin, dass bei mir der Selenmangel durch Spritzen korrigiert werden sollte. Kupfer sollte man auch korrigieren. Beim zu hohen Zinkwert, meint sie, dass dieser durch die Ernährung nicht möglich sei. Sie vermutet, dass ich zinkhaltige Mineralstoffe zu mir genommen hätte. Sie bittet mich, in der Praxis einen Termin abzumachen, um das weitere Vorgehen zu besprechen.

Nebenbei empfiehlt sie mir einen Kurs über Vitamine, Mineralien und giftige Metalle für Knochen und unsere Gesundheit, welchen sie am 01. Oktober 2016 durchführt.

Um 22:29 Uhr bekomme ich ein E-Mail von meinem Hausarzt, in dem er mir die Arbeitsaufteilung zwischen ihm und seiner Frau schildert. Während sie für Hormone, Mineralien, Vitamine und Entgiftung/Ausscheidung von schädlichen Mineralien zuständig ist, sei er für die medizinische Versorgung von Knie, Fuß, Polyneuropathie und Parkinson zuständig. Er meint aber, dass die Ursachen für meine Polyneuropathie und das Parkinson noch unklar sind, weshalb das Optimieren von Mineralien, Vitaminen und Hormonen eine zusätzliche Option sei, um auf den Krankheitsverlauf einzuwirken.

Was die von mir gewünschten Überweisungen angeht, ist er nun endlich bereit, mich wegen den Füßen ins Kantonsspital in L. und wegen den neurologischen Beschwerden in die Poliklinik des Universitätsspitals B. zu überweisen. (Siehe unter E-Mail-Eingang 2016)

Um 22:29 Uhr bekomme ich ein weiteres E-Mail von meiner Hausärztin, in dem sie mir die Broschüren über den Stoffwechsel sendet.

22.09.2016

Ich besuche bei einem chinesischen Freund einen Vortrag über chinesische Medizin. Der Referent hat zuerst Biomedizinische Analytik studiert, bevor er das 4-jährige Studium für TCM-Naturheilpraktiker machte. Heute hat er eine Praxis in S. In seinem Vortrag erfahre ich zwar nicht viel Neues, aber die Diskussion mit meinem Sitznachbar ist interessant. Er erzählte mir von seinen Problemen mit seinen Füßen, in denen er laut Neurologen unter Polyneuropathie leiden würde. Auf Rat eines Freundes ging er dann zu einer chinesischen Ärztin in F. welche ihm eine andere Diagnose gab. Bei ihm seien die Lunge, die Leber und die Schilddrüse geschwächt, zudem wäre auch etwas mit seinen Augen. Sie hat ihm dann eine chinesische Kräutermischung zusammengestellt, welche ihm eine starke Linderung seiner Schmerzen brachte. Es sei allerdings eklig gewesen, diese Medizin zu schlucken. Ich erzähle ihm dann, dass ich die gleiche Diagnose hätte, und fragte ihn deshalb nach der Adresse von dieser Ärztin. Wir erzählten uns dann gegenseitig von unseren gesundheitlichen Beschwerden und stellen gewisse Parallelen fest.

23.09.2016

Ich gehe in die Apotheke in S. und bestelle eine Tube Pfeffersalbe. Die Pharma-Assistentin lacht und fragt mich, ob ich die Fernsehsendung geschaut hätte, denn es seien schon einige Leute gekommen und hätten diese Salbe verlangt. Leider dauere es eine gewisse Zeit, da sie die Salbe aus Deutschland beziehen müssten.

27.09.2016

Ich habe einen Termin bei meinem Hausarzt. Er erklärt mir, dass er mich nun für die neurologischen Fragen an die Universitätsklink B. und für meine Fußprobleme an die Fußabteilung vom Kantonsspital L. überweisen werde. Dabei möchte er vor allem allgemeine Fragen abklären lassen und mehr über mögliche Behandlungen wissen. Endlich schickt er mich dorthin, wo ich schon lange hinwollte. Als er mich fragt, ob ich wisse, wo die Neurologische Abteilung in B. sei, erkläre ich ihm, dass ich dort gewesen sei für eine Parkinsonstudie. Er wollte dann wissen, wer mich an diese Studie gesandt hätte und war ganz erstaunt, dass ich mich selber dazu angemeldet habe. Da ich ihm dies vor einem Jahr alles erzählt hatte, wunderte es mich schon ein wenig, dass er dies nicht mehr wusste.

Mein Hausarzt testet mit der Gabel mein Empfinden. Zuerst bringt er die Reflexgabel in Schwingung und hält sie auf meine Stirn, wo ich das Vibrieren auch spüre. Anschließend macht er dasselbe an meinen beiden Handgelenken. Wieder spüre ich die Vibrationen. Dann kommen meine Knie und die inneren Stellen bei den Fußgelenken dran. Bei den letzten beiden Stellen habe ich aber keine Reaktionen.

Wegen dem Zittern meint auch er, dass es ein Mittel gebe, welches das Zittern eindämmen könne, welches aber starke Nebenwirkungen hätte, und dass man am Anfang jede Woche das Blut kontrollieren müsste. Er möchte dies aber im Moment noch nicht einsetzen und schauen, was sie in B. an der Uniklinik dazu meinen.

Anschließend kontrolliert er noch meine Prostata und die Hoden, welche in Ordnung sind. Er fragt mich dabei, ob ich an der Prostata operiert worden sei, was mich wieder verwundert, denn er selbst hat mich vor neun Jahren zu dieser Operation überredet, weil ich damals Probleme beim Wasser lassen hatte.

Auf meine Bemerkung, dass ich die vergangene Woche öfters saures Aufstoßen hatte, ging er gar nicht ein.

Da der Nebido wieder fällig war, nimmt mir die Praxisassistentin Blut ab, um die Testosteronwerte zu ermitteln. Im Anschluss macht sie mir den Nebido, also die halbe Spritze Testosteron.

30.09.2016

Ich gehe wieder in die Apotheke in S. und hole die bestellte Tube Pfeffersalbe. Man gibt mir Capsamol-Salbe, welche ich nach dem Duschen auf meiner linken Fußsohle einstreiche.

03.10.2016

Ich habe einen Termin bei der Hausärztin. Sie redet auch heute wieder viel und meint, dass ich, wenn ich in die Neurologische Abteilung der Uniklinik B. gehen möchte wegen dem Parkinson und der Polyneuropathie, dort schlechter fahren werde als bei meinem Neurologen, da ich dort nur von Studenten betreut werde. Da hat sie allerdings nicht Recht, wie sich später herausstellen sollte.

Sie meint, dass sie einem Patienten lieber die Diagnose Krebs geben würde als Parkinson oder Polyneuropathie, denn beide Krankheiten seien nach heutigem Stand nicht heilbar. Speziell Polyneuropathie sei eine Krankheit, welche bei jedem Menschen anders verlaufen könne. Zudem würden sie, ihr Mann und auch mein Neurologe Mainstream-Medizin betreiben, also vorwiegend Schulmedizin. Auch sie wisse in meinem Fall nicht mehr weiter.

Im Weiteren meint sie noch, dass sie mich verstehe, dass ich von der Medizin enttäuscht sei, aber ich müsse aus meiner Lage das Beste machen. Sie selber wisse, von was sie rede, da sie vor zwei Jahren auch ernsthaft erkrankt sei und noch heute zu kämpfen hätte, da sie von Zeit zu Zeit Rückschläge erleide. Dieses Mal meint sie auch, dass sie mich, wenn ich andere alternative Methoden ausprobieren möchte, nicht davon abhalten wolle.

Was mich angeht, schlägt sie mir vor, dass wir zuerst den zu tiefen Selenwert in Ordnung bringen sollten, um damit den hohen Quecksilberwert herunterzuholen. Als ich sie frage, wo denn der zu hohe Quecksilberwert herkomme, meint sie einerseits von den Zähnen und anderseits vom Fischessen.

Der Molybdänwert sollten wir auch senken. Im Weiteren müssen wir den Stoffwechsel und die Insulinresistenz in Ordnung bringen. Sie meint, dass mein Hirn zu wenig Zucker bekomme und somit nicht richtig versorgt werde. Mein Körpergewicht ist ein anderes Problem und sollte auch reduziert werden, indem ich meine Ernährung umstellen sollte. Sie empfiehlt mir den Teller mit ½ Gemüse, ¼ Kohlenhydrate und ¼ mit Protein zu füllen.

Sie schlägt mir vor, dass wir zuerst versuchen sollten, den Selenspiegel in Ordnung zu bringen. Zuerst bekomme ich heute eine Spritze. Leider weiß ich nicht mehr, was.

Neurologische Untersuchung im Spital

07.10.2016

Vom Universitätsspital B. bekomme ich das Terminangebot für die neurologische Untersuchung. Termin für Montag den 21.11.2016 um 13:00 Uhr.

21.11.2016

Am Nachmittag habe ich einen Termin in der Neurologischen Abteilung vom Universitätsspital B. Der Oberarzt begrüßt mich freundlich. Ich übergebe ihm meine bisherige Krankengeschichte, meine Tablettentabelle, diverse Laborberichte, Spurenelementtabelle von meiner Hausärztin, einen EMG-Bericht von meinem Neurologen und einen Bericht vom Kantonsspital L.

Er stellt mir ähnliche Fragen wie vor zwei Jahren mein Neurologe. Ich erkläre ihm, dass ich folgende Probleme hätte und zum Teil immer noch habe.

- Magendarmprobleme
- Trockener Mund
- Schluckbeschwerden
- Zeitweise Brechreiz
- Sehschärfe hat sich verschlechtert
- Konzentration hat stark nachgelassen
- Gedächtnis ist schlechter geworden
- Müdigkeit
- Schwindelgefühl und Benommenheit
- Nervosität
- Kopfschmerzen
- Knieschmerzen
- Muskelzuckungen

134

- Schweißausbrüche (vor allem in der Nacht)
- Speichelausfluss (vor allem in der Nacht)
- Brennen oder Schmerzen in den Fußsohlen

Er möchte dann noch Verschiedenes über das Zittern wissen. Ich erkläre ihm, dass es unterschiedlich sei, denn manchmal zittere ich mehr, manchmal wieder weniger. Wenn ich aufwache zittert mein linkes Bein, mein linker Arm und wieder etwas später auch die linke Hand, also die ganze linke Seite. Wenn ich dann sitze, kann es sein, dass nur das linke untere Bein und der Fuß zittern, oder nur der linke Arm. Meistens ist es wie Zuckungen. Er sieht dann auch, dass ich im Moment sehr stark zittere.

Anschließend macht er zu diversen Tests seine Notizen und stellt einige Fragen.

Neurologische Tests im Universitätsspital B.
- Finger spreizen
- Mit offenen Augen hin- und hergehen, immer ein Fuß vor den andern
- Die gleiche Übung mit geschlossenen Augen
- Die rechte Hand abwechselnd, so schnell als möglich, mit der Innen- und dann mit der Außenseite auf den Oberschenkel legen
- Den rechten Zeigfinger und den rechten Daumen abwechselnd, so schnell als möglich, zusammenbringen und wieder auseinander spreizen
- Die gleiche Übung mit dem linken Zeigfinger und Daumen
- Die rechte Hand so schnell als möglich im Handgelenk hin- und herdrehen
- Die gleiche Übung mit der linken Hand
- Die Arme noch vorne strecken
- Zuerst mit offenen Augen den rechten Zeigfinger zur Nasenspitze und zurück
- Anschließend die gleiche Übung mit dem linken Zeigfinger
- Beide Übungen mit geschlossenen Augen

- Ich muss aufstehen und mich nach hinten fallen lassen, wobei der Arzt hinter mir steht und mich auffangen würde, falls ich meinen Ausfallschritt zu spät machen würde
- Der Arzt bewegt meinen rechten Arm rauf und runter um die die Beweglichkeit festzustellen
- Das Gleiche mit dem linken Arm
- Das Gleiche mit dem rechten Bein
- Von der Zahl 100 immer 7 abzählen
- Ich muss meinen Kopf ein paar Mal nach links und dann nach rechts drehen
- Ich muss meinen Kopf ein paar Mal nach vorne und dann nach hinten bewegen

Auswahl an Fragen im Universitätsspital B.
- Über mein Schlafverhalten
- Wie oft ich in der Nacht aufstehen müsse
- Wie oft ich Wasser lassen müsse
- Wie oft ich stuhlen müsse
- Wie ist der Stuhl
- Ob beim Schlafen Speichel aus dem Mund laufe
- Ob ich beim Drehen im Bett Probleme hätte

Der Arzt befragt mich über die Häufigkeit, die Dauer und den Charakter meiner Beschwerden. Er möchte auch wissen, wann diese zum ersten Mal aufgetreten sind. Zudem will er auch wissen, ob in der Familie schon jemand unter Parkinson oder Polyneuropathie leidet oder gelitten hat.

Er meint dann, dass ich eindeutig Parkinson hätte.

Was meine Füße angeht, so möchte er diese genauer anschauen und die Ströme messen. Ich muss mich also auf das Bett legen. Er macht zuerst einen Test mit der Gabel und untersucht mein Empfinden. Zuerst bringt er die Reflexgabel in Schwingung und hält sie auf meine Stirn, wo ich das Vibrieren auch spüre. Anschließend macht er dasselbe an meinen beiden Handgelenken.

Wieder spüre ich die Vibrationen. Dann kommen meine Knie und die inneren Stellen bei den Fußgelenken und die Fußsohlen dran. Bei den letzten drei Stellen habe ich aber keine Reaktionen, denn ich spüre nichts.

Zur Prüfung der Nervenfunktion möchte er die Nervenleitgeschwindigkeit in meinen Beinen und Füßen messen, d. h. er möchte ein EMG machen.

Dazu klebt er diverse Elektroden an meine Füße und Beine. Dann gibt er elektrische Reize auf die zu untersuchenden Nerven. So könne er Nervenschädigungen genau diagnostizieren und beurteilen.

Anschließend möchte der Oberarzt wissen, wie es steht zwischen meinem rechten Arm und meinem rechten Bein. Dazu bringt er zusätzlich zum rechten Fuß und Bein noch Elektroden an die Finger der rechten Hand.

Er nimmt sich richtig Zeit mit der Untersuchung.

Zum Schluss möchte er ein Nadel-EMG machen. Dazu sticht er kleine Nadeln, welche als Elektroden fungierten, direkt in meine Oberschenkelmuskeln. Nun muss ich meine Zehen mehr oder weniger bewegen, wobei am Computer akustische Signale oder ein Rauschen zu hören sind, was angeblich die Spannungsunterschiede anzeigt.

Er stellt dabei fest, dass es sich bei meinen Fuß- und Beinproblemen um eine Polyneuropathie handelt, d.h einer Nervenschädigung, welche auch diese Taubheitsgefühle in meinen Füßen ausgelöst hätten.

Was das Tarsaltunnel-Syndrom angeht, wie es ein Arzt vom Kantonsspital L. erwähnt hat, so glaubt er nicht daran.

Nach der Untersuchung, welche doch fast zwei Stunden gedauert hat, geht der Oberarzt zu einem Kollegen, um das Ganze zu besprechen. Nach ca. einer Viertelstunde kommen beide, um mit mir die Untersuchung zu besprechen.

Der zweite Arzt möchte zuerst noch einmal genaueres wissen über meine Schmerzen und meine Gefühlslosigkeit in meinen Füßen.

Er erklärt mir dann noch einmal kurz, dass ich tatsächlich unter Parkinson und unter Polyneuropathie leiden würde. Zur Medikamentenliste meinte er, dass er mir Akineton nicht empfehlen würde. Dieses Mittel gebe er eher jüngeren, aber nicht älteren Patienten ab, da es ziemlich starke Nebenwirkungen hätte, vor allem bei Leuten mit einem geschwächten Immunsystem. Zudem sei dieses Mittel bei mir mit vier Mal Divertikulitis nicht zu empfehlen.

Er empfiehlt mir ein anderes Mittel, (?) welches allerdings den Nachteil habe, dass ich jede Woche mein Blut testen lassen müsse. Sinemet könne ich hingegen weiterverwenden. Vielleicht müsse man die Dosis etwas anpassen.

Ich spreche ihn noch auf die Verwendung von Pfeffersalbe an. Er meint, dass er dies nicht empfehlen würde, da Pfeffer die Nerven beschädigen könne. Es gebe zwar Menschen, bei welchen es am Anfang eine gewisse Erleichterung bringe, aber bei längerem Anwenden, sei es eher nervenschädigend.

Am Schluss meint er, dass er meinem Hausarzt einen Bericht senden werde, allerdings werde es etwa zehn Tage dauern. Was das weitere Vorgehen betreffe, so könne ich entweder bei ihnen weiter machen, oder weiterhin zu meinem Neurologen in L. gehen. Er kennt meinen Neurologen, weil dieser, bevor er nach L. ging, sein Assistenzarzt gewesen sei, dieserein sehr guter Neurologe sei und ich dort auch in guten Händen wäre.

30.12.2016

Mein Hausarzt sendet mir ein weiteres E-Mail. Seine Frau ist gerade am Lesen eines Artikels über Parkinson. Darin steht angeblich, dass Eisenmangel die Symptome eines Parkinsons verschlechtern kann, da die Herstellung des Dopamins, des Nervenüberträgerstoffs, der bei Parkinson vermindert ist, viel Eisen benötigt. Zudem würden auch die Medikamente schlechter ansprechen. Er vermutet, dass dies bei mir der Fall sein könnte. Er bittet mich deshalb, in der Praxis einen Termin abzumachen, zwecks einer Blutentnahme. Dabei sollen das Blutbild (Hämatologie), CRP, Ernährung klein (mit Ferritin und Vitaminen), löslicher Transferrinrezeptor, sowie die ergänzenden Untersuchungen, welche der Arzt vom Universitätsspital gewünscht hat, untersucht werden. Da das Testosteron bei mir mit einer Erhöhung der roten Blutkörperchen reagiert, müsse man auch noch ein 24Std.-EKG vorsehen.

02.01.2017

Ich sende meinem Hausarzt ein E-Mail. Im Anhang lege ich ihm Unterlagen von einer Nachbarin und unserem Freund Klaus bei.

Lieber P.

Zuerst möchte ich Dir und Deiner Familie alles Gute wünschen für das Neue Jahr.
Ich weiß, dass Du in den Ferien bist und ich Dich eigentlich nicht mit meinen gesundheitlichen Problemen belasten sollte.
Ich werde morgen in Eurer Praxis einen Termin bei Dir und Deiner Frau abmachen, um das weitere Vorgehen zu besprechen. Im Vorfeld sende ich Dir interessante Unterlagen von unserer Nachbarin und meinem Freund Klaus in H., welcher selber unter Parkinson leidet.

Unterlagen im Anhang
von Nachbarin   „Nährstoffe b Parki" und
*   „Diät b Parki"*
von Freund Klaus   „Medis v Klaus"

Bei letzterem ist vor allem der Film über Larry Smith sehr interessant, welcher unter Parkinson mit starkem Tremor leidet, wie er nach Einnahme von Marihuana kein Zittern mehr verspürte. (Siehe unter „2016-12-14 Medis v Klaus" = https://www.youtube.com/watch?v=zNT8Zo_sfwo).

Natürlich bin ich noch nicht so weit, Marihuana einzunehmen,
obwohl ich im Moment eine Phase habe, wo ich unter starkem
Zittern in meinem linken Bein und linken Arm leide.
Liebe Grüße
Walter Schaub

Ich bekomme Unterlagen von unserer Nachbarin:

Nährstoffempfehlungen
(bei parkinsonscher Krankheit)

Nährstoff	Empfohlene Dosis / Tag	Kommentar
Vitamin B-Komplex (hochdosiert)	Ausgewogene Zusammenstellung, die mindestens 0,4 mg Folsäure, 50 mg Niacin und 50mg Vitamin B6 enthalten soll.	Menschen die unter der parkinsonschen Krankheit leiden, entwickeln häufig Mängel an Niacin, Folsäure und Vitamin B6. Mangelhafte Vitamin B-Reserven können die Symptome verschlimmern. Vorsicht: In Verbindung mit L-Dopa sollten unter keinen Umständen hohe Dosen B6 genommen werden, es sei denn, ein entsprechendes zusätzliches Medikament (Carbidopa oder Benserazid) wird dazu verabreicht.
Vitamin C	3- 4 g	Mildert die Symptome, insbeondere, wenn es als Begleit-massnahme zur Behandlung mit L-Dopa eingesetzt wird.
Vitamin E und Selen	2-3 g Vitamin E, 200-400 ug Selen	Antioxidantien schützen vor Zellabbau. Beginnen Sie mit 400 ug und erhöhen sie die Dosis nach und nach über eine Woche hinweg. Sollet mit Vitamin C genommen werden.
Gamma-Linolensäure	2 - 4 g in Form von Nachtkerzenöl	Besonders Wirksam zur Verhinderung des Zitterns.
L-Methionin	2 - 3 g	Beginnen Sie mit 1 g und erhöhen Sie im Laufe einiger Wochen die Dosis. Kann die Beweglichkeit, die Kraft, die Stimmung und den Schlaf verbessern. Bleibt wirksam, selbst wenn die Wirkung von L-Dopa nachlässt.
L-Tyrosin	100 mg / kg Körpergewicht	L-Tyrosin kann ins Gehirn gelangen und dort in Dopamin umgewandelt werden. Stellt eine wirksame Alternative zu L-Dopa dar. Besonders dort, wo L-Dopa unerwünschte Nebenwirkungen zeigt.

17.01.2017

Heute ist mein Zittern wieder extrem. Zudem plagt mich ein Ausschlag mit starkem Juckreiz am linken Oberschenkel. Mein linker Fuß und der untere Teil meines linken Beins sind in den letzten Tagen immer am Morgen stark gerötet, manchmal fast bläulich und ganz warm. Zudem sind sie wie eingeschlafen.

08.02.2017

Ich bin bei meiner Hausärztin. Als sie im Bericht des Arztes aus dem Universitätsspital in B. sieht, in dem er vorschlägt, Akineton durch Clozapin zu ersetzen, meint sie, dass sie beide Mittel nicht nehmen würde, da ich damit rechnen müsse, in ein paar Jahren nicht mehr recht reden zu können und mit einem schrägen Mund herumlaufen müsse oder andere Symptome bekommen würde. Zudem sei dies ein Mittel gegen Schizophrenie und werde auch zur Behandlung von Psychosen angewendet. Als ich ihr sage, dass ich nicht das Gefühl hätte, dass ich psychisch gestört sei, meint sie, dass sie dieses Gefühl auch nicht hätte.

Sie rät mir, mich so lange als möglich mit dem Zittern abzufinden. Mein Hausarzt meint, dass dies eher eine Verzweiflungsentscheidung des Arztes gewesen sei, welcher wahrscheinlich auch nicht mehr weiterwisse. Zudem hätte sie den Eindruck, dass die Leute in B. keine Ahnung hätten von Hormonpräparaten und all den anderen Mitteln, welche ich nehmen müsse, wenn man diese nicht einmal richtig schreiben könne. Ich bin erstaunt, dass sie über einen angeblichen Fachmann so redet.

Als ich ihr erkläre, dass ich anschließend einen Termin bei ihrem Mann hätte und ich dies auch mit ihm noch besprechen möchte, meint sie, dass er sich mit diesen Medikamenten nicht auskenne, dass er mir aber sicher auch von diesen abraten werde. Ich bin wieder erstaunt, dass sie so über ihren Mann redet. Genau dies ist es, was mich an ihr stört, wenn sie so tut, als ob sie die Einzige ist, welche Bescheid weiß.

Als ich sie frage, was wir nun tun sollen, meint sie, dass sie mir empfehle, zuerst zwei Eiseninfusionen im Abstand von zehn Tagen zu machen. Gleichzeitig solle ich zwei Mal pro Woche auf nüchternen Magen zusammen mit den anderen Medikamenten je eine Kapsel Selen nehmen. Bei der Eiseninfusion solle ich am Abend und am anschließenden Morgen je eine Kapsel Loratin-Mepha 10 mg einnehmen. Fünfzehn Tage nach der letzten Eiseninfusion sollte man bei mir Blut abnehmen und einen Termin bei ihr vereinbaren, um die neue Situation zu besprechen.

Wenn die Eisen- und Selenwerte wieder im normalen Bereich seien, müssten wir den Quecksilberwert, sowie die Borrelien in Angriff nehmen. Etwas, was ich in den vergangenen Jahren schon oft gehört habe, was aber nie gemacht wurde.

Anschließend bespricht P. mit mir den Arztbericht. von der Neurologischen Universitätsklinik B.: Der Oberarzt meinte, dass die Untersuchung ergeben hätte, dass ich einerseits unter Parkinson, andererseits unter Polyneuropathie leiden würde.

Er und sein Kollege. schlagen vor, dass ich Sinemet eventuell durch Stalevo ersetzen sollte, sowie Akineton durch Clozapin. Zudem empfehlen sie mir versuchsweise, Madopar, welches ich am Morgen nach dem Aufwachen nehmen solle, gegen das Kribbeln in den Füßen. Sollte ich eine Besserung bemerken, würde dies darauf hinweisen, dass es sich um eine morgendliche dopaminergene Unterstimulation handeln würde.

Ich erwähne dann, dass mir mein Nurologe in L. auch schon Stalevo, anstelle von Sinemet geben wollte. Ich wollte dies aber nicht, weil in der Beschreibung von Stalevo ausdrücklich beschreiben sei, dass man dieses Mittel nicht nehmen solle, wenn man in der Vergangenheit Darmentzündungen, wie z. B. Divertikulitis gehabt hätte, eine Krankheit, welche bei mir schon vier Mal aufgetreten ist.

Hinsichtlich der Polyneuropathie zeigte die Elektrodiagnostik im Verlauf aktuell auch myographisch akute Denervationzeichen als Ausdruck eines doch aktiven Prozesses. Da eine sensible Beteiligung im Vordergrund steht und Schmerzen vorhanden sind, sollte ein oraler Glukosetoleranztest ergänzt werden, da sich eine Polyneuropathie auch im prädiabetischen Stadium manifestieren kann. Es werden dabei diverse Ergänzungen vorgeschlagen. Als ich meinem Hausarzt erkläre, dass ich am Morgen, wenn ich aufwache, am meisten Probleme mit meinen Füßen hätte, vor allem links, und dass der linke Fuß manchmal heiß und auch fast blau sei, reagiert er nicht.

Was den Parkinson angehe, meinte der Arzt in B., dass eine Indikation für eine tiefe Hirnstimulation erst später in Betracht gezogen werden sollte.

Mein Hausarzt empfiehlt mir, vorläufig auf die von dem Arzt in B. vorgeschlagenen Medikamente zu verzichten und abzuwarten, was Eisen und Selen, sowie die Eliminierung der Borrelien bringen werden.

Im Weiteren kann sich mein Hausarzt nicht vorstellen, dass ich einerseits zu viele rote Blutkörperchen hätte und andererseits zu wenig Eisen, denn normalerweise sei es eher umgekehrt. Er schlägt mir vor, den mit seiner Frau eingeschlagenen Weg zu befolgen. Was meine Borrelien angeht, fragt er mich, ob man bei mir noch nie eine Eigenblutbehandlung gemacht hätte. Als ich verneine, erklärt er mir das Vorgehen. Er hat mir dieses letzte Jahr auch schon erklärt. Man entnimmt dem Patienten Blut und kühlt dieses eine bestimmte Zeit im Kühlschrank. Anschließend spritzt man es dem Patienten wieder ins Gesäß. Diese Methode wurde von einem deutschen Professor entwickelt und er hatte damit großen Erfolg bei der Eliminierung von Borrelien. Bei 20 Personen hätte man dies angewendet und bei 17 konnte man nachher keine Borrelien mehr nachweisen. Bei drei Patienten hat man festgestellt, dass die Ärzte nicht richtig vorgegangen sein. Mein Hausarzt meint, dass man, wenn mein Eisen- und Selenproblem gelöst sei, vielleicht auf diesem Weg meine Borrelien eliminieren könne. Auch er redet in letzter Zeit davon, was man machen sollte, gemacht wird es aber nicht.

Bei meinem letzten E-Mail an meinen Hausarzt habe ich ihm Unterlagen über PQQ, Turmeric/Curcumin C, Proteinarme Diät und über Nährstoffempfehlungen gesandt, aber er geht nicht darauf ein. Es macht den Eindruck, dass er meine Unterlagen gar nicht gelesen hat. Ich habe keine Lust, ihn darauf anzusprechen.

Ich habe einen Termin in der Praxis meines Neurologen in L:
Zuerst erzähle ich ihm von meiner Zweitmeinung durch den
Oberarzt und seinen Kollegen von der neurologischen Abteilung
des Universitätsspitals B. Er schaut sich den Arztbericht, meine
Patientendaten vom EKG, sowie das Laborblatt von der letzten
Blutuntersuchung an und lässt sich auch Kopien machen. Er zeigt
sich erfreut, dass die Untersuchung in B. zum gleichen Resultat
gekommen sei, wie bei ihm.

Wir reden dann die Medikamentenvorschläge von den Ärzten in B., vor allem über einen Wechsel von Sinemet auf Stalevo
und von Akineton auf Clozapin. Ich erkläre ihm dann, dass ich
auf Stalevo verzichtet hätte, weil in der Medikamentenbeschrei-
bung steht, dass Leute, welche in der Vergangenheit Darmprobleme gehabt hätten, dieses Medikament nicht einnehmen sollten
und ich hatte schon vier Mal unter heftiger Divertikulitis gelitten
und war das letzte Mal vor einem Jahr sogar eine Woche im Spital. Er meinte dann, dass Stalevo nur in kleinen Mengen gegeben
werde und Sinemet im Übrigen die gleichen Nebenwirkungen
hätte, allerdings sei Stalevo bei einer längeren Behandlung weniger schädlich. Er musste dann aber doch noch zugeben, dass
man von Stalevo mehr Durchfall bekommen könne.

Bei Clozapin meinte er, dass dieses weniger Nebenwirkung
hätte als Akineton, allerdings sei der große Nachteil, dass man
das Blut zuerst wöchentlich und später mindestens einmal im
Monat kontrollieren müsse. Zudem könne es das Blutbild ver-
ändern z.B. Abnahme der roten Blutkörperchen. Ich frage, wieso man beim Parkinson ein Medikament einsetze, welches normalerweise bei Schizophrenie angewendet wird. Er erklärt mir
dann, dass sie bei mehrfachen Studien bei Parkinsonpatienten
gute Resultate erzielt hätten, vor allem gegen das Zittern. Die
Dosis ist dabei so gering, dass man davon keine psychische Erkrankung oder Schizophrenie bekomme. Man habe aber herausgefunden, dass Clozapin bei richtiger Dosierung das Zittern
mehr reduziere als Akineton und eben weniger Nebenwirkun-

gen hätte. Ich erkläre dann, dass meine Hausärzte vorerst davon abgeraten hätten, weil sie zuerst meinen Eisen- und Selenmangel und das Borrelienproblem in Ordnung bringen wollen. Er ist damit auch einverstanden und prüft noch einmal kurz mein Zittern, indem ich meine Hände waagrecht, Finger gegen Finger, vor mich halten muss. Natürlich zittert meine linke Hand ein wenig, aber der Arzt meint, dass dies bei mir noch nicht so schlimm sei, dass man eine Operation, z. B. eine Hirnstimulation machen müsste, sondern dies noch medikamentös behandeln könne. Natürlich wäre dies der nächste Schritt, wenn das Zittern so stark sei, dass es für mich nicht mehr auszuhalten sei. Allerdings würde er dies nicht an der neurologischen Abteilung der Universität in B. machen. Er erklärt mir dann, dass er zwar in B. sein Neurologiestudium abgeschlossen hätte, dass er aber mittlerweile bessere Erfahrungen mit den Universitätskliniken in Be. und Lu. gemacht hätte. Als ich ihm von einem Leitenden Arzt für Bewegungsstörungen an der Klinik für Neurologie im Kantonsspital G. erzähle, meine er, dass er diesen auch kenne als ein ausgezeichneter Fachmann für Parkinson. Als ich ihm wegen der Polyneuropathie erzähle, dass ich vor allem am Morgen, wenn ich aufwache, Probleme hätte und vor allem der linke Fuß leicht bläulich sei und ganz warm, reagiert er wie mein Hausarzt, nämlich überhaupt nicht.

Am Schluss fragt mich der Neurologe wegen meiner Medikamente. Ich übergebe ihm meine Medikamentenliste. Er schaute sich diese kurz an und meint, dass er die Dosis von Sinemet reduzieren würde und ich langsam zurückfahren solle, bis ich am Morgen, am Mittag und am Abend nur noch eine Kapsel nehme. Wie oben erwähnt, ist er damit einverstanden, dass wir zuerst so weiterfahren, wie es meine Hausärzte vorgeschlagen hätten. Später könne man immer noch versuchsweise Sinemet und Akineton durch Stalevo und Clozapin ersetzen. Er gibt mir noch ein Dauerrezept für 1 Jahr für Sinemet und Akineton.

25.02.2017

Mein rechter Fuß und das Bein sind bis unter das Knie stark geschwollen. Beim Fuß sieht man den Knöchel nicht mehr, es sieht aus wie ein Elefantenfuß. Es fühlt sich an, wie wenn ich Wasser in den Beinen hätte. Die Beine sind von den Füßen bis zu den Knien heiß.

Mein rechtes Knie schmerzt mich wieder. Zudem plagen mich heftige Rückenschmerzen rechts. (Beckenschiefstand)

Auch heute zittere ich auf meiner linken Seite den ganzen Tag.

26.02.2017

Der rechte Fuß ist immer noch geschwollen. Ich habe an beiden Füßen Schmerzen. Es plagen mich zeitweise heftige Rückenschmerzen rechts. Ich habe einen Druck auf der linken Brust.

Später habe ich in der Magengegend rechts heftige Schmerzen, sowie Gelenkschmerzen am rechten Knöchel, den Finger und den Handgelenken. Ich habe Probleme beim Wasserlassen.

08.03.2017

Ich habe heute einen Termin in der Praxis meines Hausarztes. Eine Assistentin macht zuerst den InBody-Check. Ich muss also meine Schuhe und Socken ausziehen, meine Hände und Füße desinfizieren und dann auf das Gerät steigen. Dieses zeigt mir etwas weniger Gewicht und weniger Körperfett an, aber ich habe immer noch 16 kg zu viel Gewicht.

Anschließend muss ich zu meiner Hausärztin. Sie möchte zuerst wissen, wie es mir nach der letzten B12 und Eiseninfusion ergangen ist. Ich gebe ihr meine Liste „Persönliche Beschwerden«. Sie schaut sie allerdings nicht recht an, sondern nimmt nur Notiz von den ersten Zeilen. Sie meint, dass Brechreiz und Durchfall nicht von der Eiseninfusion kommen können. Sie vermutet, dass ich einen Infekt aufgelesen hätte, welcher durch das Eisen noch verstärkt worden sei. Als ich sie frage wegen der B12 Infusion, wieso ich das letzte Mal eine solche bekommen hätte, obwohl meine letzte Blutuntersuchung ergeben hätte, dass ich mit meinem Wert 451 pmol/l im mittleren Bereich gelegen hätte, meint sie nur, dass nicht klar definiert sei, was normal sei. Sie hält mir dann einen zehnminütigen Vortrag über den Normalwert bei Eisen und meint, dass ich, wenn ich alle Ärzte von G. bis L. fragen würde, von jedem eine andere Antwort bekommen würde.

Als ich ihr erzähle, dass meine Füße, vor allem rechts, aufgeblasen und bläulich waren, so dass man nicht einmal die Knöchel gesehen hätte, geht sie gar nicht groß darauf ein, sondern meint nur, dass ich nächstes Mal sofort vorbeikommen solle. Sie schaut sich meine Füße gar nicht an.

Als sie auf meiner Medikamentenliste sieht, dass ich einmal pro Woche ein Drossafol (bei Folsäuremangel) nehme, meint sie, dass dies nichts bringe. Sie empfiehlt mir zwei Mittel, wobei ich mich selber für das eine entscheiden müsse. Da ich keine Ahnung habe, frage ich sie, welches sie empfehlen würde. Sie geht gar nicht darauf ein, sondern redet weiter und braucht dabei viele, für mich unverständliche, medizinische Ausdrücke. Anschließend schlägt sie mir vor, mein Blut noch einmal in Berlin auf Mineralien und Spurenelement untersuchen zu lassen. Vor allem der Quecksilber-, der Eisen und der Selenwert interessiere sie. Im Weiteren soll ich alle 2 Wochen eine halbe Vitarubin Depot-Spritze (Vitamin B12) spritzen. Dies solle ich die nächsten 20 Wochen machen, also 10 halbe Spritzen. Beim Medikament, wo sie zwei vorgeschlagen hat, entscheide ich mich für Vitamin B-Komplex Plus. Die Ärztin verspricht mir, dass sie sich melden würde, wenn sie die Laborwerte hätte. Sie fragt mich, ob ich ihr meine Liste elektronisch senden könne.

Anschließend nimmt mir eine Assistentin drei Ampullen Blut ab. Dann gibt mir Frau V. neben Vitamin B-Komplex Plus noch fünf Vitarubin Depot-Spritzen (Diese enthalten B12-Glas-Ampullen, 2 trockene Tupfer zum Desinfizieren, eine Nadel zum Aufziehen, eine feine Nadel zum Spritzen und ein kleines Pflaster.)

Ich habe heute einen Termin bei meinem Hausarzt wegen meinen Rückenschmerzen rechts. Zuerst möchte er wissen, wie es mit meinen anderen Krankheiten geht, vor allem Parkinson und Polyneurotherapie. Er sieht auch, dass ich links nonstop zittere. Heute ist es wieder extrem. Wir reden noch über die Vorschläge von seiner Frau, meinem Neurologen und den Ärzten von der Neurologie der Universitätsklinik B.#. Mein Hausarzt. kann verstehen, dass ich die vorgeschlagenen Mittel, wegen akuten Nebenwirkungen, nicht wünsche. Auch er meint, bevor ich diese Mittel nehme, sollten wir andere Wege probieren. Er verspricht sich einiges von Selen und Vitamin B12. Er versucht, mir die Zusammenhänge der verschiedenen Spurenelemente und Mineralien zu erklären. Da ich heute etwas verwirrt bin, mit dem starken Zittern und den geschwollenen Füßen, nehme ich aber nicht alles so wahr, wie es sein sollte. Er meint, dass die geschwollenen Füße daherkommen, weil ich Wasser in den Beinen hätte. Woher dieses kommt, kann er mir aber auch nicht plausibel erklären. Er schlägt mir vor, für eine Woche jeden Morgen zum Frühstück ein Loratin zu nehmen, was mir helfen sollte, das Wasser aus meinen Füßen und Beinen zu bringen. Gegen das Zittern schlägt er mir Propranolol vor, und zwar am ersten Tag eine Tablette, dann alle drei Tage eine mehr bis max. vier Tabletten.

Später stelle ich dann fest, dass auch dieses Propranolol sehr viele gravierende Nebenwirkungen hat, weshalb ich etwas am Zweifeln bin, ob ich sie überhaupt nehmen soll. Ich habe den Eindruck, dass die Ärzte, inkl. mein Hausarzt, einfach nicht mehr weiterwissen. In letzter Zeit höre ich immer nur, dass wir dies oder jenes ausprobieren sollten. Ich komme mir wirklich vor wie ein Versuchskaninchen. Anstatt meinen Körper zu entgiften, wird er mehr und mehr vergiftet. Wenn ich nicht das Arztmodell hätte, wo man doch einiges an Prämien sparen kann, wäre ich schon lange zu einem anderen Arzt gegangen. In den vergangenen drei Jahren habe ich doch einige Arztkosten gehabt, welche ein riesiges Loch in unsere Kasse gefressen haben.

15.03.2017

Es ist mir schlecht. Ich habe Brechreiz. Ich bin den ganzen Tag müde und könnte nur noch schlafen.

Gelenkschmerzen an diversen Gelenken. (Fußgelenke, beide Knie, rechtes Hand- und Fingergelenken.)

Ich habe immer noch leichte Rückenschmerzen rechts. Meine Füße sind wieder stärker geschwollen.

Brennen in den Augen. Ich möchte Propranolol holen, aber man teilt mir mit, dass dieses erst am Freitag den 17.03.2017 komme. Mein Tremor ist heute wieder extrem.

16.03.2017

Am Morgen fühle ich mich schlecht und habe immer noch Brechreiz. Am Morgen habe ich leichten Durchfall.

Meine Füße und Beine sind nur noch leicht geschwollen, aber bis unter das Knie heiß, wobei links stärker.

Mein Tremor ist heute wieder extrem, und zwar den ganzen Tag. Am Nachmittag habe ich wieder Schweißausbrüche. Heute habe ich keine Rückenschmerzen. Fettige Haut, vor allem im Gesicht.

19.03.2017

Klaus, mein Freund aus H., sendet mir ein E-Mail, in dem er beschreibt, dass das Medikament Lion's Mane, welches ihm sein Arzt verschrieben hat, recht gut wirke. Seine Neuropathie ist besser und seine Gefühlswelt ist nicht mehr so dunkel. Er hat wieder Hoffnung. Er schreibt auch, dass er nicht mehr so vergesslich sei. Auch die Neuropathie bei seiner Frau hat sich gebessert, vor allem in ihren Händen.

22.03.2017

Beim Aufstehen ist mein linker Fuß wieder leicht bläulich. Die Füße sind wieder leicht geschwollen und schmerzen. Außer den obigen Gelenkschmerzen habe ich den ganzen Tag Schmerzen im rechten Bein vom Fuß bis zum Kniegelenk. Leichte Schmerzen an meinem rechten Knie trotz Tape. Ich habe heute Mühe beim Spazieren. Auf der linken Körperseite verspüre ich den ganzen Tag ein Zittern.

Mein Hausarzt sendet mir ein E-Mail

Lieber Walter

Im Moment weiß ich nichts weiter zum Zittern zu sagen. Das Histamin scheint doch nicht so stark verantwortlich zu sein. Ich hoffe, dass das Propranolol sich günstig auswirken wird. In diesem Sinne erwarte ich gespannt Deinen nächsten Bericht.

Herzlich grüßt Dich
P.

23.03.2017

Beim Aufstehen sind mein linker Fuß und das linke Bein bis zum Knie hart und steif. Zudem sind beide sehr warm.
Ich habe ein komisches Gefühl im Magenbereich, wie Brechreiz. Spazieren geht schmerzfrei, aber ich kann nur langsam gehen. Tagsüber weniger Probleme, außer dass ich müde bin und viel schlafe. Gegen Abend wieder Gelenkschmerzen rechts (Fuß-, Hand- und Fingergelenke). Das Zittern ist zeitweise weg oder wenn, dann meistens im linken Bein.

24.03.2017

In der Nacht wegen starkem Schweißausbruch aufgewacht. Es ist mir nicht wohl. Ich fühl mich übel. Ich habe Schmerzen in beiden Füßen, wobei links stärker. Beim Aufstehen ist mein linker Fuß wieder leicht bläulich und heiß. Ich habe Gelenkschmerzen rechts, wie gestern. (Fuß-, Knie-, Hand- und Fingergelenke). Ab und zu entzündeten, trockene, brennende Augen. Das Zittern ist wie gestern, allerdings fühlt es sich an wie Zuckungen.

Ich bin auch heute wieder viel müde.

25.03.2017

In der Nacht starkes Schwitzen. Beim Aufstehen habe ich ein komisches Gefühl im Magenbereich, verbunden mit Brechreiz und Übelkeit. Gelenkschmerzen rechts, wie gestern. (Fuß-, Knie-, Hand- und Fingergelenke).

Den ganzen Tag habe ich wieder Zuckungen im linken Bein. Ich habe einen Druck auf meiner linken Brust.

Schmerzen in beiden Füßen, wobei links stärker. Heute schmerzt mein Kreuz rechts wieder stärker. Ich habe keine Energie, bin sehr müde und möchte nur noch schlafen.

Ich sende meinem Hausarzt ein E-Mail und informiere ihn über mein Gesundheitliches Befinden in der vergangenen Woche.

Lieber P.
Die vergangene Woche war ein Auf und Ab. Ich hatte dabei vor allem mit folgenden Problemen zu kämpfen.

- *Geschwollene Füßen*
- *Fuß- und Beinschmerzen*
- *Übelkeit*
- *Brechreiz*
- *Durchfall*

- *Druck auf meiner linken Brust*
- *Gelenkschmerzen rechts (Fuß-, Knie-, Hand- und Finger- gelenke)*
- *Kreuzschmerzen rechts*
- *Probleme beim Wasserlassen*
- *Hautprobleme*
- *Augenbrennen*
- *Zeitweise starker Tremor*
- *Schweißausbrüche*
- *Keine Energie*
- *Müdigkeit*

Was mich gewundert hat, ist, dass ich wieder Gelenkschmerzen hatte an Gelenken, wo ich seit langem keine Probleme mehr hatte. Wie ist es mit den Medikamenten Loratin und Propranolol, muss ich diese weiter nehmen?

Liebe Grüße
Walter Schaub

26.03.2017

Am Morgen fühle ich mich schlecht und habe ein komisches Gefühl im Magen. Meine Füße und Beine sind nur noch leicht geschwollen, aber bis unter das Knie heiß, wobei links stärker. Mein Tremor ist heute etwas ruhiger.

Am Nachmittag habe ich wieder Schweißausbrüche. Heute habe ich wieder mehr Kreuzschmerzen. Meine Haut im Gesicht ist wieder fettig.

27.03.2017

Wie gestern fühle ich mich am Morgen schlecht und habe ein komisches Gefühl im Magen. Ich habe nur noch leichte Gelenkschmerzen. Meine Füße und Beine sind nur noch leicht geschwollen. Ich habe immer noch leichte Rückenschmerzen. Beim Spazieren habe ich wieder heftige Knieschmerzen. Ich habe leichte Schmerzen in meinem rechten Unterbauch. Heute habe ich nur leichte Kreuzschmerzen. Ich bin müde und möchte nur noch schlafen. Mein Tremor ist heute stärker.

28.03.2017

Beim Aufstehen fühle ich mich schlecht und habe immer noch Brechreiz. Meine Füße und Beine sind nur noch leicht geschwollen, aber bis unter das Knie heiß, wobei links stärker. Mein Tremor ist heute ruhiger. Ich habe sogar Phasen, wo ich kein Zittern oder Zucken verspüre. Heute habe ich nur leichte Rückenschmerzen.

Vor allem am Nachmittag geht es mir nicht schlecht.

29.03.2017

Der erste Tag seit Einnahme von Loratin und Propranolol, wo es mir am Morgen beim Aufstehen nicht schlecht ist. Meine Füße und Beine sind zwar nicht mehr geschwollen, links fühlt es sich aber den ganzen Tag hart an.

Die Kreuzschmerzen waren heute nicht mehr so stark. Der Tremor ist tagsüber ähnlich wie gestern. Am Abend starkes Zittern im linken Arm und der linken Hand. Das Bein ist komischerweise ganz ruhig.

30.03.2017

In der Nacht wache ich auf wegen starken Schmerzen im geschwollenen linken Fuß und Bein. Beide sind ganz heiß. Ich habe auch zwei Mal plötzlich für ein paar Sekunden sehr starke Kopfschmerzen. Beim Aufwachen ist mir wieder schlecht, mit komischem Gefühl im Magen. Die Kreuzschmerzen sind zeitweise wieder stärker.

Mein Tremor ist heute ruhiger. Ich habe sogar Phasen, wo ich fast kein Zittern oder Zucken verspüre.

31.03.2017

In der Nacht wache ich ganz verschwitzt auf, kann aber schnell wieder einschlafen. Beim Aufwachen am Morgen sind mein linker Fuß und mein linkes Bein bis zum Knie hart und leicht geschwollen. Beim Spazieren habe ich außer beim Treppensteigen keine Probleme. Beim Treppensteigen schmerzt mein rechtes Knie. Den Tremor links spüre ich heute den ganzen Tag, allerdings entweder im linken Fuß und Bein bis zum Knie oder im linken Arm von der Hand bis zur Schulter.

Ich sende meinem Hausarzt ein E-Mail und berichte ihm über mein gesundheitliches Ergehen in der vergangenen Woche. Gleichzeitig stelle ich ihm noch ein paar Fragen.

Lieber P.

Die vergangene Woche war wieder ein Auf und Ab. Allerdings waren die Schmerzen nicht mehr so heftig wie die Woche vorher.

Im Weiteren habe ich noch folgende Fragen.
Am 05.06.2016 hast Du mir einen Laborbericht gesandt, in dem unter anderem stand, dass bei mir als Nebenwirkung der Testosteron-Behandlung die Möglichkeit bestehe, dass ich unter Polyzythämie leiden würde, also einer Erkrankung des Knochenmarks. Wie beeinflusst dies meine körperlichen Beschwerden? Sollte man dies nicht besser abklären?

Letztes Jahr war ich im Februar wegen der vierten Divertikulitis eine Woche im Kantonsspital L. Man hat mir damals eine Ope-

ration empfohlen, d.h. ein Stück meines Darms zu entfernen. Da ich aber über das ganze Jahr verteilt meine Zähne sanierte, haben wir zusammen beschlossen, dies zu verschieben.

Nun habe ich vernommen, dass eine Magen-Darmerkrankung oder eine Darmentfernung zu einem Vitamin B12-Mangel führen könne. Was heißt dies für mich?

Ein Vitamin B12- und Eisenmangel soll auch ein Mangel an roten Blutkörperchen hervorrufen. D.h. wenn ich dem Körper B12 oder Eisen zuführe, steigt auch die Anzahl der roten Blutkörperchen, was bei mir aber nicht sein sollte, da ich schon zu viele rote Blutkörperchen habe. Was heißt dies für mich?

Am 08.03.2017 hat man mir Blut entnommen, zwecks Abklärung der Spurenelemente und Mineralien. Bis heute habe ich aber keine Informationen bekommen.

Was ist eigentlich mit einer Borreliose-Behandlung?

Ein Freund hat mir empfohlen, mein Blut einmal mittels einer Dunkelfeld-Blutuntersuchung untersuchen zu lassen. Was hältst Du davon?

Ein anderer Freund, welcher in H. lebt, hat nun neben Parkinson auch Polyneuropathie. In seinem letzten Schreiben berichtete er mir, dass ihm sein Arzt Lion's Mane Pilz verordnet hätte. Er schreibt mir nun, dass seine Neuropathie sich gebessert hätte. Auch was seine Gefühlswelt angehe, so sehe er vieles nicht mehr so dunkel. Zudem sei seine Vergesslichkeit nicht mehr so ausgeprägt wie vorher. Was hältst Du davon?

Liebe Grüße
Walter Schaub

Mein Hausarzt sendet mir ein E-Mail, in dem er auf meine Fragen eingeht.

Lieber Walter

Ich gebe Dir kurz auf Deine konkreten Fragen Antwort:
Polyzythämie: Unter Testosteronbehandlung tritt die Polyzythämie als direkte Nebenwirkung von Testosteron auf, indem dieses die Wirkung des für die Bildung der roten Blutkörperchen zuständigen Hormons Erythropoetin in seiner Wirkung verstärkt. Dies geschieht aber nur bei einem relativen Sauerstoffmangel, wie dies bei z. B. einer Schlafapnoe auftreten kann. Dies darf nicht mit der Polyzythämia vera, einer Knochenmarkserkrankung verwechselt werden. Der Mechanismus, der zur Polyzythämie führt, ist allgemein bekannt, so dass eine weitere Abklärung des Knochenmarks nicht weiterhilft.

Der Eisenmangel hat bei Dir ein Absinken des Eisens in den Zellen generell bewirkt, so dass der Sauerstoff dort schlechter mit den Nährstoffen zu Energie umgesetzt werden kann. Vitamin B12 ist wichtig vor der Zellteilung, indem es mithilft, die Gene zu verdoppeln, so dass sie auf beide neuen Zellen verteilt werden können. Es sind also verschiedene Einflüsse auf die roten Blutkörperchen da, wobei für Eisen und Vitamin B12 bei einem Mangel Auswirkungen nicht nur aufs Blut entstehen, sondern auf den ganzen Körper. Deshalb sollten beide ersetzt werden bei einem festgestellten Mangel.

Bei einer Divertikulitis wird ein Darmstück entfernt, das nur mit der Wasseraufnahme in den Körper zu tun hat und nichts zur Aufnahme des Vitamin B12 bewirkt.

Zu den Mineralstoffen wird meine Frau sich bei Dir melden. Unsere Erfahrung, die von vielen Ärzten, die sich mit solchen Themen beschäftigen, ist, dass zuerst Mängel an Mineralstoffen, Vitaminen, Hormone aufgefüllt werden müssen, damit der Kör-

per die besten Voraussetzungen hat, Borrelien zu bekämpfen, die sehr trickreich immer wieder versuchen, den Angriffen der Körperabwehr zu entwischen.

Die Dunkelfeldmikroskopie zeigt unterschiedliche Formen der Blutkörperchen, die wieder auf bestimmte Krankheiten hinweisen können. Ich würde sagen, sie hilft in Deiner Situation nicht weiter für eine Therapie-Entscheidung.

Mit den Pilzen haben wir keine Erfahrung. Ich müsst mich genauer erkundigen.

Herzlich grüßt mit dieser vorläufigen Antwort
P.

11.04.2017

Ich bin heute bei meinem Hausarzt. Er möchte wissen, wie die Mittel, welche er mir das letzte Mal mitgegeben hat, gewirkt hätten. Als ich ihm erzähle, dass Loratin und Propranolol, einerseits das Zittern reduziert haben, andererseits es mir aber schlecht geworden sei, mit Brechreiz, schaut er für längere Zeit in seinen Unterlagen und im Computer nach wegen einem anderen Mittel. Auf meine Bemerkung, dass ich nicht sagen könne, von welchem Medikament mir übel wurde, meint er, dass er vermute, dass es Propranolol gewesen sei.

Irgendwie macht mir mein Hausarzt den Eindruck, dass er nicht mehr weiterweiß. Früher hat er manchmal auch länger überlegt, aber meistens die richtige Diagnose gestellt. Immer heißt es nur, dass wir dieses oder jenes Mittel noch probieren könnten.

Er möchte dann wissen, welche Mittel ich im Moment nehme. Er findet schließlich ein Mittel, welches mir helfen könne gegen mein starkes Zittern. Allerdings müsste er dieses bestellen und ich könne es dann nächsten Dienstag holen. Also eine weitere Tablette, welche meinen Körper vergiftet.

Als ich ihm erkläre, dass ich heute Morgen die Rechnung von der letzten Blutuntersuchung bekommen hätte, schaut er im Computer nach und sieht, dass ich, laut letztem Laborbericht, immer noch einen zu hohen Quecksilberwert habe. Was die anderen Laborwerte (Metalle und Spurenelemente) angeht, müsse er noch einmal mit seiner Frau reden. Da ich immer noch ein Borrelienproblem hätte, meint er aber auch, dass wir zuerst diese Metalle und Spurenelemente in Ordnung bringen müssten, bevor man die Borrelien ausleiten könne.

Er stellt mir dann, anhand eines Tests ein paar Fragen über mein Essverhalten mit Milchprodukten, wobei er wissen will, wieviel Milch, Jogurt, Käse und Wasser ich pro Tag zu mir nehmen würde.

Zum Schluss gibt er mir noch 10 Tabletten Torasem-Mepha 5 und einen Tablettenteiler mit, damit ich das Medikament Trandate 100 mg teilen könne.

12.04.2017

Ich habe einen Termin bei meinem Zahnarzt. Zuerst betäubt er meine linke Zahnseite oben mit zwei Spritzen. Bis die Spritzen wirken, machen die Zahnassistentinnen alles parat für die Operation. Allerdings ist die Wirkung der Spritzen nicht so stark, wie letztes Jahr. Nach dem Spülen legt man mir eine große grüne Schürze um und stülpt mir eine Kappe über meinen Kopf. Der Arzt und seine Zahnassistentinnen machen sich bereit, in dem sie sich entsprechend einkleiden, Handschuhe, Kopfbedeckung und Mundschutz anziehen. Während der folgenden 1 ½ Stunden setzt mir der Zahnarzt oben links einen Implantatgrundkörper. Ich bin froh, als er mit dem Zunähen der Wunde fertig ist. Am Schluss wird noch ein Röntgenbild gemacht, um zu sehen, ob alles gut aussieht. Während der Operation habe ich keine Schmerzen, einzig mein Parkinson lässt meine linke Seite stark erzittern. Auch das Aufsperren des Mundes macht mir etwas Mühe. Nach der Operation bekomme ich ein Empfehlungsschreiben, in dem steht, was ich alles beachten muss.

- Ich muss die nächsten 2 Stunden auf einen Gazetupfer beißen.
- Die nächsten 2 Tage soll ich kalte Umschläge machen.
- Am Operationstag darf ich meinen Mund nicht spülen.
- Zahnreinigung erst am folgenden Tag und nur auf der rechten Seite
- Ruhig verhalten und nicht viel sprechen
- Die nächsten 2 Tage sich möglichst nicht körperlich betätigen
- Nicht flach liegen und den Kopf die nächsten 2 Tage hoch lagern
- Keine heißen Getränke oder Speisen einnehmen
- Kein Alkohol, kein starker Kaffee
- Nicht rauchen
- Es ist möglich, dass die nächsten Tage Wundschmerzen, Schwellungen, Erschwerung der Mundöffnung, Schluckbeschwerden, Temperaturerhöhungen auftreten können.
- Bei einer plötzlichen Nachblutung aus der Wunde soll ich mich melden.

Zur Wundbehandlung bekomme ich Weleda Calendula-Essenz. Zudem bekomme ich Voltaren Rapid 50 Schmerztabletten, von welchen ich alle sechs Stunden eine nehmen soll. Im Weiteren solle ich noch von den beiden homöopathischen Arzneimittel, welche er mir letztes Jahr gegeben hätte, Arnica montana und Staphisagria D30 alle vier Stunden je fünf Globuli im Mund zergehen lassen.

Mein Zahnarzt meint, dass die Operation gut verlaufen sei und dass er eigentlich keine Komplikationen erwarte. Im Gegensatz zu den Operationen letztes Jahr, habe ich dieses Mal keine Schmerzen, sodass ich weder Voltaren noch Eisbeutel anwenden muss.

Ich erwähne dann noch, dass mir mein Hausarzt gestern gesagt hat, dass ich noch einen hohen Quecksilberwert hätte. Der Zahnarzt will wissen, ob man dies im Blut festgestellt hätten und in welchem Labor. Ich erkläre ihm, dass man mir Blut abgenommen und dies in ein Labor nach Berlin gesandt hätte. Er meint dann, dass sie manchmal auch Blutuntersuchungen in Deutschland machen lassen, da es dort viel günstiger sei und sie auch dort gute seriöse Untersuchungen machen.

Er bestätigt, dass es wichtig sei, dass nach der Zahnsanierung meine Metall- und Spurenelementwerte in Ordnung sind, deshalb kommt nach Ostern mein Goldzahn dran, damit ich von der zahnärztlichen Seite her metallfrei bin. Nachher könne man mit Selen, oder anderen Mitteln das Quecksilber in Angriff nehmen. Allerdings hätte man bei einer Urinuntersuchung oder einer Haaranalyse und der anschließenden homöopathischen Behandlung bessere Resultate, aber dies müsse mein Hausarzt entscheiden. Als ich ihm sage, dass ich schon Selenkapseln nehme und sie nach dem Quecksilber meine Borrelien in Angriff nehmen wollen, sagt er, dass ich, wenn ich Glück habe, anschließend vielleicht auch weniger zittere.

Ich merke, dass er sich auf diesem Gebiet mit den Mineralien und den Spurenelementen gut auskennt. Ich bin gespannt, wie meine Hausärzte reagieren, wenn ich ihnen dies sage, vor allem, weil besonders meine Ärztin nicht so empfänglich ist für Naturmedizin.

Am Schluss bekomme ich noch Weleda-Calendula-Essenz-Mundwasser, Voltaren-Rapid 50 mg Schmerzmittel und eine Anleitung, wie ich mit meinen Zähnen umgehen soll.

18.04.2017

Heute nehme ich zum ersten Mal Trandate 100 mg. Meine Füße und Beine sind nur noch leicht geschwollen, aber bis unter das Knie heiß, wobei links stärker. Mein Tremor ist heute konstant immer in Bewegung.

19.04.2017

Mein Tremor ist wie gestern, also ich habe ständig Zuckungen im linken Bein, vom Fuß bis zum Knie und im linken Arm zwischen den Fingern und dem Ellbogen. Die Füße sind immer noch leicht geschwollen.

Ich habe nur noch leichte Gelenkschmerzen. (Fuß-, Knie- und Handgelenke). Beim Spazieren habe ich leichte Knieschmerzen rechts. Mein Magen macht mir den ganzen Tag Probleme. Ich habe zwei Mal Durchfall und Probleme beim Wasserlassen.

22.04.2017

Meine Füße und Beine sind wieder nur noch leicht geschwollen. Der Tremor ist den ganzen Tag ruhiger. Am Abend starkes Zittern, vor allem im linken Arm und der linken Hand. Am linken Fuß habe ich den ganzen Tag nur leichte Schmerzen. Am Abend sind sie aber wieder stärker. Ich habe heute zwei Mal wässerigen Durchfall.

Starkes Augenbrennen. Seit langem habe ich auch wieder eingeschlafene Hände. Ich konnte nicht mehr schreiben oder nur mit stark zitternder rechter Hand. In der Nacht aufgewacht wegen starkem Augenbrennen und Schweißausbruch.

Ich sende meinem Hausarzt ein E-Mail und berichte ihm über mein gesundheitliches Ergehen in der vergangenen Woche. Gleichzeitig stelle ich ihm noch die Frage, wieso er mir zuletzt ein Blutdruckmittel verschrieben hätte.

Lieber P.

Die vergangene Woche war wieder ein Auf und Ab. Ich hatte dabei immer noch mit folgenden Problemen zu kämpfen:

- *Geschwollene Füße*
- *Fuß- und Beinschmerzen*
- *Übelkeit*
- *Brechreiz*
- *Durchfall*
- *Gelenkschmerzen rechts (Fuß-, Knie-, und Handgelenke)*
- *Kreuzschmerzen rechts*

- *Probleme beim Wasser lassen*
- *Augenbrennen*
- *Zeitweise starker Tremor*
- *Schweißausbrüche*

Das Medikament Trandate nehme ich seit Dienstag. Allerdings, wenn ich unter Nebenwirkungen lese, dass es bei der Einnahme von Trandate häufig zu folgenden Problemen führen könne, habe ich eben meine Zweifel:

Gelegentlich: *Muskelskelettsystem = Krämpfe*
Häufig: *Augen = Verschwommenes Sehen*
                Herz = Kongestives Herzversagen
                Leber und Galle = Erhöhte Leberfunktionswerte
                Nieren und Harnwege = Miktionsbeschwerden

Mir ist deshalb nicht ganz klar, was Deine Überlegungen waren, mir ein Mittel zur Behandlung von hohem Blutdruck zu verordnen. Da ich schon seit vielen Jahren ein Krankheitstagebuch schreibe, habe ich festgestellt, dass man mir seit 2005 bereits 127 verschiedene Medikamente verschrieben hat, einige davon mit zum Teil gravierenden Nebenwirkungen. Bis ich die Diagnose Parkinson oder Polyneuropathie bekam, habe ich diese meistens nicht groß durchgelesen, weil ich den Ärzten vertraute. Seither bin ich aber kritischer geworden, weil ich gemerkt habe, dass jeder Arzt wieder anders denkt und dir für das gleiche gesundheitliche Problem ein anderes Mittel verschreibt. Ich habe Deiner Frau auch schon gesagt, dass ich manchmal das Gefühl habe, dass ich vergiftet, anstatt entgiftet werde. Ich bin mir schon bewusst, dass es wie im Fall Polyneuropathie, wo es angeblich über 200 verschiedene Erscheinungsformen gibt, sehr schwierig ist, die richtigen Medikamente zu verschreiben.

Liebe Grüße
Walter Schaub

24.04.2017

Ich habe wie meistens gut geschlafen. Meine Füße und Beine sind nur noch leicht geschwollen. Ich habe den ganzen Tag keine Schmerzen. Fettige Haut, vor allem im Gesicht. Zeitweise starkes Augenbrennen. Mein Tremor ist heute konstant immer in Bewegung. Am Abend ist er wieder stärker. Die Füße sind wieder stark geschwollen. Ein Fußbad bringt Erleichterung.

26.04.2017

Meine Füße und Beine sind nur noch leicht geschwollen. Ich habe den ganzen Tag keine Schmerzen. Zeitweise habe ich starkes Augenbrennen. Mein Tremor ist heute meistens ruhig. Am Abend ist er wieder stärker. Vor allem im linken Arm von den Fingern bis zum Ellbogen. Ich habe wieder leichte Knieschmerzen rechts.

Ich bekomme von meinem Hausarzt ein E-Mail.

Lieber Walter

Ich greife nur wenige Punkte aus Deinem Mail heraus:
Zum Pilz Lion's Mane: die deutsche Gesellschaft für Vitalpilze beschreibt ähnliche Effekte auf neurologische Krankheiten wie Demenz und Parkinson, wie Du von Deinem Kollegen erhalten hast. Es scheint effektiv Nervenwachstumsfaktoren zu stimulieren. Du hast eine Quelle zum Einkauf angegeben. einen Teelöffel mit viel Wasser trinken. 4 ounzes etwa 500g reichen also etwa drei Monate. Der Preis ist nicht so hoch (Der Pilz wird in Shanghai und auch in Europa gezüchtet). Ich würde dies versuchen.
Zu Trandate: Propranolol, das erste Medikament, das ich Dir gab, wird bei Bluthochdruck eingesetzt. Es hat aber eine breite Wirkung, sodass es verschiedene Beschwerden, die von Stresshormonen oder eben einem Ungleichgewicht im vegetativen oder autonomen Nervensystem herrühren, günstig beeinflusst; dies zum

Glück in geringeren Dosen als für den Blutdruck nötig ist. Dieses zeigte bei Dir keine Wirkung. Das Trandate ist ein anderes Medikament mit ähnlichen Eigenschaften wie Propranolol, wird aber nur bei Bluthochdruck eingesetzt. Wenn es auch keine Wirkung aufs Zittern zeigt, kannst Du es weglassen.
Den Rest werden wir in der Sprechstunde besprechen oder mindestens ansprechen.

Herzlich grüßt
P.

27.04.2017

Beim Aufstehen sind meine Füße wieder leicht geschwollen. Der linke Fuß ist ganz heiß und rot. Bis zum Mittag habe ich keine Probleme. Dann meldet sich der Tremor in meinem linken Bein und später in meinem linken Arm. Gegen Abend ist er recht heftig. Mein linkes Bein bis zum Knie und mein linker Arm von den Fingern bis zum Ellbogen sind zudem ganz heiß.

28.04.2017

Beim Aufstehen sind meine Füße wieder leicht geschwollen. Der linke Fuß ist ganz heiß und rot. Bis zum Mittag habe ich keine Probleme. Dann meldet sich der Tremor in meinem linken Bein und später in meinem linken Arm. Gegen Abend ist er recht heftig. Mein linkes Bein bis zum Knie und mein linker Arm von den Fingern bis zum Ellbogen sind zudem ganz heiß.

29.04.2017

Ich erwache am Morgen schweißgebadet auf. Meine Füße sind wieder stärker geschwollen. Ich habe Probleme beim Wasserlassen. Das Zittern ist ziemlich stark, vor allem vom linken Fuß bis zum Knie und von der linken Hand bis zum Ellbogen. Es ist auch kein richtiges Zittern, denn es fühlt sich an wie Zuckungen. Schreiben am PC geht, aber von Hand zittere ich stark, d. h. ich kann nicht mehr von Hand schreiben. Ich kann nicht mehr eine Zeitung oder ein Buch halten und lesen. Meine Augen sind trocken und jucken. Ich bin den ganzen Tag müde und möchte nur noch schlafen.

01.05.2017

Ich sende meinem Hausarzt ein E-Mail

Lieber P.

Zuerst vielen Dank für Dein E-Mail.

Wie Du aus dem Anhang entnehmen kannst, war die vergangene Woche wieder ein Auf und Ab.
Was den Lion's Mane Pilz angeht, muss ich noch herausfinden, wo ich diesen bekomme, denn im Internet gibt es so viele Adressen.

Trandate reduziere ich nun langsam, sodass ich ab Ende nächster Woche keine mehr nehmen werde.

Am Freitag war ich bei einer Beerdigung und habe dabei ein paar Bekannte angetroffen. Da die meisten von ihnen wissen, dass ich unter Polyneurotherapie und Parkinson leide, kamen wir natürlich auch auf diese Themen zur sprechen.

Der Mann von einer Schulkollegin leidet schon seit Jahren an MS. Als ich sie fragte, wie es ihm gehe, meinte sie, dass er neben der Physiotherapie auch in die Ergotherapie gehe, was ihm recht viel bringe. Sie meinte, dass dies sicher auch etwas für mich wäre. (siehe Anhang) Was meinst Du dazu?

Ein anderer meinte, dass ich „Padma 28" nehmen solle, ein Naturprodukt aus der Tibetischen Medizin, welches sehr gut sei bei Durchblutungsstörungen und eingeschlafenen Füßen. Was meinst Du dazu?

Da ich für jeden Strohhalm offen bin, welcher meine gesundheitlichen Probleme ohne zuviel Chemie reduzieren kann, möchte ich natürlich auch solche Wege probieren.

Liebe Grüße
Walter Schaub

03.05.2017

Ich habe heute einen Termin in der Praxis meines Hausarztes. Zuerst bittet mich die Assistentin, den Gesundheitsfragebogen auszufüllen. Anschließend will mein Arzt wissen, wie es mir geht. Er geht dann auf mein letztes E-Mail ein und meint, dass es ein gleiches Mittel wie Padma 28 gebe, einfach unter dem Namen Padmed Circosan. Dieses werde von der Krankenkasse übernommen, während Padma 28 nicht. Er meint, dass wir dieses Mittel einmal probieren könnten. Was die Ergotherapie angehe, will er den Therapeuten meines Bekannten zuerst kontaktieren, da er von ihm wissen möchte, was er macht.

Ich erzähle dann, dass mir in den letzten zwei Wochen ein paar Mal meine Hände eingeschlafen sind. Er behandelt mich anschließend mit Laser an verschiedenen Punkten im Nacken. Wegen dem Pilz Lion's Mane, meint er, dass wir dies probieren sollten, denn laut der deutschen Gesellschaft für Vitalpilze scheint er bei neurologischen Krankheiten wie Demenz und Parkinson die Nervenwachstumsfaktoren zu stimulieren.

Ich habe heute einen Termin in der Praxis meines Zahnarztes. Heute kommt mein Goldzahn dran. Der Arzt trennt die Goldkrone von der Zahnwurzel, welche noch gut ist. Er meint noch, dass es doch gut gewesen sei, dass wir die Goldkrone entfernt hätten, denn darunter kommt eine Amalgamfüllung zum Vorschein, in welcher natürlich auch Quecksilber war. Nun ist mir auch klar, wieso ich manchmal unter Müdigkeit und Energielosigkeit gelitten habe. Ich hoffe nun, dass diese und auch die Konzentrationsprobleme, Vergesslichkeit, Nervosität, das Zittern und die Taubheitsgefühle in Armen und Beinen verschwinden werden. Natürlich braucht es seine Zeit, bis dieses Quecksilber aus meinem Körper entfernt ist.

Beim Einsetzen der Keramikkrone, geht er wieder ähnlich vor wie letzten Dezember, als er mir unten rechts eine Krone aufsetzen musste. Auch dieses Mal bin ich wieder fasziniert, denn mit einem Scanner scannt er den oberen rechten Teil meines Kiefers in seinen Computer. Er. erklärt mir am Bildschirm, was er nun machen werde. Er hat nun eine 3d-Darstellung davon und kann ihn drehen und wenden, so dass er diesen von allen Seiten sieht. Nun gab er dem Computer den Befehl, dass er aus der Datenbank eine geeignete Krone aussuchen und auf dem vorher abgeschliffenen Zahn platzieren solle. Der Arzt macht dann an dieser Krone noch ein paar Anpassungen. Nachher blendet er den Unterkiefer aus, sodass er die Krone noch einmal von allen Seiten anschauen kann. Dabei kann man sehen, dass der innere Teil dem Außenteil des abgeschliffenen Zahns entspricht. Nun gibt er dem Computer den Befehl, dass er die Daten dieser Krone an die Fräsmaschine senden solle. Nach der Eingabe gibt er nur noch das gewünschte Material, in unserem Fall Keramik ein und den Befehl, die Krone herzustellen. Die Fräsmaschine holt sich dabei den entsprechenden Keramikblock und fräst die gewünschte Krone, was ca. eine Viertelstunde dauert. Bevor die hergestellte Krone gesintert, oder glaciert wird, wird sie einmal eingesetzt, um zu schauen, ob sie passt. Anschließend wird sie auf den am Anfang abgeschliffenen Zahn aufgeklebt. Das Resultat ist super. Nun ist mein Mund endlich metallfrei. Mein Zahnarzt fragt mich am Schluss, ob ich die Goldkrone behalten möchte, wenn nicht, würden sie sie sammeln und anschließend einschmelzen. Der Erlös ist dann für eine wohltätige Organisation. Ich überlasse sie dem Arzt.

06.05.2017

Beim Aufstehen sind meine Füße wieder leicht geschwollen. Heute war seit langem wieder ein guter Tag, ohne Schmerzen. Der Tremor ist wie gestern, also minim. Im linken Fuß habe ich ein ständiges Zucken. Die Füße sind am Abend wieder stark geschwollen. Vor dem Einschlafen verspüre ich starke Zuckungen im linken Wadenbereich und im linken Arm.

07.05.2017

Meine Füße und Beine sind nur noch leicht geschwollen. Die Füße sind wieder warm, vor allem links.

Mein Tremor ist heute konstant immer leicht in Bewegung, und zwar im linken Bein vom Fuß bis zum Knie und von der linken Hand bis zum Ellbogen. Ich bin heute müde und habe keine Energie. Zeitweise habe ich starkes Augenbrennen.

Ich bestelle Lion's Mane Mushroom, welcher bei meinem amerikanischen Freund Klaus doch einiges bewirkt hat und zu welchem mein Hausarzt gemeint hat, dass ich es probieren solle.

Der Pilz erwies sich als wirksam in Bezug darauf, das Neuronenwachstum effizient zu stimulieren, Muskel-motorische Reaktionswege in Parkinson zu verbessern und neurologische Traumata bei Schlaganfallopfern zu reparieren.

Lion's Mane gilt als ein potenter Katalysator für die Hirngewebsregeneration und hilft, Gedächtnis und kognitive Funktionen zu verbessern.

08.05.2017

Beim Aufstehen sind meine Füße wieder stark geschwollen. Der linke Fuß ist ganz heiß und rotblau.

Den ganzen Tag zittert oder zuckt meine linke Seite, im linken Bein vom Fuß bis zum Knie und in meinem linken Arm von den Fingern bis zum Ellbogen. Wenn ich ein Buch oder eine Zeitung in die Hand nehme, zittert es noch stärker, d. h. es ist unmöglich zu lesen. Meine Haut, vor allem im Gesicht, ist sehr fettig.

Ich bin heute müde, habe keine Energie und möchte nur noch schlafen. Vor dem Einschlafen starke Zuckungen im linke Wadenbereich und im linken Arm.

09.05.2017

Ich musste in der Nacht fünf Mal Wasser lösen, wobei ich Probleme hatte, da ich immer starken Druck verspürte, aber auf der Toilette kam dann lange nichts. Meine Füße und Beine sind nur noch leicht geschwollen. Am linken Fuß habe ich den ganzen Tag leichte Schmerzen. Am Abend sind sie wieder stärker. Ich habe heute zwei Mal wässerigen Durchfall. Am Nachmittag habe ich längere Phasen ohne Zittern oder Zuckungen. Ich habe zeitweise starkes Augenbrennen. Am Abend habe ich wieder eingeschlafene Hände, sowie starke Zuckungen am linken Bein und im linken Arm.

10.05.2017

Ich habe, wie meistens, gut geschlafen. Meine Füße sind stark geschwollen. Ich habe Probleme beim Wasserlassen. Das Zittern, oder besser gesagt die Zuckungen sind heute den ganzen Tag ziemlich stark, vor allem vom linken Fuß bis zum Knie und von der linken Hand bis zum Ellbogen. Am Abend verspüre ich ein starkes Augenbrennen. Vom späten Nachmittag, bis ich ins Bett gehe, habe ich ein starkes Brennen in meiner linken Fußsohle.

11.05.2017

Ich erwache mit starken Zuckungen im linken Wadenbereich, welche den ganzen Tag anhalten. Der linke Fuß ist ganz heiß und rotblau. Zudem schwitze ich und habe Wallungen. Meine Füße sind wieder geschwollen und brennen, vor allem links. Ich habe immer noch Probleme beim Wasser lassen. Die Zuckungen sind wie gestern, d. h. ziemlich stark und vor allem vom linken Fuß bis zum Knie und von der linken Hand bis zum Ellbogen. Meine Haut, vor allem im Gesicht, ist sehr fettig. Auch heute bin ich müde und möchte nur noch schlafen.

12.05.2017

Wie meistens die vergangenen Tage, erwache ich mit starken Zuckungen im linken Wadenbereich. Meine Füße sind leicht geschwollen. Die linke Wade fühlt sich hart an. Die Zuckungen sind auch heute den ganzen Tag ziemlich stark, vor allem vom linken Fuß bis zum Knie und von der linken Hand bis zum Ellbogen. Von Hand Schreiben geht nicht mehr. Auf der Tastatur geht es recht gut. Heute habe ich wieder leichte Knieschmerzen rechts. Meine Augen sind trocken und brennen.

13.05.2017

Wie die vergangenen Tage, erwache ich mit starken Zuckungen im linken Wadenbereich. Meine Füße sind wieder leicht geschwollen, vor allem links. Die Hände fühlen sich an wie eingeschlafen. Ich habe wieder Probleme beim Wasserlassen. Bis in den späten Nachmittag verspüre ich keine Zuckungen. Aber dann sind sie umso heftiger, im unteren linken Wadenbereich und vom linken Handgelenk Richtung Ellbogen. Meine Augen brennen zeitweise recht heftig. Auch heute bin ich müde und möchte nur noch schlafen.

14.05.2017

Beim Aufwachen fühlen sich die Hände an wie eingeschlafen. Zudem habe ich starke Zuckungen im linken Wadenbereich. Im linken Knöchel habe ich für ca. zwei Stunden starke Schmerzen. Meine Füße sind wieder geschwollen, vor allem links. Ich habe immer noch Probleme beim Wasserlassen. Die Zuckungen sind ziemlich stark, vor allem vom linken Fuß bis zum Knie und von der linken Hand bis zum Ellbogen.

Ich sende meinem Hausarzt ein E-Mail

Lieber P.

Ich sende Dir hier den Rapport über die letzten eineinhalb Wochen.

Am 04.05.2017 hatte ich einen Termin bei meinem Zahnarzt in P. Es stand die Entfernung der Goldkrone auf dem Programm. Der Zahnarzt war dabei ganz erstaunt, dass unter der Goldkrone eine Amalgamfüllung zum Vorschein kam. Nun wissen wir auch, woher dieses Quecksilber in meinem Körper stammt. Da ich diese Krone schon länger als 30 Jahre in mir hatte, wundert es mich nicht, dass mein Körper so vergiftet ist. Laut Zahnarzt kann es noch Jahre dauern, bis dieses Quecksilber aus meinem Körper ausgeschieden ist, da es sich doch in verschiedenen Organen und Geweben einlagern könne, wie:

- *Gehirn und Zentralnervensystem*
- *Nieren*
- *Herzmuskel*
- *Darm*
- *Bauchspeicheldrüse*

Laut meinem Zahnarzt ist Quecksilber aber ein starkes Nervengift, welches die Signalübertragung der Nerven hemmt und deren Schutzhüllen zerstört, was bei einem wissenschaftlichen Ex-

periment bewiesen worden sei. Andere Metalle wie Cadmium, Blei und Mangan, mit denen dieselben Versuche gemacht wurden, taten das nicht. Das könne zu verschiedenen Symptomen und Krankheiten führen, wie:

- *Konzentrationsstörungen*
- *Schlechtes Kurzzeitgedächtnis*
- *Starke Stimmungsschwankungen*
- *Persönlichkeitsstörungen*
- *Selbstmordgedanken*
- *Lähmungserscheinungen und Zittern*
- *Taubheitsgefühle und Kribbeln*

Nun bin ich also in meinem Mund metallfrei. Der Zahnarzt meinte dann, dass es, wenn ich Glück hätte und auch meine Spurenelemente und Mineralien wieder im Normalbereich sind und das Borrelioseproblem gelöst sei, vielleicht auch einen positiven Einfluss auf mein Zittern oder die Zuckungen haben könne.

Seit dem 05.05.2017 nehme ich nun Padmed Circosan, also seit zehn Tage. Bis jetzt spüre ich noch keine große Verbesserung, im Gegenteil, meine Zuckungen sind eher stärker. Allerdings habe ich auch nicht eine schnelle Besserung erwartet, nachdem ich diese Lähmungserscheinungen, Taubheitsgefühle und Kribbeln schon seit sieben Jahren habe.

Lion's Mane Pilz habe ich bestellt und werde es die nächsten Tage bekommen.

Liebe Grüße
Walter Schaub

Ich bekomme von ein E-Mail von meinem Hausarzt.

Lieber Walter

Das, was Dein Zahnarzt unter der Goldkrone vorgefunden hat, wundert mich überhaupt nicht. Vielen Zahnärzten war ein guter Zahnstumpf zum Auflegen der Krone wichtiger als das Entfernen von Amalgam. Das Quecksilber ist in Deinem Blut in den letzten Jahren angestiegen und kann effektiv einige oder gar alle Deiner Symptome bewirken. Mach bitte bei meiner Frau einen Telefontermin ab oder eine Konsultation in der Sprechstunde, um zu besprechen, wie das Quecksilber am besten aus dem Körper ausgeschieden werden kann. Es sind verschiedene Möglichkeiten vorhanden.

Herzlich grüßt Dich
P.

Ich bekomme von ein E-Mail von meiner Hausärztin.

Guten Tag Herr Schaub,

Endlich kann ich wieder Laborblätter produzieren, so dass ich Ihnen die letzten Resultate übermitteln kann.
Soeben hat mich mein Mann auch über das Mail von Ihnen informiert, welches die Analysen klärt: das hohe Quecksilber hängt wahrscheinlich mit dieser versteckten Amalgam-Füllung zusammen; dann enthalten viele Omega-3 Präparate und auch Fisch teilweise hohe Quecksilber-Konzentrationen.
Selen ist deutlich angestiegen. Fahren Sie weiter mit zwei Kapseln pro Woche und wir messen erneut nach 4-5 Monaten, wenn Sie während mindestens drei Wochen Selen weggelassen haben.

freundlich grüßt
Dr. M.

19.05.2017

Beim Aufstehen ist mein linker Knöchel immer noch stark geschwollen. Es ärgert mich, dass die beiden Hausärzte noch nie meinen geschwollenen Knöchel angeschaut haben, obwohl ich dies seit Ende Februar 2017 schon ein paar Mal erwähnt habe. Eigentlich hätte ich zu ihnen gehen sollen, aber ich habe keine Lust.

Ich bekomme von der Hausarzt-Praxis den letzten Laborbericht aus Berlin. Daraus geht hervor, dass ich zu wenig Calcium und Kupfer, sowie zu viel Mangan und Quecksilber habe. Eigentlich habe ich erwartet, dass die beiden Hausärzte mir nun erklären, wie wir weiterfahren wollen. Leider ist dem nicht so.

26.05.2017

Heute habe ich mit den Lion's Mane begonnen und hoffe, dass diese das halten, was sie versprechen, nämlich, dass sie die gestörten Nervenprobleme etwas mindern.

28.05.2017

Ich sende meinem Hausarzt ein E-Mail

Lieber P.

In den vergangenen Wochen war mein Gesundheitszustand immer etwa gleich wie die Wochen vorher.

- *Geschwollene Füße, meistens morgens beim Aufwachen.*
- *Fuß- und Beinschmerzen.*
- *Probleme beim Wasserlassen.*
- *Augenbrennen.*
- *Starker Tremor.*
- *Schweißausbrüche.*

174

Da das Zittern immer stärker wurde und die eingeschlafenen Füße nicht besser wurden, habe ich Circosan reduziert. Letzten Donnerstag habe ich Lion's Mane bekommen und nehme nun dies ein, neben den bisherigen Mittel.

Gestern Samstag saß ich auf dem Sitzplatz und las die Zeitung. Gegen 12:30 Uhr fühlte ich einen heftigen Stich in meiner linken Brustseite. Der stechende Schmerz war so heftig, dass ich richtig Angst bekam. Er hielt etwa eine halbe Minute an, dann war ich wieder schmerzfrei. Aber nur für ca. eineinhalb Minuten, dann kam der nächste Stich. So ging dies immer weiter für ca. eine Viertelstunde. Meine Frau forderte mich auf bei Euch anzurufen. Da die Schmerzen inzwischen aber wieder weg waren, warte ich noch. Allerdings waren mein Blutdruck drei Mal um die 195 zu 125 und der Puls bei 105. Ich hatte Ruhe für etwa fünfzehn Minuten, bis es wieder anfing. Der Schmerz war immer am gleichen Ort und strahlte auch nicht aus. Wieder hielt die Phase etwa gleich lang an. Da die Schmerzen so heftig waren, hatte ich wieder Angst. Ich rief deshalb zuerst bei Euch an und später im Notfall, wo man mir ein paar Fragen stellte und meinte, dass ich nach L. in den Notfall des Kantonsspitals gehen solle. Mein Nachbar brachte mich dann nach L., wo wir ca.um 12:50 Uhr eintrafen.
Von der Anmeldung, dem anschließenden EKG, den beiden Blutentnahmen, dem Röntgenbild von Herz und Lunge, bis zum Schluss ging alles speditiv. Ich war zwar mehr als sechs Stunden in der Notfallstation, während dieser Zeit allerdings ständig am Überwachungsgerät angeschlossen.
Obwohl ich manchmal heftige stichartige Schmerzen verspürte, und zwar immer im gleichen Rhythmus, schlief ich immer wieder ein. Das Personal wollte mir zwar Medikamente gegen die Schmerzen geben, da ich aber langsam genug hatte vom Chemie Schlucken, habe ich darauf verzichtet.
Die Ärzte stellten mir verschieden Fragen und versuchten, den Schmerz auszulösen. Sie tasteten meine Brust und den Rücken ab, wobei ich immer anders ein- und ausatmen musste. Sie meinten,

dass sie im Moment nichts Außergewöhnliches feststellen können, dass wir aber zuerst die Blutwerte abwarten und sie sicherheitshalber noch ein Röntgenbild vom Herz und der Lunge vorschlagen würden. Dass der Schmerz immer am gleichen Ort sei und nicht ausstrahle sei schon mal ein gutes Zeichen. Der Blutdruck und der Puls waren inzwischen tiefer.

Später kam die junge Ärztin, welche mich am Anfang untersucht hat, mit dem Oberarzt welcher eigentlich das gleiche machte wie sie vor ihm. Er schlug vor, dass sie drei Stunden nach der ersten Blutuntersuchung das Blut ein zweites Mal entnehmen und untersuchen, damit man diverse Werte vergleichen könne.

Er schaut sich auch meine leicht geschwollenen Füße an und meint, dass dies ein Neurologe einmal anschauen sollte. Ich erkläre ihm dann, dass dies schon geschehen sei. Wie seine Kollegin ist auch er sehr nett und meint, dass es bei mir mit großer Wahrscheinlichkeit nichts Schlimmes sei und es vom Rücken kommen könne.

Nach einer gewissen Zeit kommen die Ärztin und der Oberarzt und erklären mir, dass alles in Ordnung sei mit dem Herzen und der Lunge. Die Blutwerte seien am Anfang und am Ende beide gleich gewesen. Das einzige, was nicht so gut sei, sei, dass ich zu viel rote Blutkörperchen hätte, was laut der Meinung des Oberarztes vom Nebido komme. Er fragt mich deshalb, ob mir dieses Problem bewusst sei. Als ich bejahe und ihm erkläre, dass Du auch schon einen Aderlass gemacht hättest, meint er, dass er mir dies auch vorschlagen wollte. Er fragt mich, ob ich Zeit hätte, da zu viel rote Blutkörperchen das Blut dicker machen und das Thrombosenrisiko steigen würde. Bevor sich die beiden Ärzte verabschieden erwähntder Oberarzt, dass man vielleicht die Abstände des Nebido oder die Dosis anpassen sollte. Er wolle hier aber nicht dreinreden. Er wird Dir über die Untersuchungen aber einen Bericht schreiben.

Kurz darauf wird also noch ein Aderlass gemacht, wobei sie auf der einen Seite Blut entnahmen und auf der anderen Seite wieder Flüssigkeit hineinließen.

Nach dem Entfernen der Anschlüsse zum Überwachungsgerät endet dieser samstägliche Nachmittag in der Notfallstation des Kantonsspitals L.

Liebe Grüße
Walter Schaub

30.05.2017

Mein Hausarzt sendet mir ein E-Mail

Lieber Walter

Danke für Deinen ausführlichen Bericht. Ich habe inzwischen den Bericht der Notfallstation des Kantonsspitals erhalten. Auch den Ärzten dort war die exakte Ursache Deiner Beschwerden unklar. Die Gelegenheit für einen Aderlass war aber gut. Ich bin gespannt, wie es nun mit Lion's Mane geht. Das Circosan kannst Du auch ganz weglassen.

Herzlich grüßt P.

03.06.2017

Am Morgen beim Aufstehen habe ich ein komisches Gefühl in meinen beiden Füßen, welche stark geschwollen sind. Das Zittern im linken Bein, von den Füßen bis zum Knie und dem linken Arm von den Fingern bis zur Schulter, ist wieder recht stark. Heute bin ich den ganzen Tag müde und möchte nur noch schlafen.

14.06.2017

Ich habe heute einen Termin in der Hausarzt-Praxis Zuerst bittet mich die Ordinationshilfe, drei verschiedene Fragebögen auszufüllen. Ich hasse diese Bögen, fülle sie aber trotzdem aus. Anschließend kann ich zu meinem Hausarzt, welcher mir diverse Fragen stellt. Da er sieht, dass ich heute auf meiner linken Seite ziemlich stark zittere, kontrolliert er mit der medizinischen Stimmgabel meine Reaktionen an den Händen, den Knien und den Füßen, wobei sie an den Knien weniger und an den Füßen fast keine Reaktion zeigen. Er meint, dass ich Sinemet wieder erhöhen könne auf eineinhalbTabletten und schauen, was passiert. Er will dann noch wissen, wie es mir mit dem Lion's Mane gehe. Da ich es aber erst seit zwei Wochen einnehme, kann ich natürlich noch nicht viel sagen. Er meint, dass ich es vielleicht etwa fünf Monate einnehmen solle. Er ist erstaunt, dass 120 Kapseln nur 22.50 CHF kosten inkl. Lieferung.

Mein Arzt kontrolliert auch meine leicht geschwollenen Knöchel und meint, dass mir dabei ein natürliches Mittel aus Ananas, Papaya und Rutin helfen könnte. Er gibt mir Enzym Pur.

25.06.2017

Ich sende meinem Hausarzt ein E-Mail.

Lieber P.

Vielen Dank für die Laborwerte.
Was die Lion's Mane-Kapseln angeht, nehme ich diese seit gut einem Monat. Nach ca. drei Wochen hatte ich das Gefühl, dass in meinem Körper etwas abläuft. Mein Freund und seine Frau aus Huston machten diese Erfahrung auch.
Die letzten 2 ½ oder 3 Jahre merkte ich, wie mein Selbstvertrauen immer mehr abgenommen hat. Kleinigkeiten konnten mich nervös machen. Während ich früher jede Arbeit anpackte, und

ohne großes Überlegen erledigte, schob ich sie nun einfach hinaus und wurde dabei immer nervöser. Auch Arbeiten, welche ich nicht mehr machen konnte, wie z. B. Mal- oder gewisse Gartenarbeiten, regten mich auf. Ich konnte nicht akzeptieren, dass es nicht mehr geht. Je nervöser ich war, umso mehr meldete sich mein Tremor mit starkem Zittern oder Zuckungen.

Seit gut 1 ½ Wochen habe ich wieder ein stärkeres Selbstvertrauen und werde nicht mehr so leicht nervös. Die vergangene Woche habe ich sogar Maler- und andere Arbeiten gemacht, welche ich die vergangenen Jahre nicht mehr gemacht habe. Gewisse Arbeiten gehen nicht mehr so leicht. Es dauert alles etwas länger, aber heute akzeptiere ich es. Für Arbeiten, welche ich früher in einem Tag erledigen konnte, brauche ich heute eben drei Tage. Was soll's? Auch was das Parkinson oder die Polyneuropathie angeht, habe ich sie inzwischen angenommen, aber noch nicht akzeptiert. Zum Glück ist mein Selbstvertrauen wieder etwas zurück. Ich mache mir schon wieder Pläne, was ich noch machen könnte. Langweilig wird es mir auf jeden Fall nicht.

Vielleicht wirkt das Lion's Mane doch etwas, oder ich bilde mir dies ein. Vielleicht ist es auch Enzym Pur. Egal Hauptsache es geht mir besser und ich hoffe, das bleibt so.

Was meine gesundheitlichen Probleme angeht, hat sich leider nur wenig verändert. Ich habe nach wie vor:

- Geschwollene Füße, allerdings weniger stark
- Am linken Fuß und der linken Hand sind die Zuckungen und das Zittern eher stärker geworden
- Augenbrennen
- Schweißausbrüche

Ich bin aber zuversichtlich, dass wir diese auch noch in den Griff bekommen.

Liebe Grüße
Walter Schaub

Ich sende meinem Hausarzt ein E-Mail.

Lieber P.

Ich wollte Dich wieder informieren, wie es mir heute geht.
Was meine gesundheitlichen Probleme angeht, geht es zum Teil
besser zum anderen Teil hat sich wenig verändert.

- *Die Füße fühlen sich wieder steifer an und brennen, vor al-*
  lem links.
- *Die Fußknöchel sind am Abend wieder stark geschwollen,*
  vor allem links.
- *Die linke Wade schmerzt manchmal und ist dabei recht hart.*
- *Der Tremor stört mich. Vor allem vom linken Fuß bis zum*
  Knie und von der linken Hand bis zur Schulter sind die Zu-
  ckungen und das Zittern stärker geworden.
- *Zudem ist der Tremor, mit wenigen Ausnahmen, immer vor-*
  handen, laut meiner Frau, auch wenn ich schlafe.

Bis vor zwei Wochen habe ich noch Padmed Circosan genom-
men. Ich habe dabei langsam reduziert, bis die Dose leer war.
Nun weiß ich nicht, ob die Fußprobleme wieder stärker geworden
sind, weil ich dieses Mittel nicht mehr nehme. Ich würde es ger-
ne ausprobieren, Padmed Circosan noch einmal zu nehmen und
zu schauen, was passiert. Was meinst Du dazu?

Mit den B12-Spritzen bin ich nun fertig.

Was mein Selbstvertrauen angeht, ist dies immer noch gut. Ich habe
in den vergangenen Wochen wieder mehr unternommen und eini-
ges erledigt, was ich vor der Einnahme von Lion's Mane immer vor
mich her geschoben habe, trotz verstärktem Tremor. Mein Freund
in Huston hat die gleiche Erfahrung gemacht. Auch bei ihm hat
sich der Zukunftsglaube verstärkt, aber der Tremor nicht verbessert.

Er geht zudem in ein Boxtraining, welches speziell für Parkinsonpatienten entwickelt wurde.

https://www.youtube.com/watch?v=lg0No6vfmEc&spfreload=10

Kürzlich habe ich einen ehemaligen Arbeitskollegen getroffen. Von seinem Bruder wusste er, dass ich unter Parkinson leide. Zudem sah er es auch, wegen meinem Zittern. Er erzählte mir dann von einem Bekannten, welcher unter Epilepsie und Angstzuständen leidet. Seit er CBD-Tropfen, was angeblich als Cannabis light bekannt ist, nimmt, geht es ihm viel besser. Zudem habe dieses Cannabis weniger als ein Prozent Tetrahydrocannabinol (THC), also viel zu wenig für einen Rausch. Dafür enthält es bis zu 22 % Cannabidiol, also CBD, ein Stoff, der angeblich beruhigt, aber nicht berauscht. Angeblich gebe es auch Ärzte, welche diese Tropfen bei Parkinson verschreiben und Erfolge hätten damit. Leider gebe es aber noch zu wenige Langzeitstudien, was diverse Neurologen davon abhalte es abzugeben. Im August habe ich einen Termin bei meinem Neurologen, wobei ich ihn darauf ansprechen werde.
Mir kam dabei der Film in den Sinn, in dem einem Parkinsonpatienten eine homöopathische Dosis Marihuana gegeben wurde. Ich glaube ich habe Dir diesen Link auch schon einmal gesandt.

https://www.youtube.com/watch?v=zNT8Zo_sfwo

Was meine Zahnsanierung angeht, wird Ende Oktober 2017 noch die letzte Keramikkrone aufgesetzt, d. h. mein Mund ist dann komplett metallfrei und saniert. Ich glaube, dass ich, wenn mein Körper einmal entgiftet und das Problem mit den Borrelien gelöst ist, wieder einen Schritt vorwärtskommen werde.

Auch, wenn ich in der Vergangenheit einige Tiefpunkte hatte, bin ich nun zuversichtlich.

Liebe Grüße
Walter Schaub

Mein Hausarzt schreibt mir ein E-Mail.

Lieber Walter

Ja, ich würde mit dem Padmed Circosan weitermachen. Rufe doch kurz in der Praxis an, damit wir es bestellen. Es ist dann ab Freitag hier. In gut einer Woche können wir im Blut das Homocystein, den Marker für einen Vitamin B12- oder Folsäure-Mangel bestimmen. Dies sollte an einem Morgen nach einem Frühstück ohne Milch, Joghurt, Käse, Fleisch und Ei stattfinden.
Wegen dem CBD frage bitte Deinen Neurologen. Er weiß sicher mehr zu diesem Thema.
Wegen dem Entgiften mache bitte im August einen Termin bei meiner Frau ab. Sie macht dies in unserer Praxis.
Ich hoffe, dass Du so noch weitere Besserung findest.

Herzlich grüßt
P.

Am Abend habe ich wieder Probleme mit meinem Magen und Darm. Ich habe heftige Bauchschmerzen. Ich fluche vor mich hin, indem ich mit gefalteten Händen gegen den Himmel schaue. „Warum plagst Du mich immer und immer wieder mit körperlichen Problemen. Ist es Dir noch nicht genug, mich mit Parkinson, mit Polyneuropathie, mit Knieschmerzen, mit geschwollenen, wassergefüllten Füßen und Beinen, mit Blasen- und Magendarmproblemen, mit Gelenkschmerzen, mit Blutproblemen und anderen gesundheitlichen Problemen zu bestrafen und jetzt mit diesen Bauchschmerzen. Wenn Du mich prüfen willst, so hast Du gewonnen. Ich gebe nun auf. Seit Jahren bete ich zu Dir, mir gesundheitlich beizustehen. Ich weiß ich bin nicht der beste Christ, ich bin aber auch nicht der schlechteste." Ich bin richtig hässig auf den Herrgott. „Wieso lässt Du mich nicht endlich in Ruhe?" „Entweder Du hilfst mir bei meinen gesundheitlichen Problemen, oder Du erklärst mir endlich, warum Du meine Wünsche nicht in Erfüllung gehen lässt. Ich möchte endlich loskommen von den jahrelangen gesundheitlichen Problemen. Wieso hast Du mich überhaupt auf diese Welt gebracht, wenn Du mich ständig plagst. Was soll das?" Ich bin hässig und frage mich, für was ich schon seit bald 70 Jahren hier bin, wenn der Herrgott mich ständig plagt.

Nachdem ich schon drei Mal auf der Toilette war und ich mir einen Magen-Darm-Tee gemacht habe, versuche ich trotz Bauchschmerzen zu schlafen. Zwischendurch kommt doch das eine oder andere Gottverda… Irgendwann muss ich dann doch eingeschlafen sein.

12.07.2017

Beim Aufwachen bin ich wieder schmerzfrei, außer meinen Beinen und dem Tremor. Ich fühle mich wieder besser. Mir kommt der gestrige Abend in den Sinn und ich bereue meinen Wut- und Fluchausbruch. Ich habe kein Recht, so mit dem Herrgott zu reden. Wer weiß, was er mit mir vor hat? Vielleicht macht es eines Tages Sinn, wieso ich seit Jahren ständig, mit gesundheitlichen Problemen, geprüft werde. Ich wünsche mir nur, dass ich neben den kleineren gesundheitlichen Problemen endlich von diesem Parkinson, der Polyneuropathie, den Knieschmerzen, den Blasen- und Magendarmproblemen und den Blutproblemen befreit werde und meine Pension noch etwas genießen kann.

21.07.2017

Meine Hausärztin ruft mich um 21:25 Uhr an. Ich erzähle ihr kurz von meinen Beschwerden, so wie ich sie am 09.07.2017 schon ihrem Mann in einem E-Mail mitgeteilt habe.

- Die Füße fühlen sich wieder steifer an und brennen, vor allem links.
- Die Fußknöchel sind am Abend wieder stark geschwollen, vor allem links.
- Die linke Wade schmerzt manchmal und ist dabei recht hart.
- Der Tremor stört mich, vor allem vom linken Fuß bis zum Knie und von der linken Hand bis zur Schulter sind die Zuckungen und das Zittern stärker geworden.
- Zudem ist der Tremor, mit wenigen Ausnahmen, immer vorhanden, laut meiner Frau auch wenn ich schlafe.

Als ich ihr von Lion's Mane erzähle, dass ich seither viel aufgestellter sei und wieder mehr Mumm habe, etwas zu machen, sagt sie nur, dass dies dem warmen, sonnigen Wetter zuzuschreiben sei, d.h. sie glaubt also nicht daran, dass Lion's Mane solche Auswirkungen hat.

Ich spreche sie dann noch kurz auf CBD, also das Cannabis light an, mit welchem man in Amerika schon gewisse Erfolge hat gegen das Zittern. Auch sie meint, dass ich dies mit dem Neurologen besprechen solle, da es noch zu wenig Langzeitstudien gebe. Als sie mich fragt, was ich gegen das Zittern mache und ich ihr sage, dass man da, laut dem Neurologen, nichts machen könne, sagt sie nur, dass sie wisse, dass es sehr schwer sei, Nervenkrankheiten zu behandeln.

Der Grund, wieso sie mir eigentlich anruft, ist der, dass ihr Mann gemeint hat, dass man anfangen sollte, meinen Körper zu entgiften und sie auf diesem Gebiet mehr Erfahrung hätte als er.

Ich erwähne dann noch, dass ihr Mann gemeint hat, dass mir vielleicht Selenspritzen mehr helfen könnten als Selenkapseln, wie ich sie gegenwärtig nehme.

Sie glaubt aber, dass mir Alpha-Liponsäure helfen könnte. Dabei würden sie mir zuerst Injektionen spritzen und später mit Tabletten therapieren. Sie glaubt auch, dass mir dies auch bei meiner Polyneuropathie helfen könnte. Sie gibt mir einen Termin für nächsten Mittwochmorgen. Da ich um 08:00 Uhr einen Termin bei meinem Zahnarzt, habe, solle ich anschließend kommen.

Schmerzen

28.07.2017

Ich rufe in der Hausarzt-Praxis an, um ihnen mitzuteilen, wie es mir nach der Alpha-Liponsäure Infusion ergangen ist. Gestern war nicht einmal so schlecht, denn ich hatte doch Phasen, wo ich kein Zittern verspürte. Zudem wenn es zitterte, war es nicht so heftig, wie vorher. Heute ist es aber wieder wie vorher, also konstant.

Am Abend werde ich von heftigen Schmerzattacken im rechten Schulterbereich vom Nacken über die Schulter bis zum rechten Handgelenk geplagt. Ich kann den Arm nicht mehr hochheben. Der Arm ist vom Ellbogen bis zur Schulter hart und steif. Gleichzeitig fühlt sich auch meine linke Wade, vom Fußknöchel bis zum Knie, steinhart an und ist auch schmerzhaft. Ich nehme ein Irfen 800, was später etwas Erleichterung bringt.

31.07.2017

Auch heute habe ich immer noch heftige Schulterschmerzen. Ich nehme wieder Irfen 800, was dieses Mal nicht zu wirken scheint.

Ich sende meiner Hausärztin ein E-Mail und informiere sie, wie es mir ergangen ist seit der Alpha-Liponsäure Infusion.

Sehr geehrte Frau Doktor

Ich möchte Sie informieren, wie es mir, seit letzten Mittwoch dem 26.07.2017, also seit der Alpha-Liponsäure Infusion ergangen ist. Nachdem ich vor der Infusion gefühlsmäßig 24 Stunden zitterte, hatte ich am Donnerstag den 27.07.2017 Momente, in denen ich kein Zittern verspürte. Wenn der Tremor sich meldete, war es mehr ein Zucken als ein Zittern. Außerdem war er nicht so heftig wie vorher.

Am Freitag den 28.07.2017 war der Tremor wieder wie vor der Infusion. Ich hatte dann vor allem am Nachmittag Brechreiz, fühlte mich unwohl und hatte auch Durchfall. Zudem war ich so müde, dass ich nur noch schlafen wollte. Am Freitagabend wurde ich von heftigen Schmerzen im rechten Schulterbereich vom Nacken über die Schulter bis zum rechten Handgelenk geplagt. Dabei war die genannte Partie auch hart und steif. Gleichzeitig fühlte sich auch meine linke Wade, vom Fußknöchel bis zum Knie, steinhart an und war auch schmerzhaft. Bis heute sind diese Schmerzen, vor allem im rechten Schulterbereich, geblieben.

Der Samstag den 29.07.2017 verlief dann bis zum Abend ähnlich wie der Freitag. Vom Samstagabend bis gestern konnte ich dann aber den rechten Arm nicht mehr hochheben. Die Gelenke waren wie blockiert. Deshalb hatte ich auch Probleme mit dem Rasieren, dem Waschen, oder beim Duschen. Auch beim Ankleiden und Essen war ich eingeschränkt.

Gestern Sonntag den 30.07.2017 bekam ich am Nachmittag auch noch Kopfschmerzen. Ich habe es dann nicht mehr ausgehalten und Schmerztabletten genommen und wieder viel geschlafen. Allerdings konnte ich nicht auf der rechten Seite liegen, wegen meiner schmerzenden Schulter.

Heute Morgen den 31.07.2017 bin ich wieder mit Schulterschmerzen aufgewacht. Die Beweglichkeit ist immer noch eingeschränkt. Zudem waren die Füße und die Hände wie eingeschlafen.

Zusammengefasst
- *Die Füße fühlen sich steif an und brennen, vor allem links.*
- *Die Fußknöchel sind am Abend wieder stark geschwollen, vor allem links.*
- *Die linke Wade schmerzt und ist dabei recht hart.*
- *Der Tremor ist heute zwar weniger stark und stört mich vor allem vom linken Fuß bis zum Knie und von der linken Hand bis zur Schulter. Zudem fühlt es sich mehr an wie ein Nervenzucken anstatt Zittern.*

- *Die Schmerzen im rechten Schulterbereich vom Nacken über die Schulter bis zum rechten Handgelenk sind immer noch vorhanden. Manchmal heftiger und dann wieder weniger.*

Übrigens hat mein Freund in Huston, welcher selber auch unter Parkinson leidet, auch schon Alpha-Liponsäure bekommen, allerdings ohne Erfolg. Er hat mich darauf hingewiesen, dass besonders zu Beginn der Behandlung die Blutzuckerwerte zu kontrollieren sind.

Freundliche Grüße und einen schönen 1. August.

Walter Schaub

02.08.2017

Meine Schmerzen sind zeitweise so heftig, dass ich wieder ein Gottverd … nach dem andern von mir gebe. Ich möchte ja nicht fluchen, aber es scheint wirklich mein Schicksal zu sein, dass, wenn eine Krankheit gelöst wurde, schon die Nächste parat steht. Ich habe heute wieder einen dieser Momente, wo ich am Herrgott und seiner Hilfe zweifle. Seit Jahren bitte ich ihn mir, vor allem gesundheitlich, zu helfen, aber es scheint, als ob er mich gar nicht hört. Das sind dann auch wieder diese Momente, wo ich denke, für was bete ich zum Herrgott. Manchmal frage ich mich, wieso Menschen, welche nicht an Gott glauben, ein besseres Leben haben als solche, die an ihn glauben. Meistens am Abend bereue ich meine Flucherei und meine Gedanken und bitte den Herrgott um Vergebung. Aber eben meine gesundheitlichen Probleme werden nicht besser, sondern von Tag zu Tag schlechter.

Ich gehe zu meinem Hausarzt und erzähle ihm von meinen Schulterschmerzen. Er tastet meinen Schulterbereich ab und findet einige Punkte, welche sehr schmerzhaft sind und welche er mit dem Laser behandelt. Anschließend gibt er mir „Irfen retard 800 mg" von welchem ich je am Morgen und Abend vor dem Essen eine Tablette nehmen soll. Zusätzlich bekomme ich noch ein Magenschoner „Rabeprazol Sandoz 20 mg" welchen ich am Abend vor dem Nachtessen nehmen soll. Bevor ich die Alpha-Liponsäure Infusion bekomme, nehme ich eine Tablette „Irfen retard 800 mg".

Während ich auf die Alpha-Liponsäure Infusion warten muss kommt meine Hausärztin kurz und meint, dass ich das letzte Mal eine kurze, aber heftige Reaktion gehabt hätte und sie mir empfehle noch eine Alpha-Liponsäure Infusion zu machen, also heute, und anschließend mit Tabletten weiterfahren solle. Zudem macht sie mich darauf aufmerksam, während ich Alpha-Liponsäure nehme, auf Mineralstoffverbindungen wie Eisen- und Magnesiumpräparate sowie Milchprodukte zu verzichten.

Während der Infusion kehrten die Schmerzen aber wieder zurück, und zwar heftiger als vorher. Ich verlasse die Praxis mit mehr Schmerzen als ich gekommen bin.

Die nächste Tablette nehme ich dann zusammen mit „Rabeprazol Sandoz 20 mg" vor dem Nachtmahl um ca. 18:00 Uhr. Um diese Zeit habe ich dann schon weniger Schmerzen.

Von 18:30 Uhr bis um 22:15 Uhr sind die Schmerzen aber wieder so heftig, wie ich sie bisher nicht kannte. Den rechten Arm kann ich nicht mehr richtig bewegen und verzichte deswegen sogar auf das Nachtmahl. Einerseits, weil ich mit dem Besteck nicht zu meinem Mund komme, andererseits habe ich gar keine Lust zu Essen. Ich habe dabei schon lange nicht mehr so geflucht wie in dieser Zeit und bin nahe daran, nach L., in die Notfall zu fahren. Dass einzige, was mich davon abhält, ist, dass ich keine Lust habe, nach L. zu fahren oder jemanden damit zu belasten. Ich kann dann mit einem Wärmekissen die Schmerzen etwas lindern. Allerdings kann ich lange nicht einschlafen.

03.08.2017

Nachdem ich dann irgendwie doch eingeschlafen bin, verbringe ich eine unruhige Nacht. Beim Aufwachen habe ich neben den Schmerzen auch ein starkes Kratzen im Hals, eine verstopfte Nase und starken Husten. Diese Symptome verstärkten sich im Laufe des Tages. Ich fühe mich den ganzen Tag müde und kraftlos. Neben den vielen Tabletten, welche ich sonst schon schlucken muss, nehme ich dann noch chinesische Grippetabletten, welche mir doch etwas Erleichterung bringen. Gegen Abend habe ich dann starken Schnupfen, sodass ich gar nicht mehr nachkomme mit Naseputzen.

Obwohl ich den ganzen Tag leichte Schmerzen habe im rechten Schulterbereich vom Nacken über die Schulter bis zum rechten Handgelenk am rechten Arm, verspüre ich weniger Zittern.

Obwohl ich schon am Morgen und dann am Abend „Irfen retard 800 mg" nehme, werden die Schulterschmerzen am Abend wieder stärker. Gleichzeitig fühlt sich auch meine linke Wade, vom Fußknöchel bis zum Knie, steinhart an und ist auch schmerzhaft. Zudem sind die Füße, vor allem links, stark geschwollen.

04.08.2017

Ich erwache mit starkem Zittern auf der linken Körperseite. Von den Füßen bis zum Knie fühlt es sich heiß und wie ein Nervenflattern an, während es von der linken Hand bis zum Ellbogen eher ein Zittern ist. Die linke Wade, vom Fußknöchel bis zum Knie ist dabei steinhart an und schmerzhaft. Zudem sind die Füße und die Hände wie eingeschlafen. Auch mein rechter Arm schmerzt den ganzen Tag. Die Tabletten scheinen nicht zu wirken.

Das Zittern hielt heute wieder den ganzen Tag an. Schreiben von Hand geht nicht mehr. Ich hätte heute Verträge unterschreiben sollen, aber es geht nicht. Zum Glück geht es mit der Tastatur noch. Auch heute habe ich den ganzen Tag Husten, Schnupfen und Kratzen im Hals. Es scheint sich aber zu lösen, denn ich spucke oft gelbgrüne Fetzen heraus.

05.08.2017

Auch heute erwache ich mit starkem Zittern auf der linken Körperseite. Der Tag verläuft ähnlich wie gestern, allerdings die Schmerzen in meinem rechten Schulterbereich sind stark zurückgegangen.

Von 18:00 Uhr bis um 22:00 melden sich diese Schmerzen aber wieder heftig zurück, ähnlich wie am Mittwochabend den 02.08.2017. Die Füße sind, trotz Stützstrümpfen, stark geschwollen. Gleichzeitig fühlt sich wieder meine linke Wade, vom Fußknöchel bis zum Knie, steinhart und schmerzhaft an. Ich habe Schweißausbrüche, starken Schnupfen und Husten. In den letzten drei Tagen verbrauchte ich zwei WC-Rollen, um meine Nase zu putzen.

06.08.2017

Der Tag verläuft ähnlich wie gestern, also starkes Zittern den ganzen Tag, mit wenigen Unterbrechungen Schmerzen im Schulterbereich, wobei am Abend eher stärker, sowie geschwollenen Füßen, Schweißausbrüchen, Schnupfen und Husten. Allerdings lassen Schnupfen und Husten im Verlauf des Tages stark nach, denn ich konnte doch einiges an gelbgrüne Fetzen heraus spuken.

Auch heute bin ich ständig müde und kraftlos. Obwohl ich durch den Tag viel geschlafen habe, kann ich in der Nacht wieder einmal gut schlafen.

07.08.2017

Ich erwache, wie oft in den vergangenen Tagen mit starkem Zittern auf der linken Körperseite. Von den Füßen bis zum Knie fühlt es sich heiß und hart an. Im Moment fühlt sich mein linkes Bein steif an. Außerdem fühle ich im unteren Teil der Wade ein ständiges Nervenflattern. Der linke Arm zittert im Moment eher weniger. Dafür fühlen sich die Hände an, wie wenn sie einge-schlafen sind. Der Husten und Schnupfen scheinen vorbei zu sein.

Wie die vergangenen Tage habe ich auch heute noch keine Lust, um spazieren zu gehen.

08.08.2017

Ich erwache, wie oft in den vergangenen Tagen, mit starkem Zittern auf der linken Körperseite. Von den Füßen bis zum Knie fühlte es sich heiß und hart an. Ich fühle im unteren Teil der Wade ein ständiges Nervenflattern. Von der linken Hand bis zum Ellbogen habe ich wieder ein starkes Zittern. Gegen Mittag wird das Zittern etwas geringer. Mit den Schmerzen im rechten Schulterbereich ist es den ganzen Tag ein Auf und Ab. Von Zeit zu Zeit habe ich richtige Schweißausbrüche und auch Schmerzen im Kreuz.

Am späten Nachmittag, gegen Abend meldet sich das Zittern wieder stärker zurück. Die Füße brennen nun recht stark. Die Hände fühlen sich an, wie wenn sie eingeschlafen wären. Die Schulterschmerzen sind nun wieder so stark, dass ich den Arm nicht mehr groß bewegen kann, denn er ist wie blockiert. Auch meinen Kopf kann ich nur mit Mühe bewegen. Zum Teil melden sich Schmerzen zurück, welche ich nun schon seit einiger Zeit nicht mehr hatte, z.B. die Fuß-, Hand- oder Fingergelenke. Zudem sind die Füße, vor allem links, stark geschwollen. In der Nacht schlafe ich unruhig, dabei habe ich Mühe, mich von einer Seite auf die andere zu drehen.

09.08.2017

Ich erwache mit starkem Zittern auf der linken Körperseite. Der Tag verläuft ähnlich wie gestern, also starkes Zittern den ganzen Tag, mit wenigen Unterbrechungen Schmerzen im Schulterbereich, wobei am Abend eher stärker, sowie geschwollenen, brennenden Füßen und zeitweiligen Schweißausbrüchen. Der Schnupfen, Husten und das Kratzen im Hals haben sich wieder zurückgemeldet. Ich habe heute auch ein starkes Brennen in den Augen. Beim Wasserlösen ist der Urin dunkelgelb und riecht recht stark.

Auch heute habe ich Fuß-, Hand- und Fingergelenkschmerzen. Beim Spazieren habe ich große Probleme und muss wieder umkehren, denn ich habe Schmerzen im linken Bein, vor allem im Oberschenkel.

Zwischen 21:00 Uhr reibe ich meine schmerzenden Stellen mit Perskindol ein, was aber nur kurzzeitig eine Besserung bringt. Später versuche ich, vor allem die schmerzende Achselpartie mit einem Wärmekissen zu behandeln, allerdings löst dies noch heftigere Schmerzen aus. Von 22:15 Uhr bis ich einschlafe, sind die Schmerzen fast nicht mehr auszuhalten. Ich kann nur schlecht einschlafen, obwohl ich den ganzen Tag ständig müde war und nur noch schlafen wollte. Auch in dieser Nacht habe ich Mühe, mich von einer Seite auf die andere zu drehen. Die Schulter ist sehr schmerzhaft. Das Zittern oder Nervenflattern war auch heute mein ständiger Begleiter.

10.08.2017

Ich erwache mit starkem Zittern auf der linken Körperseite. Die Füße brennen und meine Schulterschmerzen sind so heftig, dass ich Mühe habe aufzustehen. Während diese in den vergangenen Tagen vom Nacken über die Schulter bis zum Ellbogen gingen, sind sie heute bis zur rechten Hand. Besonders stark spüre ich die Schmerzen im rechten Oberarm, den Fingergelenken und dem Handgelenk. Die Hände sind wie eingeschlafen. Jede Bewegung verstärkt den Schmerz. Ich habe Probleme beim Aufstehen, bei der Morgentoilette, beim Anziehen, beim Frühstück Einnehmen und anderen Aktivitäten wie z. B. Fensterläden- oder Türenöffnen. Ich kann nicht einmal einen Löffel, ein Messer oder eine Tasse halten ohne heftige Schmerzen. Zudem habe ich wieder

Probleme beim Gehen. Die Oberschenkelmuskeln fühlen sich an, wie wenn ich Muskelkater hätte. „Irfen retard 800 mg" scheint keine Wirkung zu haben. Ich fühlte mich den ganzen Tag müde und kraftlos. Der ganze Tag verläuft sonst ähnlich wie gestern.

Zwischen 14:00 Uhr und 18:15 Uhr geht es einigermaßen. In dieser Zeit sind die Schmerzen weniger heftig und der Tremor erscheint nur von Zeit zu Zeit. Ab 18:15 Uhr habe ich für ca. zweieinhalb Stunden heftige Schmerzschübe im rechten Arm und den Füßen. Diese dauern jeweils zwischen 10 und zwanzig Minuten. Sie sind dann aber so heftig, dass mein ganzer Körper wie gelähmt ist. Auch das Nervenflattern im linken Bein und linken Unterarm ist dabei so heftig, wie ich es bisher nicht gekannt habe. Die schmerzfreien Phasen dauern jeweils ca. zehn Minuten.

11.08.2017

Der Tag verläuft ähnlich wie gestern, also Probleme schon beim Aufstehen. Es ist mir schwindlig. Zudem habe ich Brechreiz und ein komisches Gefühl im Magen. Die Morgentoilette beginnt mit wässrigem Durchfall. Da ich meinen rechten Arm nicht richtig heben kann, habe ich Mühe beim Zähne putzen und beim Duschen. Auch das Ankleiden ist eine richtige Tortur.

Neben dem starken Zittern links plagen mich den ganzen Tag mit wenigen Unterbrechungen Schmerzen im Schulterbereich. Schweißausbrüche, Schnupfen und Husten. Von Zeit zu Zeit löst es den gelbgrünen Schleim. Am Abend kommen, wie immer in den letzten Tagen, noch geschwollene Füße dazu.

Durch den Tag habe ich einige Male eine Phase, wo die eine Stimme mich fragt: „Walter, wieso tust du dir das an? Jetzt ruf doch endlich den Arzt an." Dann meldet sich wieder die andere Stimme: „Wieso den Arzt anrufen, der gibt dir noch mehr Tabletten, welche dir nichts bringen außer Magen-Darmprobleme, oder er behandelt dich mit Laser, welches dir ein paar Minuten oder höchstens eine Stunde Schmerzfreiheit beschert." Ich bin also hin- und hergerissen. Manchmal stelle ich mir auch die Frage: „Walter, wieso schluckst du jeden Tag diese 19 Tabletten, was hat es Dir bis heute gebracht?" Mein Vater hat manchmal gesagt: „Du gehst gesund zum Arzt und kommst krank heraus." Genauso komme ich mir im Moment auch vor.

Auch heute habe ich Mühe beim Gehen. Neben den anderen Problemen melden sich heute auch die Kreuzschmerzen wieder, wenn auch nicht so stark. Wie schon die vergangenen Tage, bin ich den ganzen Tag müde und habe keine Energie. Zum Glück geht das Schreiben am PC heute wieder besser.

Der Nachmittag verläuft ähnlich wie gestern. Die Schmerzen sind weniger heftig und der Tremor erscheint nur von Zeit zu Zeit. Meistens, wenn ich Tabletten vor dem Essen nehme, ist mir anschließend schlecht, ob dies am Morgen oder am Abend ist. Selbst wenn ich sie gestaffelt einnehme.

Der Abend spielt sich ähnlich ab wie gestern, d. h. heftige Schmerzschübe im rechten Arm und den Füßen, sowie Nervenflattern im linken Bein und linken Unterarm. Der Druck auf dem Magen erzeugt wieder diesen unangenehmen Brechreiz. Das rechte Handgelenk und die Fingergelenke schmerzen mich wieder. Beim Einschlafen habe ich die üblichen Probleme, d. h. es geht länger als sonst, bis ich einschlafe. Ich habe auch Mühe, mich von einer Seite auf die andere zu drehen. Die Schulter ist wieder sehr schmerzhaft.

12.08.2017

Nachdem ich sehr schlecht geschlafen habe, da ich alle eineinhalb Stunden auf musste, um Wasser zu lösen, und ich immer Mühe hatte, wieder einzuschlafen, erwache ich, wie meistens in den letzten Tagen, mit starkem Zittern auf der linken Körperseite, Schmerzen in meiner rechten Schulter und gefühlslosen Füßen und Händen. Eine Behandlung mit einem Coolpack bringt etwas Linderung. Der Abend verläuft dann wie die vergangenen Tage, also mit Schmerzen an den verschiedensten Stellen und zeitweiligem starken Zittern links.

Zwischendurch frage ich mich, ob ich nicht lieber ins Kantonsspital L. gehen und mich bei der „Schulter, Ellbogen und Handabteilung" melden soll. Da ich mit meinem rechten Knie gute Erfahrung gemacht habe, frage ich mich auch, ob Schulter-Tapen mir nicht mehr bringen würde als dieses viele Tabletten zu schlucken.

13.08.2017

Ich erwache mit starkem Husten und Schnupfen, starkem Zittern auf der linken Körperseite, sowie heftigem Schulterschmerzen rechts. Zum ersten Mal habe ich auch leichte Schmerzen in der linken Schulter. Die Füße und Hände sind wie eingeschlafen. In der Wade links spüre ich wieder dieses Nervenflattern. Zudem fühlen sie sich hart an.

Den Kopf kann ich nur mit Schmerzen bewegen. Auch Schmerzen an den Fuß-, Hand- und Fingergelenken plagen mich. Die rechte Hand kann ich nicht mehr zu einer Faust formen.

Irgendwie scheinen „Padmed Circosan" und „Alpha-Liponsäure", sowie „Irfen retard 800 mg" nichts zu bringen oder die Schmerzen und anderen Probleme sind eine Reaktion darauf.

Der Tag verläuft bis jetzt ähnlich wie die vergangenen Tage, d.h.
- Probleme beim Aufstehen, bei der Morgentoilette, beim Anziehen, beim Essen usw.
- Zittern oder Nervenflattern von den Füßen bis zu den Knien
- Eingeschlafene Füße und Hände
- Zittern oder Nervenflattern von der linken Hand bis zum Ellbogen
- Fuß-, Hand- und Fingergelenkeschmerzen
- Zeitweise Kreuzschmerzen
- Zeitweise heftige Schulterschmerzen rechts vom Nacken über die Schulter bis zu den Fingern, sodass ich manchmal den Arm nicht hochheben kann

- Magen-Darmprobleme
- Brechreiz
- Zeitweise Kopfschmerzen
- Zeitweise starkes Augenbrennen
- Probleme beim Spazieren
- Zeitweise Schweißausbrüche

Ich schreibe meinem Hausarzt ein E-Mail mit dem Krankheitsverlauf vom 08.08.2017 bis 13.08.2017.

Lieber P.

Ich wollte Dich wieder informieren, wie es mir in der vergangenen Woche ergangen ist. Im Moment habe ich heftige Schmerzen rechts vom Nacken über die Schulter, den Ellbogen bis in die Finger. Leider haben „Irfen retard 800 mg" und „Rabeprazole Sandoz 20 mg" bisher nichts gebracht.

Ich bitte Dich auch, Deine Frau über meinen Zustand zu unterrichten.

Liebe Grüße
Walter Schaub

Nachdem ich meinem Hausarzt geschrieben habe, schaue ich im Internet unter „Schulter tapen" nach. Dabei finde ich diverse Seiten, wo gezeigt wird, wie man die Schulter tapen kann. Ich probiere es und tape meine schmerzende, rechte Schulter. Natürlich geht es allein nicht so gut. Trotzdem gehen die Schmerzen in meiner Schulter zurück. Von ca. 18:00 Uhr an habe ich bis zum Abend fast keine Schmerzen mehr. Es scheint, dass das Tapen etwas bewirkt.

14.08.2017

Ich habe besser geschlafen als die vergangenen Nächte. Die Schmerzen in meiner Schulter sind stark zurückgegangen. Von ca. 10:00 Uhr an habe ich bis zum Abend keine Schmerzen mehr. Es scheint, dass das Tapen etwas bewirkt. Was die anderen Probleme angeht, sind sie aber immer noch vorhanden. Ständiges Nervenflattern im unteren Teil der Waden, starkes Zittern auf der linken Körperseite, Schmerzen im Kreuz, eingeschlafene Hände, Gelenkschmerzen in den Fingern und Handgelenken begleiten mich den ganzen Tag.

15.08.2017

Ich habe nicht so schlecht geschlafen. Vor dem Duschen nehme ich das Tape wieder weg. Heute habe ich einen Termin in der Praxis meines Neurologen. Zuerst erzähle ich ihm von Lion's Mane und Alpha-Liponsäure, Von Lion's Mane hat er noch nie etwas gehört, macht sich aber Notizen. Bei Alpha-Liponsäure meint er, dass man dies normalerweise bei Patienten anwende, welche Zuckerprobleme hätten. Er ist also nicht überzeugt, dass dies bei mir etwas helfen würde. Er empfiehlt mir wie schon am 13.02.2017, es mit einer kleinen Dosis Clopin Eco 25 mg eine Stunde vor dem Schlafen gehen zu versuchen. Allerdings müsse man alle zwei Wochen das Blut kontrollieren. Ich erkläre ihm, dass ich mir im Moment wie ein Versuchskaninchen vorkomme und ich eigentlich bei neurologischen Problemen eher nach ihm und bei anderen gesundheitlichen Problemen nach der Praxis meines Hausarztes handeln möchte. Als ich ihm von meinen Schulterschmerzen rechts und den Gelenkschmerzen in den Finger berichte, sowie den schlafenden Händen, meint er, dass es möglich sei, dass das Parkinson nun langsam auch von der anderen Seite Besitz ergreife. Ich erzähle ihm dann, dass ich am Sonntagabend meine Schulter getapt hätte und am Montag wesentlich weniger Schmerzen gehabt hätte. Er fragte mich dann, woher ich gewusst hätte, wie tapen, erzählte ich ihm, dass ich im Internet nachgeschaut hätte. Er meint dann noch, er könne mir auch eine Physiotherapie verordnen mit Tapen, was er dann auch macht.

Was die Medikamente angeht, so soll ich mit Sinemet und Akineton wie bisher weiterfahren. Später, wenn wir mehr wissen, wie es mit Clopin Eco gehe, könne man dann das Akineton langsam absetzen.

Ich frage den Neurologen noch, was er über CBD, ein Cannabis light, denkt. Wie viele seiner Neurologen-Kollegen meint auch er, dass es noch zu wenig Langzeitstudien gebe. Als ich ihn dann auf einen Film aus Amerika anspreche, weiß er sofort, was ich meine und zeigt mir den Anfang davon, wo man einem Patienten, der am ganzen Körper unter heftigem Zittern leidet, eine ganz minime Dosis Marihuana gegeben hat und dieser innerhalb von kurzer Zeit ganz ruhig wurde. Mein Neurologe erklärt mir dann, dass bei diesem Parkinson-Patienten der ganze Körper zittert, während es bei mir nur ein Teil ist. Deshalb würde er mir dies noch nicht empfehlen.

Der Arzt spricht dann alles, was wir nun besprochen haben in ein Diktiergerät, welches es im Computer in eine Worddatei abspeichert.

Am Abend sendet mir mein Hausarzt ein E-Mail.

Lieber Walter

Es tut mir leid, dass Du solche Beschwerden hast und dass ich und dein Neurologe bisher nichts dagegenwirken konnten.
Mein Vorschlag (der Deiner Frage entspricht): lass einmal Irfen und Rabeprazol weg, 1 Woche später auch Padmed Circosan und wieder 1 Woche später Alpha-Liponsäure. So können wir die Effekte der Medikamente und ihre Nebenwirkungen besser einem Präparat zuordnen. Unterrichte mich bitte weiterhin, wie es Dir geht. Im Moment möchte ich keine weiteren Änderungen machen.

Wie war es eigentlich in der Neuro-Physio in S. Hat Dir dies etwas gebracht? Neu sind sie in G.

Herzlich grüßt Dich
P.

Die eingeschlafenen, brennenden Füße und die Schmerzen im linken Bein, sowie das Zittern sind heute wieder stärker. Auch meine Schulterschmerzen rechts sind wieder zurück. Inzwischen melden sich auch leichte Schulterschmerzen links. Das Zittern oder Nervenflattern war auch heute mein ständiger Begleiter. Ich habe wieder Probleme beim Einschlafen. Das Drehen auf die andere Seite macht mir große Mühe, wegen den Schulterschmerzen.

16.08.2017

Ich habe Probleme beim Aufstehen, bei der Morgentoilette, beim Anziehen, beim Frühstück Einnehmen usw. Wie meistens in letzter Zeit, erwache ich mit brennenden Füßen, starkem Zittern auf der linken Körperseite und wieder starken Schulterschmerzen. Ich habe Probleme, meine Hände hoch zu heben. Die Hand- und Fingergelenke schmerzen auch heute wieder heftig. Ich kann keine Faust mehr machen.

Ich habe heute bei meiner Hausärztin einen Termin. Nachdem ich über eine Stunde warten musste, kann ich endlich zu ihr. Sie hat die Blutwerte von meinem Neurologen schon bekommen. Sie will wissen, wie es mir geht. Ich erzähle ihr das gleiche, was ich am 13.08.2017 P. per E-Mail mitgeteilt habe. Sie fragt mich, ob man gestern bei der Blutprobe den Eisenwert auch bestimmt hätte, was ich verneine.

Zudem fragt sie mich, ob ich immer noch B12 spritzen würde, was ich auch verneine, weil sie nicht so viel hält von dieser Methode mit dem B12 spritzen.

Sie macht den Vorschlag, dass wir noch eine Blutentnahme machen, um den Eisenwert zu ermitteln und dass ich Enzym Pur und Alpha-Liponsäure weglassen könne. Im Weiteren schlägt sie mir vor, dass ich wieder alle zwei Wochen eine halbe B12 Injektion machen solle. Ich solle sie am nächsten Wochenende per E-Mail informieren, wie es mir ergangen sei.

Der Nachmittag und Abend verlaufen ähnlich wie die vergangene Woche:
- Zittern oder Nervenflattern von den Füßen bis zu den Knien.
- Eingeschlafene Füße und Hände.
- Zittern oder Nervenflattern von der linken Hand bis zum Ellbogen.
- Fuß-, Hand- und Fingergelenkeschmerzen.
- Zeitweise heftige Schulterschmerzen links und rechts vom Nacken über die Schulter bis zu den Fingern, mit Problemen beim Arme Hocheben Magen-Darmprobleme.

17.08.2017

Ich habe die ganze Nacht schlecht geschlafen. Die Schulterschmerzen sind wieder heftig. Ich hatte Probleme beim Drehen von der einen Seite auf die andere.

Beim Aufstehen habe ich große Mühe. Mein Mund ist trocken. Ich habe Mühe, meine Augen zu öffnen. Schon nur von der Liege- in die sitzende Position zu kommen, brauche ich mehr als eine Minute. Von der Liege- in die stehende Position brauche ich noch einmal solang. Jede Bewegung schmerzt. Beim Zähneputzen und Duschen habe ich große Mühe. Auch das Anziehen macht Probleme. Meine Füße Eincremen ist nicht mehr drin. Stützstrümpfe Anziehen ist harte Arbeit und braucht mehrere Anläufe. Neben dem starken Zittern links plagen mich den ganzen Tag mit wenigen Unterbrechungen Schmerzen im Schulterbereich links und rechts. Die Hände sind etwas geschwollen und die Gelenke schmerzen recht heftig. Ich habe den ganzen Tag Unterbauchschmerzen mit

200

leichtem Durchfall. Manchmal sind die Bauchschmerzen so heftig, dass ich nur hoffe, dass es nicht wieder eine Divertikulitis ist.

Beim Essen habe ich nun auch Probleme, denn mein Kiefergelenk links schmerzt bei jedem Bissen.

Der Nachmittag verläuft ähnlich wie gestern. Ich habe Mühe, von einem Stuhl aufzustehen und laufe herum wie ein alter, gebrechlicher Mann. Da ich in den letzten Monaten doch wieder einiges erledigen konnte, was mich richtig aufgestellt hat, regt es mich nun auf, dass ich plötzlich nichts mehr machen kann. Im Garten geht nichts mehr, da mich die Schmerzen daran hindern. Und all dies wegen dieser Alpha-Liponsäure.

Der Abend spielt sich ähnlich ab wie letzte Woche, d. h. heftige Schmerzschübe im rechten Arm und den nun geschwollenen Füßen, sowie Nervenflattern im linken Bein und linken Unterarm. Der Druck auf dem Magen erzeugt wieder diesen unangenehmen Brechreiz. Das rechte Handgelenk und die Fingergelenke schmerzen mich noch mehr. Ich kann die Hände nicht mehr zu einer Faust machen. Die Arme kann ich nicht mehr hochheben. Beim Einschlafen habe ich die üblichen Probleme, d. h. es geht länger als sonst, bis ich einschlafe. Ich habe auch Mühe mich von einer Seite auf die andere zu drehen. Die Schulter ist wieder sehr schmerzhaft.

Bevor ich ins Bett gehe, tape ich die rechte Schulter.

18.08.2017

Obwohl ich nach einer gewissen Zeit doch eingeschlafen bin, erwache ich immer wieder und habe jeweils Mühe einzuschlafen.

Am Morgen erwache ich mit trockenem Mund, starkem Zittern, Schmerzen in meiner rechten Schulter und gefühlslosen Füßen und Händen. Die heftigen Schmerzen in meinen Finger- und Handgelenken, bringen mich zum Verzweifeln. Auch die Augen jucken heftig. Ich verfluche diese Alpha-Liponsäure. Gleichzeitig frage ich mich, wieso meine Hausärztin mir wieder Vitamin B12 verordnet hat, ohne festzustellen, ob ich dies überhaupt brauche.

Vor allem seit ich im Mai dieses Lion's Mane versuchte, hatte ich wirklich das Gefühl, dass es aufwärts geht. Ich hatte wieder Lust etwas zu machen, sei dies Streicharbeiten, oder auch Arbeiten im Garten usw.

Jetzt habe ich schon am Morgen Probleme aufzustehen. Jede Bewegung schmerzt. Beim Waschen oder beim Zähneputzen habe ich Probleme. Sogar wenn ich auf der Toilette sitze, tut einfach alles weh, was vor allem, wenn man Durchfall hat und man gezwungen ist, sein Hinterteil öfters zu putzen, nicht so einfach ist. Beim Anziehen geht es weiter, denn ich habe Probleme und schaffe es nur nach einem ewigen Hin und Her und ein paar Gottverd … Beim Essen kommen schon die nächsten Hindernisse, vor allem, wenn man die Arme nicht richtig hochheben kann oder nur mit starken Schmerzen. Auch heute schmerzt mein linkes Kiefergelenk bei jedem Bissen. Ich kann heute nicht einmal eine Flasche öffnen, weil ich keine Kraft habe und die Finger mich schmerzen.

Mir kommt dann ein Freund in den Sinn, welcher vor eineinhalb Jahren mit Hilfe von Exit diese Welt verlassen hat. «Exit» ist eine Schweizer Sterbehilfeorganisation Zwei Wochen vorher haben wir noch miteinander geredet. Er hat mir damals gesagt: „Weißt du, Walter, ich wache mit Schmerzen von den Füßen bis zum Kopf auf und diese habe ich dann den ganzen Tag. Ich habe mich nun bei Exit angemeldet und du musst damit rechnen, dass ich eines Tages nicht mehr hier sein werde, denn diese Schmerzen halte ich nicht mehr aus." Ich bin damals richtig erschrocken, denn dies habe ich von ihm nicht erwartet. Als ich sagte, „Mach nichts Unüberlegtes, denke auch an deine Frau und die Kinder" war seine Antwort: „Weisst Du, Walter, ich hatte ein schönes Leben, ich habe eine liebe Frau und Familie und wir haben schon darüber geredet. Natürlich sind auch sie nicht damit einverstanden, dass ich sie so verlassen möchte, aber ich kann nicht mehr."

Obwohl auch ich im Moment manchmal recht heftige Schmerzen habe, unbeweglich bin und in einem Tief stecke, habe ich noch nie so weit gedacht. Mein Ziel war einmal, so alt zu werden wie meine Eltern. Zudem habe ich noch einiges im Kopf, welches ich noch erledigen möchte.

Trotzdem muss ich an diesen Freund denken. Da ich heute Morgen nach dem Aufstehen solche Schmerzen und Probleme hatte, kann ich ihn etwas besser verstehen.

Der ganze Tag und Abend verläuft dann wie die vergangenen Tage. Ich kann nicht einmal zum Herrgott beten, weil ich die Finger wegen den Schmerzen und weil sie geschwollen sind nicht ineinander falten kann. Vor dem zu Bett Gehen nehme ich zum ersten Mal eine halbe Tablette Clopin ECO 25 mg.

19.08.2017

Ich erwache mit den üblichen Beschwerden. Etwas ist aber anders, denn ich zittere nicht mehr. Es ist wie weggeblasen. Hat etwa diese halbe Tablette Clopin ECO 25 mg dies bewirkt? Der Tag verläuft sonst wie meistens in den vergangenen Tagen.

- Probleme beim Aufstehen, bei der Morgentoilette, beim Anziehen, beim Essen usw.
- Eingeschlafene Füße und Hände
- Probleme beim Anziehen der Stützstrümpfe
- Fuß-, Hand- und Fingergelenkeschmerzen sind recht heftig.
- Zeitweise heftige Schulterschmerzen rechts vom Nacken über die Schulter bis zu den Fingern, so dass ich manchmal den Arm nicht hochheben kann
- Magen-Darmprobleme
- Brechreiz
- Zeitweise starkes Augenbrennen
- Probleme beim Spazieren
- Probleme beim Aufstehen von einem Stuhl
- Probleme beim Ausziehen, Abendtoilette usw.
- Wieder Probleme beim Einschlafen.

Da mein Magen-Darm heute wieder rebelliert und mir Schmerzen bereitet, habe ich keine Lust zum Essen, weshalb ich nur Reissuppe mit Zwieback zu mir nehme.

Es ist ein komisches Gefühl, da wird man seit Monaten von diesem Zittern begleitet und nun, wo es weg ist, vermisst man es. Allerdings wenn ich wählen müsste, hätte ich lieber dieses Zittern und dafür all die anderen Beschwerden nicht, welche mich zeitweise fast wahnsinnig machen, vor allem diese Schmerzen.

Das erste Zittern spüre ich dann um etwa 16:45 Uhr. Es dauert etwa eine halbe Stunde und verschwindet wieder. Etwa um 18:00 Uhr spüre ich dann ein Nervenflattern im linken Oberarm. Man kann richtig sehen, wie die Haut sich zusammenzieht und wieder loslässt. Auch dies dauert wieder etwa eine halbe Stunde.

20.08.2017

Ich habe wieder schlecht geschlafen. Von einer Seite auf die andere zu drehen, dauert seine Zeit. Manchmal brauche ich mehrere Anläufe. Die Schmerzen überall im Körper verteilt, vor allem in den Gelenken, werden immer heftiger. Gegen 02:22 Uhr nachts halte ich es nicht mehr aus, ich nehme die letzte Irfen 800, welche ich noch habe. Irgendwann muss ich dann doch eingeschlafen sein.

Zu meiner Überraschung erwache ich erst um 09:30 Uhr. Ich habe also doch eine längere Zeit geschlafen. Auch heute habe ich kein Zittern. Aber, wie schon gestern erwähnt, wäre es mir lieber umgekehrt, denn mit dem Zittern kann man sich irgendwie arrangieren, mit Schmerzen und keiner Kraft mehr aber nicht, vor allem wenn die Tabletten nichts mehr bringen, außer Nebenwirkungen.

Beim Aufstehen habe ich wieder große Mühe. Mein Mund ist trocken. Von der Liege- in die sitzende Position zu kommen, brauche ich wieder lange und mehrere Anläufe. Auch von der Liege- in die stehende Position brauche ich auch wieder eine gewisse Zeit und mehrere Anläufe. Jede Bewegung schmerzt. Wenn ich dann endlich stehe, braucht es wieder einen Moment, bis ich in Gang komme und wenn, nur mit nach vorne gebeugter Haltung. Zum ersten Mal muss ich meine Frau bitten mir zu helfen. Ich habe keine Kraft. Da ich den rechten Arm nicht mehr hochheben kann, muss ich mit großer Mühe und Anstrengung meine Zähne mit der linken Hand putzen, was gar nicht so leicht ist, vor allem wenn auch der linke Arm leicht schmerzt. Nach einer warmen, oder fast heißen Dusche, habe ich etwas weniger Schmerzen. Trotzdem, Anziehen macht Probleme. Dies fängt schon beim Socken Anziehen an, was nur mit Mühe und mehreren Anläufen geht. Das Gleiche ist beim Unterwäsche- und den anderen Kleidungstücken-Anziehen. Ziehe einmal ein paar Hosen an, wenn du keine Kraft hast. Trotz all den Schmerzen habe ich wirklich kein Zittern.

Die Bauchschmerzen sind heute etwas weniger. Alles andere ist geblieben. Vom Aufstehen bis ich wieder ins Bett gehe, werde ich von Schmerzen, Unbeweglich-, Kraftlosig- und Müdigkeit begleitet. Arme Hochheben oder die Finger Ausstrecken geht nicht mehr. Wie schon erwähnt, kann ich keine Flasche mehr öffnen oder hochheben. Auch Besteck Halten, geht nicht mehr richtig. usw. usw.

Ich schreibe meinem Hausarzt ein E-Mail, um ihm mitzuteilen, wie es mir seit dem letzten Mittwoch ergangen ist.

Lieber P.

Ich wollte Dich wieder informieren, wie es mir in den vergangenen Tagen ergangen ist. Siehe auch im Anhang.
Im Moment habe ich immer noch heftige Schmerzen rechts vom Nacken über die Schulter, den Ellbogen bis in die Finger.

Was die Neuro-Physiologin in S. angeht, so bin ich seit Oktober 2015 nicht mehr bei ihr gewesen. Nachdem ich bei ihr diverse Parkinson-Übungen nicht machen konnte wegen meinen Knieproblemen, hat sie mir empfohlen, doch im Kantonspital mit Physiotherapie weiter zu machen und zuerst mein Knie in Ordnung zu bringen.

Vom 13.01.2016 bis 18.10.2016 hatte ich Knie-Physiothera-pie im Kantonsspital. Nachdem die ersten Behandlungen nichts brachten, behandelte er mich die letzten Male mit Tapen, was einiges brachte.

Der Arzt, welcher mich damals behandelte, meinte dann zum Abschluss, dass man sehr wahrscheinlich mein Knie nie hätte operieren müssen und man von Anfang eine gezielte Physiothe-rapie hätte machen sollen. Er glaubte damals, dass man bei mir zu lange gewartet hätte und ich deshalb wegen den Schmerzen die Übungen nicht machen konnte und sich so die Muskeln stark zurückgebildet hätten. Mit dem Tapen wurde das Knie wieder stabilisiert und ich konnte die Übungen und somit den Muskel-aufbau wiederherstellen.

Ich habe aber in den vergangenen Monaten, neben den Parkin-sonübungen der Neuro-Physiologin in S. auch die Knieübungen vom Kantonsspital gemacht.

Leider konnte ich sie die vergangenen Wochen nicht mehr machen wegen den Schulterschmerzen.

Mein Neurologe hat mir aber eine neue Physiotherapie verordnet. Ich bitte Dich, auch Deine Frau über meinen Zustand zu un-terrichten.

Liebe Grüße
Walter Schaub

21.08.2017

Ich habe beim Aufstehen, bei der Morgentoilette, beim An-ziehen, beim Frühstück Einnehmen usw. die üblichen Proble-me. Vor allem habe ich Schmerzen in meinen Schultern, wobei rechts wesentlich mehr als links. Die Hand- und Fingergelenke schmerzen auch heute wieder heftig. Vorher konnte ich mei-ne Finger in einem Bogen nach oben biegen, was heute nicht mehr geht. Ich kann auch keine Faust mehr machen. Zudem sind die Hände gegen Abend immer stark geschwollen. Zum Glück spüre ich kein Zittern, Nervenflattern oder brennende Füße mehr. Spazieren ist nicht drin. Ich muss wieder umdrehen, da ich zu schwach bin.

Der Tag verläuft sonst wie meistens in den vergangenen Tagen:

- Probleme beim Aufstehen, bei der Morgentoilette, beim Anziehen, beim Essen usw.
- Probleme beim Anziehen der Stützstrümpfe
- Eingeschlafene und geschwollene Füße und Hände
- Fuß-, Hand- und Fingergelenkeschmerzen sind recht heftig.
- Zeitweise heftige Schulterschmerzen rechts vom Nacken über die Schulter bis zu den Fingern, sodass ich den Arm nicht mehr hochheben kann
- Probleme beim Essen, da ich den Arm nicht hochheben kann
- Manchmal kann ich nicht einmal eine Flasche öffnen oder einen Löffel halten.
- Magen-Darmprobleme
- Brechreiz
- Zeitweise Schweißausbrüche
- Zeitweise starkes Augenbrennen
- Probleme beim Spazieren
- Probleme beim Aufstehen von einem Stuhl
- Probleme beim Ausziehen, Abendtoilette usw.
- Probleme beim Einschlafen

22.08.2017

Heute habe ich, um 09:30 Uhr, den ersten Physiotherapietermin im Kantonsspitals L. Mein erster Kontakt mit der Therapeutin verläuft angenehm und freundlich.

Zuerst informiere ich sie, in groben Zügen, über meine bisherige Krankengeschichte von meiner schmerzenden Schulter. Ich erzähle ihr, dass es eigentlich am 28.07.2017 angefangen hätte nach der ersten Alpha-Liponsäure- und B12-Infusion welche dazu gedacht war, meinen Körper zu entgiften.

Leider werde ich seither von heftigen Schmerzen im rechten Schulterbereich vom Nacken über die Schulter bis zum rechten Handgelenk geplagt. Ich kann dann den Arm nicht mehr hochheben. Der Arm ist vom Ellbogen bis zur Schulter hart und steif. Gleichzeitig fühlt sich auch meine linke Wade, vom Fußknöchel bis zum Knie, steinhart an und ist auch schmerzhaft. Ich nehme ein Irfen 800, was später etwas Erleichterung bringt.

Der Tag verläuft bis jetzt ähnlich wie die vergangenen Tage. (siehe oben)

In der Physiotherapie macht sich die Therapeutin ihre Notizen und bittet mich anschließend, mich oben frei zu machen und auf die linke Seite zu legen. Nun beginnt sie ganz vorsichtig, die Partie vom rechten Ellbogen über das Schultergelenk bis zum Nacken abzutasten. Vor allem im Schultergelenkbereich findet sie einige Verhärtungen. Wenn sie etwas tiefer massiert, sind sie recht schmerzhaft. Sie behandelt diese Stellen etwas intensiver und macht mich darauf aufmerksam, dass es nach der Behandlung oder gegen Abend eventuell stärker schmerzen könne. Während ihrer wohltuenden Massage merke ich an ihren Erklärungen, dass sie ihr Fach versteht. Wie einige von ihren Physiotherapiekollegen hat auch sie sich auf ein Gebiet tiefer spezialisiert. In ihrem Fall ist dies vor allem Schulter- und Rückenbereich. Ich fühle mich von Beginn weg wohl und habe volles Vertrauen zu ihr. Sie kann gut erklären, was sie macht und wieso sie es so macht. Bevor sie meine Schulter tapt, zeigt sie mir die erste Übung, welche ich zu Hause machen könne.

Physiotherapeutische Übung für die Schulter
- Schultern nach unten und nach hinten drücken.
- Schulterblätter anziehen und etwas Spannung darauf geben
- Bis 10 zählen
- Wieder entspannen
- Übung 10 Mal wiederholen
- Durch den Tag etwa 5 bis 10 Mal wiederholen

Heute bringt sie nur ein Tape an, weil sie sich zuerst ein Bild machen möchte von meinen Schulterschmerzen.

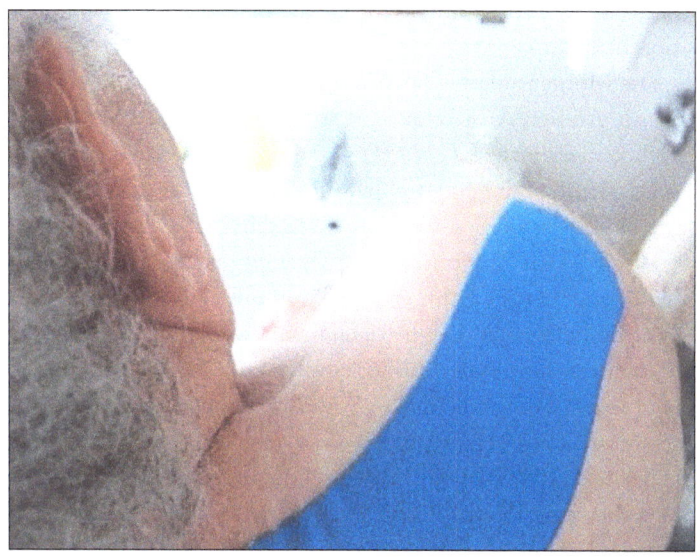

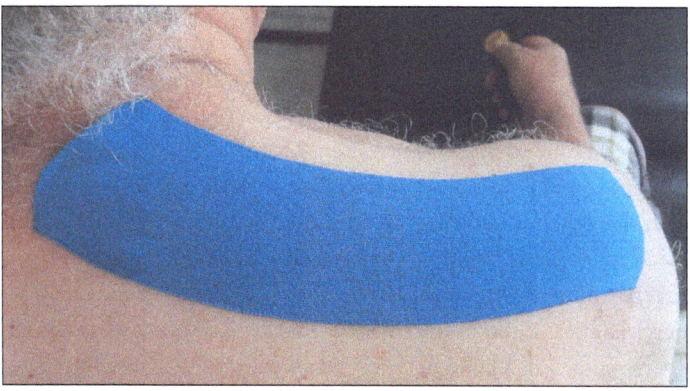

23.08.2017

Ich habe eine etwas unruhige Nacht hinter mir. Da ich mich nur mit größter Anstrengung drehen, oder in eine andere Schlafposition bringen konnte.

Die Morgentoilette, das Anziehen und das Frühstück bringe ich mit größten Anstrengungen hinter mich. Auch heute spüre ich kein Zittern.

Da meine Frau heute frei hat und meine Schmerzen nicht so stark sind, beschließen wir, uns einen schönen Tag zu machen.

Wir sind im Zug unterwegs, als mich etwa um 09:15 Uhr wieder eine heftige Schmerzattacke in meinem rechten Schultergelenk heimsucht. Die heftigen Schmerzen vom Nacken über die rechte Schulter, den Ellbogen bis in die Finger der rechten Hand treiben mich halb in den Wahnsinn. Schließlich nehme ich dann eine Schmerztablette. Bis diese aber wirkt, dauert es eine gewisse Zeit. Obwohl das Wetter schön und sonnig ist, kann ich die vorbeiziehende Landschaft nicht genießen. Zum Glück lassen diese verdammten Schmerzen gegen 12:00 Uhr nach, sodass ich den Nachmittag doch noch etwas genießen kann.

Zwischendurch kommen immer und immer wieder kurze Schmerzattacken, welche aber zum Glück nicht so heftig und kürzer sind. Auch heute habe ich mühe beim Gehen.

Der Abend spielt sich ähnlich ab wie die letzten Tage d. h. heftige Schmerzschübe im rechten Arm und den geschwollenen Füßen, sowie Nervenflattern im linken Bein und linken Unterarm. Das rechte Handgelenk und die Fingergelenke schmerzen mich noch mehr. Ich kann die Hände nicht mehr zu einer Faust machen. Die Arme kann ich nicht mehr hochheben. Die eingeschlafenen Füße brennen heute stärker als sonst, stören mich aber weniger als meine heftigen Schulter- und Gelenkschmerzen.

Beim Einschlafen habe ich die üblichen Probleme, d. h. es geht länger als sonst, bis ich einschlafe. Ich habe auch Mühe, mich von einer Seite auf die andere zu drehen.

24.08.2017

Zu meiner Überraschung habe ich die vergangene Nacht, nach anfänglichen Einschlafstörungen, eigentlich gut geschlafen und erwache erst, als mein Wecker mich weckt, was schon lange nicht mehr passiert ist. Ich habe einen trockenen Mund. Auch heute habe ich kein Zittern, aber die kleinste Bewegung schmerzt.

Beim Aufstehen habe ich wieder große Mühe. Um von der Liege- in die sitzende Position zu kommen, brauche ich wieder mehrere Anläufe. Auch von der sitzenden in die stehende Position brauche ich wieder eine gewisse Zeit. Jede Bewegung schmerzt. Wenn ich dann endlich stehe, braucht es wieder einen Moment, bis ich in Gang komme, und wenn, nur mit nach vorne gebeugter Haltung. Die ersten Schritte sind wie bei einem Kleinkind, das gerade Laufen lernt. Meine Frau muss mir helfen. Ich habe keine Kraft. Da ich den rechten Arm nicht mehr hochheben kann, muss ich mit großer Mühe und Anstrengung meine Zähne mit der linken Hand putzen, was gar nicht so leicht ist, vor allem wenn auch der linke Arm leicht schmerzt. Nach dem Stuhlgang den Hintern zu putzen, ist nur mit Schmerzen und größter Mühe zu machen. Nach einer warmen, oder fast heißen Dusche, habe ich etwas weniger Schmerzen. Trotzdem, Anziehen macht Probleme. Dies fängt schon beim Socken Anziehen an, was nur mit Mühe und mehreren Anläufen gelingt. Stützstrümpfe anzuziehen bringe ich nicht mehr hin, denn ich habe keine Kraft. Das Gleiche ist beim Unterwäsche- und den anderen Kleidungstücken Anziehen. Es geht nur mit Geduld, welche man nicht immer hat. Hosen Anziehen ist ein richtiger Krampf. Trotz all den Schmerzen habe ich wirklich kein Zittern.

Beim Frühstück habe ich Probleme. Ich habe schon Mühe den Kühlschrank zu öffnen. Ein Stück Brot zu schneiden, ist ein richtiger Krampf. Butter oder Marmelade Streichen geht fast nicht mehr. Beim Öffnen eines Deckels, z. B. bei einer Milchflasche, muss mir meine Frau helfen. Zudem habe ich auch heute leichte Schmerzen in meinen Kiefergelenken und kann nur langsam essen usw. usw.

Als ich anschließend Spazieren gehe, habe ich Mühe, die Haustüre zu öffnen und abzuschließen. Ich habe einfach keine Kraft in meinen Fingern. Nach einer halben Stunde muss ich meinen Spaziergang abbrechen. Ich habe heftige Schmerzen vom Nacken über die rechte Schulter, den Ellbogen bis in die Finger der rechten Hand, welche geschwollen ist. Aber auch die linke Hand schmerzt nun, Ich krümme mich vor Schmerzen und muss mich für eine gewisse Zeit an einer Straßenlampe abstützen und etwas erholen. Die Schmerzen, vor allem in meinem Schultergelenk werden immer heftiger. Ich halte es fast nicht mehr aus und möchte mich zur nächsten Straßenlampe durchkämpfen, was nicht gelingt, denn ich muss mich vorher an einem Gartenzaun festhalten.

Ich kann nun beide Arme nicht mehr austrecken. Inzwischen tun mir alle Gelenke weh. Die Fingergelenke schmerzen heftig. Ich kann die Finger nicht mehr strecken oder eine Faust machen. Das Gehen macht mir Mühe. Ich kämpfe mich nur noch mit ganz kurzen Schritten und mit größter Anstrengung vorwärts. Ich weiß nicht mehr genau, wie ich nach Hause gekommen bin. Die Haustüre zu öffnen, braucht eine gewisse Zeit, denn meine Finger haben keine Kraft mehr, den Schlüssel einzustecken und zu drehen. Je mehr Schmerzen ich habe, umso mehr drehe ich halb durch. Obwohl ich weiß, dass es nichts nützt, fällt wieder ein Gottverd… nach dem anderen. Ich merke, dass ich langsam aufpassen muss, denn irgendwie werde ich wahnsinnig. Schmerzmittel Nehmen ist auch nicht drin, da sie nichts nützen.

Inzwischen ist mir etwas schwindlig und ich bin auch müde und möchte nur noch schlafen. Wie schön wäre es, nun eine gewisse Zeit zu schlafen und ohne Schmerzen aufzuwachen.

Am Nachmittag möchte ich an diesem Bericht schreiben, was mir aber erst beim dritten Versuch gelingt, da ich zu wenig Kraft habe, den Computer einzuschalten.

Der Abend spielt sich ähnlich ab wie letzte Woche d. h. heftige Schmerzschübe im rechten Arm, von der Hand über die Schulter bis zum Nacken. Das rechte Handgelenk und die Fingergelenke schmerzen wieder mehr. Ich kann die Hände nicht mehr zu einer Faust machen. Die Arme kann ich nicht mehr hochheben.

Beim Einschlafen habe ich die üblichen Probleme. Ich habe Mühe, mich von einer Seite auf die andere zu drehen.

25.08.2017

Heute habe ich, um 09:00 Uhr, den zweiten Termin bei der Physiotherapeutin in L. Sie macht sich zuerst Notizen über den Verlauf meiner Schmerzen. Zuerst möchte sie wissen, wie es mir seit dem letzten Mal ergangen ist. Ich erzähle ihr, dass ich bis am Abend keine größeren Probleme hatte:

Um ca. 13:00 Uhr verspürte ich für einen kurzen Moment einen kurzen Stich im rechten Schultergelenk. Bis zum Abend hatte ich aber keine Probleme mehr. Ich konnte nach langem wieder einmal ohne Schmerzen einschlafen.

Etwa um 18:00 Uhr hatte ich dann die erste heftige Schmerzattacke. Die Nacht habe ich schlecht geschlafen. Die Schulterschmerzen waren wieder heftig. Drehen von der einen Seite auf die andere geht nicht mehr. Beim Aufstehen hatte ich große Mühe. Von der liegenden in die sitzende und von der sitzenden ihn die stehende Position ging nur mit Schmerzen und größter Mühe. Bei den ersten Schritten ging ich wie ein Kleinkind, das Laufen lernt.

Sie ist zwar erfreut, dass es doch eine Phase ohne Schmerzen gegeben hat, meint aber, dass es schon noch eine gewisse Zeit brauche, bis ich diese Schmerzattacken wegbringe. Sie fragt mich auch, welche Stufe diese Schmerzattacken auf einer Stufe von 0 bis 10 gehabt hätten. Ich ordnete diese mindestens zwischen 8 bis 9 ein, da die heftigen Schmerzen mich wirklich fast wahnsinnig machten.

Da die Reaktion auf die letzte Behandlung doch heftig ausgefallen ist, massiert sie heute die gleichen Stellen wie letztes Mal, aber nicht so tief. Wieder findet sie einige schmerzhafte Triggerpunkte. Sie meint noch, dass das Schultergelenk und der Bizeps Probleme machen. Nach der Behandlung bin ich zwar schmerzfrei, aber ich kann beide Arme immer noch nicht hochheben. Deshalb behandelt sie anschließend meinen rechten Arm vom Ellbogen bis zum Schultergelenk. Innerhalb kurzer Zeit sind die Verhärtungen und die Schmerzen weg. Ich kann den rechten Arm so hoch heben, wie ich es schon lange nicht mehr konnte. Als sie mich auffordert, beide Arme so weit als möglich nach oben zu drehen, geht es mit dem rechten Arm besser als mit dem linken. Sie behandelt deshalb auch den anderen Arm. Nun sind alle Schmerzen weg, sogar diejenigen in den Finger- und Handgelenken. Ich habe ein richtiges Glücksgefühl. Ich genieße diesen Moment, denn ich weiß, dass diese Schmerzen wiederkommen werden.

Die Therapeutin. empfiehlt mir, zwei bis drei Mal mit einem Wärmesack, z. B. mit einem wärmenden Kirschensteinsack die Schmerzstellen zu behandeln, was sicher eine Erleichterung bringen würde. Sie gibt mir noch einen „Schulterbeschwerden Fragebogen" mit diversen Fragen.

26.08.2017

Ich habe gut geschlafen. Aber die ersten Bewegungen bringen mich wieder in die Wirklichkeit zurück.

Aufwachen mit trockenem Mund, starke Schmerzen in meiner rechten, und leichte Schmerzen in meiner linken Schulter, gefühllose Füße und Hände. Die heftigen Schmerzen in meinen Finger- und Handgelenken bringen mich auch heute zum Verzweifeln. Ich lege einen wärmenden Sack mit Lavasand auf die schmerzende Stelle, was, für eine Weile, ein wenig Erleichterung bringt, aber nicht lange. Ein amerikanischer Schauspieler hat einmal gesagt, dass Schmerzen einen depressiv machen können. Zum Glück gibt es solche Glücksmomente wie gestern, als ich keine Schmerzen hatte.

Der Tag verläuft ähnlich wie am 21.08.2017.

27.08.2017

Ich habe gut geschlafen. Aber die ersten Bewegungen bringen mich wieder in die Wirklichkeit zurück. Ich probiere es mit dem wärmenden Wärmesack, was ein wenig Linderung bringt. Sonst verläuft der Tag wie jeder Tag in den vergangenen Tagen. Schmerzen, welche ich so hasse, begleiten mich den ganzen Tag. Fragen, wieso, warum usw. Zudem meldet sich manchmal das Zittern wieder, wie wenn ich nicht schon genug hätte am Parkinson, der Polyneuropathie, den Hormon- und Blutproblemen.

28.08.2017

Ich habe nicht gut geschlafen. Die ersten Bewegungen bringen mich wieder zum Verzweifeln. Der Tag verläuft wie die vergangenen Tage. Außer Schmerzen, welche mich den ganzen Tag begleiten, kenne ich im Moment nichts.

Ich habe schon beim Aufstehen, bei der Morgentoilette, beim Anziehen, beim Frühstück usw. die üblichen Probleme. Vor allem habe ich Schmerzen in meinen Schultern, rechts und links. Die Hand- und Fingergelenke schmerzen auch heute wieder heftig. Zudem sind die Füße und Hände gegen Abend immer stark geschwollen.

Heute habe ich, um 10:45 Uhr, den dritten Physiotherapietermin im Kantonsspitals L. Zuerst möchte die Therapeutin wissen, wie es mir seit dem letzten Mal ergangen ist. Ich erzähle ihr, dass ich, wie das letzte Mal, bis am Abend keine größeren Probleme hatte. In der Nacht auf den 28.08.2017 habe ich gut geschlafen.

Leider kam die Realität am nächsten Morgen.

Sie behandelt mich zuerst, wie das letzte Mal, vom rechten Ellbogen über die Schulter bis zum Nacken. Sie findet dabei einige schmerzhafte Punkte, welche sie behandelt, bis die Schmerzen weg sind. Anschließend behandelt sie auch den linken Arm. Bevor sie ein neues Tape an meiner rechten Schulter anklebt, kontrolliert sie meine Wirbelsäule und findet auch hier einige schmerzhafte Punkte, welche sie gleich behandelt. Am Schluss fordert sie mich auf, die Arme hoch zu heben, was mir wieder ohne Probleme gelingt. Auch heute kam ich mit Schmerzen und verlasse sie wieder ohne.

29.08.2017

Der Tag verläuft ähnlich wie am 21.08.2017 und die vergangenen Tage.

Heute habe ich einen Termin in der Praxis meines Neurologen. Er hat meine letzten Gesundheitsrapporte von meinem Hausarzt bekommen. Er meint dann, obwohl er noch nicht alles gelesen hätte, sei er ein wenig erschrocken. Er konnte es nicht glauben, dass Clopin Eco diese Schmerzen ausgelöst hätte. Ich erkläre ihm dann, dass ich dies auch nicht glauben würde, weil diese Schmerzen schon zwei Wochen vor der ersten Einnahme von Clopin Eco begonnen hätten. Er sieht, dass ich fast nicht mehr oder viel weniger zittere. Er fordert mich dann auf, beide Arme hochzuheben, was mir aber nicht nach ganz oben gelingt. Als ich ihm erzähle, dass ich auch keine Faust mehr machen könne und Schmerzen in den Fingergelenken hätte, schaut er sich meine Hände an und sieht, dass sie stark geschwollen sind. Er meint, dass die Probleme, welche ich nun hätte, nichts mit Parkinson zu tun hätten. Er vermutet, dass ich unter Rheuma leiden würde und schlägt mir vor, heute noch einmal einen umfassenden Bluttest zu machen. Er werde es meinem Hausarzt mitteilen. Vielleicht sei es besser, man würde mich einmal zum Rheumatologen schicken. Was die Medikamente angeht, soll ich so weiterfahren, nur die halbe Akineton am Abend könne ich weglassen.

30.08.2017

Auch der heutige Tag verläuft ähnlich wie gestern. Jede Bewegung schmerzt. Auch das Zittern oder die Zuckungen sind wieder stärker. Heute spritze ich eine halbe Dosis B12 in meinen Bauch

31.08.2017

In der Nacht erwache ich, weil ich mich auf die andere Seite drehen möchte. Allerdings gelingt mir dies nicht. Ich habe wahnsinnige Schmerzen. Die kleinste Bewegung löst einen zusätzlichen Schmerz aus. Zum Glück schlafe ich schnell wieder ein.

Der Tag verläuft wie die vergangenen Tage. Außer Schmerzen kenne ich im Moment nichts. Es bringt mich zum Verzweifeln.

Gedanken wie „Das ist doch kein Leben mehr" lösen sich ab mit Gedanken wie „Walter, reiß dich zusammen, es kommen wieder bessere Zeiten. Denk an die Pläne, die du noch gehabt hast. Denk an die Reisen, welche ihr noch machen wolltet nach der Pensionierung deiner Frau". „Ja aber diese verdammten Schmerzen …" „Vergiss sie und reiß dich zusammen".

So fliegen meine Gedanken hin und her. Zum Glück kann ich heute wieder besser schreiben als gestern und vorgestern, denn das Schreiben lenkt mich etwas ab von diesen verfluchten Schmerzen.

01.09.2017

Heute habe ich einen Termin bei meinem Hausarzt. Er sieht, dass ich Probleme habe beim Aufstehen vom Stuhl und beim Gehen. Da ich ihm aber immer rapportiert habe, wie es mir die vergangenen Tage ergangen ist, sagt er nichts. Er glaubt nicht so recht daran, dass die Alpha-Liponsäure meine Schmerzprobleme, wie ich sie jetzt habe, ausgelöst hat. Ich zeige ihm meine geschwollenen Hände. Er drückt ein wenig darauf herum, sagt aber nichts. Nur als er an den Gelenken herumdrückt, merkt er an meinem Jammern, dass es mir weh tut. Er sagt aber nicht viel. Als ich ihn frage, ob er mich nicht nach L. in die Schultersprechstunde, oder in die Schmerzklinik nach B. senden könne, geht er gar nicht darauf ein. Er schaut im Internet nach gewissen Informationen, nach welchen, weiß ich allerdings nicht. Als ich ihn ein zweites Mal auf die Schultersprechstunde und die Schmerzklinik anspreche, meint er, dass dies nichts bringe, da mein Problem ein Muskelproblem sei. Zudem kenne er den Laden in B. nicht und wüsste nicht einmal, zu wem er mich schicken solle. Er meint, dass Tilur retard 90 mg, also ein Antirheumatikum, mir gegen die Schmerzen helfen könne. Da ich keine Lust habe, mit ihm lange herumzudiskutieren, nehme ich die Tabletten. Es macht den Anschein, dass mein Hausarzt auch nicht mehr weiter weiss. Er und seine Frau bilden sich ständig weiter, aber wenn man etwas hat, wissen sie nicht mehr weiter.

Nachdem ich am Nachmittag meine Frau zu ihrem Hausarzt begleite und sehe, wie die Ärzte und das Personal mit den Patienten reden und umgehen, habe ich einen Moment Gedanken, den Arzt zu wechseln.

Heute habe ich, um 10:00 Uhr, den vierten Termin bei der Physiotherapeutin in L. Um 10:00 Uhr erklärt sie mir, dass sie mich erst um 10:45 Uhr eingeschrieben hätte. Ich hole mir einen Tee und warte einfach.

Nachher macht sie sich zuerst wieder Notizen über den Verlauf meiner Schmerzen in den vergangenen Tagen. Ich erzähle ihr, dass die Schmerzfreiheit dieses Mal nicht so lange angehalten hat, denn schon am Nachmittag hatte ich mehrere Schmerzattacken. Ich konnte auch die Arme nicht mehr hochheben. Zudem seien die Schmerzen nun beidseitig etwa gleich. Weiter erzähle ich ihr auch, dass mein Neurologe meint, dass es sich bei meinen Schmerzen um Rheuma handeln könnte. Auf der anderen Seite hat mein Hausarzt heute Morgen bei der Blutkontrolle keine Anzeichen von Rheuma im Blut festgestellt.

Die Therapeutin will zuerst sehen, wie weit ich mit meinen Armen nach oben komme. Dann behandelt sie mich zuerst an meinem rechten Schultergelenk. Sie findet wie schon letztes Mal einige schmerzhafte Punkte, welche sie behandelt. Anschließend behandelt sie mich, wie das letzte Mal, vom rechten Ellbogen über die Schulter bis zum Nacken. Sie findet dabei wieder einige schmerzhafte Punkte, welche sie behandelt, bis die Schmerzen weg sind. Dann behandelt sie auch den linken Arm, über die Schulter bis zum Nacken. Sie zeigt mir dann noch eine Übung:

Zweite Physiotherapeutische Übung für die Schulter
* Trommle beidseitig mit den Finger auf eine Wand
* Gehe dabei trommelnd nach oben
* Komm wieder trommelnd zurück
* Mache die Übung 10 Mal

Vor dem Schluss zeigt sie mir noch einen Seilzug, welchen man an einem Haken an der Decke befestigt. Dieser dient dazu, die Schultergelenke beweglicher zu machen.

Auch heute kam ich mit Schmerzen und verlasse sie wieder ohne.

02.09.2017

Heute bin ich den ganzen Tag schmerzfrei bis am Abend. Dann habe ich wieder die bekannten Probleme. Meine Füße und Hände sind den ganzen Tag geschwollen. Bevor ich ins Bett gehe, nehme ich, neben den üblichen Medikamenten, noch ein Tilur. Auch das Zittern oder die Zuckungen sind wieder stärker. Ich kann mich wieder drehen im Bett, aber nur mit großer körperlicher Anstrengung.

03.09.2017

Beim Aufstehen habe ich wieder die üblichen Probleme. Ich versuche es mit einem heißen Dul-X und Wachholderbad. Das Bad selber tut mir gut, aber ich brauche ca. eine Viertelstunde, bis ich aus der Badewanne komme, denn ich habe keine Kraft. Der Rest des Tages ist ein Auf und Ab.

04.09.2017

Heute habe ich, um 10:45 Uhr, den fünften Termin bei der Physiotherapeutin. Sie macht sich zuerst, wie immer, Notizen über den Verlauf. Ich erzähle ihr, dass die Schmerzfreiheit dieses Mal bis am Samstagabend angehalten hat. Ich konnte dann die Arme nicht mehr hochheben. Wärmekissen brachten aber eine gewisse Erleichterung. Am Sonntagmorgen hatte ich dann wieder die üblichen Probleme. Ein heißes Dull-X-Bad brachte dann eine gewisse Erleichterung. Allerdings brauchte ich lange, bis ich aus der Badewanne kam, weil ich keine Kraft habe.

Seither ist es wie die vergangenen Tage. Das heißt, ich habe vor allem Schmerzen von der rechten Hand über den rechten Ellbogen, das Schultergelenk zum Nacken, weiter über das linke Schultergelenk, den linken Ellbogen bis zur linken Hand. Dabei sind die Schmerzen vor allem in den Gelenken am heftigsten. Zudem sind die Hände stark geschwollen. Die Gelenke sind dabei blockiert. Ich kann mit der Hand keine Faust machen, da es zu stark schmerzt.

Wie das letzte Mal behandelt mich die Therapeutin zuerst an meinem rechten Schultergelenk. Sie findet wie schon letztes Mal einige schmerzhafte Punkte, welche sie behandelt. Dann behandelt sie mich, vom rechten Ellbogen über die Schulter bis zum Nacken, wobei sie dieses Mal etwas tiefer geht, was zeitweise recht schmerzhaft ist. Anschließend behandelt sie die linke Seite. Bevor sie die Tapes aufklebt, streicht sie noch ein paar Mal über die Wirbelsäule. Auch hier findet sie wieder einige schmerzhafte Punkte, welche sie behandelt, bis die Schmerzen weg sind. Sie gibt mir den Rat, mich möglichst viel zu bewegen, d.h. wenn es geht. Am Schluss bekomme ich noch drei weitere Termine.

05.09.2017

Beim Aufstehen habe ich wieder die üblichen Probleme, mit den Gelenkschmerzen, geschwollenen Füßen und Händen. Den ganzen Tag ist es wie die vergangenen Tage.

Ich habe heute um 09:00 Uhr einen Nebido-Termin in der Praxis meines Hausarztes.

06.09.2017

Ich schreibe meinem Hausarzt ein E-Mail.

Lieber P,

Ich möchte Dich wieder informieren, wie es mir in den vergangenen Tagen ergangen ist. Am letzten Freitag, den 01.09.2017, kam ich mit Schmerzen in Eure Praxis und habe sie auch mit Schmerzen verlassen. Die anschließende Physiotherapie in L. hat mir dann wieder zu Schmerzfreiheit verholfen, welche bis am Samstagabend anhielt, also eineinhalb Tage. Dann hatte ich wieder die bekannten Probleme. Meine Füße und Hände sind den ganzen Tag geschwollen und schmerzen heftig. Wie jeden Tag nahm ich, anfangs, neben den üblichen Medikamenten, noch jeweils ein Tilur. (d. h. am Morgen und Abend) Leider brachte dies aber nicht viel.

Die Tage verlaufen dabei wie folgt:
- *Probleme beim Aufstehen, bei der Morgentoilette, beim Anziehen, beim Essen usw.*
- *Stützstrümpfe kann ich nicht mehr anziehen (keine Kraft).*
- *Eingeschlafene und geschwollene Füße und Hände.*
- *Heftige Fuß-, Hand- und Fingergelenkeschmerzen.*
- *Zeitweise beidseitig heftige Schmerzen von den Fingern, die Ellbogen über die Schultern bis zum Nacken, so dass ich die Arme nicht mehr hochheben kann.*

- *Die Finger sind dabei manchmal unbeweglich und steif.*
- *Probleme beim Essen, da ich den Arm nicht hochheben kann.*
- *Ich kann nicht einmal eine Flasche öffnen oder einen Löffel halten (keine Kraft).*
- *Magen-Darmprobleme.*
- *Zeitweise Schweißausbrüche.*
- *Zeitweise starkes Augenbrennen.*
- *Ich kann nicht mehr spazierengehen, weil meine Oberschenkel schmerzen.*
- *Probleme beim Aufstehen von einem Stuhl.*
- *Probleme beim Ausziehen, Abendtoilette, Pyjama anziehen usw.*
- *Probleme beim Einschlafen.*

Immer öfter habe ich Momente, wo mich die verdammten Schmerzen zur Verzweiflung bringen. Es macht einfach keinen Spaß mehr, wenn man außer Schlafen und Essen nichts mehr machen kann und immer auf Hilfe angewiesen ist.

Gedanken wie „Das ist doch kein Leben mehr" lösen sich ab mit Gedanken wie „Walter, reiß dich zusammen, es kommen wieder bessere Zeiten. Denk an die Pläne, die du noch gehabt hast. Denk an die Reisen, welche ihr noch machen wolltet nach der Pensionierung deiner Frau". „Ja aber diese verdammten Schmerzen…" „Vergiss sie und reiß dich zusammen".

So fliegen meine Gedanken hin und her. Zum Glück kann ich heute wieder schreiben, denn gestern und vorgestern ging es nicht mehr, weil ich keine Kraft hatte und die Finger so schmerzhaft und steif waren. Das Schreiben lenkt mich etwas ab von diesen verfluchten Schmerzen. Manchmal habe ich das Gefühl, dass man es mir nicht glaubt, dass ich solche Schmerzen habe.

Wenn ich nicht das Arztmodell hätte, wäre ich schon lange in die Sprechstunde „Schulter, Ellbogen, Hand" im Kantonsspital L., oder in die Schmerzklinik in B. gegangen, um einmal das Ganze abklären zu lassen.

Ich weiß selber, dass meine Muskeln immer wieder hart werden. Für mich stellt sich die Frage, wieso das so ist.

Von den Ärzten heißt es immer, dass man z. B. eine andere Haltung einnehmen oder sich mehr bewegen oder mehr trinken solle, usw. Oder man bekommt einfach Tabletten mit diversen Nebenwirkungen.

Das sind Dinge, welche ich auch weiß, und ich versuche mich auch dementsprechend zu verhalten. Was macht man aber, wenn man, wie ich vorher, eine Flasche öffnen will, einem dies aber nicht gelingt, weil man zu wenig Kraft in den schmerzenden Finger hat?

Ich weiß auch, dass es Übungen gegen Muskelverspannungen gibt. Mein Problem ist, dass ich, wenn ich Schmerzen habe und z. B. meine Arme nicht bewegen kann, dann diese Übungen nicht machen kann. Es ist ein Teufelskreis. Ähnliches habe ich ja mit meinem rechten Knie erlebt, bis man es getapt hat und es dadurch stabilisiert wurde, was mir die entsprechenden Übungen erlaubte, verging viel zu viel Zeit. Wenn man nicht so lange gewartet hätte, hätte ich nicht 81 Mal in die Physiotherapie gehen müssen. Ich weiß z. B. auch, welche Übungen ich machen sollte gegen Parkinson, aber im Moment geht es einfach nicht.

Mein Vater war mit 90 besser dran als ich nun mit 69. Ich frage mich auch, ob etwa diese Testosteronspritzen einen Einfluss auf meine Muskelprobleme, geschwollenen Füße und Hände haben. Als meine Physiotherapeutin meine Wirbelsäule abgetastet hat, hat sie einige schmerzhafte Punkte gefunden. Auch hier frage ich mich, ob diese heftigen Schulter-, Handgelenk- und Fingergelenkschmerzen nicht vom Rücken ausgehen.

Ich weiß nicht, wie lange ich diese Schmerzen, die zeitweise wirklich heftig sind, noch aushalten kann. Ich weiß nur eines, dass nun etwas geschehen muss.

Liebe Grüße
Walter Schaub

07.09.2017

P. schreibt mir ein E-Mail.

Lieber Walter

Ich habe Dich auf der Orthopädie des Kantonsspitals L. fürs Schulterteam angemeldet mit der Bitte um raschestes Aufgebot. Rufe doch morgen auf die Telefonnummer im Anhang an, damit Du den Termin erhältst.

Herzlich grüßt
P.

08.09.2017

Ich rufe die, von meinem Hausarzt gesendete Telefonnummer an. Die Dame, die abhebt, will wissen, um was es geht. Als ich ihr meine Schulter-Arm-Finger-Geschichte erzähle, meint sie, dass ich bei ihr am falschen Ort gelandet sei. Bei ihr sei es die Chirurgie, ich müsse mich aber bei der Orthopädie melden.

Heute habe ich, um 09:00 Uhr, den sechsten Termin bei der Physiotherapeutin in L. Sie macht sich zuerst, wie immer Notizen.
Ich erzähle ihr, dass ich nur bis am Montagabend schmerzfrei war. Vom Montag bis am Freitag war es dann das Übliche, d.h. ich habe vor allem Schmerzen von der rechten Hand über den rechten Ellbogen, das Schultergelenk zum Nacken, weiter über das linke Schultergelenk, den linken Ellbogen bis zur linken Hand. Dabei sind die Schmerzen vor allem in den Gelenken am heftigsten. Zudem sind die Hände stark geschwollen. Die Gelenke sind dabei blockiert. Ich kann mit der Hand keine Faust machen, da es zu stark schmerzt. Ich habe auch Mühe, eine Creme, z.B. Voltaren oder Perskindol einzureiben. Während ich die vergangenen Tage die Arme nicht hochheben konnte, geht es heute Morgen, aber

nur mit leichten Schmerzen. Sie behandelt mich zuerst vom rechten Ellbogen bis zum rechten Schultergelenk, wobei sie vor allem beim Schultergelenk einige schmerzhafte Punkte findet. Sie geht dabei etwas tiefer, was manchmal recht starke Schmerzen auslöst. Wenn sie dabei auf dem Schmerzpunkt bleibt, lassen die Schmerzen nach. Anschließend macht sie das Gleiche auf meiner linken Seite. Zwischendurch muss ich meine Arme hochheben. Am Anfang komme ich nur bis zur waagrechten Stellung. Später komme ich ohne Schmerzen ganz nach oben, d. h. beim linken Arm komme ich bis etwa 60°, wo es einen kurzen Moment schmerzhaft ist. Wenn ich dann weiter gehe, komme ich ohne Schmerzen auch bis oben. Sie fordert mich auf, zu Hause unbedingt die Übungen zu machen, auch wenn es am Anfang schmerzhaft ist. Bevor sie die Tapes anbringt, massiert sie noch einmal meine Schultergelenke.

Da ich schon im Spital bin, gehe ich nach der Physiotherapie zur Orthopädie wegen meinen Schmerzen an Schulter, Arm, und Finger. Nach längerem Hin und Her erklärt man mir, dass sie keine Verordnung von meinem Hausarzt finden können. Man gibt mir eine Karte mit der Telefonnummer und bittet mich, dass ich mich doch in einer Stunde unter der angegebenen Nummer melden solle.

Nach etwas mehr als einer Stunde rufe ich die angegebene Orthopädie- Nummer. an und schildere auch hier meine Leidensgeschichte. Man fragt nach meiner Verordnung. Als ich erkläre, dass mein Hausarzt diese schon vor zwei Tagen gesandt hätte, schaut die Dame in den Unterlagen nach, kann aber nichts finden. Sie verlangt den Namen von meinem Hausarzt und erklärt mir, dass sie ihn anrufen und mich später wieder zurückrufen werde.

11.09.2017

Ich rufe in der Orthopädie im Kantonsspital L. an, wegen meinem Schulter-Arm-Finger-Termin. Die Dame, mit der ich auch letztes Mal gesprochen habe, erklärt mir, dass sie die Verordnung bekommen hätte, sie müsse nur zuerst alles ordnen. Anschließend werde sie mich zurückrufen.

12.09.2017

Heute habe ich, um 11:00 Uhr, den siebten Termin bei der Physiotherapeutin. Sie macht sich zuerst, wie immer, Notizen.

Ich erzähle ihr, dass ich nur bis am Abend schmerzfrei war. Der Samstag war ein Auf und Ab. Vor allem die Schulter- und Fingergelenke waren schmerzhaft. Zudem sind die Hände immer noch stark geschwollen. Die Gelenke sind dabei blockiert. Ich kann mit der Hand keine Faust machen, da es zu stark schmerzt. Ich habe auch Mühe eine Creme einzureiben. Vom Aufstehen, bis ich ins Bett gehe, ist es ein ständiger Kampf gegen die Schmerzen. Ich kann nichts mehr machen. Vor allem die steifen Finger lassen dies nicht zu.

Sie behandelt mich wie das letzte Mal zuerst vom rechten Ellbogen bis zum rechten Schultergelenk, wobei sie vor allem beim Schultergelenk einige schmerzhafte Punkte findet. Sie geht dabei etwas tiefer, was manchmal recht starke Schmerzen auslöst. Wenn sie dabei auf dem Schmerzpunkt bleibt, lassen die Schmerzen nach. Anschließend macht sie das Gleiche auf meiner linken Seite. Zwischendurch muss ich meine Arme hochheben. Am Anfang komme ich nur bis zur waagrechten Stellung. Später komme ich ohne Schmerzen ganz nach oben.

Sie fordert mich noch einmal auf, zu Hause unbedingt die Übungen zu machen, auch wenn es am Anfang schmerzhaft ist.

Da ich neben den Schulterschmerzen immer geschwollene Hände und schmerzende Fingergelenke habe, meint sie, dass ich vielleicht das Ganze von einem Rheumatologen untersuchen lassen sollte.

Am Schluss massiert sie noch einmal meine Schultergelenke. Ich verlasse das Spital, außer in den Fingergelenken, wieder ohne Schmerzen.

P. sendet mir ein E-Mail.

Lieber Walter

Ich habe Deine Anmeldung an eine andere Fax-Nummer ge-schickt, die laut internem Telefonbuch des Kantonsspitals kor-rekt sein sollte. Melde Dich morgen nochmals Unter der Num-mer im Anhang.

Herzlich grüßt vorläufig
P.

13.09.2017

Ich rufe noch einmal in der Orthopädie im Kantonsspital L. an, wegen meinem Schulter-Arm-Finger-Termin. Man erklärt mir, dass man mir einen Brief mit dem Datum gesendet habe. Der Termin sei am Montag den 25.09.2017.

Ich bekomme den Brief von vom Kantonsspital L. Termin ist also am Montag den 25.09.2017 um 13:00 Uhr zum Röntgen und um 13:30 Uhr zur Sprechstunde.

Heute spritze ich eine halbe Dosis B12 in meinen Bauch. (Sie-he 08.03.2017)

Ich schreibe P. ein E-Mail.

Lieber P.

Besten Dank für Deine Info. Die Telefonnummer. welche Du mir nun gesendet hast habe ich schon am letzten Freitag von der Orthopädie bekommen. Ich habe dann am Montag angerufen, wo man mir erklärte, dass sie Deine Überweisung bekommen hätten, dass sie aber noch alles einordnen müssen und sie mich anschlie-

ßend zurückrufen werden. Leider habe ich sie gestern Dienstag nicht erreicht. Als ich heute angerufen habe, erklärt man mir, dass der Termin am Montag den 25.09.2017 also erst in eineinhalb Wochen ist. Leider gehe es nicht früher.

Ich habe die Befürchtung, dass am 25.09.2017 alles noch weiter hinausgezögert wird, wenn es dann heißt, dass ich einen Termin in der Sprechstunde für Hände abmachen solle.

Ich weiß nicht, ob ich das bis dann aushalte, denn die Schulter- und vor allem die Fingerschmerzen sind manchmal recht heftig. Die Finger sind außerdem steif und manchmal gefühlslos. Die Hände sind immer geschwollen.

Zudem habe ich seit zwei Tagen auch Probleme mit meinen Oberschenkelmuskeln und meinen Knien.

Vom Aufstehen, bis ich wieder ins Bett gehe, werde ich von diesen Schmerzen begleitet. Es ist einfach frustrierend, wenn man schon beim Aufstehen kaum aus dem Bett kommt, die Morgentoilette nur mit Mühe erledigen kann, weil man den Arm nicht mehr hochbringt oder nur mit heftigen Schmerzen. Ein heißes Bad Nehmen, um den Körper etwas zu entspannen, geht nicht mehr, weil man keine Kraft hat, wieder aus der Badewanne zu kommen. Das geht den ganzen Tag so weiter, beim Anziehen, beim Essen usw. Man kann keine Flasche oder Milchgugge mehr öffnen. Den Kühlschrank Öffnen geht nur mit Mühe. Brot Schneiden oder Butter und Konfitüre aufs Brot Streichen geht fast nicht mehr. Wenn etwas auf den Boden fällt, kann man es nicht mehr auflesen. Gartenarbeiten oder andere Arbeiten kann man vergessen. Wichtige Übungen gegen Parkinson oder gegen diese Verspannungen in der Schulter gehen nur mit größter Mühe oder überhaupt nicht. Spazieren kann man nicht mehr so lange. Nach einer halben Stunde muss man aufhören. Es bleibt also nur noch Essen und Schlafen. Schreiben geht gerade noch, aber auch für dies brauche ich dreimal so viel Zeit gegenüber vorher und muss immer wieder Pausen einlegen. Es wird einem richtig bewusst, wie hilflos man ist.

Nachdem ich in den vergangenen Jahren doch einiges für meine Gesundheit getan habe, z. B. die Zahnsanierung, war ich in den ersten Monaten dieses Jahres recht zuversichtlich und hatte wieder Energie und Lust einiges anzupacken. Aber jetzt habe ich ziemlich Mühe.

Mich nimmt nur Wunder, wieso ich immer wieder diese Muskelverhärtungen und die damit verbundenen Schmerzen habe? Tilur bringt nichts.
Wie steht es eigentlich mit Aderlass, brauche ich dies noch?

Als ich gestern bei der Physiotherapeutin war, meinte auch sie, wie auch mein Neurologe, dass ich mich einmal bei einem Rheumatologen untersuchen lassen sollte.

Liebe Grüße
Walter Schaub

P. ruft mich an und möchte wissen, ob ich einen Termin im Spital bekommen hätte. Er geht gar nicht auf mein E-Mail ein. Entweder er hat es noch gar nicht gelesen und ruft mich einfach an, oder er geht wirklich nicht darauf ein. Auf seine Frage, wie es im Moment gehe, erkläre ich ihm, dass es immer so sei, wie ich ihm in den letzten E-Mails geschrieben hätte. Hauptsächlich habe ich Schmerzen in den Schultern und den Finger. Er empfiehlt mir, ein Mittel gegen zu viel Harnsäure zu probieren. Ich könne dies und ein Schmerzmittel am Freitag in der Praxis holen.

15.09.2017

Heute habe ich, um 10:45 Uhr, den achten Termin bei der Physiotherapeutin. Sie macht sich zuerst, wie immer, Notizen über den Schmerzverlauf. Ich erzähle ihr, dass ich bis am nächsten Morgen schmerzfrei war. Der Mittwoch war ein Auf und Ab. Es war eigentlich ähnlich wie das letzte Mal. Gestern Donners-

tag war auch ähnlich wie der Mittwoch. Heute Morgen um ca.
5:00 Uhr hatte ich heftige Schulter- und Fingergelenkeschmerzen. Auch die Hände, welche immer stark geschwollen sind, und
die Fingergelenke schmerzten so heftig, dass ich es nicht mehr
aushielt und eine Tilur-Schmerztablette nehmen musste. Die Gelenke waren dabei blockiert. Die Übungen mit dem Theraband
bringen für einen kurzen Moment Erleichterung.

Die Therapeutin will zuerst wissen, wie weit ich mit meinen
Armen nach oben komme, ohne dass es schmerzt. Während ich
am Morgen nur auf etwa 30° gekommen bin, komme ich rechts
fast in die Senkrechte und links auf ca. 60°. Sie massiert zuerst
meine beiden Schultergelenke und löst damit die Verspannungen
im Nacken. Anschließend bin ich fast schmerzfrei. Dann muss
ich den rechten Arm locker in ihren Arm legen. Sie macht nun
leichte Bewegungen, bis die restlichen Schmerzen im Schultergelenk verschwinden. Anschließend macht sie das Gleiche auf
meiner linken Seite. Zwischendurch muss ich meine Arme hochheben. Am Schluss komme ich mit beiden Armen ohne Schmerzen ganz nach oben.

Sie fordert mich noch einmal auf, zu Hause unbedingt die
Übungen zu machen.

Da ich neben den Schulterschmerzen immer geschwollene
Hände und schmerzende Fingergelenke habe, meint sie, dass ich
das Ganze von einem Rheumatologen untersuchen lassen sollte. Als ich ihr erklärte, dass mein Hausarzt mir nun Mephanol
300 mg, ein Mittel gegen zu viel Harnsäure, gegeben hätte und
ich nächsten Montag einen Termin beim Neurologen, sowie am
Montag in einer Woche einen Sprechstundentermin in der Schulter-Ellbogen-Hand-Abteilung hätte, meint sie, dass ich beide
bitten solle, mich zu einem Rheumatologen zu senden. Vor allem die geschwollene Hand und die schmerzenden Fingergelenke deuten darauf hin, dass ich möglicherweise einen Gichtanfall
gehabt hätte, welchen man gezielt behandeln sollte. Da ich das
nächste Mal den letzten Termin habe, bittet sie mich, am Montag beim Neurologen eine weitere Verfügung zu verlangen, natürlich nur, wenn ich bei ihr weitermachen wolle. Wie die letz-

ten Male verlasse ich das Spital, außer in den Fingergelenken, wieder ohne Schmerzen.

Ich bekomme die bestellten Lion's Mane.

16.09.2017

Heute scheint es ein schlechter Tag zu werden, denn ich wache schon mit heftigen Schmerzen auf. Alles tut mir weh. Ich habe Mühe, aus dem Bett zu kommen. Die Schmerzen sind richtig heftig, vor allem die Fingergelenke. Für die Morgentoilette und dem Anziehen brauche ich doppelt so lang als normal. Ich fühle mich um Jahre gealtert. Die Übungen mit dem Theraband bringen zwar für einen kurzen Moment Erleichterung, aber nicht für lange.

Obwohl ich eigentlich keine Lust habe, fortzugehen, überredet mich meine Frau, einen Ausflug nach R. zu machen. Früher war ich immer derjenige, der schneller lief als sie, nun ist es umgekehrt. Bis zur Busstation hat sie sicher 20 Meter Vorsprung. Ich komme einfach nicht richtig auf Touren. Im Moment habe ich aber, außer in den Fingergelenken, keine Schmerzen.

Schon im Bus von Z. nach S. sollte sich dies ändern, denn eine Schmerzattacke fährt in mein rechtes Schultergelenk. Der Schmerz ist so heftig, dass ich mich nicht mehr richtig bewegen kann. Der Arm ist steif und richtig blockiert. Innerlich fluche ich tausend Flüche. Der Schmerz verlässt mich, zum Glück, beim Aussteigen in S. Die nächste Attacke kommt, kurz bevor wir in den Zug nach G. einsteigen. Dieses Mal fährt der Schmerz in den Muskel des rechten Oberarms, welcher steinhart wird. Ich drehe halb durch, denn der Schmerz macht mich wütend. Ich habe wieder meine Zweifel und frage mich „Herrgott, wieso lässt du mich so leiden, reichen die Krankheiten, wie Parkinson, Polyneuropathie, Wasser in den Füßen, Venen-, Blasen- Magen- Darm-, Hormon-, Blut-, Zahn-, Schulter-, Muskel- oder Gelenkprobleme, sowie die geschwollenen Finger, nicht?" Zum Glück lassen die Schmerzen im Bus von G. nach R. etwas nach und ich kann die vorbeiziehende schöne Landschaft ein wenig genießen. In R. habe ich wieder Mühe, aufzustehen und den Bus zu verlassen. Meine Oberschenkelmuskeln fühlen sich an, wie wenn sie müde sind. Ich fühle mich generell schwach und müde. Ich laufe langsam und unsicher, wie ein alter Mann. Der Spaziergang vom Bahnhof zur Innenstadt überstehe ich zum Glück ohne Schmerzattacken. Auf der Rheinbrücke muss ich aber stehen bleiben, weil mich die Oberschenkel etwas schmerzen. Wir benützen die Gelegenheit und genießen den Blick den Rhein aufwärts. Einen kurzen Moment denke ich, wie schön es jetzt wäre, wenn der Rhein nun einen Umweg über die Brücke nehmen und all meine Krankheiten in meinem Körper mitnehmen und aus mir ausschwemmen würde.

In R. gehen wir in ein, in einer Seitengasse liegende, China-Restaurant. Kaum sitzen wir, fährt die nächste Schmerzattacke in mich hinein. Dieses Mal ist es der linke Unterschenkel. Der Schmerz ist wieder so heftig, dass ich nicht mehr ruhig sitzen kann und hoffe, dass er mich sofort wieder verlässt. Nach ca. drei Minuten, welche sich anfühlten wie fünfzehn Minuten, verlässt mich dieser Plagegeist endlich. Es sollte aber nur eine kurze Pause sein, denn die nächste Attacke fährt nun in meinen rechten Unterarm, zwischen Ellbogen und Handgelenk. Der Schmerz ist wieder heftig, sodass ich nicht einmal meine Gabel oder das Messer halten kann. Meine Frau muss mir helfen, meine Frühlingsrolle oder meine Ente zu zerkleinern, denn ich habe keine Kraft mehr in meinen Fingern. Mein Panaché, oder Radler, wie es in Deutschland heißt, muss ich mit beiden Händen mühsam und zitternd zum Mund führen. Dieses Mal scheint es diesem verdammten Schmerz bei mir zu gefallen, denn er verlässt mich erst nach ca. zehn Minuten. Irgendwie schmeckt uns das Essen heute nicht. Allerdings können wir nicht meinen Schmerzen die Schuld zuschieben. Das Problem liegt eigentlich bei uns, denn ein chinesischer Freund welcher Koch ist, kocht so gut, dass wir chinesisches Essen immer mit seinen Kochkünsten vergleichen. Obwohl wir ihn schon lange kennen, haben wir bis jetzt niemanden gefunden, welcher es besser macht.

Da es draußen leicht zu regnen angefangen hat und wir auch ein wenig müde sind, spazieren wir wieder zum Bahnhof zurück. Wir schauen zuerst auf dem Fahrplan, was früher abfährt, entweder der Zug nach P., oder ein Bus nach G. Beim Warten auf den Bus plagt mich die nächste Schmerzattacke. Dieses Mal ist es der linke Oberschenkel. Ich bin deshalb froh, dass nach ca. einer Viertelstunde der Bus kommt. Nach kurzem Halt fährt er schon Richtung G., wo wir nach zehn Minuten schon einen Zug nach S. besteigen können. Meine Schmerzen haben mich aber noch nicht vergessen und plagen mich auf dem Weg nach Hause wieder an meinem rechten Unterarm. Trotz der Schmerzen bin ich aber froh, dass mich meine Frau am Morgen zu diesem kurzen Ausflug überredet hatte.

18.09.2017

Ich habe heute einen Termin in der Praxis meines Neurologen. Als er mir zur Begrüßung die Hand drückt, schmerzt es heftig. Er merkt es an meinem Gesichtsausdruck und entschuldigt sich. Ich erzähle ihm zuerst, wie es mir ergangen ist:

«Beim Aufstehen habe ich große Mühe. Von der Liege- in die sitzende Position zu kommen, brauche ich wieder mehrere Anläufe. Auch von der sitzenden in die stehende Position brauche ich wieder eine gewisse Zeit. Jede Bewegung schmerzt. Wenn ich dann endlich stehe, braucht es wieder einen Moment, bis ich in Gang komme und wenn, nur mit nach vorne gebeugter Haltung. Die ersten Schritte sind wie bei einem Kleinkind, das gerade Laufen lernt. Meine Frau muss mir helfen. Ich habe keine Kraft. Da ich den rechten Arm nicht mehr hochheben kann, muss ich mit großer Mühe und Anstrengung meine Zähne mit der linken Hand putzen, was gar nicht so leicht ist, vor allem wenn auch der linke Arm leicht schmerzt. Nach dem Stuhlgang den Hintern zu putzen, ist nur mit Schmerzen und größter Mühe zu machen. Nach einer warmen, oder fast heißen Dusche habe ich etwas weniger Schmerzen. Trotzdem, Anziehen macht Probleme. Dies fängt schon beim Socken Anziehen an, was nur mit Mühe und mehreren Anläufen gelingt. Stützstrümpfe Anziehen bringe ich nicht mehr hin, denn ich habe keine Kraft. Das Gleiche ist bei der Unterwäsche und den anderen Kleidungstücken der Fall. Es geht nur mit Geduld, welche man nicht immer hat. Hosen Anziehen ist ein richtiger Krampf.

Beim Frühstück habe ich Probleme. Ich habe schon Mühe, den Kühlschrank zu öffnen. Ein Stück Brot Schneiden ist ein richtiger Krampf. Butter oder Marmelade Streichen geht fast nicht mehr. Beim Öffnen eines Deckels, z. B. bei einer PET- oder Milchflasche, muss mir meine Frau helfen. Zudem habe ich auch heute leichte Schmerzen in meinen Kiefergelenken und kann nur langsam essen usw. usw.»

Ich erzähle ihm dann noch, dass die Physiotherapie, welch er mir letztes Mal verordnet hat, sehr gut tut, denn ich gehe immer mit Schmerzen ins Spital und komme, außer in den Fingergelenken, wieder ohne Schmerzen heraus. Deshalb bitte ich ihn, mir eine weitere Verordnung zu schreiben.

Was das Clopin ECO 25 mg angeht, habe ich kein, oder viel weniger Zittern. Da die Blutwerte soweit gut sind, möchte er die Dosis Clopin ECO 25 mg um eine halbe Tablette erhöhen, und zwar nach dem Mittagessen. Allerdings sind die Entzündungswerte bei mir auf 30, normal wäre 3-10. Wo diese Entzündung ist, könne man im Moment nicht sagen.

Was meine geschwollenen Hände und Füße angeht, denkt er immer noch, dass es besser wäre, dies von einem Rheumatologen untersuchen zu lassen. Als ich ihm sage, dass ich es meinem Hausarzt gesagt habe, dieser aber meinte, dass es nichts bringe, da es im Blut kein Rheuma anzeige und es bei mir ein reines Muskelproblem sei, ist er erstaunt und meint, dass er hier nicht dreinreden wolle, denn er sei nur ein „Fachidiot" für Neurologie. Er verspricht mir aber, meinem Hausarzt noch einmal zu schreiben.

Da man bei der Einnahme von Clopin ECO 25 mg jede Woche eine Blutuntersuchung machen sollte, frage ich den Neurologen danach. Er meint aber, dass mein Blut soweit in Ordnung und es deshalb nicht notwendig sei. Das einzige, was es angezeigt hat, sei eine Entzündung, dass er aber nicht sagen könne, wo diese sei. Wenn ich aber Probleme hätte, soll ich mich melden.

Wir kommen dann noch kurz auf Hanf zu reden. Ich erzähle ihm dann einem Laden, wo sie dort Hanfprodukte verkaufen. Der Neurologe erklärt mir dann, dass er mir schon solch ein Hanfprodukt verschreiben könne, dass es aber mit großem Aufwand verbunden sei, da er einige Formulare ausfüllen müsse. Ich erkläre ihm dann, dass es für mich im Moment noch nicht in Frage komme, da ich zuerst meine Schulter- und Zahnprobleme in Ordnung bringen möchte und nachher z. B. mit Hanf-Tee anfangen könne. Er meint dann auch, dass dies der vernünftigere Weg sei.

19.09.2017

Heute habe ich, um 09.00 Uhr, den neunten, und somit den letzten Termin bei meiner Physiotherapeutin. Ich gebe ihr daher zuerst die zweite Verfügung für weitere neun Termine. Sie macht sich zuerst, wie immer, Notizen über den Schmerzverlauf. Ich erzähle ihr, dass es am Freitag wieder sehr gut war, bis auch die schmerzenden Fingergelenke.

Der Samstag war leider sehr schlecht. Schon beim Aufstehen, der Morgentoilette und beim Frühstück hatte ich meine Probleme. Dann kamen starke Schmerzen, welche sich abwechselnd an verschiedenen Stellen meldeten. Vom rechten Schultergelenk, Schmerzen in den Muskel des rechten Oberarms, dem linken Unterschenkel, dem rechten Unterarm, dem linken Oberschenkel bis wieder zu meinem rechten Unterarm. Meine Oberschenkelmuskeln fühlten sich an, wie wenn sie müde wären. Ich fühlte mich generell schwach und müde. Ich gehe langsam und unsicher, wie ein alter Mann.

Seit acht Wochen habe ich nun diese stark geschwollen und schmerzende Fingergelenke. Nun sind die Schmerzen wieder so heftig, dass ich eine Schmerztablette Irfen retard 800 mg, sowie eine Tablette Mephanol 300 mg, ein Mittel gegen zu viel Harnsäure, nehme. Auch meine Füße sind nun schon acht Jahre, also seit 2009, praktisch ständig geschwollen. Damals gab mir die Ferienvertretung meines Hausarztes Torasem-Mepha 5, um das Wasser aus meinen Füßen abzuleiten, sowie als Unterstützung Aspirin Cardio 100. Zudem bekam ich noch Nitroglycerine gegen das Klemmen auf der Brust. Von der Praxis meines Hausarztes wurden mir dann noch Stützstrümpfe verordnet. Aber sonst hat man nichts gemacht.

Die Übungen mit dem Theraband bringen für einen kurzen Moment Erleichterung.

Meine Therapeutin will zuerst wissen, wie weit ich mit meinen Armen nach oben komme, ohne dass es schmerzt. Während ich am Morgen nur auf etwa 30° gekommen bin, komme ich rechts fast in die Senkrechte und links auf ca. 60°.

Sie fragt mich dann, wie es beim Neurologen gegangen sei. Ich erzähle ihr, dass er immer noch der Meinung ist, dass ich mich von einem Rheumatologen untersuchen lassen sollte. Da sie auch dieser Meinung ist, kann sie nicht verstehen, dass mich meinen Hausarzt nicht zum Rheumatologen schickt. Sie fordert mich dann auf, dass ich, wenn ich zum Orthopäden zur Schulter-Ellbogen-Hand-Sprechstunde gehe, neben den Schulterproblemen meine geschwollenen Füße und Hände, sowie die schmerzenden Finger und ihre Ansicht, sowie die vom Neurologen erwähnen solle.

Die Therapeutin massiert zuerst meine beiden Schultergelenke und löst damit die Verspannungen im Nacken. Anschließend bin ich fast schmerzfrei. Dann muss ich den rechten Arm locker in ihren Arm legen. Sie macht nun leichte Bewegungen bis die restlichen Schmerzen im Schultergelenk verschwinden. Anschließend macht sie das Gleiche auf meiner linken Seite. Zwischendurch muss ich meine Arme hochheben. Am Schluss komme ich mit beiden Armen ohne Schmerzen ganz nach oben. Abschließend tapt sie beide Schultergelenke.

Sie fordert mich noch einmal auf, zu Hause unbedingt die Übungen zu machen.

20.09.2017

Nachdem ich unruhig geschlafen habe, erwache ich mit starken Schmerzen im rechten Oberarmmuskel, den Gelenkschmerzen in den Fingern, sowie den geschwollenen Füßen und Händen. Der Tag verläuft ähnlich wie der 16.09.2017.

Beim Spazieren kann ich nur ganz langsam gehen. Als ich den Bach entlang spaziere, ist eine ältere Frau vor mir viel schneller, obwohl sie an Stöcken geht. Ich brauche doppelt so lange als noch vor acht Wochen, als diese jetzige Schmerzphase angefangen hat.

21.09.2017

Nachdem ich unruhig geschlafen habe, erwache ich mit starken Schmerzen im rechten Oberarmmuskel. Ich habe den ganzen Tag leichte Schulterschmerzen und starke Gelenkschmerzen an den Fingern. Die wandernden Schmerzen sind heute etwas weniger. Die Füße und Hände sind wie immer stark geschwollen. Obwohl das Wetter schön ist und zum Spazieren einlädt, kann ich es nicht genießen, denn meine Beine fühlen sich schwer und kraftlos an und wollen nicht mehr richtig. Heute ist zudem wieder so ein Tag, wo ich stärkere Zuckungen habe, vor allem im linken Unterschenkel und dem linken Unterarm. Ich bin schlecht aufgelegt und bin am Überlegen, ob ich nicht in den Notfall gehen soll.

Mein Hausarzt sendet mir ein E-Mail mit den letzten Laborwerten.

Guten Tag Walter
beiliegend erhältst Du Deine Laborwerte mit Kommentar.

Herzlich grüß
P.

Die Laborwerte zeigen folgendes:

1. **Blutbild**: Das Blutbild ist weitgehend unauffällig und (abgesehen vom Moment des 1.9.) ohne Hinweise auf Entzündung durch Bakterien oder Viren.

2. **Entzündung**: Das Entzündungseiweiß CRP ist in beiden Laboratorien unterschiedlich erhöht, aber erhöht. Auch die Blutsenkungsreaktion ist leicht erhöht. Diese Werte geben keinen Hinweis auf eine Ursache. Auch andere Formen der Entzündung, nicht nur Bakterien und Viren, können diese Werte beeinflussen.

3. **Zuckerstoffwechsel**: Der Nüchternzucker ist kurz nach dem Imbiss nicht eindeutig beurteilbar, da der Blutzucker nach einer Mahlzeit immer leicht ansteigt und erst nach 1-2 Stunden normalisiert ist. Der 3- Monatszucker HbA1c ist aber gerade noch normal.

4. **Nierenfunktion**: Die Mineralien, die durch die Niere kontrolliert werden, sind normal (Bei der ersten Bestimmung bei Deinem Neurologen wurde das Blut ziemlich sicher zu lange stehen gelassen.), Die Werte, die der Nierendurchblutung entsprechen (GFR) sind im unteren Normbereich. Die Niere arbeitet also gut.

5. **Testosteron**: Das Testosteron war bei der letzten Injektion vor 6 Wochen deutlich zu tief. Am 14.6.17 war der Wert nach 6 Wochen Abstand zur Vorinjektion noch deutlich normal gewesen (14.0 nmol/l). Testosteron wird bei einer Entzündung rascher verbraucht als ohne. Die nächste Injektion mit 0.5 Ampullen Nebido würde ich in 4 Wochen, also um den 4.10.17, machen lassen (mit Blutentnahme für Testosteron). Gleichzeitig sollten wir aktiv nach der Quelle der Entzündung suchen (Harnsäure, Quecksilber, anderes). Diese Entzündung ist für Deinen momentan schlechten Zustand mit Schmerzen verantwortlich.

Endlich aufwärts

Heute habe ich um 13:00 Uhr den ersten Termin in der Schulter-Ellbogen-Hand-Sprechstunde. Für mich beginnt die Untersuchung enttäuschend, da ich erwartet habe, dass beide Schultern und beide Hände geröntgt werden. Beim Röntgen erklärt mir aber die Röntgenassistentin, dass sie nur den Auftrag habe die rechte Schulter zu röntgen. Die linke Schulter und die Hände werden nicht geröntgt, obwohl ich dort ebenfalls heftige Schmerzen habe, vor allem in den Fingergelenken. Nach dem Röntgen, bei dem ich zwei Mal eine komische Stellung einnehmen muss, habe ich einen Termin in der Sprechstunde. Der Assistenzarzt macht eine gründliche Untersuchung meiner rechten Schultern. Mit diversen Bewegungen testet er aus, wann ich Schmerzen habe. Er macht sich dabei diverse Notizen.

Er schaut sich aber auch meine geschwollenen Hände an und meint, dass dies sehr wahrscheinlich nicht mit meinem Schulterproblemen zusammenhänge, und es reiner Zufall gewesen sei, dass die Schmerzen in den Schultern und den Händen aufgetreten seien.

Nach einer gewissen Zeit ruft er den Oberarzt dazu, welcher neben den gleichen Untersuchungen wie der Assistenzarzt noch zusätzliche Bewegungstests macht. Die Röntgenbilder zeigen nicht ganz klar ein Impingement-Syndrom, es könnte aber sein. Deshalb schlägt er vor, eine Kombinationsspritze zu machen welche neben einem Betäubungsmittel auch Cortison enthält. Nachdem er mir die Spritze gemacht hatte muss ich eine Viertelstunde liegen. Anschließend macht der Oberarzt einen Teil der Tests noch einmal. Dieses Mal habe ich keine Schmerzen mehr. Nun ist er sicher, dass es sich um ein Impingement-Syndrom handeln müsse. Er erklärt mir dann, dass das Betäubungsmittel etwa zwölf Stunden wirke, während das Cortison erst nach 2 Tagen seine Wirkung zeigen werde. Von den Schmerzmitteln Irfen 800 rät er mir eher ab.

Der Oberarzt schaut sich meine geschwollenen Hände an und drückt an meinen schmerzenden Finger herum, was sehr schmerzhaft ist. Auch er meint, dass diese nichts mit meinen Schulterproblemen zu tun habe und rät mir, zu einem Rheumatologen zu gehen. Er wundert sich, dass man dies nicht schon früher getan habe, denn je länger man warte, umso steifer werden die Finger. Er werde meinem Hausarzt einen Bericht schreiben.

Gleichzeitig verordnet er mir weitere Physiotherapie für das Schulterproblem und Ergotherapie für meine Finger.

Bei der Physio möchte er vor allem eine aktive Schultermobilisation mit Kapseldehnungsübungen, sowie Übungen zur Kräftigung der Schultermuskulatur.

Bei der Ergotherapie wünscht er sich Lymphdrainage, Schwellungsprophylaxe und Fingermobilisation zur Entsteifung der Finger.

Am Schluss gibt man mir noch einen neuen Röntgen- und Infiltrationstermin für die linke Schulter, welcher etwa in 2 bis 3 Wochen sein sollte. Bis dann sehe man auch, wie sich die heutige Spritze und die Therapien bei meiner rechten Schulter ausgewirkt haben. Für den Termin solle ich telefonisch einen Termin abmachen.

26.09.2017

Ich rufe wegen einem weiteren Röntgen- und Schultersprechstundentermin in der Orthopädie des Kantonsspitals in L. an. Man gibt mir einen Termin für 18.10.2017 um 11:00 Uhr Röntgen der linken Schulter und um 11:30 Uhr Sprechstunde beim Oberarzt.

28.09.2017

Heute habe ich um 08:15 Uhr den ersten Ergotherapie-Termin im Kantonsspitals L. Mein erster Kontakt mit der Therapeutin verläuft angenehm und freundlich.

Zuerst informiere ich sie, in groben Zügen, über meine bisherige Krankengeschichte von meiner schmerzenden Schulter.

Ich erzähle ihr, dass es eigentlich am 28.07.2017 angefangen hätte nach der ersten Alpha-Liponsäure- und B12-Infusion welche dazu gedacht war, meinen Körper zu entgiften.

Leider wurde ich dann von heftigen Schmerzen im rechten Schulterbereich vom Nacken über die Schulter bis zum rechten Handgelenk geplagt. Ich konnte den Arm nicht mehr hochheben. Der Arm war vom Ellbogen bis zur Schulter hart und steif. Gleichzeitig fühlte sich auch meine linke Wade, vom Fußknöchel bis zum Knie, steinhart an und war auch schmerzhaft. Die Fußknöchel und Hände waren dabei wie aufgeblasen.

Heute sind meine Fußknöchel und Hände nicht mehr so geschwollen. In der Schulter habe ich im Moment keine Schmerzen. Die Schmerzen in den Fingergelenken sind heute auch nicht so heftig. Auch die Beweglichkeit der Finger ist viel besser als noch vor ein paar Tagen.

Sie will zuerst wissen, wie mein Alltag aussieht und ob ich genügend Bewegung habe. Da ich ihr erzähle, dass Kälte mir etwas Erleichterung gebracht habe, holt sie drei kühlende Linsensäcklein. Während ich die linke Hand auf eines der Säcklein lege und eine anderes Säcklein drüber, muss ich meine rechte Hand auf das dritte Linsensäcklein, welches auf einer Unterlage liegt, legen. Nun will Sie sehen, ob ich eine Faust machen kann und wie weit ich die Finger zusammenziehen oder strecken kann. Sie bewegt nun jeden Finger einzeln ganz langsam nach hinten und wieder zurück. Am Anfang ist es zum Teil noch schmerzhaft. Mit der Zeit lassen die Schmerzen aber nach. Die Ergotherapeutin meint, dass es bei mir nicht so schlimm sei und ich gute Chancen hätte, meine Finger wieder normal zu bewegen. Sie meint auch, dass ich meine Finger möglichst viel, aber langsam bewegen solle, und zwar immer so weit, dass es nicht schmerzt. Ich bekomme einen zylinderförmigen Schaumstoffrugel, 6 cm Durchmesser und 9 cm lang, den ich zusammendrücken und wieder loslassen kann und der mir hilft, die Finger beweglicher zu machen. Weiter bekomme ich ein Schaumstoffröhrchen, 3 cm x 1 cm Durchmesser und 9 cm lang, welches ich z.B. über ein Besteck oder einen Kugelschreiber stülpen kann und der mir erlaubt, diese Ge-

genstände besser zu halten. Nach den Bewegungsübungen mit der rechten Hand behandelt die Therapeutin noch meine linke Hand.

Heute spritze ich eine halbe Dosis B12 in meinen Bauch.

29.09.2017

Mein Hausarzt ruft mich ca. 08:20 Uhr an wegen meinen Berichten und den Berichten von meinem Neurologen und vom Oberarzt aus der Schulter-Ellbogen-Hand-Sprechstunde, welche beide finden, dass ich wegen den Händen zu einem Rheumatologen gehen sollte. Ich merke, dass er den Sinn immer noch nicht einsieht, mich zu einem Rheumatologen zu schicken. Schließlich willigt er aber doch ein mich nach L. zu schicken. Als ich ihn frage, wieso er mich nicht in S. zum Rheumatologen überweisen wolle, erklärt er mir etwas zögernd, dass er die Patienten nicht gerne zu dem Arzt dort schicke, weil er zu wenig auf seine Patienten eingehe und manchmal etwas mürrisch sei. Deshalb überweise er seine Patienten lieber zu einem der Rheumatologen in L., welche etwas jünger seien und die Patienten nach den neusten Erkenntnissen behandeln. Was mein Hausarzt über den Arzt in S. sagt, habe ich auch schon gehört, weshalb es mir eigentlich besser gefällt nach L. zu gehen. Hauptsache, ich kann meine rheumatischen Probleme einmal abklären.

Im Moment sind meine Füße und Hände nicht geschwollen. Auch in den Schultergelenken habe ich heute keine Schmerzen. Zum Glück habe ich nur leichte Schmerzen in den Fingergelenken. Mein Hausarzt kann sich aber meine Schmerzattacken und auch die Gelenkschmerzen immer noch nicht ganz erklären. Er meint zwar auch, dass irgendwo eine Entzündung in meinem Körper sein müsse, er könne mir aber nicht sagen wo.

Am Nachmittag bin ich schmerzfrei und voller Energie. Seit langem habe ich wieder Lust im Garten zu arbeiten. Rasen mähen und Trauben schneiden erfüllen mich mit großer Freude und stellen mich richtig auf. Sogar bücken kann ich mich, wie ich es in den vergangenen fünf Wochen nicht mehr konnte.

30.09.2017

Heute wache ich mit starken Schmerzen in meinen Fingergelenken auf, welche den ganzen Tag anhalten. Die Finger bewegen ist, eine richtige Tortur. Die Fingerübungen, welche mir die Ergotherapeutin gezeigt hat, nützen nichts. Ich bin so enttäuscht, vor allem, weil es gestern so gut gegangen ist und ich schon Hoffnung hatte, dass es endlich besser wird und aufwärts geht. Auch mein Zittern im linken Fuß und dem linken Arm war seit langem nicht mehr so heftig. Zum Glück habe ich keine Schmerzen in meinen Schultergelenken. Leider bin ich heute den ganzen Tag müde und ohne Energie.

01.10.2017

Der heutige Tag verläuft gleich wie der gestrige, also mit Fingergelenkschmerzen, Zittern im linken Bein und linken Arm. Das Schultergelenk links schmerzt leicht. Ich kann den Arm nicht bis ganz oben drehen. Auch heute bin ich müde und ohne Energie.

02.10.2017

Heute habe ich um 11.30 Uhr den zweiten Ergotherapie-Termin im Kantonsspitals L. Ich erzähle der Therapeutin zuerst, wie es mir ergangen ist seit letztem Donnerstag. Am Donnerstag und Freitag war ich fast schmerzfrei. Ich konnte meine Finger recht gut bewegen. Samstag und Sonntag waren dann wieder recht schmerzhaft. Ich konnte meine Finger nicht mehr richtig bewegen oder wenn, nur mit Schmerzen. Ich kann mit beiden Händen keine Faust machen oder die Finger strecken. Wie das letzte Mal muss ich die linke Hand auf eines der kühlen Linsensäcklein legen. Sie legt dann ein zweites kühlendes Säcklein über die Hand. Die rechte Hand lege ich auf das dritte kühlende Säcklein, welches auf einer Unterlage liegt. Wie das letzte Mal bewegt Sie nun jedes Fingergelenk einzeln ganz langsam nach hinten und wieder zurück. Am Anfang ist es zum Teil noch schmerzhaft. Mit der Zeit lassen die Schmerzen aber nach.

Bevor sie meine linke Hand behandelt, tapt sie noch meine rechte Hand. Dazu schneidet sie ein Tape, welches von der Fingerkuppe bis zum Handgelenk reicht, so ein, dass vier schmale Streifen entstehen, welche, außer dem Daumen, über die einzelnen Finger geklebt werden.

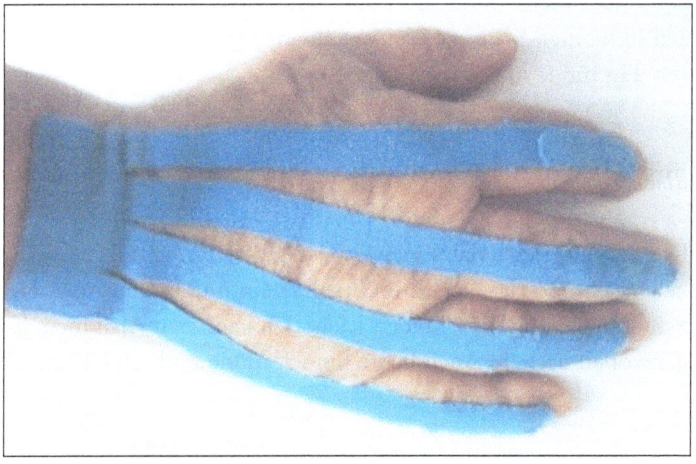

Nach den Bewegungsübungen mit der rechten Hand behandelt Sie noch meine linke Hand.

244

04.10.2017

Heute habe ich einen Nebidotermin in der meinem Hausarzt. Als ich der Praxisassistentin erkläre, dass ich im Moment nicht schreiben könne wegen meinen Fingerschmerzen, füllt sie den Nebidoausweis aus.

Beim Hinausgehen sehe ich noch kurz meinen Hausarzt. Er sieht, dass die Finger meiner rechten Hand getapt sind und fragt mich, wie es mir gehe. Ich erzähle, dass ich einfach Schmerzen in meinen Fingergelenken hätte und die Finger auch nicht richtig bewegen könne. Er tastet darauf meine rechte Schulter ab und findet vor allem im vorderen Teil ein paar schmerzende Punkte. Darauf meint er, dass ich der Physiotherapeutin sagen solle, dass sie den vorderen Muskel behandeln solle, denn dieser habe auch einen Einfluss auf die Finger.

Mein Hausarzt erwähnt dann kurz, dass er noch nicht ganz fertig sei mit dem Bericht für den Rheumatologen. Bis jetzt hätte er drei Seiten geschrieben. Für mich heißt dies, dass er mich noch nicht angemeldet hat.

05.10.2017

Heute habe ich um 08:00 Uhr den dritten Ergotherapie-Termin im Kantonsspitals L. Ich erzähle der Therapeutin zuerst, wie es mir ergangen ist seit letztem Montag. Wie das letzte Mal waren der Tag der Behandlung und der folgende Tag wieder fast schmerzfrei. Ich konnte meine Finger recht gut bewegen. Die Hand, welche sie das letzte Mal getapt hat war dabei etwas besser. Am meisten Probleme habe ich am Morgen, wenn ich aufwache. Dann kann ich meine Finger nicht mehr richtig bewegen oder wenn, nur mit Schmerzen. Ich kann mit beiden Händen keine Faust machen oder die Finger strecken.

Dieses Mal lege ich zuerst meine rechte Hand auf eine Unterlage, während ich die linke Hand auf einem Tüchlein lege. Sie behandelt nun alle meine Fingergelenke der rechten Hand, so wie sie es die letzten beiden Male gemacht hat. Sie bewegt dabei jedes Fingergelenk einzeln ganz langsam nach hinten und wieder zurück. Am Anfang ist es zum Teil noch schmerzhaft. Mit der Zeit lassen die Schmerzen aber nach, bis ich fast eine Faust machen kann. Anschließend macht sie dasselbe mit den Fingern der linken Hand.

Bevor Sie die Finger tapt, gehen wir in den Nebenraum, wo sie die einzelnen Fingergelenke der rechten Hand mit dem Laser behandelt. Im Gegensatz zu meinem Hausarzt, bei dem ich auch schon Laserbehandlungen hatte, legen wir hier beide eine spezielle Brille an, zum Schutz der Augen.

Beim Tapen wendet sie heute eine andere Methode an, indem sie einzelne Streifen schneidet.

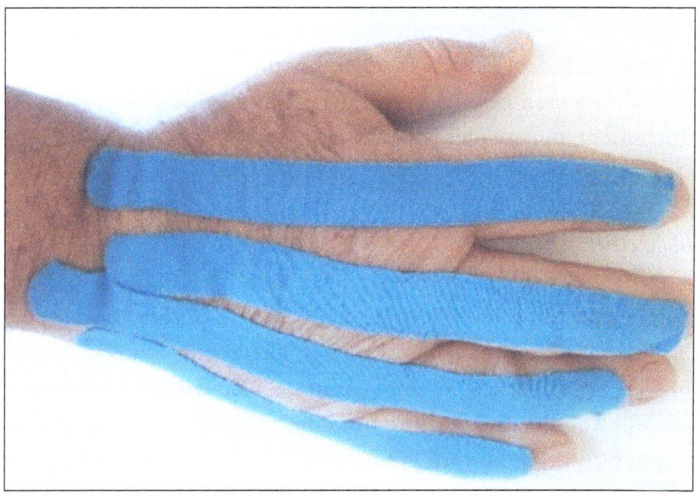

07.10.2017

Nachdem gestern nicht so schlecht war, habe ich heute schon beim Aufwachen zum Teil heftige Schmerzen in meinen Fingergelenken. Ich kann die Finger nicht strecken und auch nicht zu einer Faust zusammenrollen. Wenn ich meine Beine mit Venensalbe einstreichen möchte, ist es sehr schmerzhaft. Mein rechtes Handgelenk und das linke Kiefergelenk sind heute auch schmerzhaft. Ich habe Mühe beim Essen. Ich frage mich, ob ich mit meinen anderen gesundheitlichen Problemen nicht schon genug habe, muss nun das Kiefergelenk auch noch sein. Es scheint irgendwie mein Schicksal zu sein, dass ich beruflich und vor allem gesundheitlich kein Glück haben soll in meinem Leben.

08.10.2017

Ich sende meinem Hausarzt ein E-Mail.

Lieber P.

Da ich seit etwa drei Wochen, wegen Fingergelenkschmerzen, nicht mehr von Hand und seit bald zwei Wochen auch nur mit Mühe am Computer zu schreiben, muss ich mich kürzer fassen. In den vergangenen Wochen hat sich leider nicht viel geändert. Die Physiotherapie für die Schulter und die Ergotherapie für meine Finger tun mir zwar kurzzeitig gut, aber es hält nicht an.

Die Tage verlaufen dabei wie folgt:
- *Probleme beim Aufstehen, bei der Morgentoilette, beim Anziehen, beim Essen usw.*
- *Stützstrümpfe kann ich nicht mehr anziehen. (keine Kraft)*
- *Die Beine einstreichen geht nicht mehr, da mich die Fingergelenke schmerzen.*
- *Füße und Hände sind oft eingeschlafen und geschwollene.*
- *Seit gestern habe ich wieder leichte Kniegelenkschmerzen rechts.*
- *Fast ständige, heftige Fuß-, Hand- und Fingergelenkeschmerzen.*
- *Zeitweise beidseitig heftige Schmerzen von den Fingern, den Ellbogen über die Schultern bis zum Nacken, sodass ich die Arme nicht mehr hochheben kann, wobei die rechte Schulter wesentlich besser ist, seit der Oberarzt mir eine Injektion gemacht hat.*

- *Wenn ich mit meiner linken Hand etwas heben möchte, geht es nicht, da ich heftige Schmerzen im Oberarm bekomme.*
- *Die Finger sind dabei manchmal unbeweglich und steif*
- *Ich kann die Finger nicht mehr strecken oder eine Faust machen.*
- *Ich habe Probleme beim Essen, da ich den Arm nicht hochheben kann, vor allem links.*
- *Ich kann keine Flasche öffnen oder einen Löffel halten (keine Kraft)*
- *Seit gestern habe ich auch Schmerzen am linken Kiefergelenk, weshalb ich Mühe habe beim Essen.*
- *Ich kann mich nicht mehr bücken.*
- *Zeitweise habe fühle ich wandernde Schmerzen in meinem Körper.*
- *In der Nacht habe ich zeitweise Schweißausbrüche.*
- *Zeitweise habe ich starkes Augenbrennen.*
- *Ich habe Probleme beim Aufstehen von einem Stuhl, da meine Oberschenkelmuskeln schmerzen.*
- *Ich kann nicht mehr so oft spazieren gehen, weil meine Oberschenkel schmerzen.*
- *Probleme beim Ausziehen, Abendtoilette, Pyjama anziehen.*
- *Probleme beim Einschlafen*
- *usw. usw.*

Im Moment bin ich etwas frustriert. Ich kann nichts mehr machen, ohne gleich Schmerzen zu haben. Gestern bin ich seit ein paar Wochen zum ersten Mal wieder spazieren gegangen. Ich habe allerdings fast doppelt so lange gebraucht als vorher und musste immer wieder Pausen einlegen.

Zum Glück hat meine Frau Verständnis für meine Lage, denn ich kann ihr nicht mehr viel helfen, ohne gleich Schmerzen zu haben. Trotzdem stört es mich, ihr nicht mehr groß helfen zu können.

Liebe Grüße
Walter Schaub

Mein Hausarzt sendet mir ein E-Mail mit Laborblättern und der Überweisung an die Rheumatologen.

Lieber Walter

Ich habe am 3.10. eine Überweisung an einen Rheumatologen in L. per Fax versandt. Ich lege sie Dir im Mail bei. Rufe doch in der Praxis an und mache einen Termin ab. Dann wissen wir am schnellsten, was los ist.
Als Du letzte Woche bei uns zur Injektion und Blutentnahme warst, war die Harnsäure erhöht. Die Harnsäure bewirkt selber Entzündung im Körper und kann auch die Gicht auslösen. Vielleicht sind wechselnde Mengen von Harnsäure im Blut auch für Dein wechselhaftes Ergehen verantwortlich. Die Dosierung mit Allopurinol 0.Tbl ist zu gering. Nimm bitte 1 Tablette täglich ein. In zwei bis drei Wochen können wir die Harnsäure erneut messen. Wie im Laborblatt geschrieben, würde ich auch den Abstand zwischen den Nebido-Injektionen verkürzen bei unverändert 0.5 Ampullen zur Injektion. Aktuell empfehle ich 2½ – 3 Wochen Abstand. Wir werden dann erneut Testosteron und Harnsäure im Blut kontrollieren.

Herzlich grüßt inzwischen
P.

09.10.2017

Heute habe ich um 08:15 Uhr den vierten Ergotherapie-Termin im Kantonsspitals L. Ich erzähle der Therapeutin zuerst, wie es mir ergangen ist seit letztem Donnerstag. Wie das letzte Mal waren der Tag der Behandlung und der folgende Tag wieder fast schmerzfrei. Ich konnte meine Finger recht gut bewegen. Die Hand, welche sie das letzte Mal mit Laser behandelt hat, war dabei etwas besser. Am meisten Probleme habe ich am Morgen, wenn ich aufwache. Dann kann ich meine Finger nicht mehr richtig

bewegen oder wenn, nur mit Schmerzen. Ich kann mit beiden
Händen keine Faust machen oder die Finger strecken. Am Samstag und Sonntag, war es aber allgemein nicht gut, denn ich hatte an diversen Gelenken Schmerzen, was vielleicht auf das nasskalte Wetter zurückzuführen ist.

Wie das letzte Mal muss ich die linke Hand auf eines der
kühlen Linsensäcklein legen. Sie legt dann ein zweites kühlendes Säcklein über die Hand. Die rechte Hand lege ich auf das
dritte kühlende Säcklein, welches auf einer Unterlage liegt. Wie
immer die letzten Male bewegt die Therapeutin nun jedes Fingergelenk einzeln ganz langsam nach hinten und wieder zurück.
Am Anfang ist es zum Teil noch schmerzhaft. Mit der Zeit lassen
die Schmerzen aber nach, bis ich fast eine Faust machen kann.
Anschließend behandelt sie meine linke Hand, während ich die
rechte Hand zwischen die kühlenden Linsensäcklein lege.

Bevor sie die Gelenke meiner rechten Hand, im Nebenraum,
mit Laser behandelt, stellt sie eine größere Schale vor mich hin,
welche gefüllt ist mit Linsen. Sie bittet mich meine Hände in
den kühlenden Linsen zu „baden" und hin und her zu bewegen.
Nach der Laserbehandlung, bei der wir wieder Schutzbrillen tragen, werden die Finger meiner beiden Hände getapt.

10.10.2017

Ich telefoniere mit der Rheumatologie-Praxis in L., zwecks einer rheumatischen Untersuchung. Die Ordinationshilfe erklärt
mir, dass sie die letzten Wochen Ferien hatten und seit gestern
Montag einige Überweisungen bekommen hätten. Zudem sei
der Arzt immer noch in den Ferien. Der nächste Termin, den sie
mir geben könne, sei in zwei Wochen, am 24.10.2017 um 11:00
Uhr. Für mich heißt dies, zwei Wochen lang diese Fingergelenkschmerzen ertragen.

Heute habe ich um 08:15 Uhr den fünften Ergotherapie-Termin im Kantonsspitals L. Zuerst stellt mir die Therapeutin die Schale hin mit den Linsen, damit ich wie das letzte Mal meine Hände darin „baden" kann. Ich erzähle ihr, wie es mir ergangen ist seit letztem Montag. Wie das letzte Mal waren der Tag der Behandlung und der folgende Tag wieder fast schmerzfrei. Wenn ich die Finger nicht bewege, bin ich schmerzfrei. Wenn ich aber etwas greifen möchte, die Finger strecken oder zu einer Faust machen möchte, habe ich Schmerzen. Zuerst behandelt sie meine Unterarmmuskeln auf der rechten Seite, dabei findet sie einige sehr schmerzhafte Punkte. Anschließend bewegt sie, wie schon die letzten Male, nun jedes Fingergelenk einzeln ganz langsam nach hinten und wieder zurück. Am Anfang ist es zum Teil noch schmerzhaft. Mit der Zeit lassen die Schmerzen aber nach, bis ich fast eine Faust machen kann. Anschließend behandelt sie meine linke Hand. Da meine Finger etwas geschwollen sind, bekomme ich Kompressionshandschuhe, welche ich nun pro Tag ein paar Stunden tragen soll.

Um ca. 10:30 Uhr ruft mich eine Assistentin von der Rheumatologie-Praxis in L. an. Sie fragt mich, ob ich schon Morgen Freitag den 13.10.2017 um 15:00 Uhr kommen möchte, denn es hätte jemand abgesagt. Natürlich bin ich froh, wenn ich früher gehen kann, also sage ich zu.

Heute spritze ich eine halbe Dosis B12 in meinen Bauch. (Siehe 08.03.2017)

13.10.2017

Ich habe um 15:00 Uhr einen Termin in der Rheumatologie-Praxis in L. Mein erster Eindruck von dem Arzt ist nicht gerade positiv. Nachdem er mich aufgefordert hat, was meine Probleme sind, beginne ich ihm über meine Schmerzen in den Schultern und Finger zu erzählen, aber er unterbricht mich und forderte mich auf, beim Wesentlichen zu bleiben, denn er wolle nur wissen, wie es angefangen hätte. Er macht sich Notizen und schreibt dabei recht schnell auf der Tastatur herum.

Nachdem ich meine Hosen und den Pullover ausgezogen habe, muss ich zuerst hin- und herlaufen. Dann muss ich auf den Fersen und anschließend auf den Zehen hin- und herlaufen. Anschließend muss ich mich auf die Bettkannte setzen. Der Arzt untersucht mich gründlich. Er klopft zuerst meinen Kopf, die Brust und den Rücken ab. Dann muss ich ein- und ausatmen, während er meine Brust und den Rücken mit dem Stethoskop abhört. Anschließend macht er mit den Knien, den Armen, den Händen und Fingern Bewegungstests. Er schaut sich meine geschwollenen Hände an und drückt und bewegt an meinen schmerzenden Finger herum, was sehr schmerzhaft ist. Er sieht auch, dass ich meine Finger nicht strecken oder zur Faust machen kann. Er meint, dass ich eindeutig unter Polyarthritis leiden würde. Ich muss mich dann auf den Rücken legen und er bewegt meine Arme hin und her, um festzustellen wo es mir weh tut. Den rechten Arm kann ich ohne Schmerzen bewegen, während es beim linken Arm nicht so gut geht und es Schmerzen auslöst, welche manchmal recht heftig einfahren, vor allem kann ich ihn nicht weit nach oben bewegen. Er gibt mir ein Blutdruckmessgerät ohne Schläuche, aber mit Manometer. Ich muss nun mit der rechten, später mit der linken Hand den Ball so gut als möglich zusammendrücken, worauf es im Manometer die jeweilige Kraft anzeigt. Anschließend bewegt er meine Beine in diverse Richtungen, um zu schauen ob ich Schmerzen bekomme, was zum Glück nicht der Fall ist.

Was meine geschwollenen Finger angeht, kann er nicht verstehen, dass mein Hausarzt so lange gewartet hat, bis er mich zu ihm oder einem anderen Rheumatologen geschickt hat, denn je früher man diese Krankheit erkenne und entsprechend behandelt, umso besser ist es für den Patienten. Je schneller Rheumatoide Arthritis mit Medikamenten behandelt wird, desto früher kann man die Krankheit stoppen und verhindern, dass Gelenke zerstört werden. Seit dem Ausbruch der Schulter- und Fingergelenkschmerzen sind nun aber elf Wochen verstrichen. (seit 28.07.2017)

Als mich der Rheumatologe fragt, wieso ich Schmerzen an meinem linken Schultergelenk hätte, denn im Bericht von meinem Hausarzt stehe nur etwas von rechts, erwähne ich, dass es rechts angefangen hat und zwei Tage später auch die linke Seite getroffen habe. Er will dann wissen, was ich gemacht hätte, dass ich rechts nicht mehr Schmerzen habe.

Ich erkläre, dass ich in der Schultersprechstunde vom Kantonsspital gewesen sei und man mir dort eine Kombinationsspritze gemacht habe, welche neben einem Betäubungsmittel auch Cortison enthielt. Zudem hätten sie mir noch Physiotherapie für das Schulterproblem verordnet und Ergotherapie für meine Finger. Darauf meinte er, dass er mir links auch eine Spritze geben könne, worauf ich ihm erklärte, dass ich noch warten möchte. Wegen der Ergotherapie meinte er, dass dies nichts bringe, da man dies vor allem nach Unfällen anwende und nicht bei Polyarthritis, wie in meinem Fall, denn bei mir müsse man dies medikamentös behandeln.

Er meint dann, dass ich mich darauf einstellen müsse, dass es eine gewisse Zeit brauche, bis ich ganz schmerzfrei sei. Der Rheumatologe diktiert anschließend einige Informationen über den Bewegungstest an den Computer.

Dann schlägt er mir vor, dass seine Praxisassistentin mir nachher zeige, wie ich mir eine Metoject 15 mg Spritze selber spritzen könne. Dies ist ein Mittel gegen Polyarthritis. Zudem bekomme ich noch diverse andere Mittel:

Calcium D3 Sandoz	bei Personen mit Calcium- und Vitamin-D-Mangel oder bei hohem Risiko für einen Mangelzustand
Acidum folicum Streuli 5mg	bei Folsäuremangel
Spiricort 20mg	bei chronischer Polyarthritis, Arthrosen
Soft-Zellin Alkoholtupfer	zur Desinfizierung vor Verabreichung der Metoject 15 mg Spritze
Ibuprofene Sandoz 600mg	bei Behandlung von Schmerz und Entzündung bei rheumatischen Erkrankungen wie Arthrosen

Anschließend müsse ich folgenden Plan einhalten:

1 Mal Täglich	Calcium D3	am Morgen
1 Mal pro Woche	Metoject 15 mg Spritzen	am Freitagabend
2 Mal pro Woche	Acidum folicum Streuli 5mg	am Samstag- und Sonntagmorgen
Erste Woche	Spiricort 20 mg 1 Tablette	am Montag-, Dienstag- und Mittwochmorgen (erste Woche)
	Spiricort20 mg ¾ Tablette	am Donnerstag-, Freitag- und Samstagmorgen (erste Woche)
Restliche Tage	Spiricort 20 mg ½ Tablette	von Sonntag-, Montag- und Dienstagtagmorgen usw. (bis Ende 6te Woche)
Bis 3 Malpro Tag	Ibuprofene Sandoz 600mg	bei Schmerzen

Inzwischen hat sich der Rheumatologe geöffnet und ist wesentlich freundlicher. Er spricht nun ruhiger und nicht mehr so von oben herab wie am Anfang. Er erklärt mir noch einmal ruhig, wie er bei meiner Behandlung vorgehen wolle und erwähnt noch einmal, dass ich Geduld brauche. In sechs Wochen werde er meine Hände röntgen, um zu sehen, ob sich etwas verändert hat. Zudem werde er meinem Hausarzt einen Bericht schreiben.

Er gibt seiner Assistentin den Auftrag, mir drei Röhrchen Blut zu entnehmen und zu zeigen, wie ich mir Metoject 15 mg spritzen könne. Da ich das Selberspritzen schon von meinen B12-Spritzen kenne, ist sie ganz erstaunt, wie ich dies machte. Anschließend gibt sie mir die diversen Medikamente, eine Patienteninformation über Metoject 15 mg, eine Broschüre über rheumatoide Arthritis, eine Box für die Spritzenentsorgung, sowie den nächsten Termin für den 24.11.2017 um 10:30 Uhr.

Nun haben diese Schmerzen in meinen Fingergelenken doch einen Name nämlich RA für Rheumatoide Arthritis. Die Ursache dieser Krankheit ist die Innenhaut, bei der die Gelenkkapsel entzündet ist. Dies führt zu Schmerzen, Schwellungen, Ergüssen, Überwärmung und eingeschränkter Beweglichkeit. Die Entzündung setzt Enzyme (Fermente) frei, welche Knorpel, Knochen und andere Strukturen des betroffenen Gelenks angreifen und zerstören können. RA ist die entzündlichste Gelenkkrankheit. Ca. 1 % erkrankt an dieser Krankheit, wobei Frauen häufiger befallen sind als Männer. Dass ich neben Parkinson und Polyneuropathie nun auch noch zu diesem 1 % gehöre, welche Rheumatoide Arthritis haben müssen, ärgert mich noch mehr, aber was kann ich dagegen tun, wenn der Herrgott dies für mich so bestimmt hat. Ich kann nur darauf hoffen, dass es irgendein Mal Medikamente gibt, welche diese Krankheiten stoppen oder gar heilen können.

Ich habe heute um 09:00 Uhr einen Termin in der Zahnarzt-Pra-xisHeute stehen, das Einsetzen einer Keramikkrone links oben und eine Füllung rechts unten auf dem Programm. Beim Einsetzen der Krone geht mein Zahnarzt vor, wie bei den anderen Implantaten. Zuerst entfernt er die Kappe auf dem eingewachsenen Implantat. Auch dieses Mal bin ich wieder fasziniert. Mit dem Scanner scannt er den oberen linken Teil meines Kiefers in seinen Computer. Er hat nun eine 3D-Darstellung davon und kann ihn drehen und wenden, so dass er diesen von allen Seiten sieht. Der Arzt gibt dem Computer den Befehl, dass er aus der Datenbank eine geeignete Krone aussuchen und auf dem Implantat platzieren solle. Nun macht er, am Computer, an der Krone noch ein paar Anpassungen und steckt sie probehalber einmal ins Implantat. Nachdem er den Kiefer ausgeblendet hat, kann er die Krone drehen und wenden und so von allen Seiten anschauen. Es zeigt ihm sogar farblich an, wo die Krone mit den Nachbarzähnen touchiert, was bedeutet, dass er dort noch ein wenig entfernen muss, was er auch am Computer machen kann. Nun gibt er dem Computer den Befehl, dass er die Daten dieser Krone an die Fräsmaschine senden solle. Nach der Eingabe gibt er nur noch das gewünschte Material, in unserem Fall Keramik ein und den Befehl die Krone herzustellen. Die Fräsmaschine holt sich dabei den entsprechenden Keramikblock und fräst daraus die gewünschte Krone, was ca. ¼ Stunde dauerte. Bevor die hergestellte Krone gesintert, oder glaciert wird, wird sie einmal eingesetzt, um zu schauen, ob sie passt. Anschließend wird sie auf das Implantat aufgeklebt. Das Resultat ist super.

Während der Aushärtung der Krone macht der Zahnarzt die Füllung rechts unten wieder in Ordnung. Am Schluss macht die Assistentin noch ein Röntgenbild, welches der Arztmit mir kurz anschaut. Er ist zufrieden damit.

Nun ist mein Mund endlich metallfrei. Ich hoffe nur, dass ich endlich etwas Ruhe habe und dass sich die, nicht gerade billige, Zahnsanierung auch auf meine Gesundheit auswirken wird.

20.10.2017

Heute habe ich um 09:30 Uhr den siebten Ergotherapie-Termin im Kantonsspitals L. Zuerst stellt mir die Therapeutin die Schale hin mit den Linsen, damit ich wie das letzte Mal meine Hände darin „baden" kann. Ich erzähle ihr, wie es mir ergangen ist seit letztem Montag. Wie das letzte Mal waren der Tag der Behandlung und der folgende Tag wieder fast schmerzfrei. Seit gestern Donnerstag habe ich aber vor allem in den mittleren drei Fingergelenken Schmerzen. Nach dem „Linsenbad" behandelt sie zuerst die Fingergelenke der rechten Hand. Anschließend macht sie das Gleiche auf der linken Seite.

Zu Beginn der Behandlung konnte ich wie immer keine Fäuste machen. Wenn die Behandlung fertig ist, bin ich fast immer schmerzfrei und kann die Fäuste machen. Leider hält es aber nicht so lange an.

Am Nachmittag spritze ich mir das Metoject 15 mg gegen meine Polyarthritis.

24.10.2017

Ich habe heute um 09:00 Uhr einen Nebido-Termin in die Praxis meines Hausarztes. Ich sehe P. nur kurz. Er sieht, dass ich Kompressionshandschuhe trage und möchte wissen, wer mir die gegeben hätte und ob es etwas bringe. Als ich ihm erzähle, dass ich die von der Ergotherapie bekommen hätte und mir eine gewisse Entlastung bringen würden, möchte er wissen, ob die Medikamente vom Rheumatologen etwas bringen, was ich auch mit ja beantworten kann. Es geht zwar langsam, aber sie bringen mir schon eine Erleichterung. Vor allem kann ich meine Arme wieder nach oben und die Finger wieder mehr bewegen.

P. erwähnt dann noch, dass aus dem Bericht des Rheumatologen hervorgeht, dass dieser sich die heftige Gichtattacke auch nicht erklären könne. Mein Hausarzt ist immer noch davon überzeugt, dass das Ganze mit den Borrelioseviren zusammenhängen müsse. Was er dagegen tun möchte, sagt er mir aber nicht. Ich habe auch keine Lust, mich auf eine Diskussion einzulassen.

Nach der Blutentnahme zwecks Bestimmung des Testosteron- und des Harnsäurewerts, füllt die Ordinationshilfe noch den Nebidoausweis nach.

25.10.2017

Heute habe ich um 10:30 Uhr den achten Ergotherapie-Termin im Kantonsspitals L. Da alle Ergotherapie-Plätze besetzt sind, gehen wir in ein anderes Zimmer. Die Therapeutin möchte zuerst wissen, wie es mir seit dem letzten Mal ergangen ist. Ich erzähle ihr, dass es eigentlich erstaunlich gut gegangen sei. Im Moment kann ich wieder eine Faust machen. Allerdings habe ich dann leichte Gelenkschmerzen in den mittleren drei Fingern. Zudem fühlt es sich an, wie wenn Ameisen in meinen Fingerspitzen herumspazieren würden.

Sie massiert nun meine leicht schmerzenden Fingergelenke und bewegt jeden Finger einzeln ganz langsam nach hinten und wieder zurück.

Anschließend bringt sie zwei Behälter mit Therapieknetmasse, die angewendet werden bei der Rehabilitation, zur Erhaltung der Fingerbeweglichkeit, nach Operationen, Verletzungen oder bei rheumatischen Beschwerden. Da beide verschiedene Härtegrade haben, nimmt sie von beiden ein wenig und mischt sie zu einem Ballen zusammen, und zwar so, dass die Härte für mich stimmt. Nun kann ich die Kraft in meinen Fingern trainieren. Zum Schluss mache ich noch die Übungen, welche sie mir am 16.10.2017 gezeigt hat. Zusätzlich zeigt sie mir noch, wie ich meine Finger um jedes Gelenk biegen und trainieren kann.

Heute spritze ich eine halbe Dosis B12 in meinen Bauch.

258

Klaus aus Huston schreibt mir. Nach meinem letzten E-Mail, in dem ich ihm von meinen Schulterproblemen und meiner damit verbundenen Bewegungslosigkeit geschrieben habe, ist er etwas geschockt, dass es mich so hart getroffen hat. Er hofft und wünscht mir, dass es nur vorübergehend ist.

Aber auch er hat ähnliche Probleme und hat z.B. beim Anziehen und Waschen seine Mühe. Auch Rasieren oder eine Türe öffnen, bereitet ihm Mühe. Während seine Frau noch unter den Folgen des Brustkrebses leidet, hat er, wie ich, auch mit Parkinson und Neuropathie zu kämpfen.

27.10.2017

Zu den üblichen Medikamenten muss ich heute noch ein halbes Spiricort 20, gegen chronische Polyarthritis, einnehmen.

Am Nachmittag spritze ich mir das Metoject 15 mg gegen meine Polyarthritis.

30.10.2017

Heute geht es mir vom Morgen an recht gut. Ich bin richtig aufgestellt. Ich kann nach acht Wochen zum ersten Mal wieder eine PET-Flasche öffnen, was für mich sehr viel bedeutet. Es zeigt mir, dass es wieder aufwärts geht. Wie jeden Tag gehe ich auch heute wieder eine Stunde spazieren. Dabei gehe ich von Z. oben durch nach S. und unten den Bach entlang wieder zurück. Immer, wenn ich auf dem höchsten Punkt bin, kann ich auf S. und Z. hinunterschauen. Aus Dankbarkeit bete ich zum Herrgott und danke ihm, dass ich trotz der diversen Krankheiten auch heute wieder hier oben stehen kann. Natürlich bitte ich ihn auch, mir, vor allem gesundheitlich, beizustehen und mich vom Parkinson, der Polyneuropathie, der Arthrose und den anderen Krankheiten zu befreien. Ich muss allerdings zugeben, dass ich in den letzten Wochen, in denen ich manchmal sehr gelitten habe, manchen Moment hatte, in denen ich am Herrgott gezweifelt habe und mich gefragt habe, wieso lässt er mich so leiden und wieso hilft er mir nicht. Es gab manchen Moment, wo ich geflucht habe, was ich nachher bereut habe. Ich bin sicher nicht der beste Christ, aber irgendwie habe ich all die Krankheiten nicht verdient. Allerdings liegt es nicht an mir, dies zu beurteilen. Der Herrgott sieht dies vielleicht anders und möchte mir etwas zeigen, nur weiß ich nicht, was.

Nun, ich genieße den jetzigen Moment, denn schon morgen kann es wieder anders sein.

03.11.2017

Zu den üblichen Medikamenten muss ich heute noch Spiricort 20, gegen chronische Polyarthritis, einnehmen.

Heute habe ich um 09:30 Uhr den neunten und letzten Ergotherapie-Termin im Kantonsspitals L. Die Therapeutin bringt noch eine Kollegin mit und fragt mich, ob sie uns zuschauen dürfe. Ich erzähle ihnen, wie es mir seit dem letzten Mal ergangen ist. Gestern konnte ich z. B. nach acht Wochen zum ersten Mal wieder eine PET-Flasche öffnen.

Im Moment kann ich wieder eine Faust machen, allerdings mit leichten Gelenkschmerzen in den mittleren drei Fingern. Zudem fühlt es sich an, wie wenn Ameisen in meinen Fingerspitzen herumspazieren würden.

Die Therapeutin massiert, wie das letzte Mal, meine leicht schmerzenden Fingergelenke und bewegt jeden Finger einzeln ganz langsam nach hinten und wieder zurück.

Anschließend stellt sie mir die Schale mit den Linsen hin, damit ich meine Hände darin „baden" kann. Da es heute zum letzten Mal ist, gibt sie mir noch ein paar Tipps, z. B. wie ich die Finger und die Gelenke selber massieren kann.

Zum Abschied wünschen wir uns gegenseitig alles Gute. Ich danke der Therapeutin für ihre Behandlung und ihre Hilfe.

Am Nachmittag spritze ich mir das Metoject 15 mg gegen meine Polyarthritis.

05.11.2017

Zu den üblichen Medikamenten muss ich heute neben ¾ Spiricort 20, gegen chronische Polyarthritis und 1 Acidum folicum Streuli 5 mg, gegen Folsäuremangel einnehmen.

Ich weiß nicht, ob es der Wetterwechsel ist, aber heute zittere ich, vor allem auf der linken Seite, wieder extrem. Ich habe Mühe, ruhig zu sitzen oder zu liegen. Auf dem Rücken Liegen geht fast nicht mehr, da ich beim Schlucken Beschwerden habe und Angst habe zu ersticken.

Nachdem es die vergangenen zwei Wochen immer schön war und Temperaturen von 15 °C. und mehr hatte, regnet es heute. Es soll sogar bis 500 Meter Schnee geben.

Ich schreibe P. ein E-Mail.

Lieber P.

Da ich seit sechs Wochen, wegen Fingergelenkschmerzen, nicht mehr von Hand und seit vier Wochen auch nicht mehr am Computer schreiben konnte, konnte ich mich nicht mehr bei Dir melden.
Inzwischen war ich, wie Du sicher schon weißt, beim Rheumatologen in L. Nach 13 Wochen Leiden geht es mir seit einer Woche wieder wesentlich besser. Von Hand schreiben geht zwar immer noch nicht, oder nur mit Mühe. Allerdings ist dies mehr dem Tremor zuzuschreiben.

Die Behandlungen in der Schulter-Ellbogen-Hand-Abteilung des Spitals und beim Rheumatologen sowie neun Mal Ergo- und achtzehn Mal Physiotherapie haben mir doch einiges geholfen.

Ich kann mich im Bett wieder drehen.
Ich kann wieder ohne Probleme aufstehen.
Das Anziehen geht wieder alleine.
Schulterschmerzen habe ich seit bald fünf Wochen keine mehr.
Die Arme kann ich seit drei Wochen wieder hochheben.
Nachdem ich acht Wochen lang keine PET-Flasche mehr öffnen konnte, geht dies seit letztem Freitag wieder, was mir viel bedeutet.
Die Gelenkschmerzen in den Finger habe ich meistens beim Aufstehen.
Mit den Fingern kann ich wieder eine Faust machen, allerdings habe ich vor allem in den mittleren Finger immer noch leichte Gelenkschmerzen.

Ich bin aber wieder aufgestellt und voller Zuversicht. Langsam verbessert sich mein Gesundheitszustand wieder.

Wie war eigentlich der letzte Bluttest?
Brauche ich den nächsten Nebido wieder drei Wochen nach dem letzten?
Brauche ich keinen Aderlass mehr?
Brauche ich eigentlich DHEA 10 mg, Pregnenolon 15 mg und Selen 40 mg immer noch.
Wie waren eigentlich die Berichte vom Oberarzt und vom Rheumatologen?

Liebe Grüße
Walter Schaub

07.11.2017

Heute erwache ich mit Kribbeln in den Füßen und den Fingern. Der Tremor ist heute wieder stärker. Auch mein rechtes Knie schmerzt leicht. Draußen ist es kalt und regnet.

Nach vierzehn Wochen ohne morgendliche Übungen, mache ich heute wieder die ersten Versuche und lasse die Übungen von der Physio- und der Ergotherapie einfließen. Trotz Zittern auf meiner linken Körperseite fühle ich mich wieder aufgestellt.

Heute spritze ich eine halbe Dosis B12 in meinen Bauch.

11.11.2017 und 12.11.2017

Zu den üblichen Medikamenten muss ich heute neben ¾ Spiricort 20, gegen chronische Polyarthritis und 1 Acidum folicum Streuli 5 mg, gegen Folsäuremangel einnehmen.

P. sendet mir ein E-Mail mit Laborblatt.

Lieber Walter

Es freut mich, dass Du mit den neu getroffenen Maßnahmen deutliche Linderung und Verbesserung erfahren hast.

Laut Berichtdes Rheumatologen hast Du eine Polyarthritis, die etwas untypisch ist, da sie im Rheuma-Test nicht angibt. Darum hat er Dir das Spiricort, ein Kortisonpräparat, und Methotrexat gegeben. Nach drei bis vier Wochen solltest Du bei mir das Blut untersuchen lassen. Wie Du nun schreibst, hat er die richtige Maßnahme gefunden.

Zum Bericht des Oberarztes für Schulter-Ellbogen-Hand. Er ist erfreut über die Verbesserung Deines Zustandes. Im Moment sei von seiner Seite nichts mehr zu unternehmen.

Zum Labor, Aderlass und nächster Nebido-Injektion: vgl. bei-
liegenden Laborbericht

Zu den Medikamenten: DHEA/Pregnenolon/Selen: DHEA
wirkt gewissen Wirkungen des Kortisons entgegen, die wir eher
als Nebenwirkungen wahrnehmen: Abbau von Eiweiß in Mus-
keln, Knochen und Haut. Es ist wahrscheinlich der Gabe von
Kalzium im Vorbeugen einer Osteoporose überlegen. Nimm im
Moment diese Medikamente weiter. Sie lösen keine Konflikte mit
den anderen Medikamenten aus.

Herzlich grüßt Dich
P.

Laborbericht vom 11.11.2017:

Guten Tag Walter,

Hier sind Deine Labordaten. Wenn Du Fragen hast, kannst Du
in der Praxis einen Termin oder einen Telefonanruf abmachen.

1. Blutbild: *Das haben wir dieses Mal nicht kontrolliert.*

2. Entzündung: *Die Harnsäure, die selber Entzündung im*
Körper auslösen kann und auch die Gicht bewirkt, ist nun nor-
malisiert mit dem Allopurinol.

3. Testosteron: *Der Testosteron-Wert war bei der letzten In-*
jektion immer noch zu tief. Jedoch das freie, in den Körperzel-
len aktives Testosteron war noch deutlich im optimalen Bereich.
Darum hast Du auch nichts vom tiefen Testosteron-Spiegel
bemerkt.

Ich schlage wegen der neuen Medikamente (Spiricort und Meth-
trexat) vor, dass die nächste halbe Ampulle Nebido wieder in drei
Wochen ist, also anfangs nächste Woche um den 14.11. Wir kön-

nen dann auch die vom Rheumatologen gewünschten Analysen
(Blutbild, Leber- und Nierenwerte) durchführen.
Schau, ob Du auch bei mir in der Sprechstunde einen Termin
abmachen kannst.

Freundlich grüßt
P.

14.11.2017

Ich erwache am Morgen etwas verschnupft und muss wieder fünf
Mal auf die Toilette. Ich nehme wieder 2 dl Wasser mit 6 Kaf-
feelöffel Zucker und einem Teelöffel Salz. Ich habe keine Lust zu
essen und verzichte auf das Frühstück und das Mittagessen. Mein
Bauch fühlt sich, wie gestern, aufgeblasen an. Anschließend lege
ich mich wieder ins Bett, um zu schlafen, denn ich bin müde und
etwas kraftlos. Zum Glück habe ich vorher den Wecker gestellt,
denn ich habe einen Termin in der Praxis meines Hausarztes.

Um 15:45 Uhr bin ich bei in der Praxis wegen Blutentnahme, Nebido und einem Termin bei P. Im Wartzimmer muss ich
nicht lange warten. Er möchte zuerst wissen, wie es mir geht.
Ich schildere ihm, dass es mir die vergangene Woche bis gestern
eigentlich recht gut gegangen ist. Gestern kamen dann die oben
genannten Beschwerden. P. meint dann, dass im Moment eine
leichte Magen-Darm-Grippe im Umlauf sei. Er bittet mich, mich
oben frei zu machen und aufs Bett zu legen. Darauf klopft und
drückt er meinen Bauch ab, kann aber nichts Besonderes erkennen. Mit dem Stethoskop hört darauf den ganzen Bauchbereich
ab und meint, dass ich viel Luft im Magen-Darm-Bereich hätte, denn er höre viele Geräusche. Ich bekomme dann noch eine
Schachtel Imodium gegen meinen Durchfall.

Anschließend geht P. kurz auf meine Besuche bei der Schulter-
Ellbogen-Hand im Kantonsspital und beim Rheumatologen ein.

Der Oberarzt im Spital hat nach der erfolgreichen Behandlung durch ihn und durch Physio- und Ergotherapie nichts mehr unternommen. Der Rheumatologe konnte sich die Schmerzattacken nicht ganz erklären. Bei den geschwollenen und nicht bewegungsfähigen Fingern handle es sich aber eindeutig um ArthritisP. meint dann, dass ich einfach die Maßnahmen des Rheumatologen befolgen solle. Da ich kein Spiricort mehr habe, gibt er mir eine Schachtel.

Was die Blutwerte vom letzten Mal angeht, seien diese im guten Bereich, d. h. die Nieren- und Leberwerte seien im normalen Bereich. Auch die Anzahl rote Blutkörperchen sei wieder im normalen Bereich, sodass ich keinen Aderlassmehr brauche.

20.11.2017

P. sendet mir ein E-Mail:

Lieber Walter

Ich habe eine weitere Empfehlung für Dich. Aufgrund neuester Erfahrungen mit Pregnenolon infolge der veränderten Labormethodik in der Spiegelbestimmung (nun wird eher der Bedarf an Pregnenolon erfasst, der auch den Stress wie bei Entzündung/Inflammation und Schmerz widerspiegelt.) kannst Du Pregnenolon steigern, alle 3-4 Tage um 1 Kapsel bis insgesamt 60 mg (Wenn die Dose fertig ist, kannst Du Kapseln à 60 mg erhalten). Dadurch wird der Stoffwechsel anderer Hormone unter Umständen gesteigert, sodass depressive Beschwerden und mehr Schmerzen auftreten können. In diesem Fall informiere mich erneut. Dann ist eine Ergänzung mit 5HTP günstig.

Herzlich grüßt
P.

21.11.2017

Ich habe heute um 09:30 Uhr einen Termin in der Praxis meines Neurologen. Heute gehe ich zum ersten Mal in die neue Praxis. Diese ist viel größer als die alte.

Der Neurologe möchte zuerst wissen, wie es mir ergangen ist, und wie es mir heute geht. Über meine Arthritisgeschichte weiß er schon Bescheid, da P. es ihm schon mitgeteilt hat. Als ich ihm erzähle, dass ich immer so müde sei und neben den normalen acht Stunden Schlaf fast jeden Nachmittag bis zu zwei Stunden schlafe, meint er, dass dies bei älteren Menschen normal sei. Solange ich in der Nacht gut schlafen könne, sei dies nicht schädlich.

Er sieht, dass ich heute wieder stark zittere. Er meint, dass ich Akineton stoppen und die Dosis vom Sinemet langsam von 1-1½-1 auf 1½-1½-1½ erhöhen solle. Die anderen Medikamente brauche ich nicht zu ändern. Er meint dann noch, dass, wenn mich das Zittern stark einschränke, dann nur noch eine Operation in Frage komme. Allerdings sie dies ein Eingriff, welcher doch gewisse Risiken habe. Er empfiehlt mir so lange als möglich zu versuchen, mit dem jetzigen Stand zu leben. Allerdings heute ist das Zittern wesentlich stärker als die vergangenen Tage.

Er gibt mir noch ein neues Dauerrezept und den nächsten Termin am 25.05.2018 um 09:00 Uhr.

Zu Hause spritze ich B12 in meinen Bauch.

24.11.2017

Ich habe um 10:30 Uhr einen Termin in der von Praxis meines Rheumatologen in L. Zuerst macht man Röntgenbilder von meinem Brustkorb, den Händen und den Füßen. Nachdem ich eineinviertel Stunden im Wartzimmer warten musste, kann ich zum Arzt, welcher sich entschuldigt, dass ich so lange warten musste, aber er brauchte für die Patientin vor mir mehr Zeit als kalkuliert.

Zuerst möchte er wissen, wie es mir geht und ist erfreut, dass ich nur noch leichte oder gar keine Schmerzen in meinen mittleren Fingergelenken habe. Die Schulterschmerzen sind weg. Die Arme kann ich wieder normal nach oben strecken. Ich kann wieder eine Flasche öffnen. Als ich ihm erzähle, dass ich in den Fingerspitzen ein Kribbeln spüre, oder dass es sich manchmal anfühlt, wie wenn ich kein Gefühl mehr hätte, also ähnlich wie in den Füßen, meint er, dass dies sehr wahrscheinlich mit meiner Polyneuropathie zu tun hätte und dies der Neurologe anschauen müsste.

Dann drückt er an meinen Finger-, Hand-, Ellbogen-, Knie- und Fußgelenken herum, wobei ich keine Schmerzen spüre. Nun bewegt er alle Gelenke in verschiedene Richtungen, wobei ich auch hier keine Schmerzen verspüre.

Anschließend schauen wir zusammen die Röntgenbilder an. Beim Brustkorbbild fragt er mich, ob mir bewusst sie, dass mein Herz größer sei als normal. Als ich ihm erzähle, dass ich früher Radfahrer gewesen sei in einem Club, meint er, dass dies vielleicht von dort komme. Als er die Lunge anschaut, fragt er mich, ob ich früher mit Asbest gearbeitet hätte. Als ich mit Nein antworte, meint er nur, dass ich vielleicht vorher beim Röntgenbild Machen zu wenig tief eingeatmet hätte. Auf jeden Fall könne man nichts Außergewöhnliches feststellen.

Als wir meine Hände mit den Fingergelenken anschauen, meint er, dass hier alles normal sei. Bei den Füßen, meint er, dass bis auf den großen Zehen links alles im normalen Bereich sei. Bei der großen Zehe könne man eine beginnende Arthritisfeststellen, aber es gebe im Moment keinen Anlass, etwas zu unternehmen. Was meine Blutwerte angehe, so seien auch diese im normalen Bereich. Nieren- und Leberwerte seien gut und Rheumafaktoren zeige es keine mehr an.

Was die Medikamente angehe, so könne ich Ibuprofene Sandoz und Spiricort weglassen und mit Calcium D3 Sandoz (1/Tag), Acidum folicum Streuli (2/Woche, Sam + Son) und der Spritze Metoject (1/Woche, Fr), weiterfahren, und zwar für die nächsten drei Monate.

Bevor man mir noch 3 Ampullen Blut entnimmt, bekomme ich noch 6 Spritzen Metoject.

Am Nachmittag spritze ich mir das Metoject 15 mg gegen meine Polyarthritis.

26.11.2017

Mein Hausarzt sendet mir ein E-Mail:

Lieber Walter

Beiliegend findest Du den Bericht des Rheumatologen, der im Wesentlichen Deine Aussagen unten bestätigen. Alle drei Monate sollten Blutbild, Leber- und Nierenwerte bei dir kontrolliert werden. Wir können dies bei mir in der Praxis machen, einige Tage vor der vorgesehenen Konsultation beim Rheumatologen. Ich werde die Werte dann an ihn weiterleiten. Oder Du lässt die Werte bei ihm bestimmen.
Zum Zittern: Ist in den nächsten Wochen wieder eine Kontrolle beim Neurologen vorgesehen? Ich selber würde aus einer Blutentnahme nüchtern wieder die Vitamine B12 und Folsäure, Vitamin D und Ferritin (Eisen) bestimmen. Die ersten beiden Vitamine können eine Polyneuropathie auslösen oder verstärken.
Zum sauren Aufstoßen: Ibuprofen und zu einem Teil Spiricort können dies bewirken. Du kannst Rabeprazole 20 mg für 1 Monat bei uns abholen, 1 Tablette täglich, entweder vor dem Schlafen gehen oder eine halbe Stunde vor dem Frühstück einzunehmen. Schön, dass nun ein guter Teil Deiner Beschwerden praktisch weg ist und Du wieder aktiv werden kannst.

Herzlich grüßt Dich
P.

05.12.2017

Ich habe um 9:15 Uhr einen Nebidotermin in der Praxis meines Hausarztes.

Ich habe seit dem letzten Mal am 08.03.2017 4.3 kg Gewicht, sowie 5 % Körperfett zugenommen. Bevor man mir den Nebido spritzt, gibt man mir noch eine Grippeimpfung.

16.12.2017

P. sendet mir ein E-Mail mit den neusten Laborwerten.

Guten Tag Walter,
Im Folgenden findest Du Informationen zu den neusten Labordaten und die weitere Planung. Wenn Du Fragen habest, kannst Du in der Praxis einen Termin oder einen Telefonanruf abmachen.

__1. Blutbild:__ Du hast genügend Blut. Die Masse der Erythrozyten (Hämatokrit) ist leicht erhöht (ohne Konsequenzen). Das weiße Blutbild ist weitgehend normal.

__2. B-Vitamine:__ Das hohe Homozystein ist ein Hinweis auf verminderte B-Vitamine. Häufig ist die Folsäure und Vitamin B12 knapp, da ihre Aufnahme stark von einem guten Darmmilieu abhängt. Ich empfehle Dir deshalb die regelmäßige Einnahme vom B-Komplex plus mit verschiedenen aktiven B-Vitaminen, welche gut vom Darm aufgenommen und im Körper verwertet werden (Diese hast Du ja bereits bezogen.), sowie das Spritzen von Vitamin B12 (Wie wir es einmal besprochen haben alle zwei Wochen 1 Ampulle, nach 3 Injektionen 0.5 Ampullen. Damit wird wahrscheinlich das Rabeprazol ebenfalls wieder verträglicher). Die B-Vitamine sind neben dem Einfluss auf die Blutbildung auch sehr wichtig für den Abbau von Stress und für den Aufbau von Serotonin.
__3. Vitamin D:__ Hier besteht ein deutlicher Mangel, welcher dringend aufgefüllt werden sollte. Die Ergänzung mit Ca/ViD3 mit

400IE täglich reicht dafür allein nicht aus. Ich empfehle zusätzlich die Einnahme von Dekristol Kapseln 20'00IE 1x/Wo bis Ende April.

4. Testosteron: *Testosteron ist in einem guten Bereich. Die nächsten Spritzen sind wieder im Zeitraum von 3 Wochen einzuplanen: 21.12 (wegen der Praxisferien), 12.1.18, 2.2.18 (gleichzeitig Blutentnahme für Blutbild, Testosteron und Harnsäure).*

Ich habe gehört, dass Deine Frau ins Spital kam mit Verdacht auf Schlaganfall. Wie geht es ihr inzwischen?

Freundlich grüßt
P.

19.12.2017

Beim Aufwachen sehe ich fast nichts mehr, da meine Augen wie zugeklebt sind. Durch den Tag sind die Augen trocken und brennen manchmal.

Heute spritze ich B12 in meinen Bauch.

22.12.2017

Ich habe um 9:00 Uhr einen Nebidotermin beim Hausarzt.

Am Nachmittag spritze ich mir das Metoject 15 m g gegen meine Polyarthritis.

Der Tremor plagt mich, mit wenigen Ausnahmen, wieder extrem. Das Kribbeln in meinen Fingern ist heute noch stärker als die Tage vorher. Ich kann meine Finger nicht zu einer Faust machen, da mich die Fingergelenke stark schmerzen.

Die letzten Tage habe ich Probleme, wenn ich auf dem Rücken liege. Ich habe Schluckbeschwerden, d. h. ich habe dann das Gefühl, dass ich ersticke.

24.12.2017

Auch heute habe ich Schmerzen in meinen Fingergelenken. Auch der Tremor lässt mich heute den ganzen Tag nicht in Ruhe. Ich habe auch Probleme mit meiner Blase und muss ständig Wasser lösen.

26.12.2017

Heute ist es wie am 24.12.2017. Zusätzlich zu den Fingergelenkschmerzen, dem Tremor und den Blasenproblemen ist mir zeitweise etwas schlecht.

29.12.2017

Auch heute habe ich wie die vergangenen Tage beim Aufwachen verklebte Augen und sehe alles verschwommen. Durch den Tag sind die Augen trocken und brennen manchmal. Ich benutze nun Lacrycon-Augentropfen, welche die Augen feucht halten.

Da ich heute wieder Probleme habe mit dem rechten Knie tape ich es wie mir der Therapeut am 08.04.2016 gezeigt hat. Anschließend fühle ich mich besser.

Am Nachmittag spritze ich mir das Metoject 15 mg gegen meine Polyarthritis.

30.12.2017

Die Augen sind heute etwas besser d. h. nicht mehr so trocken und verklebt. Auch das rechte Knie ist wieder besser und schmerzt nicht mehr. Der Tremor und die Fingergelenkschmerzen sind heute zeitweise wieder heftig.

01.01.2018

Beim Aufstehen habe ich wieder zugklebte, juckende Augen. Meinen Spaziergang breche ich nach fünfzehn Minuten wegen starkem und kaltem Wind wieder ab. Ich bin heute den ganzen Tag müde. Nachdem ich schon am Morgen erst um 08:30 Uhr aufgewacht bin, muss ich mich nach dem kurzen Spaziergang etwas hinlegen. Ich erwache aber erst nach eineinhalb Stunden.

Ich habe den ganzen Tag ein Kribbeln in den Fingern.

Am Abend kann ich nicht mehr auf dem Rücken liegen, weil ich Probleme habe beim Atmen und Schlucken. Es ist, wie wenn ich ersticken würde.

Meine Füße sind wieder stark geschwollen.

03.01.2018

Als ich aufstehe, schmerzt mein rechtes Knie, obwohl es seit drei Tagen getapt ist. Beim Anziehen kommt mir der Bauch in den Weg und bringt mich außer Atem. Ich habe Mühe beim Morgenturnen, vor allem bei der liegenden Übung, denn ich kann, wie gestern Abend, nicht mehr richtig atmen und schlucken, wenn ich auf dem Rücken liege.

Heute spritze ich B12 in meinen Bauch. (Siehe 08.03.2017)

06.01.2018

Auch heute habe ich beim Aufwachen verklebte Augen. Meine Kreuzschmerzen plagen mich auch. Der Tremor hat mich heute voll im Griff, vor allem im linken Bein und linken Arm. Auch meine Fingergelenke schmerzen. Ich kann wieder keine Fäuste machen.

Zum Glück habe ich keine Knieschmerzen mehr.

09.01.2018

Ich gehe spazieren. Irgendwie habe ich heute aber Probleme. Auf dem Weg von der Apotheke in S. in Richtung Bahnhof habe ich plötzlich heftige Schmerzen in der linken Wade.

Während ich mich in der Pfarrgasse mühsam dem Gartenzaun des Pfarrgartens entlangschleiche, muss ich in der Mühlegasse immer wieder stehen bleiben und mich an den Hauswänden abstützen. Das Gleiche ist es in der Hauptstrasse und im Gartenweg. Beim Bahnhof habe ich zum Glück in zehn Minuten einen Bus nach Z. Dort komme ich von der Busstation nur mühsam nach Hause. Ich schleiche mich auch hier den Gartenzäunen entlang durch mehrere Gassen bis nach Hause. Dabei muss ich immer wieder stehenbleiben, da die Schmerzen immer heftiger werden. Die Wade ist nun steinhart und ganz heiß.

Zu Hause versuche ich mit kaltem und warmem Duschen etwas weniger Schmerzen zu erzeugen, was mir zum Teil auch gelingt. Anschließend erkläre ich meiner Frau, dass ich mich etwas hinlegen muss. Ich bin so müde, dass ich trotz Schmerzen einschlafe. Nach ca. zwei Stunden wache ich ohne Schmerzen auf. Es scheint alles wieder in Ordnung zu sein. Meine Frau meint noch, dass ich doch etwas Magnesium nehmen solle.

10.01.2018

Nachdem ich sehr gut geschlafen habe, habe ich keine Schmerzen mehr in der linken Wade. Aber mein Tremor plagt mich den ganzen Tag.

Im Krankenhaus

Vom 11.01.2018 bis am 17.01.2018 im Kantonsspital L.

Wegen einer Lungenemboli, welche wahrscheinlich durch Testosteron ausgelöst wurde, muss ich ins Spital.

11.01.2018

Ich erwache ohne Probleme und gratuliere meiner Frau zu ihrem 64. Geburtstag. Gegen 09:00 Uhr möchte ich spazieren gehen. Leider komme ich nicht weit, denn diese Schmerzen in der linken Wade melden sich wieder. Dieses Mal sind sie aber recht heftig. Für kurze Zeit habe ich Atemprobleme. Ich bekomme kurz keine Luft mehr. Das linke Bein ist bis zu den Knien geschwollen und hart. Ich gehe langsam und mühsam nach Hause, wobei ich mich wieder den Gartenzäunen entlangschleiche.

Ich rufe in der Praxis meines Hausarztes an. Wie sich später herausstellt, ist es für mich ein Glück, dass die Praxis heute geschlossen ist. Zuerst überlege ich mir, ob ich mit dem Bus und dem Zug nach L. in den Notfall gehen, oder ob ich ein Taxi nehmen soll. Ich entscheide mich für den Bus. Da ich aber Mühe habe, zur Busstation zu gelangen, will ich beim Bahnhof in S. doch noch ein Taxi nehmen. Jeder Schritt ist sehr schmerzhaft und ich habe Angst, dass ich in L. auf dem Weg vom Bahnhof zum Spital meine Probleme haben werde. Leider ist aber kein Taxi zu finden, also nehme ich den Zug nach L. Die Schmerzen werden immer heftiger. Ich habe große Probleme, mich zum Notfall des Kantonsspitals durch zu schleichen.

Im Notfall geht dann alles sehr schnell. Nach der Anmeldung und der Voruntersuchung muss ich einen Moment warten.

Aus einer der Kabinen höre ich einen Patienten, wie er die Pflegefachfrau anschnauzt:

„Wieso hat man mich hierhergebracht?"

„Weil Sie einen Unfall hatten."

„Aber ich bin von B. und möchte in B. behandelt werden."

„Sie können schon nach B., aber Sie müssen wissen, dass die Krankenkasse die Kosten für die Ambulanz nicht übernimmt."

„Was kostet diese denn?"

„Sie müssen mit etwa 600.00 bis 800.00 CHF rechnen."

„Sind Sie wahnsinnig, das kann ich mir nicht leisten, denn ich bin Ergänzungsleistungsbezüger." „Dann müssen Sie sich eben ein Taxi oder sonst irgendwie organisieren, was sie billiger kommt." „Wieso muss ich mir das selber organisieren, Gottverdammi noch einmal. Wo leben wir hier eigentlich. Zudem was ist mit meinem Auto?"

„Sie müssen sich nicht aufregen. Wo haben Sie denn ihr Auto?"

„Nicht aufregen, nicht aufregen. Sie können dies schon sagen, Sie müssen nicht jeden Rappen umdrehen. Mein Auto steht noch beim Gitterli."

„Haben Sie niemanden, der Ihr Auto holen und nach Hause fahren kann?"

„Nein habe ich nicht, denn ich lebe alleine."

„So, nun müssen Sie sich entscheiden, wie Sie nach B. kommen. Es tut mir leid, aber ich habe noch andere Patienten. Kommen Sie mit. Ich will schauen, was ich für Sie tun kann."

„Gottverdammi, was ist denn dies für ein Laden hier?"

Nachdem die Pflegefachfrau mit dem Polderi hinausgegangen ist, schimpft er draußen weiter. Kurz darauf werde ich in die Kabine 8 begleitet, wo ich mich bis auf die Unterhosen ausziehen und ein Spitalhemd anziehen muss. Zuerst setzt man mir eine Kanüle für die anschließende Blutentnahme, dann macht man ein Schnell-EKG. Anschließend bleibe ich die ganze Zeit im Spital an den Geräten angehängt, welche meinen Blutdruck und Puls überwachen.

In der Kabine rechts von mir, sagt ein Mann zu seiner angeblichen Schwiegertochter immer wieder, wie leid es ihm tue, dass sie ihre Zeit für ihn opfere. Sie beruhigt ihn jedes Mal

„Mach dr jetzt keini Sorge. Hauptsach isch, dass do in gue-
te Händ bisch."

„Jo aber es isch mir niene recht."

„Jetz hör ändlich uf. Do luege sie guet für di. Was mi agoth so
blib ich no es bitzli do. Ich ha erscht am zwoi wieder ä Termin."

Wie ich müssen sie manchmal lange auf den Arzt warten.

Nach einer gewissen Zeit kommt eine junge hübsche Ärztin und
stellt mir ein paar Fragen. Als sie mich fragt wegen den Medikamenten, übergebe ich ihr meine beiden Listen, die Medikamentenliste und meine bisherige Krankengeschichte. Sie möchte wissen, ob der Schmerz in meiner linken Wade plötzlich und
ziehend gewesen sei. Im Weiteren fragt sie mich, ob ich Atem-
not, plötzliche Brustschmerzen, Husten, Beklemmungsgefühle
oder Angst verspürt hätte. Da ich das meiste bejahen kann, tastet sie meine Beine ab und merkt nun auch, dass sie verhärtet
und warm sind, vor allem das linke Bein. Sie meint, dass es von
der Lunge kommen könne, weshalb sie vorschlägt ein CT von
der Lunge zu machen.

Ein junger Pflegefachmann holt mich kurz darauf ab. Als er sieht,
dass ich links sehr stark zittere, fragt er mich, ob ich Parkinson
hätte. Auf mein Ja sagt er: „Darf ich ihnen einen Tipp geben?
Nehmen Sie CBDTropfen, das hilft Ihnen, die Nerven zu beruhigen. Wenn Sie wollen, kann ich Ihnen solche besorgen." Als
ich ihm erkläre, dass diese Tropfen auch unter Cannabis light,
bekannt seien, meint er nur, dass er dies noch nie gehört hätte,
dass er aber merke, dass ich mich auskenne.

Im CT-Raum werde ich freundlich begrüßt und gebeten, mich
auf den mobilen Untersuchungstisch zu legen, der während der
Untersuchung langsam in den Computertomographen hineingefahren wird. Bevor dies zum ersten Mal geschieht, wird mir
noch ein zusätzliches Kontrastmittel in die Pobacke gespritzt, was
sich ein bisschen komisch anfühlt, da man immer das Gefühl hat,
aufs WC gehen zu müssen. Man merkt eigentlich nur ein sich

im Körper ausbreitendes Wärmegefühl. Dann werde ich durch einen Lautsprecher aufgefordert, einzuatmen und den Atem anzuhalten. Danach werde ich wieder aus dem Computertomographen herausgefahren. Anschließend werde ich ein zweites Mal in den Computertomographen hineingefahren und ein zweites Mal aufgefordert einzuatmen und den Atem anzuhalten, um das CT-Abdomen zu machen, ein radiologisches Untersuchungsverfahren, bei dem das Abdomen (Bauchraum) mit seinen Organen mit Hilfe der Computertomographie untersucht wird. Nun werde ich wieder aus dem Computertomographen herausgefahren und der ganze Spuk war vorbei.

Nach der CT-Untersuchung werde ich wieder in die Notaufnahme gefahren. Kurz darauf kommt die Ärztin wieder und erklärt mir, dass ich eine Lungenembolie gehabt habe und ich deshalb hierbleiben müsste, um überwacht zu werden. Sie hört noch einmal meine Lunge und mein Herz ab. Man nimmt mir noch einmal Blut und misst noch einmal den Blutdruck und Puls.

Inzwischen ist es schon bald 15:00 Uhr. Da meine Frau sicher schon versucht hat, mich anzurufen, rufe ich sie an, damit sie weiß, was mit mir los ist.

Anschließend werde ich wieder abgeholt und in den oberen Stock zur Ultraschalluntersuchung gebracht. Leider muss ich ziemlich lang warten. Schließlich untersucht dann ein Arzt beide Beine, von den Füßen bis zur Leiste. Er nimmt sich Zeit, kann aber nichts finden. Später kommt dann noch ein Oberarzt und untersucht mich noch einmal mit dem Ultraschall. Aber auch er findet keine Thrombosen in den Beinvenen.

Ich werde wieder in den Notfall gebracht, wo nun schon meine Frau wartet und wissen möchte, was mit mir los ist. Kurz danach werde ich von einer jungen Frau in die medizinische Abteilung im 5. Stock gebracht, wo mich die diplomierte Pflegefachfrau empfängt. Sie stellt mich meinem Zimmernachbarn vor, welcher wegen einer Grippe schon eine Woche hier ist.

Meine Frau ist inzwischen nach Hause gegangen. Da ich etwas müde bin, schlafe ich, bis das Nachtessen gebracht wird. Nach dem Nachtessen reden mein Zimmernachbar und ich noch einen kurzen Moment, bevor wir uns hinlegen. Ich schlafe schon früh ein.

12.01.2018

Vor dem Frühstück wird uns die neue Pflegefachfrau vorgestellt. Wie die meisten Pflegefachfrauen ist auch sie etwas mollig, aber sie hat ein freundliches Gesicht und eine besondere Ausstrahlung.

Nach ihrer Begrüßung misst sie zuerst bei meinem Zimmernachbarn den Blutdruck, den Puls und den Sauerstoffwert im Blut. Nachdem er sich noch auf die Waage setzen muss, wird das gleiche bei mir gemacht.

Ich erschrecke bei meinen Werten. Der Blutdruck von 160/110 und der Puls von 110, sowie das Gewicht von 92.8 kg sind alle zu hoch. Zu Hause habe ich Werte von 130/80/85. Beim Gewicht wusste ich, dass es über 90 kg ist, denn in den letzten zwei Monaten habe ich über 8 kg zugenommen, vermutlich wegen meinen Medikamenten. Die Pflegefachfrau nimmt mir dann noch zwei Röhrchen Blut ab.

Nach dem feinen Frühstück mit sehr gutem, schmackhaftem Brot, Schwöbli, Butter, Konfitüre und Milchkaffee, hilft mir sie beim Duschen, vor allem beim Rücken und Füße Waschen.

Mir kommt in den Sinn, dass ich am nächsten Montag den 15.01.2018 bei meinem Hausarzt einen Nebidotermin habe, weshalb ich die Praxis anrufe. Da ich über das Telefon vom Spital anrufe, ist die Praxisassistentin überrascht, als sie die Nummer sieht, und möchte natürlich wissen, was passiert sei. Ich erzähle ihr kurz von meinen Schmerzen in der linken Wade und meinem Weg zur Notfallstation, sowie der Diagnose Lungenembolie. Ich merke, dass sie richtig erschrickt. Sie meint dann aber, dass es vielleicht gut gewesen sei, dass die Praxis gestern geschlossen war und ich direkt in den Notfall gegangen sei. Ich habe mir diese Gedanken auch schon gemacht und bin überzeugt, dass mir mein

Hausarzt, wenn ich zu diesem gegangen wäre, nur ein Schmerzmittel gegeben hätte. Die Praxisassistentin streicht also den Tes-
tosterontermin und wünscht mir alles Gute.

Nachdem mein Zimmernachbar und ich ein paar Worte gewechselt haben, kommt die Stationsärztin, eine junge hübsche Ärztin vorbei und bespricht kurz meine Medikamentenliste. Sie und
ihre Arztkolleginnen sind der Auffassung, dass ich diverse Mittel
weglassen könne, z.B. DHEA, Pregnenolon, Vitamin B-Komplex Plus, Rabeprazole Sandoz, Dekristol 20000 IE und Vitarubin Depot B12. Eiseninfusionen würde ich keine brauchen, da
ich genug Eisen hätte.

Sie möchte auch wissen, wieso ich die Testosteronspritzen
bekommen hätte. Als ich ihr erkläre, dass mein Hausarzt immer
gesagt hat, dass der Testosteronwert bei mir zu tief sei, fragt sie
mich, ob man einmal abgeklärt hätte, warum dieser Wert immer zu tief sei oder wieso er immer wieder abfällt. Als ich ihr
darauf erkläre, dass man dies nie gemacht hätte, meint sie nur,
dass sie es mit ihren Arztkolleginnen und Kollegen besprochen
hätte und sie zum Schluss gekommen seien, dass diese Testosteronbehandlung wahrscheinlich der Grund für meine Lungenembolie sei und sie mir empfehlen, diese Spritzen weg zu lassen.

Sie bittet mich, dass meine Frau doch alle Medikamente mitbringen solle, welche im Moment auf meiner Medikamentenliste seien.

Später kommt noch die Oberärztin, ebenfalls eine gutaussehende junge Ärztin und erklärt mir das Gleiche noch einmal, was
mir die Stationsärztin schon erklärt hat. Auch sie fragt sich, wieso man mir so viel Testosteron gespritzt hat. Sie meint auch, dass
ich die meisten Medikamente weglassen könne. Ich bin natürlich froh um jedes Medikament, welches ich weglassen kann.

Die Oberärztin möchte auch wissen, wieso man mir Aderr-
lasse durchgeführt habe. Ich erkläre, dass man dies gemacht hätte, weil ich zu viel rote Blutkörperchen gehabt hätte, worauf sie
meint, dass dies auch eine Folge vom hohen Testosteronwert sei.

Im Moment seien aber meine Blutwerte im normalen Bereich. Als ich sie frage, wie es nun weiter geht, meint sie, dass sie heute Nachmittag noch eine Ultraschalluntersuchung (Sonografie) vom Bauch machen würden, um zu schauen, ob dort ein Thrombus (Blutgerinnsel) vorhanden ist.

Ich rufe meine Fru an und bitte sie, mir die Medikamentenbox, die beiden Ladegeräte für meine Telefone und etwas Unterwäsche zu bringen.

Vor dem Mittagessen informiere ich, per Handy unsere Tochter, dass ich wegen einer Lungenembolie im Spital bin. Sie schreibt mir sofort zurück und will wissen, was passiert ist. Ich schreibe ihr zurück und erzähle ihr von meinen Spaziergängen, den Schmerzen und dem Aufenthalt und der Untersuchung im Notfall.

Als die Pflegefachfrau später kommt, um uns zu betreuen meint sie: „Haben wir uns nicht schon einmal gesehen?" Ich habe zwar auch das Gefühl, dass ich sie schon einmal gesehen habe, kann mich aber nicht mehr erinnern, wo. Sie fragt mich dann: „War nicht Ihre Frau vor ein paar Wochen auf dieser Station?" Nun fällt auch bei mir der Zwanziger. Wir reden kurz miteinander, wobei es vor allem um den Zustand meiner Frau geht.

Um ca. 15:00 Uhr werde ich abgeholt und von einer Pflegefachfrau mit dem Rollstuhl zur Ultraschalluntersuchung gefahren. Nach längerem Warten werde ich von einem jungen Arzt mit einem komplizierten Namen gründlich im Bauchbereich untersucht. Er fährt dabei mit dem Ultraschallkopf, welcher Schallwellen aussendet, über den Bauch, wobei ausgesendete Wellen auf die Organe treffen. Dabei durchdringt ein Teil das Gewebe, ein anderer Teil wird aufgenommen und wiederum ein anderer Teil wird wieder zurückgeschickt. Man spricht dabei von absorbieren und reflektieren. Stößt die Welle auf ein Gewebe mit abweichender Schallgeschwindigkeit (akustische Impedanz), wirft der abrupte Übergang den Schall zurück, reflektiert ihn und erzeugt ein Echo. Dieses Echo nimmt der Schallkopf auf. Der Computer wandelt das Signal in ein Bild um. Impedanz-Unterschiede sehen also am Monitor heller aus. Die kalkhaltigen Knochen und die luftdurchflutete Lunge weichen zum Beispiel derart stark von den Weichteilen des Körpers ab, dass sie die Wellen komplett zurückwerfen. Deshalb zeigt das Ultraschallbild an diesen Stellen eine helle Grenzlinie und dahinter einen dunklen sogenannten „Schallschatten".

Damit der Schallkopf fehlerfrei arbeitet, schmiert der Arzt die zu untersuchende Stelle vorher mit einem Gel ein. Auf diese Weise kann er vermeiden, dass sich zwischen Schallkopf und Körper störende Luft befindet. Was ich auch nicht gewusst habe, ist, dass der Arzt je nach Untersuchung und Tiefe diverse Ultraschallköpfe einsetzt.

Meine Organe, wie Leber, Nieren, Milz sind, zum Glück, in Ordnung. In der Gallenblase erkennt er einen kleinen, aber ungefährlichen Gallenstein.

Während meiner Ultraschalluntersuchung bringt mir meine Frau die gewünschten Sachen. Sie selber will nicht mehr länger warten, da sie nicht im Dunkeln heimlaufen will, was ich verstehe. Ich rufe noch kurz ein befreundetes Paar an, um ihnen mitzuteilen, dass ich im Spital bin. Auch sie erschrecken zuerst, als sie die Telefonnummer vom Spital sehen.

Am späten Nachmittag spritze ich mir das Metoject 15 mg gegen meine Polyarthritis. Meine Medikamentenbox übergebe ich der Nachtschwester. Sie nimmt sie mit, da die zuständigen Ärzte meine Medikamente noch einmal genauer besprechen wollen.

Zum Znacht gibt es heute Spagetti Bolognese, welche ich sehr genieße, denn zu Hause hatte ich schon lange keine Spagetti mehr. Ich bekomme meine erste Blutverdünnertablette. Ich muss nun, die nächsten drei Wochen, zum Morgen- und zum Nachtessen eine Xarelto 15 mg einnehmen.

Nach dem Nachtessen informiere ich, per Metoject, einem Freund, dass ich im Spital bin. Er schreibt mir zurück und kann es nicht verstehen, weshalb er auch keine Worte finden kann.

13.01.2018

Wie meistens vor dem Frühstück wird bei meinem Zimmernachbarn und mir der Blutdruck, der Puls, der Sauerstoffgehalt im Blut und das Gewicht bestimmt. Meine Werte sind heute mit 135/85/110 außer dem Puls und dem Gewicht etwas besser. Beim Gewicht habe ich auch 200 Gramm abgenommen. Hmmmm…

Wie gestern haben auch heute dieselben Pflegefachfrauen Früh- und Spätdienst.

Mein Zimmergenosse und ich reden ein wenig über unsere Krankheiten und über unsere Familien. Er ist 85 Jahre alt und wohnt, seit seine Frau gestorben ist, allein in einem Haus. Vor einer Woche wurde er ins Spital eingeliefert, nachdem ihn eine Grippe so stark geschwächt hatte, dass er stürzte. Er zog sich dabei ein paar Quetschungen zu und hat Probleme beim Atmen, weshalb er an einem Inhalationsgerät angeschlossen ist. Ab und zu kommt eine Therapeutin vorbei und macht mit ihm Atmungsübungen. Dabei muss er manchmal auch durch ein Röhrchen in eine halbgefüllte PET-Flasche einatmen. Da er, neben dem Inhalationsgerät noch an einer Flasche hängt, ist er, immer wenn er auf die Toilette oder zum Waschen muss, auf Hilfe angewiesen, was ihm zu schaffen macht. Er war die letzten drei Tage in der Intensivstation, wo er noch eingeschränkter war als hier auf der medizinischen Station. Trotzdem bewundere ich ihn und erwähne, dass ich froh wäre, wenn ich mit 85 noch so fit wäre wie er.

Ich bin froh, dass ich unabhängig bin und noch alles, oder fast alles, selber machen kann. Beim Duschen bin ich froh, dass mir die Pflegehilfe, welche hier ein Praktikum macht, hilft beim Rücken und Füße Waschen. Vor allem die Füße machen mir Probleme, da mir mein dicker Bauch in den Weg kommt.

Im Laufe des Morgens kommt die Stationsärztin welche ich erkenne, weil sie vor sechs Wochen bei meiner Frau zuständig war. Sie informiert mich kurz, was das Ärzteteam besprochen hat. Im Allgemeinen erzählt sie mir das Gleiche, was ihre Kolleginnen mir schon erklärt haben. Auch sie empfiehlt mir, die Testosteroninjektionen und ein paar Medikamente wegzulassen. Im Weiteren ist sie damit einverstanden, dass ich meine Medikamente selber zusammenstelle und ich einzig das Blutverdünnungsmittel Xarelto 15 mg vom Spital bekomme.

Das weitere Vorgehen sieht so aus, dass sie zuerst mittels Ultraschalls das Herz und dann die Hoden untersuchen wollen, um zu schauen, ob nicht hier ein Thrombus zu sehen ist.

Zum Mittagessen gibt es eine Gemüsesuppe, Pastetli und Gemüse, sowie Milchkaffee. Nach dem Essen lege ich mich wieder etwas hin, bevor ich im Fernsehen die Lauberhornabfahrt schaue. Kurz nach dem Rennen besucht mich eine ehemalige Arbeitskollegin meiner Frau. Kurz danach besucht mich das Paar, das ich angerufen hatte. Er und ich kennen uns schon seit unserer Kinderzeit.

Später ruft mich meine Frau an und erklärt mir, dass sie müde sei und keine Kraft hätte, weshalb sie heute nicht komme, was ich verstehe. Sie soll sich nur ausruhen und früh ins Bett gehen. Dann sieht es Morgen wieder anders aus.

Ein weiteres Paar, welches wir schon lange kennen, besucht mich kurz. Als ich ihnen erzähle, wie ich hierhergekommen bin, sind sie wie alle erstaunt, dass sich eine Lungenembolie in Form von Wadenschmerzen bemerkbar machen kann.

Später bringt mir die Nachtschwester eine Broschüre, „Tiefe Venenthrombose und Lungenembolie", wo alles genau beschrieben ist. Dazu bekomme ich eine Blutverdünnerkarte (Antikoagulation). In den nächsten drei Wochen muss ich nun zum Frühstück und zum Nachtessen Blutverdünner Xarelto 15 mg einnehmen. Anschließend für ein halbes Jahr zum Frühstück eine Tablette Xarelto 20 mg. Die ganze Zeit muss durch den Hausarzt überwacht werden.

Etwa zweieinhalb Stunden nach dem Nachtessen mit heißem Beinschinken und Kartoffelsalat werden wie jeden Abend der Blutdruck, der Puls, der Sauerstoffgehalt im Blut und das Gewicht bestimmt.

14.01.2018

Heute ist schon Sonntag. Ich habe wie immer super geschlafen. Zum Frühstück gibt es für mich, wie meistens, Ruchbrot, ein Schwöbli, Butter, Konfitüre und Milchkaffee. Natürlich hätte ich noch andere Sachen auswählen können. Die Auswahl ist recht groß. Es standen verschiedene Brote (Vollkornbrot, Buttergipfeli, Zopf usw.), diverse Brotaufstriche (Butter, Becel, Konfitüre, Honig), verschiedene Getränke (Ovomaltine, Schokolade oder Tee), diverse Käse oder Milchprodukte zur Verfügung.

Heute passiert nichts Besonderes. Wie üblich werden vor dem Frühstück und vor dem Einschlafen der Blutdruck, der Puls und das Gewicht gemessen. Dazwischen liegt man herum, geht im Gang ein wenig spazieren oder bekommt Besuch. Nach meiner Frau kommt noch ein weiteres befreundetes Paar. Sie bringen mir einen größeren Emoji mit Zähnen, sowie einen kleinen Engel mit dem Spruch „Ich beschütze Dich" auf der Brust. Wahrscheinlich wussten sie nicht, dass der Smiley mit Zähnen häufig in Metoject genutzt wird, um jemanden auszulachen oder um etwas Peinliches zu überspielen. Den Emoji mit dem strahlenden Lächeln und den weißen Zähnen gibt es in verschiedenen Variationen. In diesem Fall deuten die Augen auf ein fröhliches Lachen hin.

Wir reden über dies und jenes, wobei vor allem die beiden Frauen, sowie er und ich zusammen reden. Er fordert mich auf, dass ich ihn anrufen solle, wenn ich entlassen werde, er werde mich dann nach Hause bringen. Kurz darauf verabschieden sie sich und nehmen auch meine Frau mit und bringen sie nach Hause.

Mein Zimmernachbar muss heute fast alle Viertelstunden auf die Toilette, um Wasser zu lösen. Er merkt dabei nicht, dass er auch oft neben die Schüssel, oder auf die WC-Brille pinkelt. Zum Glück haben sie einen Desinfektionsspender, mit welchem ich dann alles aufputzen und vor allem desinfizieren kann.

Auch heute schaue ich kein Fernsehen und schlafe bald ein.

15.01.2018

Wieder eine neue Woche. Heute hat eine neue, deutsche Pflegefachfrau Frühdienst. Sie macht zwar einen guten Job, redet aber viel. Mein Zimmernachbar meint noch, dass hier das Personal wechselt wie in einem Bienenhaus.

Wie üblich, heißt es Blutdruck, Puls und Gewicht messen, Frühstück einnehmen, herumliegen, schlafen. Zum Mittagessen wählte ich Grießsuppe, Walliser Rösti, Salat, Apfelkompost und Zitronencake.

Im Laufe des Morgens kommt eine junge, hübsche Ärztin und informiert mich über das weitere Vorgehen. Auch sie meint, dass sie im Team beschlossen hätten, dass ich gewisse Medikamente und vor allem die Testosteronspritzen weglassen könne, da sie mir mehr schaden würden, als sie mir nütze. Sie informiert mich, dass sie heute noch ein Ultraschall vom Herzen und der Lunge, sowie morgen von den Hoden machen wollen. Die Ärztin meint dann noch, dass ich am Mittwochmorgen wieder nach Hause könne. Ich bitte sie, mir neben der Medikamententabelle auch den Arztbericht zukommen zu lassen.

Um ca. 10:00 Uhr schreibt mir meine Tochter und sendet mir ein Foto von den Chocolate Hills auf der philippinischen Insel Bohol. Nachdem sie die vergangenen Tage unter Magen-Darmproblemen und Durchfall litt, geht es ihr wieder besser.

Am Nachmittag werde ich abgeholt und in die Ultraschallabteilung gebracht. Die Pflegefachfrau, welche mich übernimmt, erinnert mich an mein Göttikind, welches ich nachher anrufen werde.

Nach einer Weile übernimmt mich eine junge hübsche Ärztin und untersucht mein Herz und die Lunge mit dem Ultraschall. Später kommt eine brasilianische Ärztin und kontrolliert die Untersuchung der jungen Ärztin. Es bestätigt sich, dass Herz und die Lunge in Ordnung sind, was ich natürlich mit Freuden zur Kenntnis nehme.

Nachdem mich eine Angestellte wieder ins Zimmer zurückgefahren hat, rufe ich mein Patenkind an und informiere sie über meinen Aufenthalt im Spital. Nach einem kurzen Gespräch machen wir ab, dass ich sie anrufen werde, wenn ich wieder zu Hause bin. Am Schluss meint sie noch, dass ich mich, wenn ich Hilfe brauche, melden solle. Allerdings hätte sie nur am Nachmittag Zeit, da sie am Morgen immer arbeiten würde.

Zum Nachtessen gibt es Blumenkohlcremesuppe, Süßen Pfannkuchen mit Fruchtfüllung und Vanillesauce.

Spätdienst hat heute wieder eine neue Pflegefachfrau.

16.01.2018

Ich habe wieder, wie meistens, gut geschlafen. Auch heute hat dieselbe Pflegefachfrau Frühdienst.

Der heutige Tag verläuft wie die vergangenen Tage. Nach dem Frühstück, etwa um 10:00 Uhr kommt eine Mitarbeiterin und holt mich für den Ultraschall meiner Hoden. Zuerst untersucht mich eine junge, freundliche Ärztin, bevor ein etwas unfreundlicher Arzt ihre Arbeit kontrolliert. Beide können nichts Ungewöhnliches feststellen, d. h. zum Glück ist alles in Ordnung.

Gegen Nachmittag rufe ich zuerst unsere Freunde an und frage sie ob sie mich morgen abholen können. Während er einen Termin hat, könnte sie mich schon abholen. Leider hätte sie aber nicht lange Zeit, weil sie nachher ins Turnen gehe. Da ich nicht weiß, wie lange ich morgen auf das Rezept und den Arztbericht warten muss, erkläre ich ihr, dass ich in diesem Fall einen anderen Kollegen anrufen werde. Das tue ich auch. Und dieser sagt spontan zu, dass er mich morgen um 10:00 Uhr abholen werde.

Heute hat wieder eine andere Pflegefachfrau Spätdienst.

17.01.2018

Zum letzten Mal heißt es Blutdruck, Puls und Gewicht messen, sowie Frühstück einnehmen. Das Packen geht schnell, da ich in den vergangenen Tagen immer das Gleiche anhatte.

Während es bei mir heute so weit ist, dass ich nach Hause kann, bekommt mein Zimmernachbar die erfreuliche Information, dass er morgen nach Hause gehen könne.

Nach dem Frühstück, etwa um 9:00 Uhr kommt das „Rösslispiel", wie es mein Zimmernachbar nannte, und macht Visite. In Begleitung des Chefarztes sind die Oberärztin, eine der jungen Ärztinnen und die neue, deutsche Pflegefachfrau. Der Oberarzt. erwähnt noch einmal, dass ich die Testosteronspritzen, sowie gewisse Medikamente weglassen könne. Er untersucht mich noch einmal mit dem Stethoskop, in dem er, während ich durch den offenen Mund ein und ausatme, den Rücken und die Brust abhört. Anschließend wünschen mir alle alles Gute.

Mein Kollege ist pünktlich hier. Wir müssen allerdings eine halbe Stunde warten, bis die Ärztin kommt und mir ein Rezept gibt. Den Arztbericht werde sie mir per Post zusenden. Sie wünscht mir alles Gute.

Ich verabschiede mich von meinem Zimmernachbarn. Wir wünschen uns gegenseitig alles Gute. Im Gang sehe ich dann noch die deutsche Pflegefachfrau und verabschiede mich von ihr.

Ich bin froh, dass mich der Freund abholt und nach Hause fährt.

Wieder zuhause

01.02.2018

Zum Glück habe ich sehr gut geschlafen. Schon beim Aufwachen spüre ich aber wieder diese Schmerzen. Nun heißt es wieder Perskindol, Voltaren und Arnikasalbe einreiben und das Bein schonen.

Ich sende meinem Neurologen ein E-Mail, mit den Nebenwirkungen vom Parkinsonmittel Clopin und Testosteron im Anhang.

Sehr geehrter Herr Doktor

Nachdem ich vom 11.01.2018 bis zum 17.01.2018 wegen starken Wadenschmerzen notfallmässig ins Kantonsspital L. musste stellte man eine Lungenembolie fest.
Gestern war ich dann wieder wegen starken Muskelschmerzen und Muskelverspannungen in der linken Wade, im Spital, da die Schmerzen so heftig waren, dass ich nicht mehr laufen konnte.

Zudem habe ich in den vergangenen Monaten fast 10 kg zugenommen. Der Tremor wird immer stärker. Laut meiner Frau zittere ich sogar während dem Schlafen. Schreiben am PC geht noch, aber von Hand geht nicht mehr.

Während die Ärzte im Spital überzeugt sind, dass die Lungenembolie von der Testosteronbehandlung kommt, bin ich überzeugt, dass die Gewichtszunahme, Muskel- und anderen gesundheitlichen Probleme vom Clopin ECO 25 mg kommen. (Siehe Anhang)

Was können wir weiter tun? Gibt es Alternativen zum Clopin?

Freundliche Grüße
Walter Schaub-Chan

02.02.2018

Um 09:20 Uhr ruft mich die Praxisassistentin meines Neurologen an. Sie teilt mir mit, dass sie mein E-Mail bekommen hätten und der Doktor mich sehen und mit mir meine Lage besprechen möchte. Sie gibt mir einen Termin für Dienstag den 6. Februar 2018 um 07:30 Uhr.

06.02.2018

Ich habe heute einen Termin bei meinem Neurologen. Als ich ihm den Bericht von meinem Hausarzt überreiche, liest er ihn kurz durch und meint, dass er dies ja schon von meinem E-Mail wisse. Auch er meint, dass Clopin ECO 25 mg schon eine Gewichtszunahme und Muskelschmerzen verursachen könne, allerdings sei es schwierig dies zu beweisen. Bei mir sei die Dosis aber sehr gering, so dass es für ihn nicht nachvollziehbar sei. Trotzdem einigen wir uns, dass wir in den nächsten fünf Tagen die Dosis von Clopin ECO 25 mg langsam herunterfahre von 0-½-½-0 auf 0-0-½-0 bis auf 0-0-0, und das Akineton 4 mg von ½-½-0-0 auf ½-½-½-0.

Da der Neurologe sieht, dass ich heute wieder stark zittere, meint er, dass wir in einem späteren Schritt die Dosis von Sinemet CR 25 mg/100 mg auch erhöhen sollten.

Er fordert mich auf meine Hände waagrecht zu halten Finger gegen Finger. Dann muss ich mit den Händen waagrecht auseinander und wieder zusammen. Dann beide Hände, so schnell als möglich, im Handgelenk drehen. All dies geht zu meinem eigenen Erstaunen ohne Zittern. Das Einzige was in diesem Moment zittert, ist mein linker Fuß bis zum Knie. Als mich der Arzt fragt, ob meine rechte Hand auch zittere und ich ihm erzähle, dass dies vor allem beim Schreiben der Fall sei und ich deshalb nicht mehr von Hand schreiben könne, meint er, dass dies eigentlich auch dafür spreche, dass wir früher oder später Sinemet CR

25 mg/100 mg erhöhen müssten. Als ich meine Wadenschmerzen erwähne, meint er nur, dass Muskelprobleme manchmal Zeit brauchen, bis sie abgeheilt sind.

Als ich ihn frage, was er zu CBD-Öl meine, sagt er nur, dass es bei gewissen Patienten Erleichterung bringen könne, vor allem was die Schmerzen angeht. Allerdings würden Langzeitstudien bei Parkinson fehlen. Es sei zwar erwiesen, dass es bei Patienten mit übermäßigem Tremor helfen würde. Leider würden die Krankenkassen es im Moment nicht übernehmen. Das Beste sei, wenn ich es selber kaufen würde und wenn es mir eine Erleichterung bringe, könne er bei der Krankenkasse einen Antrag stellen. Allerdings sei es mit einem großen Aufwand verbunden.

Der Neurologe möchte mich in drei oder vier Wochen wieder sehen. Dann sehen wir auch weiter, wie sich die Umstellung auf Akineton 4 mg auswirkt. Nachdem ich mich von dem Arzt verabschiedet habe, gibt mir die Praxisassistentin den Medikamentenplan, das Rezept für Akineton und den neuen Termin für den 02.03.2018 um 09:00 Uhr.

Als wir zu Hause sind, rufe ich in der Apotheke in S. an und bestelle drei Schachteln Sinemet CR 25 mg/100 mg und eine Schachtel Akineton 4 mg. Beides hole ich am Nachmittag. Zusätzlich kaufe ich auf Anraten meiner Frau Magnesium-Diasporal.

07.02.2018

Heute habe ich den ganzen Tag wieder Schmerzen in der linken Wade. Nach dem Frühstück nehme ich die erste Magnesium-Diasporal. Während ich am Morgen, nach dem Duschen, Felden-Gel einreibe, versuche ich es am Abend, vor dem Fernsehschauen, mit Wärme. Dazu erwärme ich im Mikrowellenofen ein Lava-Wärmekissen zwei Minuten bei 600 °C. Das, mit Lavasand gefüllte, Kissen ist aus Baumwolle. Der Lavasand, mit

seinen Mineralteilchen im Inneren des Kissens geben eine besonders angenehme, wirksame und trockene Wärme ab, die auch
tieferliegendes Gewebe erreicht und so dazu beitragen die Muskeln zu entspannen.

Bevor ich ins Bett gehe, lege ich noch ein Wärmepflaster auf
die, nicht mehr so schmerzende Wade und lasse es über Nacht
einwirken.

08.02.2018

Auch diese vergangene Nacht habe ich wieder gut geschlafen.
Beim Aufstehen habe ich doch weniger Schmerzen als in den vergangenen Tagen. Nach dem Duschen und dem Frühstück nehme
ich auch heute ein Magnesium-Diasporal. Durch den Tag habe
ich aber immer noch diese Schmerzen in der linken Wade. Allerdings sind sie nicht mehr so stark. Hingegen ist heute der Tremor wieder stärker. Vielleicht hat das Wetter auch einen Einfluss,
denn es schneit den ganzen Tag leicht vor sich hin.

Am Abend reibe ich meine linke Wade mit Felden-Gel ein.

09.02.2018

Heute habe ich einen Termin bei meinem Augenarzt. Er kontrolliert meine Augen, dabei ist alles in Ordnung. Ich habe keinen grauen oder grünen Star, der Augendruck ist normal. Als
Grund, dass ich in der Nahdistanz schlechter sehe, meint er, dass
dies vom Parkinson komme. Patienten mit dieser Krankheit haben meistens zu trockene Augen, was dazu führt, dass sie jucken.
Er gibt mir Lacrycon-Augentropfen gegen zu trockene Augen.
Er rät mir, mindestens einmal pro Tag je ein Tropfen in jedes
Auge zu tun. Für den nächsten Termin in einem Jahr, werde ich
dann ein Aufgebot bekommen.

15.02.2018

Ein Mitarbeiter von der Uni B. ruft mich an wegen der Parkinsonstudie. Wir machen zusammen drei Termine ab. Diese sind am 14.03.2018, 21.03.2018 und 28.03.2018 jeweils um 10:00 Uhr.

25.02.2018

Heute habe ich den ganzen Tag Probleme mit meinem Tremor. Manchmal schüttelt es mich richtig durch. Auch meine linke Wade plagt mich den ganzen Tag mit Schmerzen.

26.02.2018

Ich habe unruhig geschlafen. Meine linke Wade und der Tremor plagten mich. Beide lassen mich den ganzen Tag nicht in Ruhe.

Eine Ärztin von der neurologischen Abteilung des Universitätsspitals B. ruft mich an wegen einer logopädisch-neurophysiologischen Untersuchung. Sie gibt mir den Termin für die erste Sitzung, und zwar am 07.03.2018 um 11:30 Uhr. Ich soll mich in der Uniklinik im ersten Stock melden und sie verlangen. Bei Problemen könne ich sie auch telefonisch erreichen.

Heute habe ich um 11:00 Uhr einen Termin beim Rheumatologen. Ich erzähle ihm, dass ich Im Januar eine Lungenembolie hatte, welche vermutlich von den Testosteronspritzen hervorgerufen wurde. Er stimmt mir zu, dass dies möglich sei. Was meine Gelenkschmerzen angeht, erkläre ich ihm, dass ich immer noch von Zeit zu Zeit keine Fäuste machen kann, oder nur mit Schmerzen. Er drückt an meinen Fingergelenken herum, wobei vor allem jeweils die inneren drei Fingergelenke schmerzen. Mit den anderen Gelenken, wie Fuß-, Knie-, Hand- oder Ellbogengelenke habe ich keine Probleme. Das Schultergelenk rechts macht mir manchmal Probleme. Der Arzt macht sich seine Notizen. Manchmal benutzt er auch sein Diktiergerät. Er schlägt mir vor, heute Blut abzunehmen und zu kontrollieren, sowie die Dosis der Metoject-Spritzen von 15 auf 17.5 mg zu erhöhen. Bei der letzten Blutkontrolle war alles in Ordnung, d. h. es wurden keine Entzündungen angezeigt.

Nachdem wir uns verabschiedet haben, nimmt mir die Arztgehilfin noch drei Ampullen Blut ab und gibt mir noch sechs Metoject-Spritzen 17,5 mg mit. Der nächste Termin ist dann am 24.05.2018 um 10:30 Uhr.

02.03.2018

Heute erwache ich wieder mit einem heftigen Zittern auf der linken Seite. Ich habe dann den ganzen Tag Probleme mit meinem Tremor, und zwar auf beiden Seiten. Es schüttelt mich zeitweise heftig durch. Ich kann kein Glas Wasser halten, ohne dass ich es verschütte.

Wegen einem Termin bei meinem Neurologen gehe ich heute nach L. Der Arzt, welchen ich heute zum ersten Mal in einem weißen Arztmantel sehe, sieht auch, dass ich heftig zittere. Er will wissen, wie es mir seit dem letzten Mal ergangen ist und macht sich seine Notizen. Ich erzähle ihm, dass ich seit dem letzten Mal und, seit ich von Clopin ECO auf Akineton umgestellt hätte, rund 5 kg an Gewicht verloren hätte. Allerdings zittere ich wesentlich mehr als vorher. Er möchte wissen, wie es mit meinen Tabletten aussehe und ist überrascht, dass ich diverse Mittel nicht mehr nehme, dabei habe ich ihm dies schon das letzte Mal mitgeteilt. Er schlägt mir vor, das Sinemet CR 25 mg/100 mg langsam durch das normale Sinemet 25 mg/100 mg zu ersetzen. Dummerweise habe ich gerade letzte Woche wieder drei Schachteln vom Sinemet CR 25 mg/100 mg geholt.

Der Arzt meint dann, dass man als nächsten Schritt überlegen müsse, ob man nicht eine Operation in Betracht ziehen sollte. Als ich ihn frage, wo man diese machen würde, erwähnt er als erstes B., was mich wundert, denn letztes Jahr meinte er am 13.02.2017, dass er dies nicht an der neurologischen Abteilung der Universität in B. machen würde, obwohl er sein Neurologiestudium in B. gemacht hätte. Er hätte mittlerweile bessere Erfahrungen mit den Universitätskliniken in Be. und Luzern, vor allem das Spital in Be. hätte recht gute Erfahrungen, weil sie am meisten solche Operationen durchführen würden. Der Nachteil sei der weitere Weg. Er meint, dass ich mir bis zum nächsten Mal meine Gedanken machen solle.

Wie letztes Mal fordert er mich auf, meine Hände waagrecht zu halten, Finger gegen Finger. Er sieht nun, dass ich auf der ganzen linken Seite von meinen Füßen über die Schulter bis zu den Fingern sehr stark zittere. Ich erwähne dann, wie das letzte Mal, dass ich auch in der rechten Hand zittere, wenn ich etwas schreiben möchte, d. h. ich nicht mehr von Hand schreiben könne.

Nachdem ich das Kribbeln in meinen Finger erwähne, meint er, dass dies entweder mit meiner Polyneuropathie zusammenhänge, oder das Karpaltunnelsyndrom sei. Letzteres sei der Fall, wenn der Übergang von Elle und Speiche zum Handgelenk, dem Karpaltunnel zu eng sei und die Nerven eingeklemmt werden.

Als ich meine Wadenschmerzen erwähne, meint er, dass Muskelprobleme manchmal auch mit Parkinson einen Zusammenhang hätten.

Zum Schluss gibt mir der Arzt eine Broschüre „Tiefe Hirnstimulation bei Morbus Parkinson", sowie ein Rezept für das normale Sinemet 25 mg/100 mg.

Am späten Nachmittag spritze ich mir Metoject 17,5 mg gegen meine Polyarthritis.

03.03.2018

Mein Tremor ist heute wieder ganz extrem. Ich habe etwas Angst, dass man mir, wenn ich am 05.04.2018 zur Fahreignungsuntersuchung gehen muss, nicht mehr erlaubt, Auto zu fahren. Dabei wollte ich dieses Jahr einmal richtig aufräumen, wozu ich eben auch das Auto brauche.

06.03.2018

Heute habe ich meinen 70. Geburtstag. Leider lässt mich der Tremor auch heute nicht in Ruhe. Da ich mit meiner Frau zum Frauenarzt nach L. gehe, gehen wir anschließend zum Hanf-Kiosk um CBD-Öl zu kaufen. Zum einen Teil erhoffe ich mir, dass sich der Tremor etwas beruhigt, zum anderen Teil bin ich etwas misstrauisch, ob es dies wirklich tut, den 49.00 CHF für 10 ml sind nicht gerade billig. Ich hoffe deshalb, dass es ein wenig Erleichterung bringt.

Zu Hause nehme ich 2 Tropfen CBD-Öl auf meine Zunge. Am Abend nehme ich dann noch einmal 2 Tropfen.

07.03.2018

Schon beim Aufstehen meldet sich der Tremor. Auch heute ist es wieder ganz extrem. Es scheint, dass das CBD-Öl nichts bringt.

Heute habe ich um 11:30 Uhr einen Termin zur Parkinsonstudie in der neurologischen Abteilung des Universitätsspitals B.

Nachdem ich mich angemeldet habe, heißt es warten. Eine hübsche junge Ärztin begrüßt mich. Zusammen gehen wir ins zweite UG in die Radioonkologie.

Bevor mit den Übungen begonnen wird, muss ich eine Einwilligungserklärung unterschreiben, was mir wegen dem Tremor große Mühe bereitet. Damit ich nicht alle dreizehn Seiten durchlesen muss, bekomme ich eine Kopie, welche ich dann zu Hause in aller Ruhe lesen kann.

Dann bekomme ich noch einen zweiten Termin für den 15.03.2018 um 14:00 Uhr.

Die Ärztin erklärt mir zuerst, wie das Ganze ablaufen wird. Dann stülpt sie mir eine Haube mit Optoden (NIRS) und Elektroden (EEG) auf den Kopf. Die Optoden messen den Austausch zwischen dem sauerstoffreichen und dem sauerstoffarmen Blut im Kopf. Die Elektroden messen die Elektrizitätsströme, welche das Gehirn selbst produziert bzw. zum Nervenzellinformationsaustausch verbraucht. Beides zusammen kann Hinweise geben auf die Hirnaktivität.

Nun wird das Licht gelöscht und durch den Lautsprecher bekomme ich Anweisungen. Zuerst muss ich meine Augen schliessen. Dann werde ich aufgefordert Tiere zu nennen mit dem Anfangsbuchstaben A. Mein Tremor stört mich heute wahnsinnig stark und ich kann nicht viele Tiere nennen.

Die nächsten Übungen sind z. B. fortlaufend die Wochentage aufzuzählen, also Montag, Dienstag, Mittwoch, Donnerstag, Freitag, Samstag, Sonntag, Montag, Dienstag usw. oder Blumen aufzuzählen. Die Wochentage sind kein Problem, hingegen Blumen wollen mir nicht in den Sinn kommen außer Tulpen und Rosen. Während der ganzen Übung kommt die Aufgabe mit den Wochentagen vier Mal. Bei der nächsten Übung muss ich Haustiere nennen, was mir auch nicht so gelingt, weil ich wie blockiert bin.

Nach dem ersten Teil folgt der zweite Teil, welcher ähnlich ist wie der erste. Allerdings muss ich nun die Wörter nicht mehr nennen, sondern denken.

Am Schluss dankt mir die Ärztin für die Teilnahme und begleitet mich zum Ausgang.

Nachdem ich von B. zurückgekommen bin, fahre ich ab S. mit dem Bus. Von dort gehe ich zur Arztpraxis zum Hausarzt meiner Frau und gebe meine Unterlagen ab. Zwei Praxishelferinnen nehmen mich als neuen Patienten auf. Ich bin nun froh, meinen Hausarzt gewechselt zu haben.

Ich schreibe einen Brief an den neuen Hausarzt. Er ist der Gründer der Praxis und hat sie zusammen mit seiner Frau aufgebaut. Junge, freundliche gut ausgebildete Ärzte, sowie ein freundliches MPA-Team, bestehend aus jungen, hübschen und aufgestellten Frauen, ergänzen einander.

Sehr geehrter Herr Doktor,

mein Name ist Walter Schaub-Chan. Ich bin in S. aufgewachsen, wohne aber schon über 23 Jahre in Z. Während meine Frau schon seit Ihrer Praxiseröffnung 1996 bei Ihnen in Behandlung ist, blieb ich bei meinem Hausarzt in S.

Da meine Frau in letzter Zeit einige gesundheitliche Probleme überstehen musste, habe ich sie meistens begleitet und dabei Einblick in Ihre Praxis bekommen. Ich bin beeindruckt von Ihren Ärztinnen, wie sie sich Zeit nehmen für Ihre Patienten und vor allem auch zuhören können.
Durch Sie und Ihre KollegInnen ist doch ein umfassendes Wissen vorhanden, um die Patienten optimal betreuen zu können.

Auch die umfassende hausärztliche Betreuung hat mich beeindruckt, sei dies allgemeine medizinische Betreuung inkl. Checkup, EKG, 24h Blutdruckmessungen, 24h EKG Untersuchungen, Lungenfunktionsmessungen, Physio-, Elektro-, sowie Neuraltherapie, Akupunktur, Klassische Massage, kleinchirurgische Eingriffe, sowie Fahreignungsuntersuchungen für Senioren. usw. usw.

Da ich in den letzten Jahren doch mit einigen gesundheitlichen Problemen zu tun hatte, spielte ich schon seit einiger Zeit mit dem Gedanken, meinen Hausarzt zu wechseln. Dabei habe ich an Ihre Praxis gedacht, so dass meine Frau und ich bei derselben Praxis wären. Voraussetzung ist natürlich, dass sie neue Patienten nehmen.
Ich sende Ihnen deshalb ein paar Informationen über mich. (siehe Anhang)

Für meine neurologischen Probleme bin ich bei in L. und für die rheumatologischen Probleme ebenfalls in L. und für Hautprobleme in B. in Behandlung.

Ich bin mir bewusst, dass ich mit meinen diversen Krankheiten kein einfacher Patient bin, würde mich aber freuen, wenn ich in Zukunft auf die gesundheitliche Hilfe von Ihnen und Ihrem Team zählen könnte. Meine Frage ist also, ob Sie mich als neuen Patienten in Ihrer Praxis aufnehmen.
Ich bin auch bereit, mit Ihnen persönlich über meine gesundheitlichen Probleme zu reden.

Freundliche Grüße

Walter Schaub-Chan

08.03.2018

Auch heute habe ich beim Aufstehen meine Mühe mit dem Tremor. Es scheint wirklich so, dass das CBD-Öl nichts bringt.

Am Nachmittag habe ich um 14:00 Uhr einen Termin bei einer Mitarbeiterin einer bekannten Optiker-Kette im Einkaufscenter. Ich brauche eine neue Brille. Da wir die Mitarbeiterin schon von früher kennen, weiß ich auch, wie seriös sie arbeitet. Während sie vor ein paar Jahren bei meiner Frau fast drei Stunden brauchte, ist sie bei mir in einer halben Stunde schon fertig mit dem Ausmessen. Auch die neue Fassung haben wir schnell gefunden.

09.03.2018

Ich habe nicht so gut geschlafen, denn der Tremor hat mich nun voll im Griff.

11.03.2018

Ich habe wegen dem Tremor schlecht geschlafen. Den ganzen Sonntag habe ich Probleme damit. Es scheint, dass auch diese Zeller Entspannungs-Tabletten nichts helfen. Vielleicht war die Zeit noch etwas zu kurz, weshalb ich auch heute, wie geraten, drei Tabletten zu den Mahlzeiten einnehme. Ich mache mir schon Gedanken, ob ich mit diesem Zittern zu den Parkinsonstudien gehen soll oder nicht. Ich frage mich auch, ob ich überhaupt auf die geplante Flussreise von B. nach Amsterdam gehen kann.

12.03.2018

Ich habe sehr gut geschlafen. Mein Tremor hat sich während dem Schlafen und auch beim Aufstehen nicht gemeldet. Haben die Entspannungs-Tabletten doch etwas bewirkt? Später meldet sich der Tremor wieder, aber nicht mehr so stark. Wenn es so bleibt, bin ich schon zufrieden.

14.03.2018

Heute habe ich um 10:00 Uhr den zweiten Termin bei der Parkinsonstudie. Ein Psychologiestudent holt mich pünktlich an der vereinbarten Stelle ab. Wir gehen zusammen in den vierten Stock.

Bevor er und seine Kollegin anfangen, gibt er mir einen iPad mit verschiedenen Fragen, welche ich zu Hause beantworten kann.

Nun macht er verschiedene Neurologische Tests, z. B.
- Er zählt 20 oder mehr Wörter auf, welche ich mir merken muss.
- Er fordert mich auf, möglichst viele dieser Wörter aufzählen. (z. B. Gurke, Bluse, Krawatte, usw.
- Ich bekomme div. Geruchsstifte und muss ihm sagen, nach was diese riechen.

- Ich muss nun mit dem linken und anschließend mit dem rechten Zeigefinger zur Nase.
- Nun muss ich die Hände im Handgelenk so schnell als möglich drehen.
- Er zeigt mir verschiedene Figuren, welche ich abzeichnen muss.
- Er legt eine kleine Platte vor mich hin, auf der verschiedene Stifte sind. Er berührt nun einzelne Stifte und ich muss das Gleiche tun.
- Er macht das Gleiche, nur muss ich dieses Mal die Stifte in umgekehrter Richtung berühren.
- Ich werde aufgefordert, die Wörter vom Anfang aufzuzählen.
- Ich werde aufgefordert, eine Uhr zu zeichnen und die Zeit aufzuschreiben wie auf einem Bahnhof z.B. 12:10 Uhr.
- Hände mit gespreizten Fingern so schnell als möglich drehen.
- Beidseitig Zeigfinger und Daumen zusammenführen.
- Er dreht meinen rechten und linken Ellbogen.
- Anschließend dreht er mein rechtes und dann das linke Knie.
- Sie steht hinter mir. Ich muss mich nun nach hinten fallen lassen. Er beobachtet meinen Auslaufschritt.
- Ich muss Wörter, welche er mir sagt, buchstabieren.
- Nun gibt es eine zweite Wortreihe, welche ich mir merken sollte, um anschließend so viel wie möglich aufzuzählen.
- Nun fragt sie mich Wörter aus diesen beiden Wortreihen ab. Wenn sie in Liste 1 vorkommen, muss ich mit Ja antworten, wenn nicht mit Nein.
- Ich muss eine Zahlenreihe nachsagen, zuerst vorwärts, dann rückwärts.
- Ich muss einen Satz schreiben z.B. „Heute ist ein schöner Tag".
- Nun muss ich die bisherigen Figuren aufzeichnen.
- Er fordert mich auf, von 100 immer 7 abzuzählen, also 100, 93, 86, 79, 72 usw.
- Nun fragt er mich verschiedene Gesundheitsfragen, z.B. ob ich rauche, wieviel Alkohol ich trinke, oder ob ich schon Drogen genommen hätte.
- Ich muss Zahlen miteinander verbinden, also 1 − 2 − 3 − 4 usw.

- Er legt mir ein Blatt vor, auf welchem diverse nummerierte Punkte sind. Ich muss nun in einem Zug die 20 Zahlen verbinden, also 1, 2, 3 … 20.
- Anschließend von 20 retour.
- Er legt mir ein Brett vor mit diversen Stiften. Nun berührt er die Stifte mit dem Zeigfinger. Meine Aufgabe ist nun das gleiche in der richtigen Reihenfolge zu tun.
- Anschließend die gleiche Übung aber retour.
- Nun muss ich von 1 nach A, dann auf 2, auf B, dann auf 3, auf C usw.
- Er stellt nun verschiedene Fragen z.B. welchen Wochentag haben wir heute, welches Datum, wo sind wir hier, in welcher Stadt sind wir usw.
- Nun muss ich so schnell wie möglich 9 Klötze nach einer Vorlage zusammenstellen.
- Nun muss ich so schnell wie möglich 16 Klötze nach einer Vorlage zusammenstellen.
- Die erste große Skizze aus dem Gedächtnis noch einmal aufzeichnen.
- usw. usw

15.03.2018

Am Nachmittag habe ich bei in der neurologischen Abteilung des Universitätsspitals B. den dritten Termin. Ich gehe direkt in die Radioonkologie im U2. Da niemand dort ist, frage ich einen Angestellten, der gerade vorbeiläuft. Er verbindet mich telefonisch mit der Ärztin, welche kurz danach kommt. Zusammen gehen wir wieder in den Testraum vom letzten Mal.

Zuerst wünscht sie meine Medikamentenliste. Wie letztes Mal stülpt sie mir eine Haube mit Optoden (NIRS) und Elektroden (EEG) auf den Kopf. Das Licht wird gelöscht und durch den Lautsprecher bekomme ich Anweisungen. Nach dem Schließen der Augen, läuft das Ganze ab wie das letzte Mal. Zwischen dem ersten und dem zweiten Teil stellt sie mir ähnliche Fragen wie Ihr Kollege gestern, z. B. zähle von 100 jeweils 7 ab, also 93, 86, 79 usw. Sie sagt mir eine Wörtergruppe, welche ich mir merken und anschließend aufzählen muss. usw. usw.

Am Schluss dankt sie mir noch einmal für die Teilnahme und begleitet mich zum Ausgang.

16.03.2018

Am späten Nachmittag spritze ich mir Metoject 17,5 mg gegen meine Polyarthritis.

Gegen Abend habe ich starke, kolikartige Magen-Darmschmerzen. Ich habe richtige Bauchkrämpfe.

17.03.2018

Ich habe seit langem wieder einmal schlecht geschlafen. Die Bauchkrämpfe melden sich beim Erwachen wieder. Ein Kamillentee bringt etwas Linderung. Ich muss viel Luft auslassen. Ich habe das Gefühl, als ob mein Magen voller Luft ist. Ich habe den ganzen Tag keine Lust etwas zu Essen. Am Abend nehme ich dann Reissuppe mit Zwieback.

18.03.2018

Nach dem Aufstehen mache ich wie jeden Morgen meine LSVT-Übungen und steige eine Viertelstunde auf meinen Hometrainer.

Auch heute habe ich viel Luft im Magen. Diese Magenkrämpfe melden sich von Zeit zu Zeit recht heftig. Auch heute esse ich nicht viel und wenn, dann Reissuppe mit Zwieback. Auch mein Tremor plagt mich heute wieder.

Heute habe ich um 10:00 Uhr den vierten Termin bei der Parkinsonstudie. Der Student holt mich wieder ab. Wir gehen zusammen ins zweite Untergeschoss. Eigentlich hätte noch eine Ärztin kommen sollen. Da sie sich verspätet, fängt der Student schon an mit Fragen z. B. ob ich rauche, ob ich Drogen nehme, oder Alkohol trinke. Ich muss auch verschiedene Vorlagen abzeichnen. Dann kommen wieder Fragen wie,

• Wann sind Sie vorgestern ins Bett gegangen?
• Wann sind Sie aufgestanden?
• Wann gingen Sie gestern ins Bett?
• Wann sind Sie heute aufgestanden?
• Nennen Sie alle Erdteile.
• Wer hat Hamlet geschrieben?
• Wer erbaute die Sixtinsche Kapelle?
• Von wem ist Faust?
• Wie heißt die Hauptstadt der Türkei?
• Wo sind wir hier?
• Hatten Sie gestern Abend Alkohol?
• Hatten Sie vorgestern Abend Alkohol?
• Nehmen Sie Drogen?
• usw.

Es folgen dann diverse andere Tests, z. B. musste ich mir eine Wortreihe merken, welche er mir sagte. Eine andere Übung besteht darin, dass er mir ein Blatt zeigt mit diversen Figuren, welche ich nachher aus dem Gedächtnis heraus aufzeichnen muss.

Nach einer halben Stunde gehen wir in den Raum, in dem ich schon mit der Ärztin gewesen bin. Es kommt noch ein anderer junger Arzt dazu, sowie eine junge, hübsche, holländische Studentin, welche nur drei Tage in der Universitätsklinik den Ärzten hier in B. zuschaut. Der junge Arzt erklärt in Englisch der Holländerin, was er macht.

Er legt eine Kappe mit 256 Elektroden in eine Salzlösung. Anschließend legt er sie mir über den Kopf. Die Elektroencephalographie (EEG) zeichnet die Hirnströme an der Kopfoberfläche auf. Sie hilft bei der Diagnose von Anfallsleiden (Epilepsie) und vielen anderen Hirnfunktionsstörungen.

Die erste Übung besteht darin, dass ich bei einem tiefen Ton meine Augen schließen und bei einem hohen Ton wieder öffnen musste. Anschließend musste ich eine Viertelstunde die Augen schließen. Am Schluss wird die erste Übung wiederholt.

Nach diesen Übungen gehen wir wieder in den ersten Raum zurück. Nun kommt auch die anfangs erwartete, eine etwas große, eher etwas muskulöse Frau dazu. Als sie mich sieht, meint sie, dass sie mich auch schon gesehen hätte. Als ich ihr sage, dass dies vor drei Jahren war, bei der letzten Studie, erinnert sie sich wieder. Sie sieht auch, dass ich links stark zittere und begreift dann meine Fragen, welche sich vor allem um Hirnstimulation bzw. Deep Brain Stimulation (DBS) drehen.

- Werden in B. auch Hirnstimulationen durgeführt.
- Was sind die Risiken.
- Was sind die Nebenwirkungen.
- Gibt es Alternativen.
- Es gibt Leute, welche meinen, dass sie in Be. mehr Erfahrung hätten.

Sie gibt dann freundlich und kompetent Auskunft und meint, dass sie auch in B. solche Operationen durchführen würden, allerdings nicht so viele wie in Be. Allerdings sei der kompetenteste Arzt in Be. nicht mehr dort.

Zu den Risiken meinte sie, dass es nicht größer sei als bei anderen Operationen. Es ist jede Operation mit gewissen Risiken verbunden.

Es kann auch zu Nebenwirkungen kommen. Bei etwa 0,4 Prozent der Patienten kommt es während oder nach der Operation zu schweren Komplikationen, etwa Blutungen oder Entzündungen, die Hirnschäden oder den Tod zur Folge haben können.

Auch wenn die Operation gut verläuft und die Stimulation anschlägt, kann es zu Nebenwirkungen kommen. Viele DBS-Patienten haben Probleme damit, mehrere Dinge gleichzeitig zu tun. Andere sind impulsiver als früher, ungeduldiger und reizbarer. Bisweilen treten auch Sprachstörungen auf.

Trotzdem raten heute immer mehr Experten, die Tiefe Hirnstimulation früher zu machen. Es bringt eben doch einige Erleichterungen, da in den meisten Fällen das Zittern wegfällt und die Medikamentendosis reduziert werden konnte. Auf jeden Fall gibt es in den meisten Fällen eine Verbesserung der Lebensqualität.

Zu den Alternativen meint sie nur, dass es diese schon gebe, allerdings würde sie eine Tiefe Hirnstimulation vorziehen. Am Schluss meint sie, dass ich doch mit meinem Neurologen darüber sprechen solle.

Sie stellte mir dann auch noch Fragen wie,

- Haben Sie Halluzinationen?
- Wie schlafen Sie?
- Leiden Sie unter Verfolgungswahn?
- Wie alt sind Sie?
- Sind Sie oft schlecht gelaunt?
- Leiden Sie unter Depressionen?
- usw.

Als sich die Ärztin verabschiedet hat, fährt der Student weiter mit seinem Programm. Er bittet mich, vor einem PC Platz zu nehmen.

Bei der ersten Übung muss ich mir Zahlen merken, z. B. wenn zwei Zahlen kommen, muss ich mir immer die vorletzte merken. Wenn dann eine dieser Zahlen erscheint, muss ich auf den Knopf drücken.

z. B. wenn die Zahlen 10 und 15 erscheinen, muss ich mir die 10 merken. Dann kommen die nächsten Zahlen und ich muss mir die 15 merken usw. Wenn bei den nächsten Zahlen z. B. 15 kommt, muss ich die Taste drücken. usw.

Bei der nächsten Übung muss ich immer, wenn eine gerade Zahl kommt, den Knopf drücken. Dann kommt eine Übung mit

Zahlen und mit Buchstaben. Ich musst immer, wenn eine Zahl erscheint, den Knopf drücken.

Am Tisch legt mir der Student eine komplizierte Skizze vor, welche ich nachzeichnen muss. Anschließend nimmt er die Skizze weg und ich muss sie mir aus dem Gedächtnis heraus noch einmal aufzeichnen.

Dann heißt es diverse Tests mit farbigen Klötzchen, wobei ich diese nach Vorlage richtig zusammenstellen muss. Nach diversen Fragen muss ich noch einige Gedächtnisübungen machen. Anschließend sagt er mir Begriffe und ich muss sie pantomimisch nachmachen z. B.

- Einen Nagel einschlagen.
- Zähne putzen.
- Haare kämmen.
- Lachen.
- Augen reiben.
- Jemandem den Vogel zeigen.
- Jemandem drohen.
- usw.

Dann kommen wieder verschiedene Begriffe, welche ich mit einem Wort zusammenfassen muss, z. B. wenn er mir zwei Worte sagt, z. B. Tiger und Kuh, dann muss die Antwort „Tiere" sein. Bei einer Blume und bei einem Strauch heißt es „Pflanze". Oder bei einer Pizza und einem Brot heißt es „Essen". Oder eine Türe und ein Fenster gehören zu einem „Haus".

Bei der nächsten Übung sind 25 Quadrate mit fünf Punkten. Nun muss ich jeweils 2 oder 3 Punkte miteinander verbinden. Es darf aber keine Figur zwei Mal vorkommen. Zudem muss alles in einem Zug gehen. Eigentlich die gleiche Aufgabe wie am 03.07.2015 und 02.10.2015.

Dann will der Student schauen, ob ich die Figur vom Anfang noch weiß. Am Schluss verabschiede ich mich von ihm und von der Holländerin.

Anschließend fahre ich mit dem Tram nach K. und spaziere zum Optiker im Einkaufscenter. Da die Optikerin, welche heute nicht hier ist, die neue Brille schon letztes Mal angepasst hat, muss der Angestellte gar nichts mehr machen. Die Brille ist super, denn ich brauche nun für die Nähe und in die Ferne nur eine Brille.

23.03.2018

Heute habe ich Mühe mit meinem Tremor. Zudem bin ich erkältet und habe starken Husten, bei dem sich der Schleim nicht lösen will, obwohl ich Solmucalm, einen schleimlösenden Hustensirup nehme. Am Abend haben wir mit meiner Tochter ein Treffen im Restaurant in B. abgemacht. Am Anfang hatte ich eigentlich keine Lust, denn ich fühle mich schwach und lustlos. Später bin ich froh, dass ich doch mitgegangen bin.

Ein neuer Hausarzt

24.03.2018

Heute habe ich den ersten Termin bei meiner neuen Hausärztin. Sie ist eine hübsche junge Ärztin, welche sich gut vorbereitet hat, indem sie schon gestern die Unterlagen studiert hat, welche ich dem leitenden Arzt der Praxis gesandt habe.

Zuerst gehen wir in groben Zügen meine bisherige Krankengeschichte durch.

Daraus hat sie gesehen, dass ich lange Probleme mit meinem rechten Knie hatte, weshalb sie wissen möchte, wie es jetzt gehe. Ich erzähle ihr dann, dass mein ehemaliger Hausarzt viel zu lange gewartet hätte, bis er mich zu einem Spezialisten gesandt hat und sich in dieser Zeit, wegen den Schmerzen, die Muskeln zurückgebildet hätten. Die zu spät angeordnete Physiotherapie nützte dann auch nicht so viel, weil ich die erforderlichen Übungen nicht machen konnte. Erst als ein Physiotherapeut im Spital anfing, das Knie zu tapen, konnte ich langsam die Übungen wieder machen und wieder Muskeln aufbauen. Zudem hat mir dieser Physiotherapeut gezeigt, wie ich mein Knie auch selber tapen konnte. Die Ärztin zeigt sich sehr interessiert.

Zum den Testosteronspritzen, fragt sie das Gleiche, wie die Ärzte im Spital, nämlich wieso ich diese Spritzen bekommen hätte. Als ich ihr erzähle, dass mein Hausarzt und seine Frau erklärten, dass mein Testosteronwert immer abfalle, meint sie, dass dies aber noch kein Grund sei, denn zuerst müsse man doch wissen, wieso dieser Wert immer absinkt. Auch sie rät mir von weiteren Spritzen ab.

Was den hohen Quecksilberanteil angeht, hat sie dies auch schon in den Unterlagen der Drogerie gesehen. Dazu meint sie, dass man diesen schon behandeln sollte.

Auch was den Borreliosewert angeht, meint sie, dass man auch diese beobachten sollte. Sie möchte dann wissen, wie dies im Jahr 2000 verlaufen sei und ob man dies mit Antibiotika behandelt habe. Ich erzähle ihr von meinen Erfahrungen mit den Ärzten damals.

Als ich ihr erzähle, dass mein Hausarzt mir von einem deutschen Arzt berichtet hat, der den Patienten Blut entnimmt und dieses tiefgefriert und anschließend dem Patienten wieder einspritzt, zeigt sie sich sehr interessiert.

Als ich ihr erzähle, dass mein Hausarzt viele Laboruntersuchungen in Berlin untersuchen lasse, will sie den Namen von diesem Labor wissen und macht sich anschließend eine Kopie von einem Laborblatt.

Nachdem ich ihr von der Untersuchung in meiner Drogerie, welche sie auch kennt, und von den Vorschlägen, welche sie gemacht hätten, ist sie daran interessiert. Wir machen ab, dass ich ihr diese per E-Mail senden werde.

Was die Medikamente angeht, ist sie auch erstaunt, wieviel man mir gegeben hat und wie viele ich heute noch einnehme.

Was meine Parkinsonerkrankung angeht, erwähne ich, dass mein Neurologe das letzte Mal davon geredet hat, dass wir langsam an eine Tiefe Hirnstimulation denken sollten. Wir reden dann ein wenig über meinen Parkinson. Als ich ihr von den Forschern in Dresden erzähle, dass diese der Meinung sind, dass der Mensch zwei Gehirne habe, nämlich im Bauch und im Kopf ist auch hier die Ärztin sehr interessiert. Vor allem an der Theorie, dass das Bauchhirn dem Kopfhirn den Befehl erteilen muss, dass es Dopamin produzieren solle, dieser Befehl aber nie im Gehirn ankommt, wenn die Verbindung zwischen Bauch- und Kopfhirn unterbrochen ist.

Wegen dem zu hohen Wert an roten Blutkörperchen meint sie, dass man diesen beim nächsten Termin am 05.04.2018 kontrollieren sollte und dann entscheiden könne wegen einem weiteren Aderlass.

Da ich immer noch erkältet bin, was die Ärztin auch bemerkt hat, kommen wir kurz darauf zu sprechen. Da ich vor allem unter heftigem Husten leide und sich der Schleim nicht lösen will, möchte sie wissen, was ich dagegen genommen hätte. Sie meint, dass Solmucalm schon das richtige sei, um den Schleim zu lösen. Sicherheitshalber hört sie dann meinen Rücken und meine Brust ab und meint, dass alles in Ordnung sei.

Als wir auf die Krankenakte meines bisherigen Hausarztes zu sprechen kommen und ich ihr erzähle, dass ich diese schon vor bald vier Wochen angefordert hätte, dass mein Arzt aber gemeint hat, dass dies viel Zeit in Anspruch nehme, kann sie dies nicht verstehen und meint, dass es bei ihnen zwei Mausklick (kopieren und einfügen) brauche, um diese Daten abzugeben. Ich erkläre ihr, dass ich nächsten Dienstag einen letzten Termin bei meinem bisherigen Hausarzt hätte und ich ihn dann noch einmal darauf ansprechen werde. Später meint die medizinische Praxisassistentin, dass sie sich, wenn ich diese Unterlagen nicht bekomme, darum bemühen werde.

Ich hatte schon bei meinen Besuchen mit meiner Frau immer ein gutes Gefühl bei der Praxis. Obwohl ich mich in den letzten Tagen ab und zu gefragt habe, ob ich mit meinem Wechsel zur neuen Praxis das Richtige gemacht habe, bin ich nun nach meinem Besuch bei der Ärztin überzeugt, dass es der richtige Entscheid war.

Später verabschieden wir uns voneinander und wünschen uns gegenseitig schöne Ostern.

Ich sende meiner neuen Hausärztin ein E-Mail mit den gewünschten Unterlagen.

Sehr geehrte Frau Doktor

Zuerst möchte ich Ihnen noch einmal für den freundlichen Empfang danken.

Wie abgemacht sende ich Ihnen hier die Vorschläge von der Drogerie in B.
Was die Aderlasstermine angeht, habe ich Sie falsch informiert, weil man manchmal davon geredet und es dann trotzdem nicht gemacht hat.
Die bisherigen Termine waren am 17.02.2015, 06.06.2016, 27.05.2017, 14.06.2017 und am 09.03.2018.

Freundliche Grüße und schöne Ostern
Walter Schaub-Chan

Am frühen Nachmittag spritze ich mir Metoject 17,5 mg gegen meine Polyarthritis.

28.03.2018

Heute habe ich um 10:00 Uhr den fünften Termin bei der Parkinsonstudie. Der Student holt mich, wie die letzten beiden Mal ab. Wir gehen zusammen in den vierten Stock. Die erste Übung besteht darin, dass er mir ein Blatt zeigt mit diversen Figuren, welche ich nachher aus dem Gedächtnis heraus aufzeichnen muss. Von sechs Figuren weiß ich zuerst nur drei. Er zeigt mir die Figuren noch einmal. Beim zweiten Mal weiß ich vier.

Die nächste Übung besteht darin, dass ich auf einem Bord mit Löchern und einer vertieften, schmalen Nut mit einem Stift nachfahren muss und dabei möglichst die Seitenwände oder den Nutboden nicht berühren soll. Dann heißt es, längere Stifte in kleine Löcher stecken. Die nächste Übung besteht darin, mit dem Stift

313

runde Flächen, welche in einer Reihe sind, so schnell als möglich zu berühren. Dann heißt es, kürzere Stifte in kleine Löcher stecken.

Dann muss ich mit dem Stift auf einer quadratischen Fläche so schnell als möglich trommeln.
All diese Übungen muss ich zuerst mit der rechten Hand, dann mit der linken und anschließend mit beiden Händen machen. Zudem darf ich mich nicht mit dem Ellbogen abstützen.
Bei all diesen Tests schlägt mein Tremor gewaltig aus. Mein ganzer Körper zittert. Es scheint, als ob er nicht aufhören will zu zittern. Bei gewissen Übungen zittere ich rechts mehr als links.

Es folgen dann diverse andere Tests, z. B. muss ich mir eine Wortreihe merken, welche mir der Student sagt. Auch verschiedene Fragen muss ich beantworten, z. B. wenn er mir zwei Worte sag, z. B. Tiger und Kuh, dann musste die Antwort „Tier" sein. Oder ich muss die fünf Kontinente aufsagen, das heutige Datum, die aktuelle Jahreszeit usw.

Anschließend muss ich am Computer diverse Aufgaben lösen, z. B. auf drei Säulen sind farbige Kugeln, welche ich nun anhand der Vorgabe richtig einordnen muss, wobei der Schwierigkeitsgrad immer höher wird. Dann zeigt mir der Stundent noch ein paar Figuren und ich muss ihm sagen, ob diese am Anfang der heutigen Sitzung vorgekommen sind oder nicht. Nun muss ich Wörter aufzählen mit dem Anfangsbuchstaben F, aber ohne Namen. Nun kommen wieder einige Fragen wie

Haben Sie Schlafprobleme?	Nein
Können Sie sich drehen im Bett?	Ja
Leiden Sie unter Depressionen?	Nein
Ist das Gedächtnis schlechter geworden?	Ja, wenn ich manchmal etwas lese, weiß ich es eine Minute später nicht mehr

Wie ist Ihre Konzentration?	Seit ich Akineton nehme, hat diese stark nachgelassen
Haben Sie Schluckprobleme?	Ja, öfters
Wie ist Ihr Geruchsinn?	Ich rieche schon seit zehn Jahren nichts mehr
Haben Sie Probleme beim Gehen?	Nein
Fahren Sie Auto?	Ja, aber nur noch wenig
Sind Sie ungeduldiger?	Ja
Reagieren Sie gereizt?	Manchmal
Sind Sie öfters müde?	Ja
Schieben Sie Arbeiten immer wieder hinaus?	Ja
usw.	

Dann heißt es wieder, am PC-Übungen zu lösen.

- Nun muss ich am Computer eine Übung mit Zahlen machen. Dabei muss ich mir immer die vorletzte Zahl merken. Wenn diese Zahl dann vorkommt, muss ich die Taste drücken. z. B. bei der Zahlenreihe 5, 6, 8, 6, 7, 9, 5, 9 usw. muss ich die 6 und später die 9 drücken.
- Bei der nächsten Übung muss ich immer, wenn eine gerade Zahl kommt, den Knopf drücken.

Nun legte mir der Student ein Blatt vor mit verschiedenen Worten, z. B. Blau, Rot, Grün usw., wobei die Worte eine andere Farbe haben z. B. das Wort Blau ist mit gelber Farbe geschrieben oder Rot mit grüner Farbe usw. Meine Aufgabe ist es nun, nicht zu lesen, sondern die Farbe zu sagen, also nicht Blau oder Rot, sondern Gelb, Grün usw. Anschließend muss ich nun die einzelnen Worte lesen, also Blau, Rot, Grün usw.

Rot Gelb Grün Schwarz Grün
Gelb Schwarz Grün Rot Blau
Gelb Rot Blau Rot Blau Blau
Grün Rot Gelb Schwarz Rot
Gelb Schwarz Grün Rot Blau

Am Schluss bespricht er mit mir die Resultate, wobei es sich bestätigt, dass mein Kurzzeitgedächtnis sehr schlecht ist, während Dinge, die mit der Technik zu tun haben, sehr gut sind.

Bevor wir uns voneinander verabschieden, reden wir noch über seine Karriere. Der Student möchte zuerst den Bachelor in der Psychologie machen und dann den Master. Nach dem Master möchte er ein Studium für Naturarzt machen. Er hat also noch einiges vor sich.

Während er mir alles Gute wünscht mit dem Parkinson, wünsche ich ihm alles Gute in seinen Studien, welche er noch vor sich hat.

Bevor ich meine Frau zur Ergotherapie fahre, gehe ich bei der neuen Praxis vorbei und gebe das Laufwerk mit den Dateien von meinem Hausarzt ab.

30.03.2018

Nach dem Aufstehen mache ich wie jeden Morgen meine LSVT-Übungen und steige eine Viertelstunde auf meinen Hometrainer.

Am späten Nachmittag spritze ich mir Metoject 17,5 mg gegen meine Polyarthritis.

316

01.04.2018

Schon in der Nacht erwache ich öfters wegen meinem Tremor. Ich habe den ganzen Tag Probleme damit. Ich hoffe nur, dass er mich am nächsten Donnerstag in Ruhe lässt, wenn ich zu meiner neuen Hausärztin gehe wegen der Fahreignungsuntersuchung.

Ich schaue mir die Unterlagen meines bisherigen Hausarztes genauer an und bin richtig enttäuscht. Wie schon erwähnt, ist einfach keine Struktur drin. Ich speichere sie bei mir geordnet nach Jahren und Datum ab. Dabei gebe ich jedem File den entsprechenden Namen.

04.04.2018

Da mein Tremor immer stärker wird und ich nun fast nonstop auf meiner linken Seite zittere, rufe ich in der Neurologiepraxis an. Die Praxisassistentin gibt mir einen neueren Termin und zwar für nächsten Dienstag den 10.04.2018 um 09:00 Uhr.

05.04.2018

Heute haben meine Frau und ich einen Termin in der Hausarztpraxis. Meine Frau wegen einem Ultraschall und ich wegen einer Fahreignungsuntersuchung.

Bevor ich zur Untersuchung gehe, nimmt mir die Praxisassistentin ein Röhrchen Blut ab. Anschließend sind meine Frau und ich bei der Ärztin. Zuerst wird meine Frau untersucht. Später, während man ihr Blut entnimmt, macht die Ärztin mit mir die Fahreignungsuntersuchung. Als ich ihr den neuen Brillenpass gebe und ihr erkläre, dass ich erst vor zwei Wochen eine neue Brille gekauft hätte, meint sie nur, dass sei gut, denn nun müsse sie diese Kontrolle nicht mehr machen. Nach der Blutdruck- und Pulsmessung stellt sie mir einige Fragen über mein Fahrverhalten z.B.

Fahren Sie viel?	Nicht mehr so viel, denn meistens gehe es mit dem Öffentlichen Verkehrsmitteln.
Wie viele km machen Sie pro Jahr?	Weniger als 10.000 km.
Was ist die weiteste Strecke.	Ein bis zwei Mal im Jahr zum Flughafen.
usw.	

Ich muss mich nun auf den Bettrand setzen, zuerst das eine Auge abdecken und auf ihre Nase schauen, während sie ihre Finger zuerst links dann rechts ruhig hält. Immer wenn sie ihre Finger bewegte, musste ich sagen „jetzt". Dann muss ich meinen Kopf nach rechts, dann nach links drehen. Dann heißt es, den Kopf nach hinten und wieder nach vorne bewegen. Nun klopft sie mit dem Reflexhammer auf meine Kniescheiben und auf die Fußgelenke, um meine Reaktion zu testen.

Nun tastet die Ärztin meinen Bauch ab. Dann heißt es, ein- und ausatmen, während sie mit dem Stethoskop die Brust und den Rücken abhorcht.

Anschließend muss ich mich an eine Wand stellen und auf die gegenüberliegende Wand schauen, wo der Buchstabe E in verschiedenen Größen zu sehen ist. Zuerst muss ich ohne Brille und dem abgedeckten rechten Auge die Richtung vom Buchstaben angeben, z. B. nach oben, nach rechts, nach unten usw. Dann die gleiche Übung mit dem anderen Auge. Ohne Brille kann ich aber praktisch nichts erkennen. Dann muss ich die gleiche Übung mit der Brille machen, wo ich außer der letzten Zeile alles erkennen kann.

Die Ärztin füllt nun das Formular aus, welches sie an die Motorfahrzeugkontrolle senden wird, sobald der leitende Arzt der Praxis unterschreiben hat. Ich bin nun froh, dass dieser Test hinter mir ist, denn ich hatte schon Angst, dass ich wegen meinem Tremor nicht mehr Auto fahren kann.

Anschließend reden wir über meine aktuellen gesundheitlichen Probleme. Da sie letzte Woche in den Ferien war, konnte sie die Daten meines ehemaligen Hausarztes noch nicht anschauen. Ich gebe ihr einen Stick, auf dem ich alle Daten etwas geordnet und mit einer gewissen Struktur abgespeichert habe, da ich mit den Unterlagen des Arztes nicht zufrieden bin. Was mein Blut angeht, so ist es in Ordnung, d. h. wir müssen im Moment keinen Aderlass machen.

Was der Vorschlag von der Drogerie angeht, meint sie, dass ich dies doch probieren könne.

Ich erzähle ihr dann noch von meinem letzten Besuch bei meinem ehemaligen Hausarzt, bei dem er mir gesagt hat, dass ich in einem Jahr feststellen werde, dass es der falsche Entscheid gewesen sei, gewisse Medikamente und die Testosteronspritze wegzulassen, denn ohne diese Spritze hätte ich ein erhöhtes Risiko für einen Herzinfarkt und Osteoporose. Als ich der Ärztin erzähle, dass ich darauf im Internet nachgeschaut und festgestellt hätte, dass diese Risiken auch mit einer Testosteronspritze bestehen, meint sie nur, dass ich mir nicht groß Sorgen machen müsse und sie auch der Meinung sei, diese Spritze wegzulassen, was mich doch ein wenig beruhigt.

06.04.2018

Heute habe ich den ganzen Tag Probleme mit meinem Tremor. Mit wenigen Ausnahmen schüttelt es mich den ganzen Tag, manchmal sogar heftig.

Am späten Nachmittag spritze ich mir Metoject 17,5 mg gegen meine Polyarthritis.

Heute habe ich einen Termin bei meinem Neurologen. Der Tremor plagt mich auch heute wieder recht heftig, was er auch sieht. Zuerst teile ich ihm die neue Adresse von meinem Hausarzt mit. Er will dann wissen, ob ich mit den bisherigen Hausärzten nicht mehr zufrieden gewesen sei. Als ich ihm erklärte, dass die Ärzte im Kantonsspital L. bei meinem Aufenthalt wegen der Lungenembolie einige Medikamente und auch die Testosteronbehandlung weggelassen hätten, hätten meine Hausärzte keine Freude gehabt. Der Neurologe meint dann auch, dass er schon bemerkt hätte, dass vor allem P., mein Hausarzt, viel mit Hormonbehandlungen arbeite und nicht so empfänglich sei für andere Methoden. Er ist dann verwundert, dass die neue Praxis so viel bietet, wie Röntgen, Ultraschall, Akupunktur usw.

Was meine Medikamente angeht, schlägt er mir vor, das normale Sinemet auslaufen zu lassen und wieder auf Sinemet CR 25 mg/100 mg zurückzugehen.

Ich teile ihm dann weiterhin mit, dass ich mich nun entschlossen hätte, eine Hirnstimulation zu machen. Weiter erzähle ich ihm noch, dass ich die vergangenen Wochen an einer Parkinsonstudie an der neurologischen Abteilung des Universitätsspitals B. mitgemacht hätte. Dabei hätte ich auch wieder der Ärztin dort gesprochen. Auch sie hat mir zu einer Hirnstimulation geraten.

Wir reden dann noch über Vor- und Nachteile, diese Operation in B. machen zu lassen. In Be. werden jährlich etwa 50 und in B. nur 6 bis 10 Operationen gemacht, das heißt, dass man im Spital in Be. schon mehr Erfahrung hätte, aber mittlerweile hätten sie in B. recht Fortschritte gemacht. Für mich und meine Angehörigen sei es natürlich bequemer in B.

Mein Neurologe erklärt mir, dass er mich in B. anmelden werde. Ich werde dann den ersten Termin von dort bekommen. Bis zum endgültigen Entscheid werde es aber eine Zeit lang dauern, da zuerst diverse Abklärungen gemacht werden müssen, darunter sind neurologische, psychologische, oder medikamentöse Abklärungen erforderlich. Anschließend wird bei einer Sitzung von allen Abteilungen entschieden, ob eine Hirnstimulation in Frage komme, oder ob eine andere Möglichkeit ins Auge gefasst werden sollte.

Der Arzt fragt mich dann noch, wie es mit meiner Polyneuropathie gehe. Ich erzähle ihm, dass ich vor allem im linken Fuß ein Gefühl hätte, wie wenn ein harter Bollen im Fuß sei. In meinen Finger ist es etwas besser, vor allem habe ich keine Schmerzen. Er empfiehlt mir, dass wir noch einmal die Nervenströme in den Füße und Hände untersuchen sollten. Hierfür werden unter kontrollierten Bedingungen elektrische Reize auf die zu untersuchenden Nerven gegeben und der Reizerfolg aufgezeichnet. So können Nervenschädigungen genau diagnostiziert und beurteilt werden.

Nachdem er am Anfang alles von Hand aufgeschrieben hat, diktiert er es nun noch in sein Diktiergerät.

Zum Abschluss gibt mir der Neurologe den Arztbericht vom 15.08.2017 bis 02.03.2018. Die Praxisassistentin gibt mir dann noch einen Termin für die Nervenstrommessungen und zwar am 30.04.2018.

Anschließend gehe ich in die Praxis von meinem Rheumatologen, um sechs Spritzen Metoject 17,5 mg gegen meine Polyarthritis zu holen.

Vom 21.04.2018 bis zum 29.04.2018

Wir sind auf dem Rhein zwischen B. und Amsterdam unterwegs. An manchen Tagen plagen mich wieder diese verdammten Schulterschmerzen rechts, der Tremor links und Durchfall.

Heute habe ich einen Termin beim Neurologen wegen den Nervenstrommessungen an meinen Füßen und Fingern.

Zuerst muss ich ca. 20 Minuten warten. Ich komme mit einer netten Patienten ins Gespräch. Sie sieht, dass ich stark zittere. Als ich ihr erzähle, dass ich unter Parkinson und unter Polyneuropathie leide, erwähnt sie die Fernsehsendung von Aeschbacher, bei dem gestern Abend eine Patientin mit Parkinson zu Gast war.

Der Neurologe untersucht anschließend an beiden Beinen und Füßen die Nervenströme. Zuerst muss ich mich bis auf die Unterwäsche ausziehen und auf das Bett legen. Zur Prüfung der Nervenfunktion misst er die Nervenleitgeschwindigkeit in meinen Beinen und Füßen, d. h. er macht ein EMG, also eine Elektromyographie. Dabei wird die elektrische Muskelaktivität aufgezeichnet. Die normale Anspannung eines Muskels wird durch elektrische Signale vermittelt. Diese Signale können gemessen werden. Durch die EMG-Messung kann festgestellt werden, ob der Muskel selbst und auch die Ansteuerung des Muskels durch die Nervenfasern intakt sind. Anhand dieser Untersuchung können Probleme der Nervenansteuerung der Muskeln erfasst werden, bevor es zu einer Kraftminderung kommt.

Dazu klebt der Arzt diverse Elektroden an meine Füße, Kniekehle und Beine. Dann gibt er elektrische Reize auf die zu untersuchenden Nerven. So könne er Nervenschädigungen genau diagnostizieren und beurteilen.

Später muss ich mich auf den Bauch legen und der Arzt möchte wissen, wie es steht zwischen meinem rechten Arm und meinem rechten Bein. Dazu bringt er zusätzlich zum rechten Fuß und Bein noch Elektroden an die Finger der rechten Hand. Anschließend macht er das Gleiche auf meiner linken Seite.

Die Aufzeichnung erfolgt aus dem Muskel unter Verwendung einer sehr dünnen (weniger als halb so dick wie eine Blutentnahmenadel) Nadelelektrode.

Zum Schluss möchte er ein Nadel-EMG machen. Dazu sticht er kleine Nadeln, welche als Elektroden fungieren, direkt in meine Oberschenkelmuskeln. Nun muss ich meine Zehen mehr oder weniger bewegen, wobei am Computer akustische Signale oder ein Rauschen zu hören ist, was angeblich die Spannungsunterschiede anzeigt. Die im Muskel selbst erzeugten elektrischen Signale werden durch die Nadelelektrode abgeleitet, über einen angeschlossenen Computer verstärkt und dann sichtbar und hörbar (und natürlich messbar) gemacht. Man kann sich das vorstellen wie ein elektrisches Mikrophon in der Nadelspitze, welches die elektrische Muskelaktivität aufnimmt und hörbar macht. Die Untersuchung dauert nur kurz und liefert wichtige Informationen über den Funktionszustand des Muskels und der zuführenden Nervenfasern.

Die Resultate zeigen eine leichte Verschlechterung gegenüber der letzten Untersuchung am 17.05.2016 bei meinem Neurologen und der Untersuchung vom 13.02.2017 durch die Ärzte von der neurologischen Abteilung des Universitätsspitals B.

Bevor wir uns verabschieden will mein Arzt wissen, ob ich von der neurologischen Abteilung des Universitätsspitals B. schon Bericht bekommen hätte für die erste Untersuchung. Als ich ihm erkläre, dass ich bis heute nichts gehört hätte, gibt er der Medizinischen Praxisassistentin den Auftrag dort nachzufragen. Leider kommt sie nicht durch, sie wird aber später noch einmal nachfragen und mich informieren.

01.05.2018

Ich schaue mir im Internet den Parkinsonartikel in der Sendung Aeschbacher vom 29.04.2018 an. Dabei wird von einer Frau berichtet, welche schon mit 46 die Diagnose Parkinson bekommen hat.

Um 15:36 Uhr sende ich ein E-Mail an meinen Neurologen.

Sehr geehrter Herr Doktor

Am 13.03.2018 habe ich Ihnen mitgeteilt, dass ich meinen Hausarzt gewechselt habe.

Da in der neuen Praxis verschiedene Ärzte die Patienten betreuen, läuft der Posteingang über den leitenden Arzt der Praxis. Die neue Arztadresse schicke ich Ihnen im Anhang.

Ich hoffe Ihnen mit diesen Angaben dienen zu können.

Freundliche Grüße
Walter Schaub

02.05.2018

Ich wache, wie immer in den letzten Tagen, wieder mit heftigen Schmerzen im rechten Schultergelenk auf, welche den ganzen Tag anhalten. Ich bin hässig und frage mich, wieso dies nicht endlich aufhört mit den Schmerzen. Auch der Tremor plagt mich zusätzlich.

04.05.2018

Ich wache wieder mit heftigen Schmerzen im rechten Schultergelenk auf.

Am späten Nachmittag spritze ich mir Metoject 17,5 mg gegen meine Polyarthritis.

12.05.2018

Ich habe heute den ganzen Tag wieder Schmerzen im rechten Schultergelenk. Manchmal sind sie so heftig, dass ich wieder vor mich hin fluche. Ich streiche Felden-Gel ein, was ein wenig Erleichterung, aber noch keine Schmerzfreiheit bringt.

15.05.2018

Nachdem mich der Tremor schon gestern im Griff hatte, scheint es heute nicht besser zu sein. Schon beim Aufwachen schüttelt es mich durch.

24.05.2018

Heute habe ich um 10:30 Uhr einen Termin bei meinem Rheumatologen. Nachdem ich ihm den Laborbericht von meiner neuen Hausärztin gegeben habe, möchte er wissen, wie es mir geht. Als ich ihm erzähle, dass ich mit wenigen Ausnahmen weniger Gelenkschmerzen hätte, ist er erfreut. Ich erwähne dann noch meine zeitweiligen Schulterschmerzen rechts. Er meint, dass man die zuerst mit Salbe, oder mit Physiotherapie behandeln sollte. Bevor er sich seine Notizen macht, drückt er an meinen Fuß-, Knie-, Hand- und Ellbogengelenken herum. An den Finger- und Schultergelenken spüre ich dann schon noch, weniger oder mehr Schmerzen. Wenn ich mit den Fingern eine Faust machen möchte, habe ich immer noch leichte Schmerzen in den vorderen Fingergelenken.

Er schaut sich zwischendurch auch meine Blutwerde an und meint, dass es eigentlich gut aussehe. Er schlägt mir vor, mit den Metoject-Spritzen 17.5 mg und den Calcium D3, sowie den Acidum folicum Streuli weitere drei Monate weiterzufahren.

Die Medizinische Praxisassistentin gibt mir dann eine Schachtel CalciumD3, 6 Metoject-Spritzen 17,5 mg und den nächsten Termin am 24.08.2018 um 08:30 Uhr.

25.05.2018

Am Nachmittag spritze ich mir Metoject 17,5 mg gegen meine Polyarthritis.

27.05.2018

Ich scheibe meinem Neurologen ein E-Mail.

Sehr geehrter Herr Doktor

Anlässlich meines Besuchs bei Ihnen am 10.04.2018 haben wir neben meiner Polyneuropathie auch über meinen immer stärker werdenden Tremor gesprochen. Dabei haben wir auch über Vor- und Nachteile einer Tiefenhirnstimulation geredet. Wir haben dabei abgemacht, dass Sie mich für diese Operation im Universitätsspital B. anmelden würden, was Sie dann auch gemacht haben.

Am 30.04.2018 haben Sie dann wegen der Dysästhesien an den Fingern und Füßen eine ENMG-Verlaufs-kontrolle gemacht. Wir haben damals abgemacht, dass sie den Arztbericht darüber an meinen Hausarzt und an mich senden würden. Leider haben wir bisher nichts bekommen.

Da sich die Neurologische Universitätsklinik B. weder bei Ihnen noch bei mir gemeldet hatte, haben sie veranlasst, dass Ihre Medizinische Praxisassistentin dort anrufen solle. Da sie aber nach mehrmaligem Anrufen nicht durchgekommen ist, haben wir abgemacht, dass sie es später noch einmal probieren und mich dann informieren werde. Leider habe ich bis heute keine Informationen bekommen.

Was meinen momentanen gesundheitlichen Zustand angeht, habe ich neben den stärker werdenden Gefühlsstörungen im linken Fuß zeitweise starken Tremor auf meiner linken Seite. Dabei schüttelt es mich jedes Mal richtig durch. Es fühlt sich an wie Zuckungen oder Nervenflattern und ist sehr unangenehm.

Was meine Schmerzen in den Gelenken angeht, sind diese nicht mehr so stark, oder ganz verschwunden.

Freundliche Grüße
Walter Schaub

28.05.2018

Die Medizinische Praxisassistentin meines Neurologen sendet mir ein E-Mail.

Lieber Herr Schaub

Ich habe soeben nochmals im Sekretariat der Neurologie im USB angerufen und diese meinten, sie seien dabei, Ihren Termin zu planen. Sie bekommen bald alle wichtigen Informationen noch vom USB mitgeteilt.

Das Sekretariat vom USB meinte auch, dass Sie für die Untersuchung stationär für zwei Tage eintreten müssen!

Sind diese Informationen für Sie ausreichend?

Mit freundlichen Grüßen
… MPA

01.06.2018

Am Nachmittag spritze ich mir Metoject 17,5 mg gegen meine Polyarthritis.

06.06.2018

Eine Ärztin von der klinischen Neurophysiologie vom Universitätsspital B. ruft mich an wegen einem Termin zwecks Parkinsonabklärung. Sie erwartet mich am Montag den 11.06.2018 um 08:30 Uhr. Ich soll mich im ersten Stock bei der Anmeldung EEG anmelden und zwar dort, wo ich mich während der Parkinsonstudie vor drei Jahren immer melden musste.

Da ich wegen diversen Abklärungen zweieinhalb Tage in der Klinik bleiben müsse, müsse ich entsprechende Kleider, Waschzeug und Medikamente mitnehmen.

Ich informiere eine Tochter per Handy, dass ich vom Montag an im Unispital B. sein werde.

Hallo

Ich ha Di numme welle informiere, dass ich vom Mentig bis am Mittwuch in dr Universitätsklinik B. bi. Es müesse diversi Tests gmacht werde, wege mim Parki.

07.06.2018

Ich erwache mit Schmerzen in der linken Fußballen und dem rechten Schultergelenk, welche zum Teil den ganzen Tag andauern. Einreiben mit Felden-Gel bringt etwas Erleichterung.

Ich mache meine Dokumente parat.

328

Stationäre Untersuchung vor der Hirnstimulation

08.06.2018

Ich mache meine Dokumente und meinen Koffer parat.

Am Nachmittag spritze ich mir Metoject 17,5 mg gegen meine
Polyarthritis.

10.06.2018

Die Ärztin von der klinischen Neurophysiologie vom Universitätsspital B. ruft mich an und teilt mir mit, dass ich morgen meine Medikamentenliste mitnehmen solle.

11.06.2018

Heute habe ich um 08:30 Uhr einen Termin in der klinischen
Neurophysiologie vom Universitätsspital B. Meine Frau kommt
mit mir. Da die SBB in den vergangenen Wochen oft Probleme
hatte zwischen O. und B., gehen wir auf den 06:47 Bus. Wir
sind dann zwar eine Stunde zu früh im Unispital, aber lieber so,
als dass wir zu spät sind. Wir gehen deshalb zuerst ins Café und
nehmen einen Tee und ein Gipfeli.

Anschließend geht meine Frau nach Hause und ich zuerst auf
die Toilette. Dann gehe ich in den ersten Stock und verlange bei
der Anmeldung nach der Ärztin, welche auch kurz darauf mit
ihrem Arztkollegen kommt. Während sie meinen Koffer nimmt
und in ihr Büro geht, gehen er und ich in das zweite UG in die
Radioonkologie. Bevor mit den Übungen begonnen wird, muss
ich eine Einwilligungserklärung unterschreiben, was mir wegen
dem Tremor große Mühe bereitet.

Der Arzt, ein Neurophysiologe, erklärt mir zuerst, wie das Ganze ablaufen wird. Dann stülpt er mir eine Haube mit 256 Optoden (NIRS) und Elektroden (EEG) auf den Kopf. Die Optoden messen den Austausch zwischen dem sauerstoff-eichen und dem sauerstoffarmen Blut im Kopf. Die Elektroden messen die Elektrizitätsströme, welche das Gehirn selbst produziert bzw. zum Nervenzellinformationsaustausch verbraucht. Beides zusammen kann Hinweise geben auf die Hirnaktivität.

Nun wird das Licht gelöscht und der Neurophysiologe gibt mir Anweisungen. Zuerst muss ich meine Augen schließen.

Ich werde aufgefordert, fortlaufend die Wochentage aufzuzählen, also Montag, Dienstag, Mittwoch, Donnerstag, Freitag, Samstag, Sonntag, Montag, Dienstag usw.

Dann fordert er mich abwechselnd auf, meine Augen zu öffnen, wieder zu schließen, wieder zu öffnen usw. Bei den folgenden Übungen muss ich fünfzehn Minuten die Augen geschlossen und anschließend fünfzehn Minuten offenhalten.

Nach dem Test gehen wir wieder in den ersten Stock, wo die Ärztin auf uns wartet. Nachdem der Neurophysiologe meinen Koffer geholt hat, gehen wir zusammen in den achten Stock, wo ich mich im Zimmer einrichten kann. Vom Zimmer aus hat man eine fantastische Aussicht auf B.

Da noch kein anderer Patient hier ist, machen wir die Besprechung hier. Während mir die Ärztin diverse Fragen stellt und kleinere Tests macht, sitzt der Arzt daneben und macht sich seine Notizen. Als sie mich fragt, ob ich nur links zittere, erkläre ich ihr, dass ich vor allem beim Schreiben auch rechts Probleme hätte. Darauf fordert sie mich auf, einen Satz zu scheiben. Ich versuche dann „Heute ist ein schöner Tag." zu schreiben, was mir nur mit Problemen gelingt. Im Weiteren erzähle ich ihr, dass ich im März bei der zweiten Studie mit meiner rechten Hand z.B. mit einem Stift in ein kleines Loch fahren sollte, was mir nicht gelang. Sie formt nun mit dem Daumen und dem Zeigfinger ihrer rechten Hand ein O, gibt mir einen Kugelschreiber und bittet mich diesen in das geformte Loch zu fahren. Leider geht dies nicht, da ich wahnsinnig ins Zittern komme.

Bevor sich die beiden Ärzte vorläufig verabschieden, geben sie mir noch ihre Telefonnummern.

Um 12:10 Uhr bringen sie das Mittagessen. Da ich am Morgen mein Menü nicht bestellen konnte, bringen sie mir das Vegetarische Menü, welches gar nicht schlecht ist.

Vorspeise:	Gemüsesuppe mit Karottenwürfel
Hauptmenü:	Gebratene Zucchetti-Täschchen
	Gemüsesauce Fußili
	Gedämpfter Romanescu
Dessert:	Ein Biberli

Nach dem Mittagessen informiere ich per WhatsApp meine Frau und meine Tochter.

Inzwischen bekomme ich einen Zimmernachbarn, einen 79jährigen Serben, welcher halbseitig gelähmt ist und in einem Altersheim wohnt. Er ist hier wegen einer Darmspiegelung.

Anschließend lege ich mich bis um 16:15 Uhr etwas hin. Ich werde von der Ärztin abgeholt. Wir gehen zusammen in den ersten Stock. Ich werde in einen kleinen Raum begleitet und aufgefordert zu warten. Nach einer Weile kommt dann ein habilitierter Arzt, ein Parkinsonspezialist, welcher mich recht freundlich begrüßt. Er setzt sich auf den vor mir hingestellten Stuhl und fragt mich zuerst, wieso ich diese Operation eigentlich machen möchte. Ich erkläre ihm, dass mich dieser Tremor, mit dem manchmal heftigen Zittern auf meiner linken Seite wahnsinnig behindere. Aber auch rechts habe ich Probleme, vor allem, wenn ich etwas unterschreiben oder sonst etwas schreiben müsse. Nachdem er selber gesehen hat, wie ich sehr stark zittere, ist er wie abwesend und überlegt einen Moment. Er sieht auf dem Tisch einen Stift, steht auf, nimmt den Stift und geht ins Nebenzimmer, gibt ihn einer Angestellten und gibt ihr Anweisungen. Er kommt wieder zurück und setzt sich wieder auf den Stuhl: „Wo sind wir stehen geblieben?" Schließlich sagt er „Wissen Sie, Herr Schaub, Sie sind der erste, den wir für ein paar Tage, stationär, aufgeboten haben. Für uns sind Sie also ein Pilotprojekt. Bisher mussten die Patienten mehrere Tage, im Abstand von ein, oder zwei Wochen zu diesen Tests kommen."

Er schaut etwas verwirrt in die Luft und stellt mir zuerst weitere Fragen. Anschließend muss ich diverse Übungen machen.

Neurologische Übungen:
- Von 20 aufwärts zählen bis 30.
- Von 100 fortlaufend immer 7 abziehen, also 93, 86, 79 usw.
- Das Wort Washington retour buchstabieren, also n, o, t usw.
- Den rechten Zeigfinger und den rechten Daumen abwechselnd, so schnell als möglich, zusammenbringen und wieder auseinanderspreizen.
- Die gleiche Übung mit dem linken Zeigefinger und Daumen.
- Ich muss mit der rechten Zeigefingerspitze zur Nase und zurück.
- Der Professor bewegt nun meinen rechten Arm rauf und runter, um die die Beweglichkeit festzustellen.
- Das Gleiche mit dem linken Arm.
- Das Gleiche mit dem rechten Bein.
- Das Gleiche mit dem linken Bein.
- Ich muss mit den rechten Fuß auf den Boden stampfen.
- Anschließend mit dem linken Fuß.
- Ich muss mit der rechten Ferse auf den Boden stampfen.
- Anschließend mit der linken Ferse.
- Ich muss aufstehen und mich nach hinten fallen lassen, wobei der Professor hinter mir steht und mich auffangen würde, falls ich meinen Ausfallschritt zu spät machen würde.

In der Zwischenzeit stößt auch der Neurophysiologe zu uns. Auch bei ihm merkt man, dass er großen Respekt vor dem habilitierten Arzt hat, denn er steht da wie ein Schuljunge und beobachtet alles. Er hat seine Hände vor sich gefaltet, wie wenn er beten möchte. Schließlich erzählt die Ärztin von diesem Experiment mit dem Kugelschreiber, den ich in den zu einem O geformten Finger fahren sollte. Der Professor gibt mir einen Bleistift, formt seine Finger zu einem O und fordert mich auf, mit meiner rechten Hand den Bleistift hinein zu fahren. Wieder gelingt mir dies nicht, denn ich zittere wahnsinnig. Als er dies sieht, meint er, dass ich zwei Probleme hätte. Er meint, dass ich links wirklich typische Symptome von Parkinson hätte, während es rechts eher nach einem essentiellen Tremor aussehe.

Man unterscheidet verschiedene Tremor-Formen. Ein Mensch, der an Parkinson erkrankt ist, zittert, wenn er in Ruhe ist. Deswegen nennt man das Ruhe-Tremor. Ein essentieller Tremor tritt hingegen dann auf, wenn man etwas tut. Typisch ist zum Beispiel, dass die Hand zittert, wenn man etwas unterschreiben, ein Glas Wasser greifen oder einen Schlüssel ins Haustürschloss stecken möchte. Der essentielle Tremor beeinträchtigt also die motorischen Fähigkeiten.

Nun meint er plötzlich: „So, nun starten wir mit dem L-Dopa Test." Er fordert mich auf, bis morgen keine Medikamente mehr zu nehmen, außer dem Blutverdünner Xarelto 20 mg. Zusätzlich müsse ich heute Abend um 20:00 Uhr und morgen um 08:00 Uhr je zwei Motilium Lingual nehmen. Wenn ich in der Nacht Probleme hätte, müsse ich mich sofort melden.

Anschließend verabschieden sich der Professor und der Neurophysiologe. Die Ärztin bringt mich wieder in mein Zimmer.

Ich schreibe meiner Tochter ein WhatsApp und informiere sie über meinen Spitalaufenthalt.

Tschau
Ich bi im Unispital im 8te Stock. Ich bi vom 4i bis am 5i bsetzt. Morn bin i am Morge und wieder vom 4i bis am 5i bsetzt. Allerdings cha de Plan wieder ändere. Ich ha im Mami scho gseit, dass dir nid unbedingt müend cho. Ich bi, bi dene Schwestere guet ufghobe.

Gegen 17:15 Uhr kommt meine Tochter. Sie geht zuerst zum falschen Eingang, findet mich dann aber doch noch. Sie bewundert zuerst die schöne Aussicht auf B. Das Wetter zeigt sich dabei von der schönsten Seite, weshalb sie ein paar Fotos schießt von B.

Wir reden vor allem über ihre Ferien in Costa Rica. Sie zeigt mir einige Fotos und Filme, welche in mir auch Ferienstimmung aufkommen lassen.

Während wir miteinander reden, bringen sie um ca. 18:10 Uhr das Nachtessen, welches mir ebenfalls schmeckt. Gegen 18:30 Uhr verabschiedet sich meine Tochter.

Um 19:00 Uhr höre ich das Kirchengeläute von den Kirchen in der Umgebung. Da ich schon lange nicht mehr Kirchenglocken gehört habe, klingen diese wie Musik in meinen Ohren.

Um 20:00 Uhr nehme ich dann noch meine zwei Motilium Lingual. Zudem rufe ich noch meine Frau an, um sie daran zu erinnern, dass sie ihre Medikamente einnimmt.

Ich versuche mit meinem Zimmergenossen zu reden, was aber nicht ganz klappt. Ich lasse ihn dann beim Fernschauen. Ich selber will die Zeit nützen wieder einmal zwei Tage kein Fernsehen und kein Radio, weshalb ich meine Zähne putze, mich wasche und bereit mache, ins Bett zu gehen.

12.06.2018

Obwohl ich von Zeit zu Zeit aufgewacht bin und heiß hatte, habe ich nicht so schlecht geschlafen.

Um 08:00 Uhr nehme ich wie aufgefordert meine zwei Motilium Lingual.

Vor dem Frühstück kommt noch eine Krankenschwester vorbei, um mir Blut abzunehmen, Blutdruck und Puls zu bestimmen, Sauerstoff im Blut, sowie das Gewicht zu ermitteln. Meine Werte sind heute mit 135/85/110 etwas hoch. Das Gewicht ist mit 83 kg für mich im normalen Bereich.

Zum Frühstück gibt es für mich, wie gewünscht, zwei Schwöbli, Butter, Konfitüre und eine heiße Schokolade.

Um ca. 08:40 Uhr werde ich von der Ärztin abgeholt. Wir gehen wieder in den ersten Stock. Auf dem Weg dorthin, warnt sie mich, dass ich den Professor nicht persönlich nehmen dürfe, denn er benehme sich manchmal etwas komisch und sei manchmal launisch gegenüber Patienten.

Sie bringt mich wieder in den Raum von gestern. Wir müssen noch etwas auf den Professor warten. Als er kommt, begrüßt er mich recht freundlich und möchte als erstes wissen, ob es nach der Absetzung meiner Medikamente Probleme gegeben hätte, was zum Glück nicht der Fall war. Nun fordert er die Ärztin auf, mit dem zweiten Teil des L-Dopa-Test zu beginnen.

Er macht nun ähnliche Übungen wie gestern.

Neurologische Übungen:
- Von 20 aufwärts zählen bis 30i
- Von 100 fortlaufend immer 7 abziehen, also 93, 86, 79 usw.
- Das Wort Washington retour buchstabieren, also n, o, t usw.
- Ich muss die Finger spreizen.
- Die Hände mit der Innenfläche nach oben nach vorne ausstrecken.
- Die ausgestreckten Hände drehen und zurück.
- Mit dem rechten Zeigefingerspitze zur Nase und zurück.
- Die gleiche Übung mit der linken Zeigefingerspitze.
- Hände auf meine Oberschenkel legen.
- Die rechte Hand abwechselnd, so schnell als möglich, mit der Innen- und dann mit der Außenseite auf meinen Oberschenkel legen.
- Die gleiche Übung mit der linken Hand.

- Den rechten Zeigfinger und den rechten Daumen abwechselnd, so schnell als möglich, zusammenbringen und wieder auseinanderspreizen.
- Die gleiche Übung mit dem linken Zeigfinger und Daumen.
- Ich muss mit der rechten Zeigefingerspitze zur Nase und zurück.
- Der Professor bewegt nun meinen rechten Arm rauf und runter, um die die Beweglichkeit festzustellen.
- Das Gleiche mit dem linken Arm.
- Das Gleiche mit dem rechten Bein.
- Das Gleiche mit dem linken Bein.
- Ich muss mit den rechten Fuß auf den Boden stampfen.
- Anschließend mit dem linken Fuß.
- Ich muss mit der rechten Ferse auf den Boden stampfen.
- Anschließend mit der linken Ferse.
- Ich muss meinen Kopf ein paar Mal nach links und dann nach rechts drehen.
- Ich muss meinen Kopf ein paar Mal nach vorne und dann nach hinten bewegen.
- Ich muss aufstehen und mich nach hinten fallen lassen, wobei der Arzt hinter mir steht und mich auffangen würde, falls ich meinen Ausfallschritt zu spät machen würde.
- Ich muss nun meine Arme vor der Brust verschränken und aufstehen.
- Nun muss ich im Raum diagonal hin- und herlaufen.
- Mit der rechten Hand ein Bleistift in den zu einem O geformten Finger einzutauchen, was mir nicht ohne extrem starkes Zittern gelingt.

Während diesen Übungen muss mich die Ärztin filmen. Da es für sie das erste Mal ist, dass sie dies macht, hat sie ihre Probleme damit.

Der Professor fordert sie nun auf, das Video zu kontrollieren und eventuell noch einmal zu machen. Während er sich verabschiedet kommt der Neurophysiologe in den Raum. Die beiden Ärzte schauen sich das Video an und kommen zum Schluss, dass es nicht gut ist und noch einmal gemacht werden sollte. Nun filmt der Neurophysiologe, während die Ärztin die Anweisungen gibt. Am Schluss schauen sie sich das Resultat noch einmal an, Dieses Mal sind sie zufrieden. Um ca. 09:10 Uhr bekomme ich 150 mg L-Dopa. Nun heißt es mindestens eineinhalb Stunden warten. Ich werde nun durch die Ärztin ins Zimmer zurückgebracht, wo ich mich hinlege, um etwas zu schlafen.

Um ca. 10:40 Uhr werde ich wieder abgeholt. Wir gehen wieder in den Raum im ersten Stock. Dieses L-Dopa scheint zu wirken, denn im linken Bein habe ich kein Zittern mehr und im linken Arm spüre ich es nur noch ganz wenig.

Nach einer Weile kommt auch der Professor wieder dazu. Nun werden die Übungen vom frühen Morgen noch einmal wiederholt und gefilmt. Am Schluss kommt wieder der Test mit dem Bleistift, welchen ich mit der rechten Hand in ein von den Fingern geformtes O einfahren muss. Dieses Mal bin ich aber vollkommen ruhig. Der Professor ist völlig überrascht und erklärt: „Das überrascht mich jetzt. In meiner ganzen beruflichen Karriere habe ich dies noch nie gesehen. In diesem Fall sind es doch nicht zwei verschiedene Sachen. Herr Schaub, Sie haben nur Parkinson und nicht Parkinson und essentiellen Tremor."

Obwohl L-Dopa gut gewirkt hat, kann man mir dieses nicht immer geben, da ich eine sehr große Dosis bekommen habe.

Nach dem L-Dopa-Test bringt mich die Ärztin wieder ins Zimmer. Kurz darnach besuchen mich der Neurophysiologe und eine weitere habilitierte Medizinerin. Da mein Zimmergenosse nicht im Zimmer ist, machen sie die Besprechung hier.

Die Professorin, eine assoziierte Ärztin der Abteilung für Klinische Neurophysiologie, stellt mir ein paar Fragen. Sie möchte z. B. wissen, welchen Grund ich sehe, diese Stimulation zu machen und was die momentanen Einschränkungen seien. Sie macht dann noch ein paar Bewegungstests.

Der Professor sagt dieses Mal nicht viel, meint aber, dass ich eigentlich ein guter Kandidat sei für diese Operation. Ich müsse mir allerdings im Klaren sein, dass es doch ein Eingriff sei.

Von nun an kann ich wieder meine Tabletten einnehmen.

Etwas vor dem Mittagessen kommt meine Frau. Ich habe zwar nicht damit gerechnet, dass sie kommt, weshalb ich mich natürlich sehr darüber freue. Auch sie genießt einen Moment die Aussicht über B.
     Während wir miteinander reden, bringen sie das Mittagessen. Ich möchte meiner Frau einen Teil geben, aber sie will nicht.

Vorspeise:	Hausbrötchen
Hauptmenü:	Lammragout mit Oregano Jus
	Couscous
	Mischgemüse
Dessert:	Früchtequark

Nachdem meine Frau gegangen ist, lege ich mich hin um, etwas zu schlafen.

Um 16:10 Uhr kommt der Oberarzt der Neurochirurgie, also der Mann, welcher die Operation machen wird. Er fragt mich zuerst, ob ich schon informiert worden sei und wisse, wie eine solche Operation abläuft. Als ich ihm erkläre, dass ich von meinem Neurologen eine Broschüre bekommen hätte, in der alles ausführlich beschrieben steht, meint er, dass er auch an dieser Broschüre mitgearbeitet hätte. Als ich gefragt werde, was meine persönlichen Beweggründe seien und was ich erwarte, erwähne ich, dass ich vor allem froh wäre, wenn dieses ständige Zittern, welches manchmal recht heftig ist, verschwinden würde. Zudem wäre ich auch froh, wenn ich weniger Medikamente einnehmen müsste. Außerdem, wenn ich so alt werden sollte wie meine Eltern, dann habe ich noch 20 bis 25 Jahre vor mir.

Der Oberarzt erklärt mir dann noch einmal den Ablauf der Operation: Wenn es dazu kommen sollte, werde ich gebeten, zwei Tage vor der Operation ins Spital zu kommen, um noch einmal diverses abzuklären.

Am Morgen des Operationstages erhalte ich kein Frühstück. Wichtige Medikamente dürfen mit etwas Wasser eingenommen werden, Parkinson-Medikamente werden nicht mehr eingenommen

Die Operation dauert dann circa sechs Stunden mit Phasen des Wachzustandes und der Narkose. Vor der OP wird mein Kopf kahlgeschoren, örtlich betäubt und ein Gestell montiert. Dabei handelt es sich um einen Titanring, der um den Kopf herum mit vier Dornen am Schädel fixiert wird. Anschließend wird eine Computertomographie des Kopfes durchgeführt.

Dann werden zwei wenige Millimeter große Öffnungen ca. 10 cm in die Schädeldecke gebohrt, durch die die Elektroden mit Hilfe von Zielgeräten computergesteuert zu ihrem Zielpunkt geführt werden. Vor und während des eigentlichen Eingriffs werden intensive bildgebende Verfahren angewendet, um den optimalen Operationsweg und Zielpunkt zu ermitteln.

Das Anbringen der Bohrlöcher im Knochen verursacht keine Schmerzen. Es dauert wenige Sekunden und wird als ein lautes Geräusch gehört. Anschließend wird über die Zielvorrichtung eine Mikroelektrode langsam in ½-Millimeter-Schritten unter Aufzeichnung von Hirnströmen der Zellen um die Spitze herum vorgeschoben. Das Zielgebiet hat dabei in der Regel ein charakteristisches Signal, was eine noch genauere Lokalisierung erlaubt als die kernspintomographische Bildgebung allein.

Wurde der ideale Zielpunkt gefunden, erfolgt dort eine testweise Stimulation. Währenddessen werden neurologische Untersuchungen durchgeführt, um sowohl die Wirksamkeit der Stimulation an dieser Stelle zu bestätigen als auch abzuschätzen, ob Nebenwirkungen durch die Stimulation auftreten. Bei gutem Ansprechen wird eine definitive Elektrode unter Röntgenkontrolle an genau diesen Punkt gebracht und am Knochen fixiert.

Anschließend werden die Elektroden unter der Haut durch ein Kabel mit einem Generator verbunden, der wie ein Herzschrittmacher über dem Brustmuskel implantiert wird und die Sonden mit dem für die Stimulation notwendigen Strom versorgt.

Bereits am folgenden Tag wird der Generator von erfahrenen Ärzten programmiert und aktiviert. In den folgenden Monaten erfolgen regelmäßige Nachuntersuchungen, bei denen die Einstellungen durch Umprogrammierung weiter optimiert werden können, um die bestmögliche Wirkung zu erreichen.

Nach der Elektrodenimplantation werde ich die erste Nacht in der Intensivstation und die zweite Nacht in der Neurochirurgischen Überwachungsstation verbringen müssen. Ab der dritten Nacht bin ich dann wieder für ca. eine Woche in der Bettenstation. Während dieser Zeit erfolgt die langsame Aktivierung des Impulsgenerators. Wichtig ist, dass dieser Prozess längere Zeit in Anspruch nehmen kann, insgesamt mehrere Wochen bis Monate. Tremor-Patienten können anschließend meistens nach Hause austreten. Für Parkinson-Patienten ist in der Regel eine Rehabilitation sinnvoll und dringend empfohlen. Diese Reha findet normalerweise in R. statt.

Der Oberarzt meint, dass die Erfolgschancen heute recht gut sind. Natürlich sei ein gewisses Risiko vorhanden, wie bei jeder Operation. Durch die Implantation der Elektroden besteht ein geringes Risiko einer Hirnblutung, d. h. etwa bei 1 %. Aus diesem Grund wird vor der Operation sorgfältig die Blutgerinnung überprüft. Hirnblutungen sind sehr selten, können jedoch zu neurologischen Defiziten führen oder sogar lebensbedrohlich sein. Während der Wachoperation könnte sich theoretisch auch ein Krampfanfall ereignen. Bei der Implantation könne es zudem zu einer Infektion des implantierten Materials kommen.

Normalerweise werde aber die Lebensqualität deutlich besser sein. Im Durchschnitt wird die medikamentöse Behandlung bei Parkinson-Patienten nach der tiefen Hirnstimulation um zwei Drittel reduziert, bei Tremor-Patienten noch deutlicher.

Eine Nebenwirkung bei einer tiefen Hirnstimulation könnte auch sein, dass andere Nervenzellen mitstimuliert werden, die man eigentlich nicht stimulieren wollte. Dies könne zu Sprech-störungen führen. Sehstörungen sind eher selten.

Die Batterie muss alle vier bis sechs Jahre ausgewechselt wer-den, was normalerweise ein kleiner Eingriff ist.

Nach der Besprechung mit dem Oberarzt gehe ich in das Zim-mer und lege mich etwas hin, denn ich bin so müde, wie wenn ich hart gearbeitet hätte.

Ca. um 18:30 Uhr bringen sie das Nachtessen.

Nach dem Kirchengeläute um 19:00 Uhr mache ich mich wie-der parat zum Schlafen.

13.06.2018

Obwohl ich gestern früh ins Bett gegangen bin, habe ich gut geschlafen.

Vor dem Frühstück kommt noch eine Krankenschwester vorbei, um mir wieder Blut abzunehmen, Blutdruck und Puls zu mes-sen, Sauerstoff im Blut, sowie das Gewicht zu ermitteln. Meine Werte sind heute gleich wie gestern.

Nach dem Frühstück mit zwei Schwöbli, Butter, Konfitüre und eine heisse Schokolade kommt die Ärztin und teilt mir mit, dass mich anschließend eine Psychologin abholen werde für eine neu-ropsychologische Untersuchung. Zudem will sie wissen wie es mir geht. Als ich erzähle, dass ich Schmerzen im linken Fuß und der rechten Schulter hätte, meint sie, dass ich, wenn die Schmer-zen stärker werden, ein Dafalgan verlangen könne.

Ich habe also noch Zeit, meine Sachen zu packen, denn heute Nachmittag, darf ich wieder nach Hause.

Um ca. 09:00 Uhr werde ich dann von der Psychologin abgeholt. Es ist dieselbe junge und außerordentlich hübsche Psychologin und Wissenschaftliche Mitarbeiterin, welche ich schon von den Parkinson-Studien vor drei Jahren kenne. Sie sieht noch hübscher aus als vor drei Jahren. Wir gehen in den vierten Stock in einen Raum, welchen ich schon von den Studien her kenne. Eine junge Neurophysiologie-Praktikantin wartet schon auf uns. Sie fragen mich, ob sie dabei sein dürfe, was kein Problem ist für mich.

Bei einem neuropsychologischen Test werden normalerweise Verhaltensfunktionen getestet:

- Aufmerksamkeit und Konzentration.
- Orientierung, Lernen, Gedächtnis.
- Problemlösen, Planen, exekutive Funktionen.
- Denkvermögen (bzw. Intelligenz)
- Zahlenverarbeitung.
- Sprachvermögen.
- Wahrnehmungsfunktionen.
- Motorische Fertigkeiten.
- Anpassungsstörungen.
- depressiven Störungen.
- Ängste
- posttraumatische Belastungsstörungen.
- hirnorganisch bedingten Verhaltens- und Wesensänderungen.
- beeinträchtigter Selbstwahrnehmung und Störungseinsicht.

Zuerst stellt mir die Psychologin diverse Fragen, z. B.

Was sind die aktuellen Beschwerden?	Parkinson, Polyneuropathie
Wie ist der schulische und berufliche Werdegang?	Mechaniker, Maschinenzeichner, Konstrukteur, Werkmeister, Handelsschule
Haben Sie Veränderungen in Ihrem Wesen festgestellt?	Leichter nervös, ungeduldiger

Wie verbringen Sie den Tag?	Mit Spazieren, zu meiner Frau schauen usw.
Hat Ihr Gedächtnis nachgelassen?	Ja
Wie steht es mit Ihrer Konzentration?	Ist schlechter geworden
Wer macht bei euch das Organisatorische? z. B. Rechnungen, Steuererklärung, Einkaufen	Ich
Hatten Sie schon Suizidgedanken?	Nein
Was meinen die Angehörigen zu einer Hirnstimulation?	Sie sind positiv eingestellt
Haben Sie Schlafprobleme?	Nein, manchmal Probleme beim Einschlafen
Können Sie sich drehen im Bett?	Ja
Leiden Sie unter Depressionen?	Nein
Haben Sie Schluckprobleme?	Ja öfters
Wie ist Ihr Geruchsinn?	Seit zehn Jahren schlecht
Haben Sie Probleme beim Gehen?	Nein
Sind Sie ungeduldiger?	Ja
Reagieren Sie gereizt?	Manchmal
Sind Sie öfters müde?	Ja
Schieben Sie Arbeiten immer wieder hinaus?	Ja
Haben Sie Halluzinationen?	Nein
Leiden Sie unter Verfolgungswahn?	Nein
Wie alt sind Sie?	70
Sind sie oft schlecht gelaunt?	Nein
usw.	

Anschließend macht sie diverse Übungen.

Neuropsychologische Übungen

- Sie zählt 10 oder mehr Wörter auf, welche ich mir merken muss.
- Sie fordert mich auf, möglichst viele dieser Wörter aufzählen. (z. B. Gurke, Bluse, Krawatte, usw.
- Ich muss nun mit dem linken und anschließend mit dem rechten Zeigfinger zur Nase.
- Nun muss ich die Hände im Handgelenk so schnell als möglich drehen.
- Sie zeigt mir verschiedene Figuren, welche ich abzeichnen muss.
- Sie legt eine kleine Platte vor mich hin, auf der verschiedene Stifte sind. Sie berührt nun einzelne Stifte und ich muss das Gleiche tun.
- Sie macht das Gleiche, nur muss ich dieses Mal die Stifte in umgekehrter Richtung berühren.
- Ich werde aufgefordert, die Wörter vom Anfang aufzuzählen.
- Ich werde aufgefordert, eine Uhr zu zeichnen und die Zeit aufzuschreiben wie auf einem Bahnhof z. B. 16:15 Uhr.
- Ich muss Wörter, welche sie mir sagt, buchstabieren.
- Nun gibt es eine zweite Wortreihe, welche ich mir merken sollte, um anschließend so viel wie möglich aufzuzählen.
- Nun fragt sie mich Wörter aus diesen beiden Wortreihen ab. Wenn sie in Liste 1 vorkommen muss ich mit Ja antworten, wenn nicht mit Nein.
- Ich muss eine Zahlenreihe nachsagen, zuerst vorwärts, dann rückwärts.
- Ich muss einen Satz schreiben z. B. „Heute ist ein schöner Tag".
- Nun muss ich die bisherigen Figuren aufzeichnen.
- Sie fordert mich auf von 100 immer 7 abzuzählen, also 100, 93, 86, 79, 72 usw.
- Nun fragt mich die Psychologin verschiedene Gesundheitsfragen, z. B. ob ich rauche, wieviel Alkohol ich trinke, oder ob ich schon Drogen genommen hätte.

- Sie legt mir ein Blatt vor, auf welchem diverse nummerierte Punkte sind. Ich muss nun in einem Zug die 20 Zahlen verbinden, also 1, 2, 3 … 20.
- Sie legt mir ein Brett vor mit diversen Stiften. Nun berührt sie die Stifte mit ihrem Zeigfinger. Meine Aufgabe ist nun das gleiche in der richtigen Reihenfolge zu tun.
- Anschließend die gleiche Übung aber retour.
- Nun muss ich von 1 nach A, dann auf 2, auf B, dann auf 3, auf C usw.
- Die Psychologin stellt nun verschiedene Fragen z.B. welchen Wochentag haben wir heute, welches Datum, wo sind wir hier, in welcher Stadt sind wir usw.
- Nun muss ich so schnell wie möglich 9 Klötze nach einer Vorlage zusammenstellen.
- Nun muss ich so schnell wie möglich 16 Klötze nach einer Vorlage zusammenstellen.
- Die erste große Skizze aus dem Gedächtnis noch einmal aufzeichnen

Anschließend muss ich folgende Aufgaben machen. Ähnliche Aufgabe musste ich am 21.03.2018 bei dem Studenten lösen.

- Auf einer Tabelle sind farbige Wörter. Nun muss ich diese von links nach rechts nach der Farbe aufrufen z.B. es steht in „roter Schrift" das Wort „Haus", also muss ich „Rot" sagen. usw.
- In der zweiten Tabelle sind Farben in Wort und Schrift, z.B. steht das Wort „Rot" in „blauer Schrift", oder „Gelb" in „grüner Schrift". Es wird aber nach der Farbe gefragt, d.h. also beim Wort „Rot" muss ich blau sagen, da es in blauer Schrift geschrieben steht.

Dann kommen wieder verschiedene Fragen, welche ich beantworten muss, z.B. wenn die Psychologin mir zwei Worte sagt, z.B. Tiger und Kuh, dann muss die Antwort „Tiere" sein. Bei einer Blume und bei einem Strauch heißt es „Pflanze". Oder bei einer Pizza und einem Brot heißt es „Essen". Oder eine Türe und ein Fenster gehörten zu einem „Haus".

Anschließend muss ich am Computer Aufgaben lösen, z. B. wenn vier Punkte ein Quadrat bilden muss ich die Maus drücken. Dann die gleiche Übung noch einmal, wobei zwischendurch ein hoher und tiefer Ton zu hören sind. Nun musste ich immer, wenn ein tiefer Ton kommt, die Maus auch drücken. Diese Übungen machen mich allerdings recht nervös. Immer wenn ich nervös bin, zittere ich auch mehr, was auch jetzt wieder der Fall ist.

Am Schluss fragt mich die Psychologin nach der Telefonnummer meiner Tochter.
Anschließend wünschen wir uns gegenseitig alles Gute. Die junge Praktikantin bringt mich dann wieder in den 8. Stock. Auch hier wünschen wir uns gegenseitig alles Gute.

Ich habe mich schon darauf eingestellt, mich etwas hinzulegen und auszuruhen, da kommen die beiden Professoren, die assoziierte Ärztin für Neurophysiologie und der Parkinsonspezialist. Beide machen noch ein paar Bewegungstests und stellen mir noch einige Fragen. Sie wollen z. B. auch wissen, wie ich diese drei vergangenen Tage erlebt habe, weil ich eben ein Pilotprojekt gewesen sei und sie noch Erfahrungen sammeln müssen. Ich erzähle ihnen, dass es für mich eigentlich angenehm gewesen sei und ich froh war, dass ich zwischen den einzelnen Tests und Untersuchungen immer wieder eine Pause hatte und mich hinlegen konnte. Während die Neurophysiologin meint, dass ich ein guter Kandidat für eine Tiefe Hirnstimulation sei, ist sich der Parkinsonspezialist noch nicht ganz sicher und müsse sich noch ein paar Gedanken dazu machen. Vor allem müsse er sich noch überlegen, ob man vielleicht medikamentös etwas machen könne. Aber auch er meint, wenn ja, dann müsste man es bald machen, denn nach 75 würde man diese OP nicht mehr machen. Als beide wissen wollten, wie ich dazu stehe und ich ihnen sage, dass ich, wenn ich so alt werden sollte wie meine Eltern, doch noch 20 oder 25 Jahre vor mir hätte, meinen sie, dass dies ein Argument sei.

Bevor wir uns voneinander verabschieden, erklären sie mir noch, dass sie heute Nachmittag um 16:00 Uhr eine Besprechung hätten und meinen Fall zusammen mit den anderen Beteiligten besprechen würden. Wir wünschen uns gegenseitig alles Gute. Der Professor bedankt sich noch für meine Kooperation.

Um 12:00 Uhr überrascht mich meine Frau mit ihrem Besuch. Natürlich freue ich mich darüber, dass sie mich abholt.

Vor dem Mittagessen kommt noch die Ärztin vorbei, um den Geruchstest, welchen sie gestern schon machen wollte, zu machen. Von zehn Geruchsstiften rieche ich nur zwei, aber auch diese nur durch Raten. Als sie mich wegen den Schmerzen fragt und ich ihr sage, dass es in der Schulter gehe und ich nur noch in den Füßen Probleme hätte, fordert sie mich auf, mich auf das Bett zu legen, um einmal meine Füße zu kontrollieren. Sie sticht dann mit einer dünnen Nadel in meine Zehen, was ich auch spüre. Anschließend nimmt sie eine neurologische Stimmgabel und kontrolliert damit meine Reaktionen an den Füßen. Dann geht sie an beiden Beinen hoch von den Füßen bis zu den Knien. Leider spüre ich keine Vibration, was sie etwas verwundert. Sie meint dann, dass ich, ihrer Meinung nach, keine typische Neuropathie hätte und sie dies deshalb mit dem Parkinsonspezialisten besprechen müsse.

Noch während dem Mittagessen kommt die Ärztin zurück und meint, dass das Problem mit meinen Füßen, laut dem Professor, auch ein Vitamin B Problem sein könne, weshalb sie empfiehlt, noch ein letztes Mal mein Blut zu kontrollieren. Kurz danach kommt eine medizinische Praxisassistentin vorbei und nimmt mir Blut ab.

Die Ärztin teilt mir mit, dass sie nicht mehr lange im Universitätsspital B. sei, denn vom August 2018 an arbeite sie in der Klinik in A.

347

Bevor wir uns verabschieden und uns gegenseitig alles Gute wünschen, bitte ich sie, den Arztbericht auch an mich zu senden, weshalb ich ihr meine E-Mailadresse gebe.

Ich schreibe meiner Tochter ein WhatsApp.

Tschau,
es cha si, dass e die Psachologin vom Universitätssüpital alütet, denn sie het Dini Tel-Nr. welle.

Anschließend verlassen meine Frau und ich das Universitätsspital und fahren nach Hause.

Meine Tochter schreibt mir ein WhatsApp.

Die Psychologin het aglüte. Sie hed welle Sache wüsse, wie, ob du dich verändert hesch. Was miner Meinig noch die gröschti Ischrenkig isch. Ob du vergesslicher worde bisch oder adribslos. Wies mit dinere Stimmig usseht etc.
Sie hed sich positiv über Operation güssert. Wenns ebe nur sZittere sigi, denn chönni e OP sehr viel bringe etc. Joo Du kriegsch denn schiins Bscheid.

Ich schreibe ein WhatsApp zurück.

Ich hoff Du hesch nur guets über mi gseit.

Sie antwortet.

Hahahahah natürlich.

Ich schreibe ihr zurück.

Danke Du bisch halt scho die beschti Tochter womme sich cha wünsche.

Sie schreibt mir zurück.

Also i ha die meischte Froge würkli mit „Nei" beantwortet.

Ich ha gseit, dass wo Diagnose festgstellt worde isch, ich sGfühl gha ha, dass es di e biz abezoge hett, aber inzwüsche findi, bisch wieder sehr positiv igstellt und ufs gueti fixiert. Ich ha gseid, dass i au sGfühl ha, dass frühner d Sache eher sofort apackt hesch. Ich ha au gseid, dass mä merkt, wenn du Ufgregt bisch oder unter Beobachtig stohsch, denn sZittere viel stärker isch. Aber ich ha keini Veränderige in diner Persönlichkeit oder Ischränkige festgstellt.

Ich schreibe ihr zurück.

Danke, dass isch öpe sgliche wo ich über mi gseit ha.

Wieder zuhause

15.06.2018

Am Nachmittag spritze ich mir, wie jeden Freitag Metoject 17,5 mg gegen meine Polyarthritis.

22.06.2018

Am Vormittag spritze ich mir Metoject 17,5 mg gegen meine Polyarthritis.

Da ich bisher vom Universitätsspital B. noch keinen Arztbericht bekommen habe, rufe ich die Psychologin an. Sie ist die einzige, von den an der Voruntersuchung beteiligten Personen von der ich die Telefonnummer. habe. Sie kommt sofort nach, mit wem sie es zu tun hat. Ich schildere ihr mein Anliegen mit dem Arztbericht. Sie verspricht mir, sich darum zu kümmern und fordert mich auf, sich wieder zu melden, wenn ich den Bericht in den nächsten Tagen nicht erhalten würde.

Ich habe den ganzen Tag leichte Schmerzen in den Füßen und in der rechten Schulter.

23.06.2018

Ich habe wieder heftige Schulterschmerzen rechts. Am Abend habe ich Schmerzen in der linken Wade und dem linken Oberschenkel. Vor dem Einschlafen sind die Schmerzen so stark, dass ich es nicht mehr aushalte. Ich nehme ein Co-Dafalgan 500 mg/30 mg. Auch mein Tremor plagt mich.

24.06.2018

Heute ist es wieder wie gestern, also Schulterschmerzen rechts und Waden- und Oberschenkel links. Am Abend nehme ich wieder ein Co-Dafalgan 500 mg/30 mg. Nach ca. einer Stunde schlafe ich ein.

25.06.2018

Ich erwache um 09:00 Uhr ohne Schulter- und Beinschmerzen, dafür mit Knieschmerzen rechts, weshalb ich das rechte Knie nach dem Duschen tape.

Heute habe ich bei meinem neuen Hausarzt einen Termin. Die Ärztin kommt wie immer mit einem Lächeln, welches einen schon halb gesund macht. Ich habe eigentlich einen Termin wegen meinen Schulterschmerzen. Ich erwähne dann auch noch meine Waden- und Oberschenkel links. Sie möchte zuerst wissen, seit wann ich diese Schmerzen habe. Dann fordert sie mich auf, oben frei zu machen, damit sie mich untersuchen kann. Dabei drückt und bewegt sie meine Schultern. Manchmal kommt sie an Punkte, welche sehr schmerzhaft sind. Sie fordert mich auf, diverse Übungen zu machen, wobei sie immer Gegendruck gibt.

- Arme nach vorne ausstrecken mit der Handinnenfläche nach oben.
- Arme nach vorne ausstrecken mit der Handinnenfläche nach unten.
- Hände nach vorne stossen, wobei sie mit ihren Händen Gegendruck gibt.
- Hände nach hinten zum Rücken.
- Arme seitlich nach oben drücken, wobei sie Gegendruck gibt.
- usw. usw.

Sie meint, dass es an den Sehnen und Muskelpunkten sei, welche wahrscheinlich entzündet sind. Danach muss ich meine Hosen abziehen, damit sie meine Waden- und Oberschenkel links abtasten kann. Auch hier meint sie, dass es an den Muskeln und Sehnen sei. Sie empfiehlt mir für beides Physiotherapie und gibt mir eine Verordnung. Zudem meint sie, dass ich mich, wenn es nicht besser wird, melden solle und sie mir eine Spritze geben könne.

Bevor wir uns verabschieden gibt sie mir noch Inflamac Lotio gegen die Schmerzen und Atorvastatin 40 mg für meine Frau.

Ich rufe in der Physiotherapie an. Da sie voll ausgebucht ist und noch Sommerferien anstehen, hat sie erst am 14.08.2018 um 16:00 Uhr wieder einen Termin frei. Wenn ich nicht so lange warten möchte, empfiehlt Sie mir einen Kollegen.

Wir machen aber den erwähnten Termin ab.

27.06.2018

Ich erwache ohne Waden- und Oberschenkelschmerzen, aber mit starken Schulterschmerzen rechts. Nachdem ich meine Schultern mit Inflamac Lotio eingerieben habe und jede Stunde Similasanglobuli gegen Gelenkschmerzen genommen habe, lösen sich die Schmerzen. Dafür habe ich wieder leichte Knieschmerzen rechts.

29.06.2018

Am Nachmittag spritze ich mir Metoject 17,5 mg gegen meine Polyarthritis.

02.07.2018

Ich habe schlecht geschlafen und erwache mit starken Schulterschmerzen rechts. Sie sind wieder so heftig, dass ich wieder vor mich hin fluche. Eigentlich möchte ich dies nicht, aber ich ärgere mich darüber, dass diese verdammten Schmerzen mich immer und immer wieder so im Griff haben. Da auch diverse Gelenke, wie Fuß-, Hand- und Fingergelenke schmerzen, vermute ich, dass sich das Wetter wechseln wird. Heute ist es allerdings wieder, wie in den vergangenen Tagen, wolkenlos und über 25 °C.

Nachdem ich meine Schultern mit Inflamac Lotio eingerieben habe und jede Stunde Similasanglobuli gegen Gelenkschmerzen genommen habe, lösen sich die Schmerzen etwas.

Den ganzen Tag plagt mich der Tremor recht heftig. Ich frage mich, ob dies damit zu tun hat, dass ich in den vergangenen Tagen viele Kirschen gegessen habe. Ich schwitze den ganzen Tag, habe aber kein Fieber.

Da ich heute zudem etwas erkältet bin, keine Kraft habe und lustlos herumliege, gehe ich um 20:30 Uhr schon ins Bett. Gegen die Erkältung nehme ich 3 Mal am Tag ein NeoCitran, sowie Solmucalm und Resyl plus gegen den Husten. Nach dem Einreiben meiner schmerzenden Stellen, schlafe ich eigentlich recht schnell ein.

03.07.2018

Obwohl ich gestern früh ins Bett ging, schlafe ich diese Nacht nicht so schlecht. Ich erwache allerdings schweißgebadet auf. Meine Frau meint noch, dass ich wieder stinke. Wie jeden Morgen mache ich meine LSVT-, zusätzliche Übungen und Velofahren auf dem Hometrainer, welche mir guttun.

Das Wetter hat tatsächlich geändert. Am Morgen zieht ein Gewitter vorbei und es ist recht schwül. Die kleinste Bewegung und ich bin wieder pudelnass. Zum Glück habe ich heute keine Schmerzen mehr. Allerdings der Tremor plagt mich etwas.

05.07.2018

Um ca. 19:00 Uhr ruft mich der Neurochirurg an. Zuerst entschuldigt er sich, dass ich nichts mehr gehört habe vom Universitätsspital. Er teilt mir mit, dass sie meine Angelegenheit ausführlich diskutiert hätten und zum Schluss gekommen sind, dass sich eine Operation bei mir lohnen würde. Allerdings sei er in den nächsten Wochen in den Ferien und es erst im August möglich sei. Allerdings wünscht er sich, dass man vorher noch ein MRI von meinem Gehirn macht. Zudem möchte er noch einmal alles mit mir besprechen. Er schlägt mir deshalb vor, dass sie mir einen Termin vorschlagen würden, bei dem ich am Morgen zum MRI und am Nachmittag zur Besprechung mit ihm kommen müsste.

06.07.2018

Trotz zeitweiligen Hustattacken habe ich gut geschlafen. Meine Erkältung scheint sich zurückzubilden. Allerdings schwitze ich auch heute wieder extrem. Die kleinste Bewegung und der Schweiß läuft mir über die Stirn oder den Rücken hinunter. Es ist wie die vergangenen Tage regnerisch und schwül, weshalb ich keine Lust habe, spazieren zu gehen. Ich schlafe heute wieder mehr als andere Tage.

Am Nachmittag spritze ich mir Metoject 17,5 mg gegen meine Polyarthritis.

Die Dame von der Physiotherapie ruft mich zurück. Ich erkläre ihr, dass ich den Termin am 14.08.2018 streichen möchte, da ich schon nächsten Montag in die andere Physiotherapie gehen könne. Sie meint, dass dies super sei und wünscht mir alles Gute.

Heute habe ich um 09:30 Uhr den ersten Physiotherapietermin bei einer großgewachsenen, gutaussehenden Holländerin. Der erste Kontakt verläuft angenehm und freundlich. Zuerst erledigt sie das Administrative. Ich gebe ihr die Verordnung von meiner Hausärztin und meine Krankenkassenkarte.

Anhand der Fragen, welche sie stellt, merke ich, dass sie ihren Beruf beherrscht. Ich informiere sie, in groben Zügen, über meine bisherige Krankengeschichte mit dem Parkinson, den Wadenschmerzen, der Lungenembolie, den vielen Medikamente und den Schulterschmerzen.

Da mich meine Hausärztin eigentlich wegen den Schulter- und den Wadenschmerzen zu ihr geschickt hat, möchte sie wissen, welches im Moment dringender sei. Ich erkläre ihr dann, dass im Moment die Schulter mehr Probleme macht. Sie bittet mich, oben frei zu machen und stellt sich dann hinter mich. Darauf macht sie ein paar Bewegungsübungen mit mir.

- Beide Arme seitlich so weit als möglich nach oben und wieder zurück.
- Beide Arme vorne so weit als möglich nach oben und wieder zurück.
- Beide Arme hinten so weit als möglich nach oben und wieder zurück.
- Beide Arme so weit als möglich nach oben zum Kopf und wieder zurück.

Dann tastet sie das rechte Schultergelenk ab, wobei sie auf einzelne Schmerzpunkte kommt. Sie meint, wie auch meine Hausärztin, dass es wahrscheinlich die Sehnenansätze sind.

Die Therapeutin bittet mich dann, mich auf das Bett zu legen. Sie massiert meine rechte Schulter, was schon Erleichterung bringt. Anschließend muss ich mich auf den Bettrand setzen, damit sie mich mit Ultraschall behandeln kann, um auch in die Tiefe zu gehen.

Ich bin mit leichten Schmerzen zu ihr gegangen und verlasse die Praxis ohne Schmerzen.

11.07.2018

Die Radiologie des Universitätsspitals B. sendet mir ein Schreiben mit dem Termin für ein MRI. Zusätzlich bekomme ich ein Aufklärungsschreiben über die Weiterverwendung meiner Daten, ein Einwilligungsformular, sowie ein Patientenfragebogen zur MRI.

13.07.2018

Ich habe den ganzen Tag Schmerzen in dem linken Fußballen.

Ich sende ein E-Mail an die Versichrung.

Sehr geehrtes Concordia-Team

Neben Polyneuropathie und Rheumatoider Arthritis, leide ich seit 2013 auch noch unter Parkinson. Da der Tremor, also das Zittern, in den letzten Monaten immer ausgeprägter wurde, hat man mir im Universitätsspital B. empfohlen, eine DBS, also eine Tiefe Hirnstimulation, zu machen.

Aus der Presse habe ich nun vernommen, dass unter anderen auch diese Versicherung mit dem Universitätsspital B. in Verhandlung ist wegen Kostenüberamen (Tarifstreit).

Was heißt dies für mich? Muss ich damit rechnen, dass die Kosten für eine solche Operation nicht übernommen werden?

Meine Daten
Walter Schaub-Chan
Geburtsdatum:
Versicherungs-Nr.:
Pers. Kenn-Nr.:
Karten-Kenn-Nr.:

Obwohl ich schon über 70 Jahre bei Ihnen krankenversichert bin, und ich mich bei Ihnen eigentlich gut aufgehoben fühlte, bin ich natürlich etwas beunruhigt.

Können Sie mir bei obigen Fragen weiterhelfen?

Zum Voraus dankt Ihnen
Walter Schaub

Ich frage unsere Tochter per WhatsApp, ob sie am 02.08.2018 Zeit hat, mich zum Neurochirurgen zu begleiten.

15.07.2018

Ich habe zwar gut geschlafen, erwache aber mit starken Schulterschmerzen rechts. Sie sind wieder so heftig, dass ich wieder vor mich hin fluche. Da auch diverse Gelenke schmerzen, vermute ich, dass sich das Wetter wechseln wird. Heute ist es wieder, wie in den vergangenen Tagen, wolkenlos und bis 30 °C.

Nachdem ich meine Schultern mit Inflamac Lotio eingerieben habe und jede Stunde Similasanglobuli gegen Gelenkschmerzen genommen habe lösen sich die Schmerzen etwas.

16.07.2018

Heute habe ich um 09:00 Uhr den zweiten Termin bei der Physiotherapie. Als sie mich fragt, wie es mir ergangen sei, erzähle ich ihr, dass ich das letzte Mal mit leichten Schmerzen zu ihr gekommen sei und sie ohne Schmerzen verlassen hätte. Leider hatte ich dann am Donnerstagabend einen hexenschussartigen Schmerz, welcher etwa eineinhalb Stunden andauerte. Den heftigsten Schmerz hatte ich aber gestern Sonntag. Schon als ich aufwachte, hatte ich starke Schmerzen in der rechten Schulter, welche den ganzen Tag andauerten und erst nachließen, als ich ein Dafalgan nahm.

Nachdem ich mich oben frei gemacht habe, muss ich mich aufs Bett legen. Zuerst massiert sie meinen Nacken, um die Verspannung etwas zu lösen. Anschließend tastet sie mein Schultergelenk ab und findet wieder einige schmerzhafte Punkte. Sie bleibt mit gleichmäßigem Druck auf den schmerzenden Stellen, bis der Schmerz nachlässt. Dann macht sie mit meinem rechten Arm verschiedene Bewegungen und Dehnübungen. Während der Behandlung reden wir ein wenig über das gestrige Fußballfinale in Moskau.

Am Schluss zeigt sie mir noch eine Übung an der Wand. Dabei muss ich mit dem Rücken und den Kopf zur Wand. Mit den Füßen muss ich einen Schritt nach vorne machen. Nun muss ich den Kopf etwas nach unten bewegen, wobei er die Wand immer berühren muss, was gar nicht so leicht ist. Ich bringe es noch nicht auf Anhieb fertig.

Als ich die Praxis verlasse, habe ich wieder keine Schmerzen, aber zu Hause kommen sie wieder.

Meine Tochter schreibt mir per WhatsApp zurück, dass sie am 02.08.2018 um 09:40 Uhr beim Unispital B. auf mich warten werde.

17.07.2018

Ich sende der Psychologin vom Universitätsspital B. ein E-Mail.

Sehr geehrte Frau Doktor,

vom 11. bis 13.06.2018, also vor fünf Wochen, war ich wegen einer Voruntersuchung (DBS) bei Ihnen im Universitätsspital B. Dabei haben auch Sie mit mir diverse Tests gemacht.

Diese drei Tage wurde ich vor allem von einer Ärztin betreut, von der ich weder eine Telefonnummer noch eine E-Mail-Adresse habe. Deshalb wende ich mich an Sie.

Die Ärztin hat mir am letzten Tag zugesichert, dass sie einen Arztbericht an meinen Hausarzt, an meinen Neurologen, sowie an mich senden würde. Leider haben wir aber noch nichts bekommen. Einzig der Neurochirurg hat mich angerufen wegen einem Termin.

Können Sie Dr. med. Nk. die Ärztin darauf ansprechen, oder mir ihre Telefonnummer angeben?

Freundliche Grüße.
Walter Schaub-Chan

Die Psychologin vom Universitätsspital Basel sendet mir ein E-Mail.

Lieber Herr Schaub

Es tut mir leid, dass Sie noch keine Berichte erhalten haben. Ich bin heute nicht im Büro, werde aber morgen nachfragen, was der Stand der Dinge ist & Sie im Verlauf des Tages telefonisch kontaktieren.

Freundliche Grüße,
…

Ich schreibe meiner Tochter zurück und bedanke mich dafür, dass sie mich zur Besprechung mit dem Neurochirurgen begleitet.

19.07.2018

Die Psychologin vom Universitätsspital B. ruft mich an. Sie hat bei der Ärztin nachgefragt wegen dem Arztbericht. Die zuständige Person, welche die Arztberichte schreibt, war in den Ferien, weshalb sich alles verzögert hat. Ich werde den Bericht aber in den nächsten Tagen bekommen.

Heute habe ich um 11:00 Uhr den dritten Termin der Physiotherapie. Als sie mich fragt, wie es mir ergangen sei, erzähle ich ihr, dass ich das letzte Mal die Praxis wieder ohne Schmerzen verlassen hätte und ohne Probleme nach Hause gelaufen sei. Nach ca. zwei Stunden hätte ich aber wieder einen hexenschussartigen Schmerz gehabt, welche ich ca. drei Stunden anhielt.

Am Dienstag sei dann bis um 11:00 Uhr gut gewesen und dann hatte ich wieder einen Schmerzanfall. Dieses Mal hatte ich für ca. zwei Stunden Schmerzen.

Gestern Mittwoch und bisher auch heute habe ich keine Schmerzen.

Nachdem ich mich oben frei gemacht und aufs Bett gelegt habe, massiert sie, wie letztes Mal, zuerst meinen Nacken, um die Verspannung etwas zu lösen. Dann macht sie mit meinem rechten Arm verschiedene Bewegungen und Dehnübungen, welche wirklich zu helfen scheinen. Während der Behandlung reden wir ein wenig über verschiedene Heilmethoden. Ich erzähle ihr auch von diesem deutschen Arzt, welcher behauptete, Parkinson heilen zu können und dem sie in Deutschland die Arztlizenz entzogen haben. Sie erzählt mir dann von einer Kollegin, welche auch Physiotherapie macht und von der sie so enttäuscht wurde, weil sie ihr spezielle Pflaster aufschwatzen wollte, welche angeblich auch Parkinsonpatienten heilen könne.

Die halbe Stunde ging so schnell vorbei.

20.07.2018

Am Nachmittag spritze ich mir Metoject 17,5 mg gegen meine Polyarthritis.

23.07.2018

Heute habe ich um 08:00 Uhr den vierten Termin bei Physiotherapie.

Wie immer möchte sie zuerst wissen, wie es mir ergangen ist. Dieses Mal kann ich ihr mitteilen, dass ich seit letztem Donnerstag beschwerdefrei bin, was sie ehrlich freut.

Nachdem ich mich oben frei gemacht und aufs Bett gelegt habe, massiert sie, wie die letzten Male, zuerst meinen Nacken, um die Verspannung etwas zu lösen. Dann macht sie mit meinem rechten Arm verschiedene Bewegungen und Dehnübungen, welche wirklich zu helfen scheinen. Während der Behandlung reden wir über unsere Wochenenderlebnisse.

Auch dieses Mal ging die halbe Stunde schnell vorbei. Ich verlasse die Praxis wieder ohne Schulterschmerzen.

25.07.2018

Nachdem ich gestern doch ab und zu Schulter- und Knieschmerzen auf der rechten Seite verspürte, ist es heute recht gut.

Ich rufe in der Apotheke in S. an und bestelle drei Schachteln Sinemet CR 25 mg/100 mg und eine Schachtel Akineton 4 mg.

Nach dem ich mit meiner Frau wegen einem MRI im Universitätsspital war, fahren wir anschließend zu unserer Tochter, wo ich ihr die Broschüre „Tiefe Hirnstimulation bei Morbus Parkinson" in den Briefkasten werfe.

26.07.2018

Heute habe ich um 11:00 Uhr den fünften Physiotherapie-Termin. Ich erzähle ihr, dass ich letzten Montag auf dem Heimweg und gestern Morgen kurz Schmerzen in der rechten Schulter hatte.

Nachdem ich mich oben frei gemacht und aufs Bett gelegt habe, massiert sie zuerst mein rechtes Schultergelenk. Dann macht sie mit meinem rechten Arm verschiedene Bewegungen und Dehnübungen. Während der Behandlung reden wir über Handys und das, was man mit ihnen heute alles machen kann, z. B. WhatsApp, Fahrpläne nachschauen usw.

Ich verlasse die Praxis nach der halben Stunde wieder ohne Schulterschmerzen.

27.07.2018

Am Nachmittag spritze ich mir Metoject 17,5 mg gegen meine Polyarthritis.

30.07.2018

Heute habe ich um 09:30 Uhr den sechsten Physiotherapie-Termin. Wie die vergangenen Male möchte sie zuerst wissen, wie es mir geht. Anschließend massiert sie mein rechtes Schultergelenk und macht verschiedene Bewegungen und Dehnübungen. Von Zeit zu Zeit erwischt sie schmerzhafte Punkte.

Anschließend testet sie meine Armfunktionen.

- Ich muss die Arme hochheben.
- Die arme hinter den Rücken.
- Die Arme seitlich hochheben.
- usw.

Während der Behandlung reden wir über ihre berufliche Kariere.

Auch heute geht die halbe Stunde schnell vorbei.

Ich verlasse die Praxis nach der halben Stunde wieder ohne Schulterschmerzen.

31.07.2018

Ich erwache mit heftigen Schmerzen in meinem linken Fußballen. Obwohl ich das chinesische Mittel Shu-Jin-Lu einreibe, wird es nicht besser. Die Schmerzen steigen anschließend bis unter das Knie. Trotz dieser Schmerzen und dem starken Tremor auf meiner linken Körperseite fahre ich mit meiner Frau zum Flughafen. um unsere Freundinnen aus China abzuholen.

Das Zittern wird im Laufe des Tages immer heftiger. Was soll ich machen? Ich kann nur hoffen, dass es sich wieder beruhigt. Leider ist das Wetter wie die vergangenen Wochen, nämlich heiß und schwül. Für heute hat er wieder 36 °C. angesagt. Die Hitze ginge noch, aber dass einem bei der geringsten Bewegung der Schweiß über die Stirn in die Augen oder den Rücken hinunterläuft, mag ich überhaupt nicht.

02.08.2018

Heute habe ich einen Termin in der Radiologie des Universitätsspitals B., zwecks eines Schädel-MRI. Ich nehme den Bus um 07:17 Uhr. Ich bin lieber zu früh dort als zu spät. In letzter Zeit hat die SBB mit ihren Zügen immer Verspätung. Dieses Mal ist alles pünktlich. Schon bald sitze ich im Schnellzug nach B., wo ich nicht lange auf das Tram warten muss. Obwohl schon viele Leute unterwegs zur Arbeit sind, habe ich beide Male sogar einen Sitzplatz. Bei der Station Universitätsspital steige ich aus und spaziere das kurze Stück zum Unispital, wo ich eine halbe

Stunde zu früh ankomme und somit Zeit habe, noch auf die obligatorische, morgendliche WC-Sitzung zu gehen. Anschließend gehe ich ins erste Untergeschoss und melde mich bei der „Anmeldung CT/MRI". Zuerst gebe ich den, zu Hause schon ausgefüllten Fragebogen ab.

Ich bin ca. zwanzig Minuten zu früh, werde aber nach fünf Minuten schon aufgerufen. Die Medizinische Praxisassistentin erklärt mir dann, dass der Patient, welcher vor mir dran gewesen wäre, kurzfristig abgesagt hätte. Mein Termin wäre um 08:45 Uhr gewesen. Wenn es bei mir aber so lange dauern sollte wie bei meiner Frau letzte Woche, nämlich eine Stunde, wäre dies für mich etwas knapp geworden, da ich anschließend einen Termin um 10:00 Uhr beim Neurochirurgen. habe. Dazu muss ich aber in ein anderes Gebäude.

Die junge, hübsche MPA bringt mich zu einer Umkleidekabine, wo ich außer den Socken und den Unterhosen, alles ausziehen soll. Ich werde noch gebeten, alle Metallteile, wie Schmuckteile, Uhren usw. zu entfernen.

Sie gibt mir blaue Hosen und ein blaues Hemd aus Wegwerfmaterial. Meinen Rucksack mit meinen persönlichen Sachen kann ich in der Kabine lassen. Mit einem Patch schließt sie die Kabine ab und gibt mir diesen, damit ich ihn in der, dafür vorgesehenen Tasche des Hemds verstauen kann. Ich werde nun in einen anderen Raum geführt und muss kurz warten, bis eine andere MPA kommt, um mir eine Kanüle zu stecken, um später Kontrastmittel einzufügen. Ich erkläre ihr so nebenbei, dass ich Blutverdünner nehmen müsse. Sie meint, dass dies kein Problem sei, außer am Schluss, wenn sie mir die Kanüle entfernt, müsse sie einen härteren Verband anlegen.

Kurz darauf werde ich in den CT-Raum begleitet und gebeten, mich auf den mobilen Untersuchungstisch zu legen, der während der Untersuchung langsam in den Computertomographen hineingefahren wird. Es läuft dann ähnlich ab wie am 11.01.2018 im Kantonsspital in L.

Bevor ich in den Tomographen gefahren werde, wird mir noch ein Kissen unter die Kniekehle gelegt. Zudem bekomme ich eine Klingel, damit ich mich bei Problemen melden kann.

Bevor ich nun in das Gerät eingeschoben werde, wird mir noch ein zusätzliches Kontrastmittel eingeführt. Die MPA fragt mich noch, welches Programm ich gerne hören möchte, da der Tomograph sehr laut sei. Ich wähle DRS 1, also den Sender, welchen ich am meisten höre. Nachdem ich einen Kopfhörer bekommen habe, werde ich langsam in den Tomograph eingeschoben, bis sich mein Gehirn in der Mitte befindet. Nun kann das Klopfen und Hämmern beginnen. Obwohl das Gerät schon einen rechten Lärm macht, schlafe ich zwischendurch kurz ein. Das Ganze dauert ca. eine Stunde.

Die MPA entfernt mir anschließend die Kanüle und macht mir einen satten Verband darauf. Sie begleitet mich zur Umkleidekabine und wünscht mir alles Gute. Nachdem ich mich wieder umgezogen habe, werfe ich beim Ausgang die Einwegkleider in den dafür vorgesehen Behälter.

Inzwischen ist es schon 09:40 Uhr geworden. Ich gehe in die Eingangshalle und warte auf unsere Tochter, welche bald darauf schon kommt. Zusammen gehen wir gemütlich zum Haupteingang des anderen Gebäudes. Bei der Information erklärt man uns, dass wir den Gang nach hinten und dort den Lift in den ersten Stock nehmen sollen. Dort melden wir uns beim Schalter „Anmeldung Ambulatorium Chirurgie". Ich gebe dem jungen Mann meine Einladung ab, worauf er uns bittet, im Wartzimmer Platz zu nehmen.

Meine Tochter und ich unterhalten uns über meine bevorstehende Operation. Sie zeigt mir diverse Stellen in der Broschüre „Tiefe Hirnstimulation bei Morbus Parkinson", zu denen sie ihre Fragen hat. Ich merke, dass sie sich sehr gut vorbereitet hat.

Während andere Patienten von den MPAs abgeholt werden, holt uns der Neurochirurgen persönlich ab und begrüßt uns ca. 10:20 Uhr, also rund zwanzig Minuten zu spät. Er entschuldigt sich und meint, dass er noch ein wichtiges Telefon mit London erledigen musste.

Ich übergebe ihm dann zuerst meine Medikamentenliste und das E-Mail von meiner Krankenkasse, wegen der Kostenübernahme (vom 13.07.2018). Er meint dazu, dass ich keine Kostenübernahme brauche, da sie mit diversen Kassen, darunter auch meiner, spezielle Abkommen hätten. Er erklärt uns, dass er sich darum kümmern werde, d. h. ich müsse da nichts mehr unternehmen.

Anschließend erklärt er uns noch einmal den Ablauf der Operation, wobei es für mich das Gleiche ist wie am 12.06.2018. Er sieht dabei die Broschüre, welche meine Tochter in ihren Händen hält und meint dann, dass er diese kenne, da er auch daran beteiligt war.

Meine Tochter fragt ihn dann, wieso man eigentlich zwei Mal mit Elektroden ins Gehirn gehe. Der Neurochirurg meint, dass dies eine sehr gute Frage sei. Er erklärt uns dann das Ganze noch einmal ausführlich. Die ersten Elektroden, sogenannte Testelektroden werden in die Zielstruktur vorgeschoben, um mit Hilfe des Patienten den genauen Zielort zu bestimmen. In dieser Phase ist der Patient in einem wachen Zustand und hilft zusammen mit den Neurochirurgen und Neurologen in der Teststimulation, die Wirkung und mögliche Nebenwirkungen zu ermitteln. Nachdem diese Phase erfolgreich verlaufen ist, werden die Testelektroden gegen die endgültigen Elektroden ausgetauscht, die über ein Verlängerungskabel mit dem Neurostimulator verbunden werden. Am Schluss sind die Elektroden, das Verlängerungskabel sowie der Neurostimulator vollständig unter der Haut implantiert.

Meine Tochter hat dann noch ein paar andere Fragen, welche von dem Neurochirurgen in ruhiger Art erklärt werden. Es geht dabei um die Batterie. Dazu meint der Arzt, dass er feste Neurostimulator empfehle, wo die Batterie alle vier bis sechs Jahre ausgetauscht werden müsse, was ein kleiner Eingriff sei. Wieder aufladbare Neurostimulatoren würde er nicht empfehlen, da sie auch schon Probleme gehabt hätten, wenn ein Patient genau in dem Moment das Ladegerät nicht bei sich habe, wenn das Gerät aufgeladen werden sollte.

Meine Tochter fragt ihn dann noch, wie das sei, wenn ich beim Zoll durch den Scanner laufe. Dazu meint der Arzt, dass dies keinen Einfluss auf das Gerät hätte, zudem würde ich einen Ausweis bekommen, dass bei mir ein DBS gemacht wurde.

Der Neurochirurg geht dann noch auf die Operationsrisiken ein, wobei das Schlimmste eine Hirnblutung sei, welche aber nur bei einem Prozent vorkomme.

Zudem kann es nach der Operation bei manchen Patienten ein sogenanntes „Durchgangssyndrom" geben. Manchmal können auch Phasen vermehrter Verwirrtheit, Teilnahmslosigkeit, Traurigkeit oder gegensätzlich Euphorie auftreten, welche sich in der Regel nach wenigen Tagen bis Wochen wieder vollständig zurückbilden. Zudem kann es stimulationsinduziert zu einer Verschlechterung der Sprache, elektrisierendem Gefühl im Bereich des Körpers, insbesondere beim Aktivieren des Stimulators, oder unwillkürlichen Bewegungen kommen.

Bei der Tiefen Hirnstimulation (DBS) zeigt sich der Erfolg der Stimulation erst nach einigen Wochen bis Monaten in vollem Umfang. Anstelle von DBS wird auch ab und zu die Bezeichnung DBS verwendet, was für den englischen Begriff steht. (Deep Brain Stimulation)

Ich frage ihn dann noch, wann eine Datscan gemacht werde, worauf er uns erklärt, dass dies nur gemacht werde, wenn es nicht ganz klar sei, ob ein Patient Parkinson habe oder nicht. Bei mir sei der Fall leider klar, dass ich Parkinson habe, was diverse Untersuchungen und Neurologen auch bestätigen.

Am Schluss spreche ich den Chirurgen noch auf den Arztbericht von meinem letzten Besuch im Unispital an. Er ist überrascht, dass ich, meine Hausärztin Dr. med. Jk.sowie mein Neurologe Dr. med. Du. diesen noch nicht erhalten haben. Er druckt ihn für mich aus und erklärt mir, dass er diesen auch an die anderen Ärzte senden werde. Zudem werde er auch mit meinem Hausarzt telefonieren.

07.08.2018

Ich bekomme vom Universitätsspital B. ein Schreiben und einen Termin für den 03.09.2018 um 10:00 Uhr. Es geht dabei um eine Anästhesie-Sprechstunde.

10.08.2018

Am Nachmittag spritze ich mir Metoject 17,5 mg gegen meine Polyarthritis.

11.08.2018

Ich bekomme vom Bettenmanagement der Chirurgie vom Universitätsspital B. ein Schreiben, diverse Unterlagen und den Operationstermin für den 12.09.2018 um 10:00 Uhr.

Unter den Unterlagen sind neben einem Anmeldeformular noch Broschüren wie „Neurochirurgie Klinikinformationen" und „Jederzeit gut versorgt". Darunter sind z. B. wissenswerte Informationen über Lageplan, die Klinik, Eintritt, Aufenthalt, Austritt, meine Meinung, Rechte usw.

12.08.2018

Ich habe unruhig geschlafen und erwache mit starkem Tremor, welcher den ganzen Tag anhält. Trotz Problemen beim Schreiben fülle ich das Anmeldeformular aus und werfe dieses, zusammen mit der Ärzteliste in den Briefkasten.

15.08.2018

Ich habe wieder unruhig geschlafen und erwache auch heute mit starkem Tremor, welcher den ganzen Tag anhält. Es schüttelt mich zeitweise recht stark. Langsam freue ich mich auf die DBS und habe große Hoffnung, dass ich dann befreit sein werde von diesem ständigen Zittern.

Leider plagen mich auch heute, wie in den letzten Tagen, Schmerzen in den Fußballen, vor allem links. Heute sind sie zeitweise wieder besonders heftig. Es scheint, dass auch die Polyneuropathie an meinen Füßen mehr Besitz von meinem Körper nehmen möchte.

Auch die Schulterschmerzen rechts plagen mich zeitweise wieder besonders heftig.

16.08.2018

Heute habe ich um 09:00 Uhr den siebten Physiotherapie-Termin. Ich erzähle ihr, wie es mir seit dem letzten Mal ergangen ist. Ich hatte zeitweise wieder stärker Schmerzen an meinem rechten Schultergelenk.

Ich muss mich wie jedes Mal, nach dem ich mich oben frei gemacht habe, auf das Bett legen. Zuerst massiert sie meinen Nacken, um die Verspannung etwas zu lösen. Dann massiert sie mein rechtes Schultergelenk und macht mit meinem rechten Arm verschiedene Bewegungen und Dehnübungen. Sie kommt dabei auch auf diverse schmerzhafte Punkte.

Während der Behandlung reden wir zuerst über unsere Besucher aus Hong Kong. Dann reden wir über diverse andere Themen.

Da ich heute wieder Gelenkschmerzen habe, vor allem im rechten Knie, tape ich dieses Knie, was die Schmerzen etwas lindert.

17.08.2018

Ich erwache mit Schmerzen im rechten Knie. Mein rechtes Schultergelenk fühlt sich komisch an. Auch meine Fußballen schmerzen heute wieder mehr, vor allem links. Ich habe diese Schmerzen, wie schon erwähnt, zwar jeden Tag, aber seit vorgestern sind sie wieder besonders heftig, besonders die Schmerzen an den Fußgelenken, Knie, Schultergelenken, Handgelenken und Fingergelenken, welche mich den ganzen Tag plagen.

Trotzdem mache ich wie jden Morgen meine Übungen.

Am Nachmittag spritze ich mir Metoject 17,5 mg gegen meine Polyarthritis.

18.08.2018

Auch heute plagen mich den ganzen Tag Schmerzen an den Fußgelenken, Knie, Schultergelenken, Handgelenken und Fingergelenken. Am Abend nehme ich dann eine Dafalgan-Schmerztablette. Ich kann nicht mehr auf dem Rücken liegen, weil ich Probleme habe beim Atmen und Schlucken. Wegen diesen Schmerzen habe ich zwischendurch meine Fluchattacken. Ich frage mich immer und immer wieder, wieso der Herrgott mich mit diesen Schmerzen bestraft. Ich habe doch schon genug Probleme mit Parkinson, Polyneuropathie und Rheumatoider Arthritis. Da gibt es Leute auf der Welt, welche andere plagen und eine Sünde nach der andern begehen, aber ein schönes Leben ohne Schmerzen verbringen.

19.08.2018

Heute habe ich zwar weniger Gelenkschmerzen, aber sie plagen mich immer noch den ganzen Tag. Ich bin den ganzen Tag müde und habe keine Lust zum Spazierengehen. Ich möchte, trotz schönem Wetter, nur noch schlafen. Zudem habe ich in den letzten Tagen das Gefühl, dass mit meinen Augen etwas nicht stimmt, denn ich sehe manchmal nicht mehr so gut.

20.08.2018

Heute habe ich um 09:00 Uhr den achten Physiotherapie-Termin. Ich erzähle ihr über das schmerzhafte Wochenende. Das letzte Mal bin ich mit wenig Schmerzen zu ihr gekommen und habe sie wie immer ohne Schmerzen verlassen.

Am Freitagmorgen erwachte ich mit Schmerzen im rechten Knie. Auch meine Fußballen schmerzten wieder mehr, vor allem links.

Am Samstag habe ich aber, wie aus heiterem Himmel, starke Gelenkschmerzen. Fußgelenke, Knie, Schultergelenke, Handgelenke und Fingergelenke schmerzten mich den ganzen Tag. Am Abend musste ich eine Dafalgan-Schmerztablette nehmen.

Gestern Sonntag ging es dann nicht so schlecht, vor allem hatte ich nur noch leichte Schmerzen, vor allem, in den Fußballen und dem rechten Schultergelenk.

Die Therapeutin massiert zuerst wieder meine rechte Schulter. Dabei kommt sie ab und zu an schmerzhafte Punkte. Nach ca. einer Viertelstunde zeigt sie mir ein paar Übungen für zu Hause.

Physiotherapeutische Übungen:
- Sie gibt mir zwei 1 kg-Gewichte, mit denen ich hin und her schwingen muss, ein Arm vorne, der andere hinten. (Zu Hause kann ich dies mit zwei kleinen Getränkeflaschen machen, ideal wären ½ kg)
- Ich bewege die Gewichte seitwärts nach oben. (Beide Übungen für etwa 2 Minuten)
- Ich muss nun die Schultern nach oben ziehen und wieder langsam zurück.
- Nun muss ich die Schultern langsam kreisen.
- Schultern nach unten und nach hinten drücken.

- Schulterblätter anziehen und etwas Spannung darauf geben und bis 10 zählen.
- Wieder entspannen
- Sie gibt mir eine hölzerne Stange, welche ich nach oben, über den Kopf nach hinten und wieder zurückbewegen muss.
- Ich binde ein Theraband an der Sprossenwand auf Bauchhöhe.
- Ich stehe seitlich mit der linken Seite zur Sprossenwand.
- Ich halte nun mit der rechten Hand das Theraband
- Und ziehe es nach außen.

Wichtig: Jede Übung soll zwölf Mal wiederholt werden. Es dürfen keine Schmerzen auftreten. Durch den Tag etwa fünf Mal wiederholen.

21.08.2018

Ich bekomme vom Universitätsspital B. einen Fragebogen zu meinem letzten Besuch beim Chirurgen, welchen ich gleich ausfülle und absende.

24.08.2018

Ich habe heute um 08:30 Uhr einen Termin bei meinem Rheumatologen. Er möchte wissen, wie es mir ergangen sei. Ich übergebe ihm zuerst die Blutauswertung von der Praxis meines neuen Hausarztes und die neue Medikamentenliste. Er wundert sich, dass man den Harnsäurewert nicht ermittelt hat und meint, dass er das Harnsäuremittel Allopurinol-Mepha 300 mg noch nicht abgesetzt hätte. Als ich ihm dann von meiner bevorstehenden Operation erzähle, meint auch er, dass ich dann eigentlich gut versorgt sei.

Ich erzähle ihm dann von meinen Gelenkschmerzen in der letzten Woche, wo ich, wie schon erwähnt, von Schmerzen an den

Fußgelenken, Knie, Schultergelenken, Handgelenken und Fingergelenken geplagt wurde.

Der Arzt drückt dann an all meinen diversen Gelenken herum, wobei er eigentlich nur Schmerzpunkte bei den Fußgelenken findet. Ich muss dann meine Hände mit der Innenfläche aneinanderpressen und bis 60 zählen. Anschließend das Gleiche mit den Handaußenflächen gegeneinander. Dann bittet er mich, die Daumen und Zeigfinger zusammenzudrücken und ein O zu bilden. Er versuchte dann mit seinen Fingern daran zu ziehen.

Als ich mein Ameisenlaufen in den Fingerspitzen erwähne, meint er, dass dies sehr wahrscheinlich mit meiner Polyneuropathie zusammenhänge.

Am Schluss empfiehlt er mir, dass ich mit den bisherigen Medikamenten weiterfahren solle. Die Assistentin gibt mir anschließend drei Röhrchen, d. h. 60 Tabletten Calcium D3 Sandoz und 8 Spritzen Metoject 17,5 mg, sowie den nächsten Termin für den 17.12.2018 um 09:00 Uhr.

Am Nachmittag spritze ich mir das Medikament Metoject 17,5 mg gegen meine Polyarthritis.

Zum Glück habe ich heute keine Schmerzen. Somit kann ich die diversen Übungen wieder machen, was mir guttut. Das einzige, das mich belastet ist der heftige Tremor.

27.08.2018

Heute habe ich um 09:00 Uhr den neunten und letzten Physiotherapie-Termin. Sie ist erfreut, als ich ihr erzähle, dass ich seit dem letzten Mal und auch im Moment keine Schmerzen mehr hätte.

Ich muss mich wie jedes Mal, nach dem ich mich oben frei gemacht habe, auf das Bett legen. Dann massiert sie mein rechtes Schultergelenk und macht mit meinem rechten Arm verschiedene Bewegungen und Dehnübungen. Sie kommt dabei auch wieder auf diverse schmerzhafte Punkte.

Während der Behandlung reden wir über die Probleme und die Gewalt, welcher heute Polizisten und Sanitäter ausgesetzt sind, wie vor einer Woche in Zürich, als die Helfer von jungen Chaoten daran gehindert wurden, einen Verletzten medizinisch zu versorgen.

Anschließend reden wir über unsere Kinder.

Bevor wir uns verabschieden und gegenseitig alles Gute wünschen, übergebe ich ihr als kleines Dankeschön eines meiner Bücher. Sie ist richtig erfreut darüber. Sie wünscht mir vor allem alles Gute für die bevorstehende Hirnstimulations-Operation.

31.09.2018

Am Nachmittag spritze ich mir Metoject 17,5 mg gegen meine Polyarthritis.

03.09.2018

Heute habe ich einen Termin in der Anästhesiologie im Universitätsspital B. Ich nehme den Bus um 08:17 Uhr und anschließend den 08:27 Uhr Schnellzug.

Dort treffe ich die Frau eines Kollegen. Als sie mich fragt, ob ich nach B. gehen würde zum Arbeiten, erzähle ich ihr von meinen Krankheiten. Sie erzählt mir dann von ihren gesundheitlichen Problemen mit dem Herz und der Lunge, sowie den Tabletten, welche sie schlucken muss.

Als ich sie nach ihrem Mann frage, sagt sie mir, dass er, trotz 71, immer noch zeitweise arbeiten gehe. Gesundheitlich hätte er keine Probleme.

In B. wünschen wir uns gegenseitig alles Gute, vor allem gute Gesundheit.

Bald darauf sitze ich im Tram zur Station Universitätsspital. Ich gehe bis zum Eingang des Universitätsspitals, wo ich zuerst aufs WC gehen muss. Da ich etwas früh dran bin, lese ich noch die neuesten Meldungen.

Anschließend melde ich mich beim Empfang des Klinikum 1. Ich frage nach der Anästhesie- Sprechstunde. Ein junger Mann erklärt mir, dass ich zum Westflügel gehen soll, dann mit dem Lift in den ersten Stock. Anschließend soll ich nach links durch den langen gelben Gang bis zum Schalter Anästhesie gehen und mich dort melden.

Eine Medizinische Praxisassistentin nimmt meinen Fragebogen und bittet mich, im Warteraum Platz zu nehmen und zu warten.

Bald darauf kommt eine junge, gutaussehende Narkose-Ärztin und bittet mich in einem Zimmer Platz zu nehmen. Ich übergebe ihr diverse Dokumente:

- Mein Krankheitsüberblick
- Aktueller Arztbericht meines Hausarztes.
- Medikamentenliste
- Ärzteliste.
- Die letzten Blutwerte

Zusammen gehen wir dann den Krankheitsüberblick durch, vor allem die Operationen und die Magen-Darmprobleme. Außer der Medikamentenliste interessieren sie die anderen Dokumente nicht.

Nachdem wir auch den Patientenfragebogen durchgegangen sind und ich diesen unterschrieben habe, erklärt sie mir noch einmal den Operationsablauf, ähnlich wie es der Chirurg am 12.06.2018 und 02.08.2018 schon erklärt hat.

Die Narkose-Ärztin erklärt mir dann, dass am ersten Tag meine Medikamente abgesetzt werden.

In der Nacht vor der Operation darf ich bis Mitternacht noch etwas essen. Flüssigkeiten darf ich bis am anderen Morgen zu mich nehmen.

Je nachdem steckt man mir zwei Kanülen für Schmerzmittel und eventuelle Narkosemittel. Zudem werde mir auch ein Katheter an meine Blase gesteckt. Die ganze Zeit werde ich aber überwacht.

Der erste Teil der Operation wird im Wachzustand gemacht. Anschließend werde man mir ein Narkotikum geben und somit eine Narkose einleiten, wobei ich schnell in einen Schlafzustand versetzt werde und sie die definitiven Sonden einsetzen würden.

Nachdem ich den Kopf nach links und rechts, sowie nach hinten und vorne gedreht habe, schaut sie noch meine Beine an und prüft, ob sie geschwollen sind, was zum Glück nicht der Fall ist.

Anschließend gehen wir zusammen in ein anderes Zimmer, wo ich von zwei jungen hübschen Medizinischen Praxisassistentinnen begrüßt werde. Zuerst entnimmt mir eine der beiden zwei Röhrchen Blut. Sie steckt die Nadel so gekonnt, dass ich gar nichts spüre.

Dann muss ich mich oben frei machen und auf ein Bett legen. Für das EKG (Elektrokardiographie) steckt man mir diverse Elektroden auf meinen Brustbereich.

Die junge Narkose-Ärztin kommt dann noch schnell vorbei und meint, dass die Blutuntersuchung etwa eine Stunde dauern werde. Je nach dem würden sie mich anrufen, falls ich wieder zurückkommen müsste. Allerdings glaube sie nicht, dass dies der Fall sein werde.

05.09.2018

Ich stelle fest, dass ich noch Tabletten brauche von der Praxis des Neurologen in L. Ich rufe zuerst an, um sicher zu sein, dass sie diese an Lager haben.

Anschließend hole ich zwei Spritzen Metoject 17.5 mg und eine Schachtel Acidum folicum Streuli 5 mg.

07.09.2018

Ich bekomme von meinem Neurologen den Arztbericht von der Elektroneurographie-Untersuchung am 30.04.2018.

Am Nachmittag spritze ich mir Metoject 17,5 mg gegen meine Polyarthritis.

10.09.2018

Heute heißt es für mich Packen. Ich erkläre meiner Frau noch einmal, was sie, während meiner Abwesenheit, machen müsse, z. B. Tabletten bereit machen und auch einnehmen, Salz im Wasserentkalkungsgerät nachfüllen und Rechnungen einzahlen.

11.09.2018

Obwohl ich die vergangene Nacht drei Mal auf die Toilette musste, habe ich eigentlich gut geschlafen. Beim Aufstehen zittert meine ganze linke Seite, welche den ganzen Tag anhält. Ich bin nun froh, dass diese Operation nun endlich Tatsache werden soll.

DBS

12.09.2018

Heute ist der Tag meines Eintritts ins Universitätsspitals B. Ich mache mir große Hoffnungen, dass ich das Spital in zehn Tagen erleichtert und ohne Tremor verlassen kann.

Meine Frau begleitet mich. Wir nehmen den Bus um 08:17 Uhr. Auch heute bin ich lieber zu früh als zu spät. Kurze Zeit später sitzen wir im Schnellzug nach B. Auch dieses Mal müssen wir nicht lange auf das Tram warten. Bei der Station Universitätsspital steigen wir aus und spazieren das kurze Stück zum Eingang Klinikum 1.

Nach der Anmeldung müssen wir warten, bis uns eine Begleitperson aufruft. Zusammen geht es in den dritten Stock ins Zimmer. Zum Glück habe ich ein Bett beim Fenster, denn dort hat man etwas mehr Platz.

Um 10:30 Uhr kommt der zuständige Pfleger und misst meinen Blutdruck, den Puls und nimmt mir noch Blut ab. Zudem bekomme ich ein Armband mit der Patientennummer.

Zwischen 11:00 Uhr und 11:30 Uhr werde ich durch einen jungen Assistenzarzt untersucht. Zuerst möchte er etwas über den Verlauf meiner Parkinsonkrankheit wissen, z.B. seit wann ich die Krankheit habe, wie es angefangen hat. Auch über den Tremor und die Medikamente befragt er mich.

Anschließend klopft er zuerst meine Brust, den Bauch und den Rücken ab. Er testet dann meine Kraft in den Finger und den Armen. Mit dem Hammer klopft er auch meine Beine ab. Zusätzlich klopft er auch auf meine Kniescheibe. Am Schluss macht er noch einen Augentest, bei dem ich seinem Finger folgen muss, ohne den Kopf zu bewegen. Oder ich muss mit dem Zeigfinger auf meine Nasenspitze.

Gegen 12:00 Uhr kommt eine Mitarbeiterin von der Hotellerie und möchte wissen, was ich zum Mittag- und Abend essen möchte.

Um 13:50 Uhr kommt der Neurochirurg, welcher mich am nächsten Freitag operieren wird.
Der Assistenzarzt und ein anderer junger Arzt begleiten ihn.

Zwischendurch rede ich mit meinem Zimmergenossen. Dabei erfahre ich, dass er im Altersheim wohnt, dass er einmal einen Laden hatte und dass seine Frau und seine Tochter vor wenigen Jahren gestorben sind. Diese Schicksalsschläge sind vielleicht der Grund, dass er viel flucht, denn er schimpft über vieles, vom Essen über die lausige Betreuung bis zu den Ärzten oder dem Pflegepersonal.
Während mein Zimmergenosse R. K. T. wieder vor sich hin flucht, wird bei mir Blut entnommen.

Später kommt noch der zuständige Neurologe, den ich vom letzten Jahr, als er meine Füße und Finger auf Polyneuropathie untersucht hatte, kenne. Er macht ähnliche Untersuchungen wie der Assistenzarzt am Morgen.
Zusätzlich zur Untersuchung am Morgen muss ich meine Finger spreizen, mit dem Zeigfinger zur Nasenspitze, etwas schreiben, auf den Boden stampfen, Washington vorwärts und rückwärts buchstabieren usw. Dann muss ich meine Arme nach vorne ausstrecken, wobei der Arzt versucht, sie nach unten zu drücken. Dann werde ich aufgefordert von 100 immer 7 abzuziehen. Dann heißt es, die Monate aufzuzählen. Dann muss ich diverse Fragen beantworten, z. B. welchen Tag wir heute haben, wo wir hier sind usw. Zum Schluss muss ich kurz hin- und herlaufen. Während ich links wieder extrem zittere, versucht der Arzt, mich auch rechts zum Zittern zu bringen, was ihm aber nicht gelingt.

Als sie das Nachtessen bringen flucht mein Zimmernachbar wie ein Rohrspatz: „Was ist das wieder für ein Fraß. Gottverdammi, das kann man ja nicht fressen." Die junge Angestellte sagt ihm:

„Aber das ist das, was sie heute Morgen bestellt haben." „Was habe ich bestellt, sicher nicht solchen Scheißdreck, Das kann man ja nicht fressen." „Soll ich Ihnen etwas anderes bringen?" „Ja natürlich, denn diesen Fraß fresse ich sicher nicht." Was haben Sie dann gerne?" „Bringen Sie mir Riesencrevetten und ein Feigenjogurt." „Feigenjogurt haben wir aber keines." „Doch das haben Sie im Kühlschrank, Gottverdammi."

Nach diesem Intermezzo nimmt die Angestellte, welche inzwischen ganz verdattert ist, das Essen wieder mit und verlässt den Raum. Als sie nach fünf Minuten immer noch nicht zurück ist, flucht er wieder vor sich hin und betätigt den Rufknopf. Als eine Krankenschwester kommt, flucht er und schreit sie dabei an: „Wo bleibt mein Essen?" „Das Esspersonal ist unterwegs, sie müssen etwas Geduld haben. Zudem, das Pflegepersonal hat im Moment andere Dinge zu tun, als immer zu Ihnen zu springen, wenn sie klingeln. Außerdem sind Sie sind nicht der einzige Patient." „Was ist eigentlich los, Gottverdammi, wenn ich das Nachtessen will, dann will ich mein Nachtessen. Immer heißt es, ich komme grad, ich komme grad und dann muss man Stunden warten, bis jemand kommt.» Als die Angestellte die Riesencrevetten bringt, geht das Jammern wieder weiter: „Wo ist mein Feigenjogurt?"

Inzwischen ist eine junge Türkin gekommen, welche jeden Abend die Feigenjogurt bringt, welches das Esspersonal extra für meinen Zimmernachbarn im Kühlschrank aufbewahrt.

Als ich zwischendurch auf mein Handy schaue, sehe ich, dass mich meine Tochter erreichen wollte. Ich schreibe ihr zurück. Gegen 19:00 Uhr rufe ich meine Frau an und erinnere sie daran, dass sie ihre Tabletten nicht vergessen soll. Wie immer in den folgenden Tagen schlafe ich nach der Tagesschau ein.

Heute ist ein Zwischentag, nämlich zwischen Spitaleintritt und der Operation. Ich habe nicht so besonders gut geschlafen. Die Nachtschwester machte jedes Mal einen rechten Lärm, wenn sie hereinkam. Andere Schwestern flüsterten, wenn sie gerufen wurden. Mein Zimmernachbar rief die Schwester aber drei Mal, da er ins Bett gemacht hatte. Wirklich kein Schleck, wenn man den Scheißdreck aus dem Bett putzen und dem Patienten den Hintern putzen muss. Ich bewundere die Pflegerinnen und Pfleger, die manchmal schon schwierige Situationen meistern müssen.

Um 06:15 Uhr stehe ich auf und nehme eine Dusche. Mein Tremor ist heute wieder heftig, vor allem links. Bevor um 08:30 Uhr der Assistenzarzt kommt, kommt eine Angestellte von der Küche und möchte wissen, was ich zum Mittag- und zum Nachtessen möchte.

Der Assistenzarzt möchte wissen, wie es mir geht. Im Moment habe ich etwas Schulterschmerzen, sowie leichte Schmerzen in den Füßen. Zudem lässt mein Tremor mich nicht in Ruhe, sodass mein linker Arm und vor allem die Hand sehr stark zittern.

Inzwischen holt das Pflegepersonal meinen Zimmernachbarn für eine Untersuchung ab. Nach seiner Rückkehr fängt das Gefluche wieder an: „Wo bin ich hier? Was macht ihr mit mir?"

Bei der Arztvisite sagt er den Ärzten ständig: „Ich möchte nach Hause zu meiner Frau. Lasst mich endlich zu meiner Frau." Dabei ist seine Frau vor drei Jahren gestorben. Die Ärzte möchten ihn am liebsten in eine Klinik schicken, wo er mehr Betreuung hat als hier, was er entschieden ablehnt. Als der Neurochirurg zu ihm sagt, dass er in diesem Zustand unmöglich nach Hause könne, flippt er wieder aus: „Ich habe bisher auch immer alles alleine gemacht." „Ja, aber das war, bevor Sie gestürzt sind." Wenn sie ihn fragen, ob er Schmerzen hätte, sagt er immer Nein.

Nach der Arztvisite haben zwei Schwestern die größte Mühe, ihn vom Bett auf das WC und zurück zu bringen. Er jammert nun ständig, dass er Schmerzen hätte und sie ihn in Ruhe lassen sollen.

Kurz nach 12:10 Uhr bringen sie das Mittagessen. Während ich Schweins-Saltimbocca mit Carnaroli-Risotto und Broccoli bekomme, bringen sie ihm seine Riesencrevetten mit Reis. Auch dieses Mal reklamiert er wegen dem Essen, denn der Reis sei zu matschig und man könne ihn nicht fressen.

Um 13:30 Uhr kommt der Pfleger mit der Nachtschwester. Meine Blutdruck- und Pulswerte sind gut.

Um 17:00 Uhr kommt meine Frau. Kurz darnach kommt der Neurochirurg und erklärt uns kurz den Ablauf von morgen. Etwa um 07:30 in den Operationssaal, dann CT, Besprechung über das weitere Vorgehen, Kopf rasieren, Gestelle am Kopf montieren, Löcher bohren, Probesonde einsetzen und probieren, definitive Sonde einsetzen, Programmierteil einsetzen. Das Ganze sollte etwa vier Stunden dauern. Anschließend komme ich für eine Nacht in die Intensivstation und eine Nacht in den Aufwachraum. Am Montag beginnen sie dann mit dem Einstellen der Sonden. Voraussichtlich am Montag in einer Woche werde ich dann nach R. in die Reha gebracht, wo ich etwa eineinhalb bis zwei Wochen bleiben muss. Zum Schluss muss ich noch ein Einverständnis unterschreiben, worin ich bezeuge, dass ich über die Gefahren und möglichen Nebenwirkungen informiert wurde.

Um 17:15 Uhr kommt meine Tochter. Während meine Frau früher geht, bleibt sie bis ca. 19:00 Uhr. Als die junge Türkin kommt und meinem Zimmernachbarn die Feigenjogurt bringt, schaut sie mich fragend an. Auch meiner Tochter ist nicht entgangen, wie sie sich begrüßt haben, indem sie sich herzlich küssen und er sie „mein Schätzeli" nennt. Später, als wir wieder alleine sind, fragt mich meine Tochter, ob zwischen den Beiden etwas läuft, was ich nicht beantworten kann. Aber auch ich habe mir meine Gedanken gemacht.

Als sie das Nachtessen bringen, bekommt meine Tochter auch mit, wie mein Zimmernachbar darauf reagiert und über den „Scheißfraß" flucht. Mein Essen schmeckt mir. Es ist nicht so gut wie in L., aber auch nicht ungenießbar. Die Glace von Gasparini überlasse ich meiner Tochter, welche sie genießt. Da heute der Tag vor der Operation ist, darf ich bis Mitternacht noch etwas essen. Nach Mitternacht darf ich nur noch trinken.

14.09.2018

Es ist Freitag. Endlich ist er da, der Tag meiner Operation. Ich hoffe, dass alles gut verläuft und ich erlöst werde von dem Tremor.

Um 05:45 werde ich geweckt. Ich muss den ganzen Körper, von Fuß bis Kopf mit Lifo-Scrub, einer desinfizierenden Lösung waschen. Um 06:50 Uhr werde ich abgeholt und in den modernen Operationssaal gefahren, wo ich von jungen Ärztinnen, wobei eine hübscher ist als die andere, begrüßt werde. Nun kann es losgehen. Zuerst werde ich kahlgeschoren. Dann wird mein Kopf in ein Gestell eingespannt. Dabei handelt es sich um einen Titanring, der um den Kopf herum mit vier Dornen am Schädel fixiert wird, und zwar unter örtlicher Betäubung. Anschließend wird eine Computertomographie des Kopfes durchgeführt. Dann erfolgt das Einrichten der Überwachungsgeräte der Anästhesie. Parallel dazu werden die genauen Zielpunkte für die Implantation der Elektroden durch den Chirurgen am Computer errechnet, damit die entsprechenden Bohrungen millimetergenau gebohrt werden können. Nach Hautdesinfektion am Kopf und steriler Abdeckung des Operationsgebietes beginnt die Operation.

Die Haut wird örtlich betäubt. Das Anbringen des Bohrloches, mit einem Durchmesser von 14 mm, in die Hirnschale d. h. in den Knochen verursacht keine Schmerzen. Es dauert wenige Sekunden und wird als ein lautes Geräusch gehört. Anschließend wurde über die Zielvorrichtung eine Mikroelektrode langsam in ½-Millimeter-Schritten unter Aufzeichnung von Hirnströmen der Zellen um die Spitze herum vorgeschoben. Das Zielgebiet hat dabei in der Regel ein charakteristisches Signal, was eine noch genauere Lokalisierung erlaubt als die kernspintomographische Bildgebung allein. Wenn der ideale Zielpunkt gefunden wird, erfolgt dort eine testweise Stimulation. Während dieser Zeit werden neurologische Untersuchungen durchgeführt, um sowohl die Wirksamkeit der Stimulation an dieser Stelle zu bestätigen als auch abzuschätzen, ob Nebenwirkungen durch die Stimulation auftreten. Bei gutem Ansprechen wird eine definitive Elektrode unter Röntgenkontrolle an genau diesen Punkt gebracht und am Knochen fixiert.

Die Prozedur wird anschließend auf der Gegenseite wiederholt. Eine anschließende Computertomographie bestätigt die korrekte Lage der Elektroden.

Die Operation erfolgt also in zwei Schritten. Im ersten werden dem Patienten in einer stereotaktischen Operation kleine Löcher, mit einem Durchmesser von 2 mm, in die Schädeldecke gebohrt, durch die die Elektroden in das Gehirn eingeführt werden. Dabei ist der Patient in der Regel bei vollem Bewusstsein. Nur so kann mit Hilfe von Teststimulationen die Wirksamkeit der einzelnen Elektroden und damit deren exakte Lage überprüft werden. Dies gelingt mit Hilfe von stereotaktischen Instrumenten sowie moderner Bildgebung mit großer Präzision. Auch wenn dies unangenehm klingt, hat es den großen Vorteil, dass Nebenwirkungen wie Sprechstörungen oder Muskelzuckungen frühzeitig erkannt und bestmöglich vermieden werden können.

Während der Teststimulation stellt mir die Ärztin diverse Aufgaben z. B.

- Ich muss von 30 rückwärts zählen. (30-29-28-27 usw.)
- Ich muss diverse Wörter buchstabieren. (Washington, Trump)
- Ich muss von 100 immer 6 abziehen. (100-94-88-82 usw)
- Ich muss die Monate aufzählen. (Januar-Februar- März usw.)
- Ich werde gefragt, wo wir hier sind. (im Unispital)
- Ich werde nach dem Ort gefragt, indem wir sind. (B.) usw.

Als Stereotaktische Hirnoperationen bezeichnet man ein minimalinvasives Verfahren der Neurochirurgie und der Strahlentherapie, bei denen der Kopf des Patienten und die medizinischen Instrumente in einem fest verschraubten Rahmen fixiert werden, um höchste Genauigkeit zu erreichen.

Im zweiten Schritt wird eine Steuerungseinheit im Brustbereich des Patienten, das heißt in der Nähe des Schlüsselbeins implantiert. Je nach Bedarf sendet dieser Pulsgeber Signale an die Elektroden, die wiederrum permanent hochfrequente elektrische Impulse an umliegende Nervenzellen abgeben. Sehr dünne Drähte verbinden das Gerät mit dem Gehirn. Der Pulsgeber lässt sich von außen programmieren und sich so optimal für jeden Patienten einstellen. Sie erzeugen elektrische Impulse und geben diese über Verlängerungen und Elektroden an festgelegte Bereiche im Gehirn ab. Allerdings von der Implantation des Pulsgebers bekomme ich nichts mit, da ich unter Narkose bin.

Der Implantationsort des Schrittmachers unterscheidet sich dabei je nach Indikation der Behandlung. Bei Morbus Parkinson sind dies oft der Subthalamische Nucleus (STN) und der Globus Pallidus Internus (GPi). Beide sind Kerngebiete eines Netzwerkes, das die Großhirnrinde mit subkortikalen Strukturen, den Basalganglien verbindet und an der Steuerung von Bewegungsabläufen beteiligt ist. Durch gezielte Stimulation mittels DBS können die Symptome der Erkrankung teilweise dramatisch gemindert werden.

Im Rahmen der DBS sendet ein kleiner Schrittmacher elektrische Signale an einen Gehirnbereich, der Bewegung kontrolliert. Diese Signale blockieren einige der im Gehirn weitergeleiteten Meldungen, die störende und behindernde motorische Symptome verursachen.

Der Schrittmacher (Impulsgeber) wird im Brustraum unter die Haut eingesetzt. Sehr dünne Drähte, die Elektroden, verbinden den Schrittmacher mit dem Gehirn, damit die Signale den Ursprungsort der Symptome erreichen.

Ein operativer Eingriff in das Gehirn ist keine leichte Entscheidung. Risiken und Komplikationen müssen sorgfältig gegen die Vorteile abgewogen werden, sodass DBS oft nur bei sehr schweren Erkrankungen eingesetzt wird. Besonders bei einigen Bewegungsstörungen, die sich resistent gegenüber einer Behandlung mit Medikamenten erwiesen haben, ist ein Hirnschrittmacher oft ultima ratio. So ist zum Beispiel Morbus Parkinson weltweit die häufigste Erkrankung, die mit DBS behandelt wird. Aber auch bei einigen psychiatrischen Erkrankungen wie Depression deuten Studien auf eine Effektivität hin.

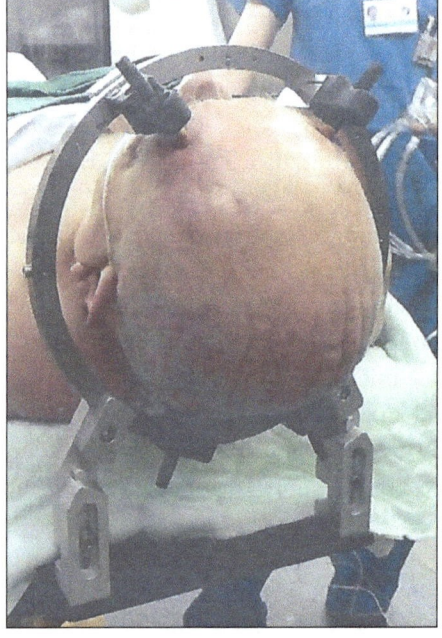

Gestell für mm-genaues Bohren

Die Tiefe Hirnstimulation (DBS oder Deep Brain Stimulation, DBS) ist eine chirurgische Behandlung, mit der nachweislich einige Symptome von Morbus Parkinson gelindert werden können.

Die Therapie wird in Kombination mit einer medikamentösen Behandlung verwendet. Dabei werden bestimmte Zielbereiche auf beiden Seiten des Gehirns elektrisch stimuliert, um beidseitige körperliche Symptome zu lindern.

Weltweit haben sich bereits mehr als 80.000 Menschen einer Tiefen Hirnstimulation unterzogen. Die Methode wurde vom Zürcher Neurologen Jean Siegfried 1982 weltweit erstmalig bei Dystonie eingesetzt. Seither hat sie sich zu einer etablierten Therapie bei Bewegungsstörungen entwickelt, die als sicher und wirksam gilt. Und das, obwohl die genauen Mechanismen ihrer Wirkungsweise noch nicht eindeutig aufgeklärt werden konnten.

Nach dem Eingriff passt der Arzt die Einstellungen des Implantats an, um die Therapie zu optimieren. Es können mehrere Anläufe notwendig sein, bis die Anfangseinstellung korrekt ist. Im Laufe der Zeit werden die Einstellungen dann je nach Symptomentwicklung weiter angepasst.

Die meisten Menschen spüren die Stimulation, durch die die Symptome gelindert werden, nicht. Manche Personen spüren jedoch ein kurzes Kribbeln, wenn die Stimulation zum ersten Mal aktiviert wird. Ein paar Wochen nach dem Eingriff können sie Ihre normalen Aktivitäten wieder aufnehmen.

Ich kann dann nach und nach Aktivitäten ausprobieren, die vor dem Eingriff zu schwierig geworden waren. Ich muss dabei aber immer die Anweisungen des Arztes befolgen.

Allerdings sollte im „Hinterkopf" behalten werden, dass DBS eine rein symptomatische Behandlung bietet. Das bedeutet, dass sie nicht die Ursache der Erkrankung bekämpft, sondern nur ihre Symptome lindert.

Später erwache ich in der Intensivstation. Da ich aber sehr müde bin, schlafe ich die meiste Zeit und bin nur wach, wenn sie das Essen bringen.

Gegenüber mir ist ein älterer Herr, der aber ständig redet und dabei das Pflegepersonal auf Trab hält. In der Nacht schlafe ich nicht besonders. Da alle Betten besetzt sind und jeweils nur durch einen Vorhang getrennt sind, ist es sehr laut. Nachdem meine Schmerzen etwas heftiger geworden sind, verlange ich ein Schmerzmittel. Zudem bekomme ich wie immer in den folgenden Tagen vor dem Einschlafen eine Spritze gegen Thrombose. Nachdem die Nachtschwester mir Morphin gegeben hatte, schlafe ich bald darnach ein.

15.09.2018

Obwohl ich ein wenig Schmerzen habe, bin ich zufrieden, vor allem, als man mir eröffnet, dass die Operation gut verlaufen sei. Im Laufe des Morgens werde ich in den Neurologischen Aufwachraum gebracht, wo ein Physiotherapeut versucht, einer Chinesin gewisse Übungen beizubringen. Mir gegenüber ist ein junger Mann, welcher mich mit einem lauten Hallo begrüßt. Kurz darauf wird er aber abgeholt, so dass wir nur zu zweit in diesem Raum sind. Zwischendurch kommt ein offenbar jüdischer Arzt und erkundigt sich nach meinem Befinden. Als er sich zu mir nieder bückt, verliert er seine schwarze Kippa, welche er aber schnell auffängt und wieder auf seinen Kopf legt.

Inzwischen hat der Physiotherapeut das Zimmer verlassen und die Chinesin hat Besuch von ihrem Ehemann bekommen. Wie ich erfahre, hat die Frau einen schweren Hirnschlag gehabt und kann nicht mehr sprechen. In diesem Moment wird mir wieder bewusst, wie viel Glück meine Frau mit ihren drei Schlägli gehabt hat. Ich bete vor mich hin und danke dem Herrgott, dass er uns beigestanden ist. Anschließend verschlafe ich den ganzen Tag und bin nur zum Essen wach.

16.09.2018

Obwohl ich ein wenig Schmerzen habe, bin ich immer noch zufrieden. Ich habe nicht so schlecht geschlafen, obwohl ich am Anfang etwas Angst hatte, dass ich nicht gut schlafen werde, vor allem weil ich gestern den ganzen Tag geschlafen habe.

Gegen 13:50 Uhr, werde ich wieder in mein Zimmer gebracht. Kurz danach ruft mich ein Jugendfreund an und möchte wissen, wie es mir geht. Er möchte mich diese Woche einmal besuchen.

Anschließend verbringe ich den Rest des Tages vorwiegend wieder mit schlafen. Meine Tochter schreibt mir noch, dass sie mich nicht besuchen könne, da sie über das Wochenende in den Bergen sei und dabei auch Gleitschirmfliegen und River-Rafting ausprobieren möchte.

17.09.2018

Heute ist schon wieder Montag. Ich habe ein wenig Kopfschmerzen. Trotzdem bin ich zufrieden. Obwohl ich das gleiche Frühstück habe wie immer, dünkt es mich heute zu viel.

Um 09:00 Uhr teilt man mir mit, dass ich um 09:45 Uhr für ein CT abgeholt werde. Da das CT im Klinikum 2 gemacht werden muss, schiebt man mich im Rollstuhl durch die labyrinthartigen Gänge bis zum CT-Raum. Das CT dauert nicht so lange. Nach meiner Rückkehr, stehen der Neurochirurg und sein Team schon vor der Tür. Nach einer gewissen Zeit kommen sie ins Zimmer. Der Chirurg zeigt nun dem jungen Assistenzarzt und einem anderen Assistenzarzt, wie man den Schrittmacher einstellt. Leider können sie es nicht so einstellen, wie sie gerne möchten. Als sie etwas zu viel Strom draufgeben, verdrehen sich meine Augen und mein Mund. Zudem sehe ich alles doppelt oder dreifach. Sie stellen deshalb wieder die ursprüngliche Einstellung ein. Der Chirurg meint dann noch, dass er sich mehr Zeit nehmen möchte und deshalb später noch einmal komme. Wahrscheinlich werde ich am Montag nach R. in die Reha gebracht, wobei dies alles organisiert werde. Kurz danach kommt der junge Assistenzarzt und entfernt gekonnt die Fäden an den diversen Stellen. Die Wunden sind schon recht gut verheilt.

Nachdem das Ärzteteam gegangen ist, bemerke ich, dass mein Göttikind versucht hat, mich anzurufen. Ich rufe sie deshalb an. Als sie erwähnt, dass sie mich eventuell morgen in Be. besuchen komme, ist sie ganz überrascht, als ich ihr erkläre, dass ich nicht in Be., sondern in B. in der Uniklinik sei. Natürlich ist sie froh, dass sie nicht nach Be. fahren müsse. Wahrscheinlich werde sie morgen kurz reinschauen, wenn sie bei ihrem Arzt gewesen sei.

Im Laufe des Nachmittags kommen ein Freund und seine Frau. Er ist Schweizer, seine Frau kommt aus Taiwan. Sie sind immer ein halbes Jahr in Taiwan und ein halbes Jahr in der Schweiz. Sie bringen mir Schokoladenkugeln. Sie wollen wissen, wie nun die Operation verlaufen sei. Später kommen noch mein Jugendfreund und seine Frau. Beide meinen, dass das Spital noch immer gleich aussehe, wie vor 20 Jahren.

Den Rest des Tages schlafe ich wieder.

18.09.2018

Nach der Morgentoilette und dem Frühstück kommen der Chirurg und ein weiterer Arzt. Der Chirurg zeigt dem Arzt, wie man den Schrittmacher bedient. Allerdings macht es den Anschein, dass beide Mühe haben mit der Einstellung.

Der Arzt verspricht mir, dass er morgen noch einmal kommen werde.

Anschließend kommt der Physiotherapeut. Zuerst laufen wir den Gang nach hinten und wieder zurück, dann heißt es Treppen steigen und zum Schluss muss ich auf einer Linie laufen.

Inzwischen habe ich Probleme beim Stuhlen. Ich habe ständig das Gefühl, auf die Toilette zu gehen. Wenn ich dann auf der Toilette sitze, kommt aber nichts. Ich bin richtig verstopft.

Mein Zimmergenosse flucht von Zeit zu Zeit. Auch die von ihm bestellten Riesencrevetten schmecken ihm dieses Mal nicht. „Man kann diesen Fraß einfach nicht fressen", meint er.

Auch heute verbringe ich die meiste Zeit mit Schlafen. Da die Schmerzen wieder heftiger geworden sind, verlange ich ein Schmerzmittel. Dieses Mal geben sie mir Dafalgan.

Gegen Abend kommt mein Göttikind. Sie meint, dass ich gut aussehe und mich schon gut erholt hätte. Allerdings ist dies für mich kein Wunder bei dem vielen Schlafen. Brigitte erzählt mir von ihrem Sohn und ihrem Wunsch, dass er eine Lehrstelle sucht.

19.09.2018

Als um 03:00 Uhr die Nachtschwester kommt und mich vorsichtig und flüsternd fragt „Herr Schaub, haben Sie noch Schmerzen?" stelle ich mich schlafend, denn ich habe keine Lust, mit ihr zu diskutieren, weil sie manchmal zu viel redet. Sie wendet sich an meinen Zimmernachbarn: „Sie müssen die Tablette nehmen, damit Sie schlafen können, sonst haben Sie am Tag keine Kraft mehr. Sie haben nun schon drei Nächte nicht geschlafen. Bitte nehmen Sie nun die Tablette." „Gottverdammi, was wollen Sie eigentlich?" „Ich möchte nur, dass Sie diese Tablette nehmen, damit Sie schlafen können." „Nein ich möchte diese verdammte Tablette nicht." Er stößt sie dabei etwas von sich. „Ich möchte ja nur Ihr Bestes. Aber ich lasse mich nicht herumkommandieren, denn ich bin nicht Ihr Dienstmädchen." Sie diskutieren noch eine Zeit lang miteinander.

Nun bin ich schon eine Woche im Spital. Obwohl ich mit Kopfschmerzen aufwache, bin ich zufrieden. Allerdings, als die Schmerzen wieder heftiger werden, verlange ich eine Schmerztablette. Zeitweise sehe ich wieder alles doppelt.

Gegen 16:00 Uhr kommt meine Frau vorbei. Wir wollen zusammen ins Café hinunter gehen. Vor dem Lift begegnen wir meiner Tante. Wir gehen in den hinteren Teil des Cafés. Beide sind froh, dass alles gut gegangen ist. Meine Frau erklärt mir, dass ein guter Freund von uns angerufen hätte. Unsere Verwandte möchte wissen, ob das Essen immer noch so schlecht sei. Als ich ihr erzähle, dass das Essen im Kantonsspital L. viel besser sei, meint sie nur, dass etwas am Laufen sei, weil sie viele Reklamationen bekommen hätten.

Nach meiner Rückkehr ins Zimmer kommt der Physiotherapeut und nimmt mich mit in den Fitnessraum, wo ich eine Viertelstunde Velofahren muss. Als ich wieder im Zimmer bin, telefoniere ich mit dem Freund, der angerufen hatte. Ich erzähle ihm von meinen gesundheitlichen Problemen. Auch er hat gesundheitlich seine Bresten. Er bittet mich aber, mich wieder zu melden, wenn ich wieder zu Hause bin.

Kurz nachdem meine Frau gegangen ist kommt ca. um 17:00 Uhr der Arzt vorbei und probiert noch einmal, den Pulsgeber einzustellen, was ihm auch dieses Mal nicht gelingt. Er meint, dass er noch einmal mit dem Chirurgen und dem Parkinsonspezialisten reden wolle.

20.09.2018

Ich erwache mit leichten Kopfschmerzen. Gegen 09:30 ist wieder Arztvisite, der Parkinsonspezialist, ein weiterer habilitierter Arzt, ein Assistenzarzt und eine Krankenpflegerin. Wie immer bei solchen Visiten wird einfach gefragt, wie es geht und, bevor man antworten kann, sind sie schon wieder weg. Man teilt mir mit, dass ich am Mittwoch den 26.09.2018 in die Reha nach R. gehen könne, wobei der Transport im ganzen Paket enthalten sei.

Gegen Abend kommt noch meine Tochter. Sie meint, dass ich gut aussehe und meine Haare immer so kurz haben sollte. Wir reden noch über diverses. Nachdem sie gegangen ist, telefoniere ich mit einer Bekannten von uns, welche wir schon lange kennen. Auch ihr muss ich erzählen, warum ich im Unispital bin. Da ihr Bruder am nächsten Wochenende mit einer Ausstellung beschäftigt ist und sie ihm helfen möchte, kann sie mich leider nicht besuchen.

Wie in den vergangenen Tagen schlafe ich die meiste Zeit, was sicher auch dazu beigetragen hat, dass ich mich so gut und schnell von der Operation erholt habe.

21.09.2018

Letzte Nacht war wieder sehr warm. Zum Glück habe ich am Vorabend das Fenster etwas geöffnet. Im Laufe des Morgens kommen der Chirurg und Assistenzarzt vorbei um zu sehen, wie es mir geht. Der Chirurg möchte seinem Assistenzarzt zeigen, wie man den Pulsgeber einstellt. Leider bringen sie es auch heute nicht hin.

Später rufe ich unsere Freunde an und informiere sie über meine Lage.

Am Nachmittag ruft mich die Mutter von meinem Göttikind an. Auch ihr muss ich schildern, wie es mir geht.

Den Rest des Tages verbringe ich wieder mit schlafen, essen und noch einmal schlafen.

Am Nachmittag spritze ich mir Metoject 17,5 mg gegen meine Polyarthritis.

22.09.2018

Heute ist wieder so ein Tag, wo ich nur zum Essen wach bin, sonst aber nur schlafe und noch einmal schlafe.

Diese vergangene Nacht muss mein Zimmernachbar einige Male die Glocke betätigen, weil er ins Bett gemacht hatte. Am Morgen, als die Pflegerin hereinkommt, fragt sie ihn, ob er nicht duschen möchte. Das „Nein" kommt wie aus der Pistole geschossen. „Aber Sie stinken von Urin." „Das ist doch mir egal." Er verlangt von der Pflegerin einen Löffel. Jedes Zweite Wort ist „Gottverdammi."

Als sie vom Essen kommt und ihm Essensvorschläge macht, sagt er zu allem „Nein." Sie fragt ihn schließlich, ob er etwas vom Restaurant möchte. Beim ersten Vorschlag sagt er erstaunlicherweise zu. Später kommt ein Pfleger, welcher anscheinend temporär hier arbeitet. Er nimmt sich richtig Zeit, um meinem Zimmernachbarn das Essen schmackhaft zu machen und einzugeben. Zuerst gibt er ihm einen Energydrink, welcher eigentlich für einen andern Patienten bestimmt gewesen sei. Er redet ganz ruhig mit dem Patienten, welcher plötzlich ruhiger und gelassener erscheint. Zu meinem Erstaunen isst er das gebrachte Menü und dies ohne Geflucke. Als ich den Pfleger darauf anspreche, dass ich es toll finde, wie er mit dem Patienten umgehe, meint er, dass er dies nicht immer machen könne, aber im Moment sei es eher etwas ruhig und sie hätten nicht so viele Patienten wie diesen. Inzwischen habe ich vernommen, dass der FC B. gegen YB 7:1 verloren hat.

Später kommt eine andere Pflegefachfrau. Als sie meinen Zimmernachbarn fragt, ob er nicht duschen wolle, flippt dieser aus. „Was ist eigentlich los Gottverdammi, wie viele Male muss ich noch sagen, dass ich nicht duschen möchte." Er wird richtig primitiv, als er sagt „Du Sauschwob, lass mich endlich in Ruhe." Als sie ihm sagt, dass sie nicht Schwäbin sei, sondern Berlinerin, meint er: „Das ist ja noch schlimmer." Als ich ihm sage, dass er nun zu weit gegangen sei, ist er einem Moment ruhig. Als sie ihn fragt, ob er etwas gegen Deutsche hätte, meint er: „Ja, denn die haben immer alle eine große Schnurre." Als ich ihm sage, dass er nun etwas primitiv geworden sei und wir eigentlich froh sein können über solches Personal, schnauzt er mich an, was mir aber egal ist, denn das ist wirklich kein Benehmen. Als ich mich bei der Pflegefachfrau entschuldige für das Benehmen meines Zimmernachbarn, meint sie, dass dies nicht das erste Mal gewesen sei, dass sie von Schweizern so behandelt worden sei. Als sie dann aber sagt, dass zum Glück nicht alle so sind, bin ich etwas beruhigt.

Ich erzähle ihr dann, dass mein Zimmernachbar vielleicht verbittert sei, weil er vor drei Jahren seine Frau und vor zwei Jahren seine Tochter verloren hätte. Allerdings sei dies kein Grund, andere so zu behandeln. Ich erzähle ihr dann, dass ich auch verbittert sein könnte, denn im letzten Dezember hätte meine Frau drei Schlägli und ich im Januar eine Lungenembolie gehabt. Als sie sieht, dass ich mir Notizen mache, fragt sie mich, ob ich ein Tagebuch führe. Ich erzähle ihr dann, dass ich seit einigen Jahren ein Gesundheitstagebuch führe.

Heute habe ich Probleme mit dem Stuhlen, denn ich habe immer das Gefühl, auf die Toilette zu müssen und wenn ich dort bin, kommt nichts. Je mehr ich presse, umso mehr Krämpfe habe ich. Schließlich verlange ich ein Abführmittel.

Nachdem mein Zimmernachbar etwas ruhiger geworden ist, meldet er sich plötzlich wieder und fragt die Pflegefachfrau: „Sind sie verheiratet?" Als sie bejaht und erwähnt, dass sie sogar glücklich verheiratet sei, meint er „Dieser arme Mann." „Wieso, wir sind glücklich zusammen."

Später rufe ich meine Tante an und teile ihr meinen Gesundheitszustand mit. Sie erzählt mir dann, dass sie mit meinem in Spanien lebenden Bruder telefoniert hätte und dieser erwähnt hätte, dass er Ende Jahr wieder einmal in die Schweiz kommen wolle.

24.09.2018

Ich habe nicht so besonders geschlafen, denn manchmal hatte ich heiß, dann wieder kalt. Seit gestern Abend redet mein Zimmernachbar nicht mehr mit mir, nachdem ich ihm gesagt habe, dass er bei der Nachtschwester zu weit gegangen sei. Aber dies ist mir egal, denn wenn einer sich so primitiv äußern muss, habe ich auch keine Lust mit ihm zu reden. Als sie das Frühstück bringen, jammert er wie üblich „Ja, ja, ja, ei, ei, ei, das kann man ja nicht fressen."

Gegen 11:05 Uhr kommt der Physiotherapeut. Wir gehen zuerst die Treppe hinunter bis in das Erdgeschoss. Vor dem Lift begegne ich einem Gewerbeschulkollegen. Er erzählt mir kurz, dass er einen Tumor in der Nase hatte. Da er es pressant hat, wünschen wir uns gegenseitig alles Gute.

Zusammen mit dem Physiotherapeut gehen wir in den Fitnessraum, wo wir uns einen Ball gegenseitig zuwerfen, was mir nicht so schlecht gelingt, obwohl ich meine Brille vergessen habe. Zuerst werfen wir uns den Ball normal zu, dann so, dass er einmal den Boden berührt.

Um 11:00 Uhr kommt ein Neurologe. Er möchte vor allem wissen, wie es mir geht. Als ich ihm die Probleme erkläre, meint er, dass man vielleicht noch einmal ein CT machen sollte, um genau festzustellen, ob die Sonden richtig verlegt sind.

Als um 16:40 Uhr meine Frau kommt, gehen wir zusammen ins Café und essen Mooncake, welchen sie mitgebracht hat, denn heute ist das chinesische Moonfestival. Auf der anderen Seite, Richtung Park, ist eine junge Mutter mit ihrem Kleinen, welcher eine Plastikschale um seinen Kopf trägt. Er schaut mich immer ungläubig und hilflos an. Gerne hätte ich gewusst, was dieser Kleine hat.

Heute habe ich immer noch Probleme mit dem Stuhlen, denn ich habe immer das Gefühl auf die Toilette zu müssen und wenn ich dort bin, kommt nichts. Je mehr ich presse, umso mehr Krämpfe habe ich. Schließlich verlange ich ein zweites Mal ein Abführmittel.

Nach dem Nachtessen scheint es eine ruhige Nacht zu werden. Ich schlafe recht schnell ein. Mit der Ruhe wird es allerdings nichts, denn um ca. 22:00 Uhr stellt die Nachtschwester beim Temperaturmessen fest, dass mein Zimmernachbar 39.2° Grad Fieber hat. Sie redet dabei so laut, dass sie das halbe Spital aufweckt. Wieso kann sie nicht ruhig flüstern wie die andere Nachschwester, vor allem mitten in der Nacht? Da sie verpflichtet ist, dass sie, wenn ein Patient Fieber hat, den Stationsarzt rufen muss, macht sie dies, aber ebenso laut. Sie blufft noch, dass sie als alte Schwester gemerkt hat, dass er Fieber hat. Als sie ihm aber Blut entnehmen will, hat sie Probleme. Zuerst ist die Vene defekt, dann spickt die Vene ständig davon. Sie muss Hilfe holen. Eine andere Schwester, eine Asiatin, hat dann keine Probleme und bringt das Ganze spielend hin. Sie macht es eben ruhiger und ohne großen Lärm. Zudem stellt sie fest, dass der Patient noch Sauerstoff braucht, weshalb sie ihm eine Sauerstoffmaske anziehen. Das ganze Hin und Her dauert aber doch länger als eine Stunde. Nachher schlafe ich, zum Glück, schnell wieder ein. Den Stationsarzt höre ich dann nicht mehr.

25.09.2018

Seit ich im Unispital bin, ist draußen immer das schönste Wetter. Auch heute werde ich von den ersten, wärmenden Sonnenstrahlen geweckt. Ich stehe auf putze meine Zähne, und wasche mich. Anschließend gehe ich wieder ins Bett, bis sie das Frühstück bringen.

Zwischendurch kommt der finnische Pfleger mit dem Praktikanten, um den Blutdruck und den Puls zu messen.

Um 09:30 Uhr kommt die Stationsärztin mit dem Assistenzarzt und dem finnischen Pfleger. Wie üblich fragt sie, wie es mir gehe. Als ich mein Zittern im linken Arm erwähne, weiß sie auch keine Antwort. Sie teilt mir aber mit, dass ich morgen nach R. gehen könne. Ich müsse um ca. 09:00 Uhr parat sein und werde abgeholt.

Später unterhalte ich mich mit dem Krankenpfleger. Er hat in Finnland eine umfassende Krankenpflegerausbildung gemacht und darf hier in der Schweiz nicht für alles eigesetzt werden.

Da es ihm hier aber gefällt, bildet er sich hier immer weiter und hofft, dass er eines Tages wieder für alles eingesetzt werden kann. Als ich ihn frage, wieso er gerade in die Schweiz gekommen sei, meint er, dass er nach seiner Ausbildung in Finnland immer den Wunsch hatte, in ein anderes Land zu gehen. Nach B. sei er eher zufällig gekommen. Er hat sich auf ein Inserat gemeldet und innerhalb einer Woche den Job bekommen. Es sei eigentlich alles sehr schnell gegangen. Am Schluss bedankt er sich für das Gespräch, welches er mit mir führen konnte.

Um 17:00 Uhr kommen völlig unerwartet der Parkinsonspezialist und ein neuer Arzt. Während der Professor Anweisungen gibt, versucht der andere Arzt den Pulsgeber einzustellen. Sie gehen dabei in kurzen Schritten vor sich. Leider dürfen sie nur bis zu einem gewissen Wert und nicht weiter. Als sie einmal darüber gehen, verdrehe ich anscheinend meine Augen und der Mund verzieht sich auf eine Seite. Zudem sehe ich alles drei- oder vierfach. Der Professor entschuldigt sich: „Wissen Sie, Herr Schaub, mein Kollege und ich sind neugierig und wollen herausfinden, wie hoch wir gehen können." Nachdem sie verschiedenes ausprobiert haben und es nicht, wie gewünscht, hingebracht haben, geben sie auf. Der neue Arzt schlägt vor, dass er Morgen um ca. 08:00 Uhr noch einmal kommen werde. Leider ist mein Neurochirurg nicht anwesend und kommt erst am Donnerstag wieder zurück. Allerdings würden sie mich nicht im Stich lassen. Der Professor sei jede Woche mindestens einmal in R. Zudem hätte der Chefarzt dort auch so ein Gerät, um den Pulsgeber einzustellen. Im Weiteren gehe auch mein Neurochirurg von Zeit zu Zeit nach R.

Nach der neuen Mediliste brauche ich wesentlich weniger Medikamente.

Nach dem Nachtessen mache ich das, was ich hier außerdem am meisten mache, nämlich Waschen und Schlafen.

Medikamentenliste

von Walter Schaub-Chan

Medikamente		Morgenessen			Mittagessen			Abendessen			Vor dem schlafen	Bemerkung	Bestellen bei
		vor	mit	nach	vor	mit	nach	vor	mit	nach			
Lacrycon-Augentropfen												nach Bedarf	Dr. Branca
Calcium D3 Sandosz			1									täglich	Dr. Hüllstrung
Metoject	17,5mg							1				immer am Freitag eine Spritze	Dr. Hüllstrung
Acidum folicum Streuli	5mg		1		1							Samstag+Sonntag	Dr. Hüllstrung
Carbidopa/Levodopa Sandoz CR 25/100	100mg	1						1				täglich	Apotheke

399

In der Reha

26.09.2018

Ich erwache um 05:45 Uhr und gehe mir die Zähne putzen, mich Rasieren und Duschen. Nun heißt es warten, frühstücken und weiter warten.

Gegen 08:00 Uhr kommt, wie gestern versprochen, einer der Ärzte. Er probiert ein letztes Mal den Pulsgeber einzustellen. Aber auch dieses Mal gelingt es ihm nicht. Als ich ihn frage wegen einem Dauerrezept, meint er, dass sie dies nicht ausstellen dürfen, dies müssten dann die von der Reha machen. Was den Ausweis für meine DBS angehe, müsse ich später meinen Neurochirurgen fragen. Den Arztbericht würde ich noch bekommen.

Nun heißt es warten, bis ich abgeholt werde, um nach R. gebracht zu werden. Um ca. 09:10 Uhr kommt der Chauffeur. Obwohl ich zuerst nicht möchte, fordert er mich auf, auf einem Rollstuhl Platz zu nehmen. Zuerst müssen wir noch warten, bis mir eine Ärztin den Arztbericht bringt, welchen ich dann in R. abgeben muss. Die Fahrt ist kurzweilig. Der Chauffeur und ich unterhalten uns über die Löhne, die AHV und andere Dinge.

In der Reha fährt er mich zuerst zum Anmeldeschalter. Die Helferin, welche mich in mein Zimmer bringen wird, erklärt mir zuerst, dass ich noch einen Moment warten müsse, da mein Bett noch nicht bereit sei.

Als das OK kommt, stehe ich auf und möchte mit der Helferin in mein Zimmer gehen. Sie und eine andere Helferin erschrecken zuerst, als ob hier ein Wunder geschehen sei, wo ein Patient im Rollstuhl plötzlich aufsteht. Die zweite Helferin hält die Hand vor ihren Mund und ist richtig überrascht. „Ja, Herr Schaub, geht es, können Sie laufen?" „Ja natürlich kann ich selber gehen." Ich gehe mit der ersten Helferin den Gang entlang zum Lift, dann in den zweiten Stock und ins Zimmer. Was ich hier sehe, ist einfach Wow. Ich habe noch nie in einem Krankenhaus ein so schönes Zimmer gesehen. Zudem hat jedes Zimmer einen Balkon. Auch der Platz, welchen man hier hat, ist einfach grandios. Zum Glück habe ich auch hier einen Fensterplatz. Die Helferin gibt mir neben einem Informationsblatt noch einen Essensgutschein für das Mittagessen. Auf dem Informationsblatt stehen die verschiedenen Termine von heute drauf.

11:30 Uhr bis 12:45 Uhr Mittagessen in der Cafeteria.
13:30 Uhr bis 13:30 Uhr Therapieplanung im Zimmer

Zudem werden diverse Untersuchungen gemacht, z. B. Blut, Sauerstoffgehalt, Blutdruck, Puls usw.

Als erster meldet sich ein Pfleger, welcher aussieht wie Granit Xhaka, weshalb ich ihn immer Xhaka nenne. Wie sich anschließend herausstellt, ist er einer der besten Pfleger, welchen sie auf diesem Stock haben. Er erklärt mir kurz, wie hier alles abläuft. Als wir im Lift sind und ich einen anderen Pfleger frage, ob er nicht auch das Gefühl habe, dass sein Kollege aussehe wie Granit Xhaka, meint dieser: „Doch, doch, jetzt wo ich ihn genauer ansehe, es hat schon etwas. Nur verdient dieser etwas mehr als der hier."

Das Mittagessen nehme ich in der Cafeteria ein. Anschließend möchte ich in mein Zimmer gehen, fahre aber zuerst in den falschen Stock.

Nach dem Mittagessen werde ich von der Patientenmanagerin auf dem Zimmer begrüßt. Zusammen besprechen wir den weiteren Therapieplan. Anschließend kommt ein marokkanischer Arzt. Er macht verschiedene Bewegungsübungen, ähnlich wie in der Uniklinik.

Inzwischen ist auch mein Zimmergenosse gekommen, ein unkomplizierter, 51jähriger Typ. Er wurde Ende Mai am Rücken operiert. Anschließend hat man festgestellt, dass er während der OP einen Virus eingefangen hat und er ein zweites und drittes Mal operiert werden musste. Dann war er vierzehn Wochen im Streckbett und nun ist er schon seit zwei Wochen in der Reha.

Eigentlich sollte er, durch gezielte Übungen, seine Muskeln wieder stärken, kann aber nicht, weil er Schmerzen hat. Er kann noch nicht allein aufstehen und aufs WC. Er probiert es zwar immer und immer wieder, aber es gelingt ihm meistens nicht.

Zum Nachtessen begleitet mich einer der vielen Helfer. Es geht mit dem Lift ins Erdgeschoss, dann den langen roten Gang entlang bis ans Ende, wo links der Essraum ist. Dort angekommen begrüßt mich die Vize-Chefin des Speisesaals. Sie führt mich zum Tisch. Ich werde den anderen Tischgenossen kurz vorgestellt. Wie sich später herausstellt, ist es einer der wenigen Tische, wo die Leute alle super miteinander auskommen. Visavis von mir sitzt eine Patientin. Am anderen Ende sitzen zwei Männer.

Jeder hat sein eigenes Schicksal zu tragen. Der eine hatte einen schweren Herzinfarkt. Er ist derjenige mit der größten Klappe, aber auch derjenige, welcher uns mit seiner „deutschen Schnurre", richtig unterhalten kann. Der andere ist wegen Lungenproblemen hier. Trotzdem sind beide starke Raucher. Die Frau, welche schon seit Jahren unter MS leidet, führte einmal, mit ihrem Mann zusammen ein Restaurant, welches sie nach ihrer Krankheit aufgeben mussten.

Alle an unserem Tisch wohnten im neuen Gebäude, entweder im zweiten oder dritten Stock. Da ich der einzige bin, der nicht auf einen Rollstuhl oder Rollator angewiesen ist, nehme ich jedes Mal jemanden mit, wenn sie nach dem Essen wünschen, in ihr Zimmer gefahren zu werden.

Nachdem auch ich wieder im Zimmer bin, heißt es waschen, Zähne putzen, sich parat machen fürs Bett. Kurz vor dem Einschlafen bekomme ich noch den Therapieplan für morgen.

27.09.2018

Ich habe gut geschlafen. Das Personal verhält sich ganz ruhig und wenn jemand rein gekommen ist, haben sie geflüstert. Meistens haben sie mit meinem Zimmernachbarn zu tun. Nach der Morgentoilette schaue ich mir zuerst den heutigen Therapieplan an.

08:30 Uhr bis 08:55 Uhr	Balance-Gruppe 15 (0) Gruppenraum 2
13:30 Uhr bis 13:30 Uhr	Terrain-Training 12 (0) Physiotherapie Erw. (Im Freien)
14:15 Uhr bis 14:45 Uhr	Physiotherapie 12 (0) Physiotherapie Erw.
16:00 Uhr bis 16:15 Uhr	Ausdauertraining (Bitte feste Schuhe anziehen)

Kurz vor 07:00 Uhr möchte ich zum Frühstück in den Esssaal gehen, da fängt mich eine Schwester ab und fordert mich auf, vor dem Essen, zuerst ins Labor zu gehen um Blut abzugeben.

Anschließend bin ich der erste an unserem Tisch. Das Frühstücksbuffet bietet einiges, von verschiedenen Broten, Butter, Konfitüre, Honig, Käse, Schinken, Birchermüesli, Jogurt, Orangen- oder Kiwisaft usw. Da ich richtig Hunger habe, schlage ich dementsprechend zu.

Beim Balance-Gruppen-Training, müssen wir zuerst kreuz und quer herumlaufen, manchmal schnell, dann wieder langsam. Dann ein Fuß vor den anderen. Dann mit schwenkenden Armen. usw.

Als ich zum Terrain-Training gehe, treffe ich einen ehemaligen Guggenmusik-Kollegen, welcher hier ist wegen Blutdruckproblemen. Ich setze mich zuerst zu ihm und wir tauschen Erinnerungen aus. Schon bald fängt er aber an zu fluchen über seinen Zimmergenossen, über seine Matratze, usw. Als wir aufgerufen werden, bin ich gerade froh, denn ich möchte das Gejammer nicht hören.

Für das Terrain-Training werden zwei Gruppen gebildet. Eine Gruppe läuft die leichte Route ums Reha-Gelände, während die andere Gruppe in den Wald geht. Ich schließe mich der Waldgruppe an, werde aber von der Trainerin zurückgepfiffen. Sie meint, dass ich in der leichten Gruppe eingeteilt sei: „Wissen Sie, Herr Schaub, Sie hatten eine schwere Operation und es wäre besser, wenn Sie mit uns kommen würden." Wir machen ab, dass ich vorauslaufen könne und von Zeit zu Zeit einfach warte. Anschließend muss ich sagen, dass es schon gut gewesen ist.

Gegen Schluss spaziere ich mit einem älteren Herrn, welcher wegen Atemproblemen hier ist. Da kommt uns ein Herr entgegen. Die beiden kennen sich und begrüßen sich gegenseitig. Schließlich stellt uns der ältere Herr einander vor. Der andere meint, dass er auch von Z. komme, allerdings sei er vor 30 Jahren ins Wallis ausgewandert.

In der Physiotherapie macht eine junge hübsche Frau mit mir diverse Gleichgewichtsübungen. Es ist dabei gar nicht so leicht, ruhig auf einem Bein zu stehen.

Beim Ausdauertraining im Fitnessraum, muss ich eine Viertelstunde Velofahren. Allerdings stellt der Physiotherapeut den Widerstand mit 75 Watt für mich etwas zu hoch ein.

Den Rest des Tages heißt es wieder herumliegen, Nachtessen, herumliegen usw.

28.09.2018

Nach der Morgentoilette gehe ich in den Speisesaal, um mein Frühstück zu genießen.

Mein Therapieplan für heute hat Folgendes vorgesehen.

08:00 Uhr bis 08:30 Uhr	Physiotherapie	12 (0) Physiotherapie Erw.
09:15 Uhr bis 09:55 Uhr	Terrain-Training	12 (0) Physiotherapie Erw./ (Im Freien)
10:45 Uhr bis 11:00 Uhr	Ausdauertraining	13 (0) Med. Training (Bitte feste Schuhe anziehen)
15:15 Uhr bis 16:00 Uhr	Logopädie	13 (1) Logopädie
16:30 Uhr bis 16:55 Uhr	Balance-Gruppe	15 (0) Gruppenraum 2

Um 08:00 Uhr habe ich also Physiotherapie. Ich muss dabei auf eine Matte stehen und Gleichgewichtsübungen machen. Zuerst muss ich mit geschlossen Füßen, nach vorne und nach hinten, seitwärts und kreisend. Anschließend muss ich die gleichen Übungen breitbeinig auf der Matte machen.

Dann gehen wir in den oberen Stock an den Barren. Zuerst ein Fuß vor den Andern. Dann heißt es rechtes Bein heben und abstellen, dann linkes Bein heben und wieder abstellen. Nun muss ich rückwärtslaufen, ein Fuß hinter den andern. Dieses Mal geht die Zeit recht schnell vorbei. Die Therapeutin macht dies aber sehr gut.

Beim Terrain-Training gehe ich heute mit der Gruppe in den Wald. Es stimmt schon, was die Trainerin gestern sagte, denn das Tempo ist recht hoch und ich habe Mühe zu folgen, gebe es aber nicht zu und lasse es die andern nicht merken.

Das Ausdauertraining sieht ähnlich aus wie gestern.

Bei der Logopädie, zeigt mir eine ebenfalls hübsche, junge Frau den Anfang von Sprichwörtern, welche ich möglichst laut vervollständigen muss, z. B.

Der Krug geht zum ...?	Der Krug geht zum Brunnen bis er bricht.
Durch Schaden wird ...?	Durch Schaden wird man klug.
Erst die Arbeit, dann ...?	Erst die Arbeit, dann das Vergnügen.
Man soll den Tag ...?	Man soll den Tag nicht vor dem Abend loben.
Was Hänschen nicht lernt, ...?	Was Hänschen nicht lernt, lernt Hans nimmermehr.

usw.

Schließlich misst sie meine Lautstärke und meint, dass ich eigentlich keine Logopädie brauche.

Beim Balance-Gruppen-Training machen wir ähnliche Übungen wie ich sie heute Morgen hatte.

Zurück im Zimmer möchte ich Brigitte anrufen und ihr zum 49. Geburtstag gratulieren. Leider nimmt sie nicht ab. Später ruft sie mich zurück und möchte wissen, wie es mir geht.

Kurz danach, ich bin gerade daran mir meine B12-Spritze zu machen, kommt der marokkanische Arzt und teilt mir mit, dass die Uni B. ihnen mitgeteilt hätte, dass ich sämtliche Tabletten weglassen könne.

Den Rest des Tages heißt es wieder herumliegen, Nachtessen, herumliegen usw.

Am Nachmittag spritze ich mir Metoject 17,5 mg gegen meine Polyarthritis.

Heute ist schon wieder Samstag.

06:00 Uhr aufstehen, Zähne putzen, duschen, 07:00 Uhr frühstücken. Übrigens beim Morgenessen bekommen wir noch den Speiseplan für das Mittag- und das Nachtessen. Aus jeweils drei Menüs können wir auslesen.

Da gibt es z. B. fürs Mittagessen:

Doppelte Kraftbrühe mit Sherry
Gebratenes Kalbsrückenstück
mit Rotweinsauce
leicht gebratene Kartoffeln
Bohnengemüse mit körnigem Senf
oder
Doppelte Kraftbrühe mit Sherry
Kichererbsenbällchen „Falafel"
mit Petersilien-Sauerrahm-Dip
Bohnengemüse mit körnigem Senf
oder
Fruchtsalat
Oder fürs Nachtessen:

Gemüsesuppe oder Pfirsichsaft
Älplermakkaroni mit Kartoffeln
Röstzwiebeln mit Apfelmus
Saisonsalat mit Mozzarella
oder
Gemüsesuppe oder Pfirsichsaft
Italienischer Salami mit Kapernäpfel
Artischockensalat mit Trockentomaten
Ciabattabrötchen
oder
Gemüsesuppe oder Pfirsichsaft
Kalter Fleischteller

Wobei es jeden Tag etwas anderes gibt. Zudem ist immer alles frisch und nicht wie in B. im Unispital so pflotschartig zubereitet.

Der Therapieplan ist nichts Besonderes.

08:30 Uhr bis 08:55 Uhr	Balance-Gruppe	15 (0) Gruppenraum 2
09:15 Uhr bis 10:00 Uhr	Vortrag	

Beim Balance-Gruppen-Training sitzen wir zuerst auf einem Stuhl. Wir müssen einen Buckel, dann den Rücken gerade machen. Dann die Fersen so heben, dass wir auf Zehenspitzen stehen. Aufstehen, Ballspielen, mit dem Federballschläger Bälle aufnehmen und weitergeben.

Am Nachmittag sitzen mein Zimmernachbar und ich auf der Terrasse und genießen die Sonne. Wir probieren unsere Telefone, welche seit gestern nicht mehr funktionieren.

Plötzlich sehe ich unten ein Auto vorbeifahren, welches aussieht wie das meines Jugendfreundes und seiner Frau. Ich gehe schnell nach unten zum Eingang und treffe sie tatsächlich an. Ich zeige ihnen zuerst mein Zimmer. Anschließend gehen wir ins Restaurant, wo wir uns einen Drink und etwas Süßes gönnen. Wir genießen die warmen Herbstsonnenstrahlen und plaudern über Verschiedenes.

Vor dem Nachtessen läuft nicht mehr viel.

30.09.2018

Heute ist es wie gestern, d. h. um 06:00 Uhr aufstehen, Zähne putzen, duschen, 07:00 Uhr frühstücken. Da im langen roten Gang noch niemand ist, möchte ich wissen, wie viele Bodenplatten es sind vom südlichen Eingang bis zum nördlichen Gang-Ende. Ich zähle 626 Platten. Beim Frühstück erzähle ich es den schon anwesenden beiden Tischnachbarn. Der Herzpatient meint dann, dass er dies nachkontrollieren werde und wenn es nicht stimme, koste mich dies eine Flasche Roten. Neu an unserem Tisch ist nun eine weitere Frau, welche neben mir Platz nimmt. Sie ist 76, ist eine für ihr Alter aufgeschlossene Person und leidet auch seit sieben Jahren an Parkinson.

Nach dem Frühstück gehe ich etwas spazieren, und zwar die leichte Route ums Rehagelände. Von weitem höre ich Countrymusik. In der mittleren, blauen Halle spielt Chris Regez, ein junger Countrymusiker. Ich setze mich auf einen der leeren Sitzplätze und lausche seiner Musik. Zwischendurch spielt er Songs, bei denen man mitsingen konnte. Normalerweise tritt er mit seiner Band auf, welche neben Country auch Blues und Rock n Rolle spielt.

Anschließend, kurz nach 12:00 Uhr laufe ich im roten Gang in Richtung hinteren Ausgang. Von weitem sehe ich meine Frau. Gerade im letzten Moment erreiche ich sie. Leider ist der Lift defekt, so dass wir im Treppenhaus nach oben gehen müssen. Später gehen wir nach unten ins Restaurant. Sie bleibt nicht lange und nimmt etwas schmutzige Wäsche mit sich.

Zwischendurch rufe ich meinen Jugendfreund an und möchte ihm zu seinem 70. gratulieren. Leider ist er nicht zu Hause.

Mein Zimmernachbar bittet mich, ihm zu helfen die Wäsche zu sortieren. Er hat heute viel geübt, vielleicht zu viel, denn nun hat er starke Schmerzen. Ich muss ihn, im Rollstuhl, zum Nachtessen schieben. Schräg visavis hat nun ein 80-jähriger Patient Platz genommen, der ebenfalls seit sieben Jahren unter Parkinson leidet. Er kann so richtig von Herzen lachen und damit den ganzen Tisch anstecken. Wenn er lacht, funkeln seine kleinen Augen. Er erinnerte mich dabei ein wenig an meinen Vater.

Nach dem Essen setze ich mich einen Moment zu dem Mann aus Z., welchen ich vor zwei Tagen draußen angetroffen habe. Er erzählt mir, dass er heute einem Mann von hinten auf die Schulter geklopft hätte, bei dem er glaubte, dass ich es sei. Als dieser sich umdreht, war es ein ehemaliger Schulkollege aus Z.

Er zeigt mir eine Karikatur von sich selber, welche ein Künstler gestern Abend gemacht hatte. Er möchte diese, per WhatsApp, an verschiedene Leute senden, weiß aber nicht wie. Ich zeige es ihm schnell. Anschließend ist er richtig stolz darauf.

Im Lift begegne ich einer Frau, mit welcher ich vor mehr als 30 Jahren in einem Englischkurs war. Ich spreche sie darauf an. Sie ist überrascht, kann sich aber nicht mehr an mich erinnern. Im zweiten Stock verlasse ich den Lift, während sie in den dritten Stock weiterfährt.

Da mich heute der Tremor wieder fest im Griff hat, gehe ich früh ins Bett.

01.10.2018

Mein Therapieplan für heute hat Folgendes vor.

08:30 Uhr bis 08:55 Uhr	Balance-Gruppe	15 (0) Gruppenraum 2
09:00 Uhr bis 09:45 Uhr	Arztvisite	Zimmer
09:15 Uhr bis 09:25 Uhr	Therapievisite mit Patientenmanager	Zimmer
10:30 Uhr bis 11:00 Uhr	Physiotherapie	12 (0) Physiotherapie Erw.
15:15 Uhr bis 15:45 Uhr	Logopädie	13 (1) Logopädie

Beim Balance-Gruppen-Training machen wir Ballspiele. Dabei müssen wir uns gegenseitig den Ball zuwerfen und jeweils den

Namen des Empfängers nennen. Ein anderes Mal müssen wir den Ball hinter dem Rücken durchspielen, dann wieder vorne durch usw.

Bei der Arztvisite fragt der Doktor, wie üblich, wie es einem gehe. Ich kann dabei nur das wiederholen, was ich immer sage in den letzten Tagen, nämlich, dass mein Tremor im linken Arm mich nicht in Ruhe lässt.

Bei der Therapievisite wünsche ich, dass ich Akupunktur bekomme. Die Patientenmanagerin meint, dass sie dies mit dem Arzt besprechen wolle.

In der Physiotherapie geht die Therapeutin mit mir nach oben in den ersten Stock, wo ich diverse Lauf- und Gleichgewichtsübungen am Barren machen muss.

In der Logopädie reden der Logopäde und ich vor allem über meine Gesundheit. Nach ca. einer Viertelstunde meint er, dass er das Gefühl habe, dass ich keine Logopädie brauche, weshalb wir abbrechen.

02.10.2018

Laut Therapieplan steht heute folgendes auf dem Plan.

07:45 Uhr bis 08:15 Uhr	Einführung Med. Training	13 (0) Med Training
09:15 Uhr bis 09:55 Uhr	Terrain-Training (Im Freien)	12 (0) Physiotherapie Erw.
16:15 Uhr bis 17:00 Uhr	Musiktherapie	14 (0) Musiktherapie

Beim Medizinischen Training fahre ich zuerst eine Viertelstunde Velo. Dann muss ich beim Beinstemmer 20 Übungen absolvieren. Anschließend kommen noch drei andere Übungen dazu, muskelstärkende und Gleichgewichtsübungen.

Beim Terrain-Training gehe ich heute mit der Gruppe in den Wald. Ich habe zwar einwenig Mühe zu folgen, gebe es aber auch heute nicht zu und lasse es die andern nicht merken.

Kurz nach dem Mittagessen kommen mein Freund Max und seine Frau vorbei. Sie meint noch, dass ich gut erholt aussehe. Für mich eigentlich kein Wunder bei dem vielen Schlaf, den ich mir gönne. Beide bewundern unser Zimmer und meinen noch, dass ich ja wie in einem Hotel leben würde.

In der Musiktherapie reden der Therapeut und ich zuerst über meine Krankheit. Dann fragt er mich, welches der zahlreichen Instrumente mich nun ansprechen würde. Da gerade eine Harfe neben mir ist, sage ich einfach Harfe. Er lässt mich nun über die Seiten streichen und versucht, mich am Klavier zu begleiten. Die Zeit vergeht dabei so schnell, dass wir erst um 17:20 Uhr merken, dass wir eigentlich schon lange hätten Feierabend machen sollen, denn offiziell wäre eigentlich um 17:00 Uhr fertig gewesen.

Schon bald gibt es Nachtessen und bereit machen fürs Bett. Heute hatte ich den ganzen Tag Tremorprobleme.

03.10.2018

Ich habe heute wieder gewaltig Probleme mit meinem Tremor. Wahrscheinlich hat dies mit der Absetzung aller Medikamente zu tun.

Mein Therapieplan für heute hat folgendes vorgesehen.

07:40 Uhr bis 08:00 Uhr	Blutentnahme Im Labor Nüchtern vor dem Frühstück	8 (0) Labor
09:15 Uhr bis 09:55 Uhr	Terrain-Training (Im Freien)	12 (0) Physiotherapie Erw.
11:00 Uhr bis 11:45 Uhr	Arztvisite	Zimmer
13:15 Uhr bis 13:40 Uhr	Balance-Gruppe	15 (0) Gruppenraum 2
14:30 Uhr bis 15:15 Uhr	Medizinisches Training	13 (0) Med Training

Bevor ich zum Frühstück gehe, muss ich ins Labor.

Beim Terrain-Training, gehe ich heute mit der Trainerin, welche die Waldgruppe anführt. Heute gehen wir aber mit den Walkingstöcken.

Bei der Arztvisite versucht ein Arzt dem anderen zu zeigen, wie man den Pulsgeber bei mir einstellt. Nachdem dieser ein bisschen über den bisherigen Wert geht, verdrehen sich meine Augen, der Mund verzieht sich und ich sehe alles drei- oder vierfach. Darauf stellen sie wieder die bisherige Einstellung ein, d. h. auch dieses Mal können sie mein Problem nicht lösen. Da ich mich aber sehr gut erholt hätte von der OP, schlägt mein Neurochirurg vor, dass ich am nächsten Mittwoch den 10.10.2018 wieder nach Hause gehen könne.

Der Arzt meint, dass er dies weitermelden werde. Zudem erwähnt er, dass er morgen in B. mit dem Parkinsonspezialisten zusammenkomme und er dann auch mein Problem wegen dem Einstellen der Hirnstimulation zur Sprache bringen werde.

Was die Medikamente angeht, hat mich der marokkanische Arzt falsch instruiert. Er hätte eigentlich nur das Medikament Akineton absetzen sollen und nicht alle Medikamente.

Beim Balance-Gruppen-Training machen wir wieder diverse Ballspiele.

Das medizinische Training ist wieder gleich wie gestern, also Muskel- und Gleichgewichtstraining.

Zuerst kommt meine Frau und später, als sie schon gegangen war, kommt auch Brigitte, mein Patenkind.

04.10.2018

Ich erwache ca. 03:00 Uhr. Mein Zimmernachbar träumt und redet im Traum: „Mach endlich, Gottverdammi noch einmal." Als er wach wird, ruft er die Nachtschwester. Er hat angeblich feste Schmerzen im rechten Oberschenkel. Da er aber sein Quantum Schmerzmittel schon gehabt hat, möchte sie ihm keine weiteren Schmerzmittel mehr geben. Nachdem er noch mehr jammert, holt die Nachtschwester den zuständigen Nachtarzt, welcher ihm eine andere Schmerztablette gibt. Diese fängt nach ca. einer Stunde an zu wirken.

Nachdem ich meine Tabletten immer mit einem Dispenser bekommen habe, packe ich zwei davon in meinen Koffer. Einer der Pfleger fragt mich danach. Ich tue so, als ob ich nicht wüsste, wo diese hingekommen sind. Der Pfleger schaut nun in meinem Nachttischchen nach. Ich tue so, als schlafe ich, aber ich beobachte ihn. Er schaut sogar in meinem Kasten nach, findet sie aber nicht.

Auf meinem Therapieplan ist heute folgendes vorgesehen.

09:15 Uhr bis 09:55 Uhr	Terrain-Training (Im Freien)	12 (0) Physiotherapie Erw.
13:15 Uhr bis 13:45 Uhr	Physiotherapie	12 (0) Physiotherapie Erw.
14:00 Uhr bis 14:45 Uhr	Medizinisches Training	13 (0) Med Training

Beim Terrain-Training, gehe ich heute mit der Trainerin, welche die Waldgruppe anführt.

In der Physiotherapie geht die Therapeutin mit mir in den Wald. Wie gestern beim Terrain-Training benützen wir die Walkingstöcke.

Das medizinische Training ist wieder gleich wie gestern und vorgestern, also Muskel- und Gleichgewichtstraining.

Um ca. 16:20 Uhr, kommender Arzt von der gestrigen Visite und für mich, völlig überraschend, mein Neurochirurg. Sie haben meinen Fall gestern mit dem Parkinson-Spezialisten in B. besprochen. Beide probieren noch einmal, den Pulsgeber einzustellen. Leider ohne Erfolg. Der Neurochirurg entschuldigt sich noch einmal, dass es nicht funktioniert hat und macht nun den Vorschlag einer zweiten Operation. Ich erkläre beiden, dass ich es zuerst mit meiner Frau und meiner Tochter besprechen wolle.

Ich erwähne noch meine Schulterschmerzen und dass ich manchmal nicht mehr schreiben könne, also dass ich auch rechts manchmal Probleme hätte. Beide gehen aber nicht darauf ein.

Als beide gegangen sind, machen mein Zimmernachbar und ich noch Sprüche. Er versucht dann, die Ärzte nachzumachen: „Herr Schaub, was ist Ihr Problem?" „Das Zittern in meinem linken Arm." „Ja da schlagen wir Ihnen eine zweite Operation vor." usw. Wir müssen beide lachen, was uns guttut. Mein Zimmernachbar trägt heute Edelweisshosenträger.

Später schreibe ich meiner Tochter ein WhatsApp und gebe ihr meinen Therapieplan durch. Sie hat Schulterschmerzen und geht nach der Arbeit zum Arzt. Sie wird mich sehr wahrscheinlich erst am Samstag oder Sonntag besuchen.

Nach meiner Morgentoilette helfe ich meinem Zimmerkollegen beim Aufstehen. Er möchte sich heute auch duschen, weshalb ich ihm helfe, bis er in der Dusche ist. Während er allein duscht, muss ich ihm anschließend helfen beim Anziehen. Anschließend schreibe ich Freunden von uns ein WhatsApp, in dem ich sie über meinen Zustand informiere und ihnen auch mitteile, dass ich einen Teil der OP wiederholen müsse.

Auf meinem Therapieplan ist heute Folgendes.

09:15 Uhr bis 09:55 Uhr	Terrain-Training (Im Freien)	12 (0) Physiotherapie Erw.
13:45 Uhr bis 14:30 Uhr	Medizinisches Training	13 (0) Med Training
15:00 Uhr bis 15:30 Uhr	Physiotherapie	12 (0) Physiotherapie Erw.
16:30 Uhr bis 16:55 Uhr	Balance-Gruppe	5 (0) Gruppenraum 2

Beim Terrain-Training gehe ich wieder mit der Waldgruppe.

Das medizinische Training ist wie immer, also Muskel- und Gleichgewichtstraining.

In der Physiotherapie geht die Therapeutin mit mir nach oben in den ersten Stock, wo ich diverse Lauf- und Gleichgewichtsübungen am Barren machen muss.

Beim Balance-Gruppen-Training machen wir ähnliche Übungen wie ich am 28:09.2018 gemacht habe.
    Ich muss dabei auf eine Matte stehen und Gleichgewichtsübungen machen. Zuerst muss ich mit geschlossen Füßen, nach

vorne und nach hinten, seitwärts und kreisen. Anschließend muss ich die gleichen Übungen breitbeinig auf der Matte machen.

Als ich auf der Terrasse sitze und Zeitung lese, kommt meine Frau kurz vorbei. Später kommen dann plötzlich und für mich unerwartet, Max und seine Frau. Da sie und meine Frau im Moment das Heu nicht auf der gleichen Bühne haben, bin ich gerade froh, dass letztere nicht mehr hier ist.

Im Zimmer helfe ich meinem Zimmerkollegen, die Adresse eines Kleidergeschäfts in M. herauszufinden. Anschließend bestellt er dort neue Unterhosen. Die Unterhosen, welche er hat, haben Grösse XL, er möchte aber XXL. Dann schreibe ich noch diverse WhatsApp und telefoniere noch mit Max. Wir reden dabei über die Differenzen, welche unsere Frauen haben, da die eine aus Taiwan kommt und die andere aus China. Max und ich finden es schade, dass sie wegen den politischen Ansichten unsere langjährige Freundschaft aufs Spiel setzen.

In der Nacht, um Mitternacht, muss ich auf die Toilette. Als ich herauskomme, läuft gerade eine der Nachtschwestern vorbei und erschrickt.

Am Nachmittag spritze ich mir Metoject 17,5 mg gegen meine Polyarthritis.

06.10.2018

Wie meistens in den vergangenen Tagen erwache ich um 05:45 Uhr. Ich mache meine Morgentoilette und helfe anschließend meinem Zimmerkollegen beim Aufstehen. Anschließend gehen wir zum Frühstück. Da ich heute mit meiner Frau abgemacht habe, dass wir zusammen Mittagessen, verlange ich beim Servierpersonal einen Gutschein dafür.

Der Therapieplan hat Folgendes vorgesehen.

08:30 Uhr bis 08:55 Uhr	Balance-Gruppe	15 (0) Gruppenraum 2
09:15 Uhr bis 10:00 Uhr	Vortrag zum Thema Sprache, Gehirn, Sprachverlust	

Beim Balance-Gruppen-Training machen wir ähnliche Übungen wie gestern.

Der Vortrag ist für mich nichts Besonderes, da ich das meiste schon wusste.

Meine Tochter schreibt mir ein WhatsApp und möchte die Adresse wissen von der Rehaklinik. Als meine Frau kommt, gehen wir zusammen ins Restaurant zum Mittagessen.

Plötzlich stürmt ein Mann herein und geht zu einem anderen Mann, welcher an unserem Nebentisch sein Mittagessen genießt. „Füralarm!", schreit er: „Füralarm!" Die Beiden rennen hinaus, wo kurz darauf ein Feuerwehrauto kommt mit diversen Feuerwehrmänner. Sie strömen sofort ins Gebäude. Später vernehme ich, dass ein Patient eines der Alarmkästchen eingeschlagen und so den Feueralarm ausgelöst hat.

Kurz danach kommt meine Tochter und isst auch Mittagessen. Anschließend nehmen wir draußen Platz.

Während meine Frau müde ist und uns bald darauf verlässt, bleibt meine Tochter noch ein Weilchen.

Es setzt sich ein Mann zu uns an den Tisch, welchen ich vom Aussehen her schon in S. gesehen habe. Ich frage ihn deshalb, ob er von S. komme, worauf er sagt, dass er von Z. sei. Er heißt auch Schaub und wohnt in der Nähe vom Restaurant Hard. Wir kommen in ein interessantes Gespräch. Als meine Tochter geht und auch Herr Schaub sich verabschiedet, gehe ich nach oben. Ich habe wieder Schreibprobleme. Auch Saures Aufstoßen plagt mich.

Ich schreibe meinem Patenkind ein WhatsApp, wo ich ihr mitteile, dass ich am Mittwoch nach Hause gehen kann.

Mein Zimmerkollege bittet mich, ihm zu helfen, seine Zehennägel zu schneiden.

Später in der Nacht, ruft er nach dem Personal, da er wieder starke Schmerzen hat. Schließlich kommt eine etwas arrogante Ärztin und meint, dass er doch nicht so wehleidig tun solle. Sie untersucht ihn und meint, dass er verspannte Muskeln hätte und seine Schmerzen erst weggehen würden, wenn die Muskeln gestärkt werden. Dazu müsste er eben gewisse Übungen machen, auch wenn es im Moment für ihn schmerzhaft sei. Im Grunde genommen hat sie schon Recht, aber die Art und Weise, wie sie dies kommuniziert, stört mich.

07.10.2018

Während mein Zimmerkollege die ganze Nacht starke Schmerzen hat, habe ich Probleme mit meinem Tremor. Zudem muss ich vier Mal auf die Toilette, da ich Durchfall habe.

Als der Pfleger „Granit Xhaka" hereinkommt, bitte ich ihn, wegen meinem Zimmerkollegen endlich etwas zu unternehmen. Er gibt sich Mühe und kontaktiert ein paar Mal den zuständigen Arzt. Kurz danach kommt ein anderer Arzt. Dieser ist leider etwas arrogant und stellt meinen Zimmernachbarn als Simulant hin, aber mit seiner Diagnose sagt er das gleiche wie die anderen Ärzte, nämlich, dass er ein Muskelproblem hätte. Trotzdem beharrt mein Zimmerkollege nun darauf, dass man seinen rechten Oberschenkel röntgt.

Er macht dann noch Sprüche über die Ärzte. Wir lachen wieder viel.

Am späten Nachmittag kommt die Frau meines Zimmerkollegen. Da er noch unterwegs und deshalb nicht im Zimmer ist, reden wir kurz miteinander. Sie erzählt mir, dass ihr Mann ein

Typ sei, welcher sich leider gerne bedienen lässt, was ich auch schon bemerkt habe. Allerdings hat es mich bisher nicht gestört.

Nach dem Essen warten vor dem Esssaal jeweils solche mit dem Rollstuhl darauf, von jemandem mitgenommen zu werden. Ich schiebe meinen Zimmerkollegen vor mich hin, als wir auch meine Tischnachbarin, die an Parkinson leidet, sehen. Wir nehmen sie auch mit, indem mein Zimmernachbar sie schiebt.

08.10.2018

Nach der Morgentoilette gehe ich kurz vor 07:00 Uhr Richtung Esssaal. Unterwegs treffe ich meine Tischnachbarin im Rollstuhl an. Sie ist froh, dass ich sie dorthin schiebe, denn sie hat etwas Mühe mit ihrem Gefährt.

Mein Zimmernachbar wird heute abgeholt für ein Röntgenbild. Dazu bringen sie ihn ins Spital R.

Der Therapieplan hat heute folgendes für mich.

08:00 Uhr bis 08:30 Uhr	Physiotherapie	12 (0) Physiotherapie Erw.
09:00 Uhr bis 09:45 Uhr	Arztvisite	Zimmer
12:45 Uhr bis 13:30 Uhr	Medizinisches Training	13 (0) Med Training
14:30 Uhr bis 15:15 Uhr	Ergotherapie	13 (1) Ergotherapie Erw.

In der Physiotherapie muss ich versuchen, auf einer Linie einen Fuß vor den anderen zu gehen. Dann gehen wir in die blaue Halle. Ich muss möglichst schnell sechs Minuten lang den Gang hin und her laufen. Dann wieder die gleiche Übung, aber wieder einen Fuß vor den anderen. Die Zeit vergeht schnell.

Bei der Visite kommt eine Ärztin. Als ich sie frage, wann ich nun nach Hause gehen könne, heißt es, dass im Plan stehe, dass ich am 16.10.2018 eingetragen sei. Als ich erwähne, dass mit dem Arzt der gestrigen Visite abgemacht wurde, dass ich am 10.10.2018 schon gehen könne, weiß niemand etwas davon.

Beim Mittagessen haben wir es so richtig lustig. Mein Tischnachbar erzählt von einem, dem hätten sie das Hüftgelenk verkehrt eingesetzt, mit dem Resultat, dass er schneller rückwärts lief, als vorwärts. Er fragte uns, was wohl passiert, wenn sie beide Hüftgelenke verkehrt eingesetzt hätten. Seine Lösung ist, dass der dann im Kreis herumläuft. Wir stellen uns das so richtig vor und müssen herzhaft lachen. Vor allem die kleinen Augen unseres 80-jährigen Tischkollegen strahlen und sein Lachen steckt alle an. An den anderen Tischen kommen sie nicht nach, wieso bei uns so gelacht wird.

Da mir das medizinische Training stinkt, gehe ich nicht.

Die Ergotherapie ist schnell vorbei, da die Therapeutin schnell merkt, dass ich dies nicht brauche. Wir reden deshalb über meine Krankheit und die Operation.

Als ich in das Zimmer zurückkomme, ist der Arzt der gestrigen Visite bei meinem Zimmerkollegen. Sie reden über das Röntgenbild, welches keine Veränderungen anzeigte, sondern bestätigte, dass er unter zu schwachen Muskeln leidet und diese mit gezielten Übungen stärken muss.

Anschließend kommt der Arzt zu mir. Ich frage ihn, wann ich nach Hause könne, worauf er mich fragt, wann ich den gehen möchte. Anscheinend hat er es schon vergessen, dass wir am 03.10.2018 mit meinem Neurochirurgen und ihm zusammen abgemacht haben, dass ich am 10.10.2018 nach Hause gehen könne.

Nach der Morgentoilette gehe ich, wie meistens, kurz vor 07:00 Uhr zum Frühstück. Da ich heute einen richtigen Hunger habe, schlage ich wieder zu mit Fleisch, Käse, Jogurt usw.

Der Therapieplan hat heute folgendes für mich vorgesehen.

07:20 Uhr bis 07:40 Uhr	Blutentnahme Im Labor Nüchtern vor Frühstück	8 (0) Labor
08:15 Uhr bis 09:00 Uhr	Musiktherapie	14 (0) Musiktherapie
09:15 Uhr bis 09:55 Uhr	Terrain-Training (Im Freien)	12 (0) Physiotherapie Erw.
10:30 Uhr bis 11:00 Uhr	Physiotherapie	12 (0) Physiotherapie Erw.
12:45 Uhr bis 13:30 Uhr	Medizinisches Training	13 (0) Med Training

Da ich leider in den vergangenen Tagen zu wenig getrunken habe, haben sie im Labor Mühe, mir Blut abzunehmen. Nachdem sie zwei Mal probiert haben, meinen sie, dass ich morgen noch einmal kommen solle, bevor ich zum Frühstück gehe.

In der Musiktherapie fragt mich der Therapeut, ob ich einen Wunsch hätte. Als ich ihm erkläre, dass mich das Klangbett interessiere, gehen wir in den Nebenraum und ich lege mich darauf. Klangbetten werden vor allem in Indien therapeutisch zu Heilzwecken verwendet. Ein Klangbett hat 60 Saiten und bietet unbegrenzte Experimentier- und Klangmöglichkeiten. Von den 60 Saiten sind 30 auf den gleichen Ton gestimmt.

Zuerst bringt mich der Therapeut in einen ruhigen Zustand, ähnlich wie beim autogenen Training, d. h. ich werde in einen

Schwere- und Ruhezustand von den Zehen bis zum Kopf gebracht. Anschließend fängt er an, mit dem Klangbett zu spielen. Die auf dem Klangbett liegende Person wird dabei von unten her bespielt. Das akustische Klangerlebnis der vielschichtigen Obertonwelt und die physisch spürbaren Vibrationen wirken direkt auf den Körper ein. Ich werde wirklich in einen speziell beruhigten Zustand gebracht. Obwohl ich vor vielen Jahren einmal einen Kurs im Autogenen Training gemacht habe, gelang es mir in den vergangenen Jahren nie mehr, mich in einen Schwerezustand zu bringen. Aber heute habe ich dieses Erlebnis wieder. Für einen kurzen Moment schlafe ich sogar ein. Es ist wie, wenn man seinen Körper heruntergefahren hat. Die stimmigen Klänge können einem in eine tiefe Harmonie versetzen.

In der Physiotherapie gehe ich mit der Therapeutin in den Wald. Sie wählt dabei eine andere Route als im Terrain-Training. Wir reden dabei über ihren Ausbildungsweg.

Das medizinische Training ist wie immer, also Muskel- und Gleichgewichtstraining. Da ich gestern nicht im Training gewesen bin, führe ich den Plan nach und tue so, als ob ich gestern auch gewesen sei. Da ich weiß, dass ich morgen nach Hause gehen werde, mache ich heute nicht alle Übungen.

Am Nachmittag, das Wetter ist wie immer in den letzten Wochen sonnig und warm, gehe ich mit meinem Zimmerkollegen ins Gartenrestaurant. Er versucht seine Schmuckkästchen, welche er zu Hause herstellte, zu verkaufen. Nebenbei macht er diverse Telefonate. Von weitem sehe ich meine ehemalige Englisch-Kollegin, welche allein an einem Tisch sitzt. Ich gehe zu ihr und spreche sie auf den Englischkurs an. Sie kann sich nicht daran erinnern. Wir reden dann über andere Themen. Sie hatte in den vergangenen Monaten einiges erlebt. Im Mai hat sie ihren Mann verloren, welcher an Krebs gelitten hat. Sie ist nun wegen der Erholung von ihrer Rückenoperation hier.

Wieder im Zimmer frage ich Xhaka, wegen meinen Medikamentenboxen. Zudem möchte ich wissen, wann ich meine Austrittsunterlagen bekomme. Er verspricht mir, sich darum zu kümmern. Die Schwestern wissen nicht Bescheid wegen meiner Entlassung.

Kurz danach bringt Xhaka mir meine Medikamente zurück. Die fehlenden Unterlagen werde ich morgen, kurz bevor ich gehe, bekommen.

Nach dem Nachtessen machen wir wie vorgestern ein Tandem, indem mein Zimmerkollege meine Tischnachbarin schiebt und ich meinen Zimmerkollegen.

10.10.2018

Da ich gestern kein Blut abgeben konnte, gehe ich heute vor dem Frühstück noch einmal ins Labor. Seit gestern habe ich fast drei Liter getrunken, weshalb sie heute kein Problem haben, mir etwas Blut abzuzapfen. Nach dem Frühstück verabschiede ich mich von dem anwesenden Servicepersonal. Anschließend packe ich noch den Rest zusammen. Meine Frau ist auch schon hier. Zusammen warten wir nur noch auf den Austrittsbericht. Die Schwestern glauben immer noch nicht, dass ich heute gehe, weil bei ihnen immer noch der 16.10.2018 eingetragen ist. Als ich „Granit Xhaka" sehe, sage ich ihm, dass ich noch auf meinen Austrittsbericht warte. Er verspricht mir, sich darum zu kümmern. Zehn Minuten später kommt die Ärztin von meiner letzten Visite und bringt mir diesen Bericht. Wir verabschieden uns noch vom Personal. „Granit Xhaka" meint noch, dass es schade sei, dass ich gehen würde, denn ich sei ein angenehmer und hilfsbereiter Gast gewesen. Mein Zimmerkollege und ich wünschen uns gegenseitig alles Gute. Er war wie ein Bruder zu mir. Spätestens am 27.10.2018, also am Tag der offenen Tür, werden wir uns wiedersehen.

Anschließend gehen wir nach unten, um beim Bankschalter das Trinkgeld in den dafür vorgesehenen Briefkasten zu werfen. Zudem gebe ich beim Hauptschalter noch meine Medienkarte ab.

Nun können meine Frau und ich endlich gehen. Der Bus Richtung Bahnhof kommt schon bald. Dort haben wir zwei Möglichkeiten. Entweder wir fahren mit dem Zug nach P. und von dort weiter nach S., oder wir nehmen den Bus nach G. und von dort den Zug nach S. Wir entscheiden uns für den Bus nach G. In S.h haben wir zum Glück Anschluss nach Z.

12.10.2018

Am Nachmittag spritze ich mir das Metoject 17,5 mg gegen meine Polyarthritis.

15.10.2018

Mein Neurochirurg ruft mich an und teilt mir mit, dass ich am 14.11.2018 ins Spital kommen solle. Die zweite Operation hat er für Freitag den 16.11.2018 geplant.

18.10.2018

Ich bekomme vom Bettenmanagement der Chirurgie vom Universitätsspital B. ein Schreiben, diverse Unterlagen und den Operationstermin für den 16.10.2018 um 10:00 Uhr.

Unter den Unterlagen sind neben einem Anmeldeformular noch Broschüren wie „Neurochirurgie Klinikinformationen" und „Jederzeit gut versorgt". Darunter sind z. B. wissenswerte Informationen über Lageplan, die Klinik, Eintritt, Aufenthalt, Austritt, meine Meinung, Rechte usw.

Ich fülle diverse Fragebogen aus. Anschließend bringe ich sie zur Post.

19.10.2018

Mein Tremor links lässt mich heute nicht in Ruhe. Wie in den vergangenen Tagen ist er manchmal heftiger als vor der Operation.

25.10.2018

Da ich wieder Schulterschmerzen rechts habe, gehe ich in die Praxis meines Hausarztes. Meine Ärztin kommt, wie immer, lachend ins Zimmer. Zuerst schaut sie meine beiden Hörner und meine Narbe beim linken Schulterblatt von der DBS-Operation an und meint, dass es schon faszinierend sei.

Ich muss mein T-Shirt ausziehen. Sie macht zuerst gewisse Bewegungen mit meinen Armen. Dann meint sie, dass es sich bei mir mit großer Wahrscheinlichkeit um ein Impingement handeln müsse, also eine schmerzhafte Einklemmung von Sehnen oder Muskeln innerhalb des Schultergelenks. Das kann zu schmerzhaften Bewegungseinschränkungen führen. Sie empfiehlt mir eine Kombinationsspritze zu machen, welche neben einem Betäubungsmittel auch Cortison enthält, also wie am 26.09.2017 im Kantonsspital L.

Nachdem sie die Spritze geholt hat, kommt sie mit den Lehrtöchtern zurück, um ihnen zu zeigen, wie und wo sie eine solche Spritze macht. Anschließend gibt mir die Praxisassistentin zwei neue Termine für den 05.11.2018 und 18.12.2018. Die Ärztin erklärt ihr dann noch, dass man bei mir eine DBS gemacht hätte. Die Assistentin ist sehr interessiert und ich muss ihr erklären, wie diese Operation abgelaufen ist. Sie ist beeindruckt, dass man dies bei vollem Bewusstsein gemacht hat. Nebenbei frage ich die Ärztin, ob sie bei der nächsten Operation dabei sein möchte. Interessiert wäre sie schon, aber an diesem Tag sei sie an einem Ärztekongress. Ich erkläre ihr, dass ich am Montag meinen Neurochirurgen fragen werde und bei meinem nächsten Termin am 05.11.2018 könne sie mir dann immer noch zu- oder absagen.

Am Abend, etwa um 21:00 Uhr, habe ich heftige Schmerzen in meiner rechten Schulter. Es ist ein Hexenschussartiger

Schmerz, welcher wie ein Blitz durch meine Schulter fährt. Ich kann den Arm nicht mehr ohne Schmerzen bewegen. Ich nehme schließlich ein Dafalgan. Allerdings bringt dies nicht viel. Ich nehme eine zweite und später eine dritte Tablette. Ich fluche ein paar Mal vor mich hin. In der Nacht als ich auf die Toilette muss, bringt mir meine Frau ein warmes Kirschensteinsäckli. Alles zusammen hilft dann ein wenig, sodass ich endlich schlafen kann.

28.10.2018

Ich sehe im Internet einen Artikel, wo es Forschern gelungen ist, durch Gentherapie Parkinson zu behandeln. Bei dieser Technik wird neue DNA mithilfe von Viren in eine Zelle eingefügt. In dieser klinischen Studie hilft die viral abgegebene DNA der infizierten Zelle, Dopamin zu produzieren, um die motorischen Merkmale von Parkinson zu lindern.

Ich drucke mir diesen Artikel aus, um morgen meinen Neurochirurgen darauf anzusprechen, sowie ihn übermorgen auch zu meinem Neurologen mitzunehmen.

29.10.2018

Ich habe heute einen Termin bei meinem Neurochirurgen. Meine Frau kommt mit mir. Zuerst schaut er meine beiden „Hörner" an und meint, dass diese gut aussehen. Auch die Narbe bei meinem linken Schlüsselbein sieht gut aus. Als erstes frage ich den Arzt, wie groß der Durchmesser der Bohrung sei, worauf er mir erklärt, dass dieser bei der Schädeldecke 14 mm betrage. Die Tiefe sei etwa 100 mm.

Anschließend erklärt er uns dann am Computer, anhand einer Aufnahme, was der Grund sein könnte, dass es bei meinem linken Arm nicht funktioniert hat mit dem Zittern. Dabei zieht er eine Mittellinie. Dann misst er, von dieser bis zur rechten Elektrodenspitze 10 mm. Bis zur linken Elektrodenspitze misst er aber 13 mm.

Bei der zweiten OP werde zuerst wieder mein Kopf rasiert, dann mittels des Gestells neu fixiert, die rechte Sonde herausgenommen, das Loch neu gebohrt, die Probeelektrode eingeführt und versucht, mit meiner Hilfe, diese in die neue Position zu bringen. Dann wird die Probeelektrode durch die neue richtige Elektrode ersetzt und diese wieder an den Pulsgeber angeschlossen.

Nach diesen Erklärungen nehme ich den Artikel über die Gentherapie hervor und spreche den Chirurgen darauf an. Er meint, dass er diese Therapie kenne, aber dies sei Zukunftsmusik, welche in 15 oder 20 Jahren eine Rolle spielen könnte. Er möchte meine Unterlagen nicht, da er schon diverse Unterlagen in dieser Richtung hätte. Zum ersten Mal bin ich ein wenig enttäuscht von meinem Neurochirurgen.

Anschließend frage ich ihn, ob es möglich sei, dass meine Hausärztin bei der Operation zuschauen könne. Er ist völlig überrascht und meint, dass es noch nie vorgekommen sei, dass ein Hausarzt einen solchen Wunsch geäußert hätte. Sie solle sich doch bei ihm melden. Eine andere Möglichkeit sei, dass er ihr eine Bilddokumentation von der OP senden könne.

30.10.2018

Ich habe heute einen Termin bei meinem Neurologen. Er möchte natürlich wissen, wie die DBS verlaufen sei. Als ich ihm erzähle, dass ich ein weiteres Mal operiert werden müsse, ist er etwas erstaunt. Ich erzähle ihm dann den Grund. Er meint, dass dies eigentlich nicht hätte passieren dürfen. Allerdings sei er nicht überrascht, denn B. sei eigentlich kein guter Ort für diese Art von Operationen. Er dürfte dies eigentlich nicht sagen, denn er hätte ja auch in B. studiert, aber er sende die Patienten lieber nach Be. ins Spital. Leider müsse er aber sagen, dass in B. keiner eine richtige Ausbildung genossen habe, mit diesen Programmiergeräten umzugehen. Über den Parkinsonspezialisten dort meint er, dass dieser mit seinen über 60 Jahren gar nicht mehr groß Interesse zeige für das Programmieren eines Schrittmachers. Er sei zwar ein ausgezeichneter Neurologe. Das gleiche könne man über seinen Kollegen dort sagen. Aber auch dieser hätte nie eine richtige Ausbildung dafür genossen und sei vor ein paar Jahren einfach ins kalte Wasser geworfen worden. Was den Chirurgen angehe, so sei dieser ein erstklassiger und sehr guter Neurochirurg, aber auch dieser hätte nie eine richtige Ausbildung im Programmieren dieser Stimulationsgeräte gehabt.

Mein Neurologe meint, dass er vor sechs oder sieben Jahren auch solche Schrittmacher programmiert hätte, und zwar pro Woche so viele, wie sie heute in B. pro Jahr machen. Allerdings würde er dies heute nicht mehr machen, da ihm die Erfahrung fehlen würde und sich in dieser Zeit einiges geändert hätte.

Anschließend möchte mich der Neurologe untersuchen.
- Nun muss ich im Gang hin und her laufen.
- Hände auf meine Oberschenkel legen.
- Die rechte Hand abwechselnd, so schnell als möglich, mit der Innen- und dann mit der Außenseite auf meinen Oberschenkel legen.
- Die gleiche Übung mit der linken Hand.
- Den rechten Zeigfinger und den rechten Daumen abwechselnd, so schnell als möglich, zusammenbringen und wieder auseinander spreizen.
- Die gleiche Übung mit dem linken Zeigfinger und Daumen.
- Der Arzt bewegt meinen rechten Arm rauf und runter, um die die Beweglichkeit festzustellen.
- Das Gleiche mit dem linken Arm.
- Das Gleiche mit dem rechten Bein.
- Das Gleiche mit dem linken Bein.
- Ich muss meinen Kopf ein paar Mal nach links und dann nach rechts drehen.
- Ich muss meinen Kopf ein paar Mal nach vorne und dann nach hinten bewegen.
- Ich muss aufstehen und mich nach hinten fallen lassen, wobei der Arzt hinter mir steht und mich auffangen würde, falls ich meinen Ausfallschritt zu spät machen würde.

Nach der Untersuchung nehme ich den Artikel über die Gentherapie hervor und spreche den Arzt darauf an. Er schaut sich den Bericht kurz an und meint, dass er auch schon davon gehört und gelesen hätte. Positiv ist, dass er meinen Artikel entgegennimmt. Ich erwähne dann noch die Theorie von zwei Wissenschaftern des Max-Planck-Instituts, welche davon ausgehen, dass der Mensch zwei Hirne hat, nämlich eines im Bauch und eines im Kopf. Das Bauchhirn muss dabei dem Kopfhirn den Befehl geben, Dopamin zu produzieren. Wenn aber die Verbindung vom Bauchhirn zum Kopfhirn unterbrochen ist, kommt der Befehl nie an und das Kopfhirn produziert kein Dopamin, d. h. der betroffene Mensch hat Parkinson. Der Neurologe meint dazu, dass er von dieser Theorie schon gehört hätte und die Wissenschaft gehe heute davon aus, dass der Bauch tatsächlich eine Rolle spiele. Leider brauche dies aber noch ein paar Jahre, bis man hier mehr Fortschritte erzielen könne.

Am Schluss kopiert er meine Medikamentenliste. Ich frage ihn, wegen einem Dauerrezept für Carbidopa/-Levodopa Sandoz CR 25/100. Zudem bekomme ich noch den nächsten Termin am 29.01.2019 um 10:00 Uhr.

31.10.2018

Ich habe bis um 05:00 Uhr sehr gut geschlafen. Nachher habe ich diverse Gedanken zu meiner zweiten Operation, welche mich nicht mehr schlafen lassen.

Ich sende meinem Neurochirurgen ein E-Mail mit diversen Fragen. (11:30 Uhr)

Sehr geehrter Herr Doktor,

Als meine Frau und ich am letzten Montag den 29.10.2018 bei ihnen waren, wollte ich sie noch Folgendes fragen.
Frage 01
Haben die Körperscanner auf einem Flughafen einen Einfluss auf meinen Schrittmacher?
Frage 02
Bekomme ich einen Ausweis über den Schrittmacher?
Frage 03
Wie merke ich, wenn die Batterieleistung zu Ende geht?
Frage 04
Gibt es eine weltweite Arztliste mit den Ärzten, welche eine Ausbildung mit dem Programmiergerät gemacht haben?
Frage 05
Wie gehe ich vor, wenn ich im Ausland bin und Probleme habe?
Frage 06
Darf sich meine Hausärztin bei Ihnen melden, wegen dem Zuschauen bei der OP?

Freundliche Grüße
Walter Schaub

Der Neurochirurg sendet mir kurz darauf ein E-Mail mit den Antworten. Sehr vorbildlich. (11:52 Uhr)

Frage 01
Haben die Körperscanner auf einem Flughafen einen Einfluss auf meinen Schrittmacher?
Nein

Frage 02
Bekomme ich einen Ausweis über den Schrittmacher?
Ja

Frage 03
Wie merke ich, wenn die Batterieleistung zu Ende geht?
Sie merken es wohl nicht, weil uns der Batterietiefstand im Verlauf der regelmäßig geplanten Kontrollen in der Sprechstunde auffallen wird, noch bevor Sie irgendwelche Verschlechterung Ihrer Symptome merken würden. Wir werden dann das Gerät rechtzeitig ersetzen können, damit keine Lücke in der Behandlung entsteht. Typische Lebensdauer einer Batterie: 3–5 Jahre.

Frage 04
Gibt es eine weltweite Arztliste, mit den Ärzten, welche eine Ausbildung mit dem Programmiergerät gemacht haben?
Meines Wissens nicht.

Frage 05
Wie gehe ich vor, wenn ich im Ausland bin und Probleme habe?
Ein „Problem" würde bedeuten, eine erneute Verschlechterung der Parkinson-Symptome. Sie müssten dann einen Neurologen besuchen, hoffentlich in einem größeren Spitalzentrum, wo man Erfahrung mit DBS-Operationen bzw. mit Stimulatoren hat. Für einen telefonischen Rat stünde ich immer zur Verfügung – Sie könnten mich gerne anrufen, egal, wo Sie sind.

Frage 06
Darf sich mein Hausärztin bei Ihnen melden, wegen dem Zuschauen bei der OP?
Ich habe ihr bereits in meinem Bericht aus der Sprechstunde eine Fotodokumentation Ihrer OP versprochen, da ich von Ihnen vernommen hatte, dass sie es zu dieser OP nicht schaffen kann. Wegen Besuchen im OP habe ich ihr geschrieben, dass dies auch sonst möglich wäre. Ich habe noch keine Antwort von ihr (mein Brief wurde ja erst heute verschickt).

Bis bald!

...

05.11.2018

Ich habe heute einen Termin bei meiner Hausärztin. Sie hat inzwischen von meinem Chirurgen einen Arztbericht bekommen, in dem er ihr den Befund und auch die Neubeurteilung mitteilte. In diesem Schreiben erklärte er ihr auch das weitere Vorgehen. Er hat ihr dabei auch geschrieben, dass sie bei einer allfälligen Operation willkommen sei, andernfalls würde er eine Fotodokumentation über meine Operation zusammenstellen und ihr senden.

Die Hausärztin dankt mir zuerst für die Vermittlung, denn das Ganze sei sehr interessant.

Anschließend möchte sie wissen, wie es meiner rechten Schulter geht. Ich erzähle ihr, dass ich an dem Tag, als sie mir die Spritze gemacht hätte, am Abend heftige Schmerzen hatte. Am anderen Tag sei ich dann zu ihrem Kollegen gegangen, welcher mir Tilur und Pantoprazol Sandoz 40, einen Magensäurehemmer gegeben hätte. Von Zeit zu Zeit habe ich immer noch leichte Schmerzen. Im Moment bin ich aber schmerzfrei.

Als ich nach Hause komme, ist der Arztbericht von meinem Neurochirurgen, welchen er an auch an meine Hausärztin gesandt hat, im Briefkasten.

06.11.2018

Ich sende meinem Neurochirurgen einen Artikel „Optimierungstechnik bei DBS".

07.11.2018

Wie schon gestern plagt mich mein Tremor an der linken Hand heute wieder extrem. Er ist sogar stärker als vor der Operation. Ich frage mich, ob ich einmal versuchen sollte, Akineton zu erhöhen.

08.11.2018

Wie schon gestern und vorgestern plagt mich mein Tremor an der linken Hand.

11.11.2018

Ich sende ein E-Mail an die Herstellerfirma des Programmiergeräts

Sehr geehrter Damen,
Sehr geehrte Herren,

Vor fünf Jahren wurde bei mir Parkinson diagnostiziert. Am 14.09.2018 hat man mir am Universitätsspital eine DBS-Operation gemacht. Leider hat diese OP nur auf der rechten Seite und am linken Bein den Tremor zum Verschwinden gebracht. Hingegen sind die linke Hand und der linke Arm immer noch sehr stark vom Tremor betroffen. Deswegen werde ich am 16.11.2018 noch einmal operiert.

Da meine Frau und ich sehr gerne reisen, was wir so lange als möglich beibehalten möchten, habe ich mir die Frage gestellt, ob es eine weltweite Arztliste gibt mit den Ärzten, welche eine Ausbildung mit dem Programmiergerät gemacht haben.

Freundliche Grüße
Walter Schaub-Chan

13.11.2018

Heute muss ich packen.

Eine Mitarbeiterin der Herstellerfirma sendet mir ein E-Mail wegen der Arztliste.

Sehr geehrter Herr Schaub

Vielen Dank für Ihre Mitteilung. Leider verfügen wir nicht über eine weltweite Liste der Spezialisten, da diese sich ja auch fortlaufend ändern. Sie können uns aber sehr gerne vor Ihrem Urlaub immer kontaktieren, dann werden wir Ihnen die aktuellen Informationen über Ihr Wunschland zukommen lassen.

Weiterhin gibt es in den USA einen Informationsservice für Patienten, Link finden Sie im Anhang.

Unsere Spezialistin kann aber gerne am 16.11. noch kurz mit Ihnen darüber sprechen, sie wird auch vor Ort sein.

Freundliche Grüße

…

Zweite DBS

Heute ist der Tag meines zweiten Eintritts ins Universitätsspitals B. Auch heute mache ich mir große Hoffnungen, dass ich das Spital in zehn Tagen erleichtert und ohne Tremor verlassen kann.

Meine Frau begleitet mich. Wir nehmen den Bus um 08:17 Uhr. Auch heute bin ich lieber zu früh als zu spät. Kurze Zeit später sitzen wir im Schnellzug nach B. Auch dieses Mal müssen wir nicht lange auf das Tram warten. Bei der Station Universitätsspital steigen wir aus und spazieren das kurze Stück zum Eingang Klinikum 1.

Nach der Anmeldung müssen wir warten, bis uns eine Begleitperson aufruft. Zusammen geht es in den dritten Stock ins Zimmer. Deses Mal bekomme ich ein Einzelzimmer auf der Nordseite.

Um 10:30 Uhr kommt die medizinische Praxisassistentin, eine junge, aufgestellte und hübsche Lehrtochter, misst meinen Blutdruck und nimmt mir fünf Röhrchen Blut ab. Zudem bekomme ich ein Armband mit der Patientennummer. Kurz darauf kommt eine Frau, um die Bestellungen für das Mittag- und Nachtessen aufzunehmen. Kurz danach kommt der Unterassistenzarzt, ein großgewachsener, junger, gutaussehender Arzt, dem die Schwesterherzen nur so zufliegen müssen. Wie am der Assistenzarzt 12.09.2018 stellt auch er mir gewisse Fragen und macht diverse Tests. Zuerst möchte er etwas über den Verlauf meiner Parkinsonkrankheit wissen, z. B. seit wann ich die Krankheit habe, wie es angefangen hat. Auch über den Tremor und die Medikamente.

Anschließend klopft er zuerst meine Brust, den Bauch und den Rücken ab. Er testet dann meine Kraft in den Finger und den Armen. Mit dem Hammer klopft er auch meine Beine ab. Zusätzlich klopft er auch auf meine Kniescheibe. Am Schluss macht er noch einen Augentest, bei dem ich seinem Finger folgen muss, ohne den Kopf zu bewegen. Oder ich muss mit den Zeigfingern auf meine Nasenspitze.

Nachdem sich meine Frau um ca. 11:30 von mir verabschiedet hat, schreibe ich noch ein paar WhatsApp an meine Tochter, meinen Bruder, mein Patenkind und Freunde. Schon bald danach kommen sie mit dem Mittagessen. Anschließend bin ich müde und schlafe ein wenig.

Um 14:20 Uhr werde ich abgeholt zur Anästhesiebesprechung. welche nicht so lange dauert. Um 14:45 Uhr werde ich für ein MRI abgeholt. Gleichzeitig wird noch eine junge Frau abgeholt. Sie erzählt mir auf dem Weg ins Klinikum 2, dass man bei ihr einen Tumor im Gehirn entfernen möchte. Kurz darauf werde ich abgeholt und von einer jungen MPA in den MRI-Raum begleitet, wo ich mich ausziehen und eines dieser blauen Kleider anziehen muss. Dann heißt es warten. Vor dem MRI werde ich gefragt wegen meinen Stimulationssonden. Ich erkläre der MPA, dass sie den Neurochirurgen anrufen und ihn fragen solle, da ich annehme, dass sie diese ausschalten müssten. Nach ca. zehn Minuten kommt mein Chirurg und begrüßt mich. Er hat inzwischen ein neues Gerät bekommen und stellt die beiden Elektroden ab. Vor dem MRI macht die MPA noch einen Kontrastmittelanschluss. Das MRI selbst dauert ca. eine Stunde. Anschließend stellt der Chirurg meine beiden Elektroden wieder an. Bevor ich raus gehe, werfe ich meinem blauen Overall in den dafür vorgesehenen Behälter. Den Weg in Klinikum 1 finde ich selber wieder zurück.

Gegen 18:30 Uhr bringen sie das Nachtessen. Da heute der Tag vor der Operation ist, darf ich bis Mitternacht noch etwas essen. Nach Mitternacht darf ich nur noch trinken. Nach dem Nachtessen ziehe ich mich um für die Nacht, putze die Zähne und wasche mich. Um ca. 19:00 Uhr kommt ein Krankenpfleger und macht mir die Thrombosespritze. Später kommt der Nachtpfleger, ein junger Italiener, welcher aber schon sehr gut Deutsch spricht, obwohl er erst seit zwei Jahren in der Schweiz ist. Da sein Hobby die Fußmassage ist, massiert er meine Füße, was sehr wohltuend ist. Er testet meine beiden Füße. Ich erzähle ihm, dass die Ärzte letztes Jahr Polyneuropathie diagnostiziert hätten, was er aber nicht so recht glaubt, da ich beide Füße spüre, als es darüber streichelt oder krault. Gegen Mitternacht wiederholt er die Fußmassage, was sehr angenehm ist.

15.11.2018

Heute ist ein Zwischentag, nämlich zwischen Spitaleintritt und der zweiten Operation. Ich habe sehr gut geschlafen. Vielleicht auch wegen der Fußmassage. Ich erwache um 05:45 Uhr und bleibe bis 06:15 Uhr liegen und stehe dann auf, spreche mein Morgengebet und nehme eine Dusche. Mein Tremor ist heute wieder heftig, vor allem links. In der Nacht haben mir mein Patenkind, mein Bruder und ein Freund je ein WhatsApp geschrieben. Schon bald bringen sie das Frühstück. Kurz danach nehmen sie die Bestellung für das Mittag- und Nachtessen auf. Anschließend lese ich einen Bericht über Herzinsuffizienz und Vorhofflimmern. Dabei muss ich an meine Frau denken.

Um ca. 09:00 Uhr ist Arztvisite mit meinem Neurochirurgen, drei weiteren Ärzten und einer MPA. Sie reden kurz über meinen Fall und meine zweite Operation und verabschieden sich dann wieder. Kurz danach kommt eine unfreundliche Putzfrau, welche nicht einmal grüßt. Um ca. 15:10 kommt meine Frau. Leider bleibt sie nicht so lange, da es wieder früh dunkel wird und sie noch bei Tageslicht nach Hause möchte. Um 16:15 kommt meine Tochter und bleibt bis um 17:50 Uhr. Um 17:00 Uhr kommt noch mein Chirurg und möchte wissen, wie es mir geht. Nach dem Nachtessen, dem Waschen, Zähne putzen und umziehen, schaue ich noch ein wenig fern. Auch diese Nacht hat wieder der italienische Pfleger seinen Nachtdienst. Auch heute behandelt er wieder meine Füße.

Es ist Freitag. Endlich ist er da, der Tag meiner zweiten Operation. Ich hoffe, dass dieses Mal alles gut verläuft und ich erlöst werde von dem Tremor, welcher in den vergangenen Tagen doch recht stark war. Ich erwache um 04:45 Uhr und meine, es sei 05:45 Uhr. Ich habe völlig vergessen, dass wir nun Winterzeit haben. Ich wasche den ganzen Körper, von Fuß bis Kopf mit Lifo-Scrub, einer desinfizierenden Lösung. Um 07:00 Uhr werde ich abgeholt und in den modernen Operationssaal gefahren, wo ich von jungen Ärztinnen, wobei wieder eine hübscher ist als die Andere, begrüßt werde. Nun kann es losgehen. Zuerst werde ich kahlgeschoren. Während ich das letzte Mal nicht alles mitbekommen habe, höre ich alles, was sie miteinander diskutieren und wie sie die verschiedenen Anschlüsse für Narkose usw., oder die Blutdruck- und Pulsmessung angeschlossen werden, d. h. es erfolgt das Einrichten der Überwachungsgeräte der Anästhesie. Was die Ärzte zu diesem Zeitpunkt noch nicht wissen, ist, dass sie beide Sonden neu platzieren müssen, da die andere Sonde immer aus ihrer Position sprang. Nach der örtlichen Betäubung erfolgt die Anlage des Stereotaxierahmens. Dabei handelt es sich um einen Titanring, der um den Kopf herum mit vier Dornen am Schädel fixiert wird. Anschließend wird eine Computertomographie des Kopfes durchgeführt. Parallel dazu werden die genauen Zielpunkte für die Implantation der Elektroden durch den Chirurgen am Computer errechnet. Nach Hautdesinfektion am Kopf und steriler Abdeckung des Operationsgebietes beginnt die Operation.

Die Haut wird örtlich betäubt. Das Anbringen des Bohrloches im Knochen verursacht keine Schmerzen. Es dauert wenige Sekunden und wird als ein lautes Geräusch gehört. Anschließend wird über die Zielvorrichtung eine Mikroelektrode langsam in ½-Millimeter-Schritten unter Aufzeichnung von Hirnströmen der Zellen um die Spitze herum vorgeschoben. Das Zielgebiet hat dabei in der Regel ein charakteristisches Signal, was eine noch genauere Lokalisierung erlaubt als die kernspintomographische

Bildgebung allein. Da bei mir die Löcher für die Sonden schon vorhanden sind, wird ein wenig anders vorgegangen. Aber auch jetzt heißt es vom Chirurgen wieder 5.0, was von der Gegenseite bestätigt wird, also 5.0, dann geht es schrittweise rückwärts, also 4.5, 4.0, 3.5, 3.0, bis -2.5. Während der Teststimulation stellt mir einer der Ärzte wieder diverse Aufgaben z. B.

- Ich muss von 30 rückwärts zählen. (30-29-28-27 usw.)
- Ich muss diverse Wörter buchstabieren. (Washington, Trump)
- Ich muss von 100 immer 6 abziehen. (100-94-88-82 usw.)
- Ich muss die Monate aufzählen. (Januar-Februar- März usw.)
- Ich werde gefragt, wo wir hier sind. (im Unispital)
- Ich werde nach dem Ort gefragt, in dem wir sind. (B.) usw.

Dabei hat es darum, die Wirksamkeit der Stimulation an dieser Stelle zu bestätigen. Bei gutem Ansprechen wird die definitive Elektrode unter Röntgenkontrolle an genau diesen Punkt gebracht und am Knochen fixiert.

Da der Impulsgenerator bei mir schon drin ist, werden die Elektroden noch angeschlossen.

Nach der Implantation der Elektroden werde ich für eine Nacht in die Intensivstation gebracht. Der zuständige MPA macht seine Sache sehr gut und umsorgt mich hervorragend.

17.11.2018

Es ist Samstag. Dieses Mal habe ich besser geschlafen als bei der ersten Operation. Kurz nach dem Frühstück werde ich in den Neurologischen Aufwachraum in den 3. Stock gebracht. Anschließend verschlafe ich den ganzen Tag und bin nur zum Essen wach.

Zwischendurch kommt einmal ein Arzt für Neurochirurgie und Pädiatrische Neurochirurgie, der auch bei der Arztvisiete dabei war, und möchte kurz wissen, wie es mir geht.

18.11.2018

Es ist Sonntag. Obwohl ich ein wenig Kopfschmerzen habe, bin ich immer noch zufrieden. Vor allem als man mir eröffnet, dass die Operation sehr gut verlaufen sei. Ich bete zu Gott und danke ihm, dass alles gut gegangen ist. Gegen 10:50 Uhr werde ich wieder in mein Zimmer gebracht, wo ich gleich wieder anfange zu schlafen. Am Nachmittag besuchen mich meine Frau und meine Tochter. Auch sie sind froh, dass die Operation gut verlaufen ist. Wir diskutieren über dies und jenes. Gegen 16:00 Uhr gehen sie wieder. Nach der Blutdruckmessung und der Augenkontrolle mache ich gegen 16:30 Uhr in die Hosen. Dieses Mal kam es ohne Ankündigung, einfach so.

19.11.2018

Es ist Montag. Ich habe wieder gut geschlafen. Aufstehen, Duschen, Frühstück usw. Gegen 09:00 Uhr kommt mein Neurochirurg mit dem habilitierten Arzt, der auch bei der Arztvisite dabei war, und wollen wissen, wie es mir geht. Nach dem Mittagessen kommt um 15:30 Uhr meine Frau vorbei. Den Rest verschlafe ich wieder. Irgendeinmal rufe ich meine Tante an. Sie freut sich. Wir reden über dies und jenes und machen ab, dass sie mich am Donnerstagnachmittag, dem 22.11.2018 nach ihrem Arzttermin in der Uni besuchen kommt. Wir machen zwischen 13:30 Uhr und 14:30 Uhr im Restaurant ab.

20.11.2018

Nach der Morgentoilette und dem Frühstück kommt um 09:00 Uhr mein Neurochirurg vorbei. Er kommt um 11:30 Uhr noch einmal mit dem Arzt, der auch bei der OP dabei war. Beide meinen, dass es mir sicher guttun würde, anschließend in die Reha nach R. zu gehen, da die Operation doch nicht so leicht gewesen sei. Den Rest des Tages schlafe ich wieder und stehe nur zum Essen auf.

21.11.2018

Ich erwache mit leichten Kopfschmerzen. Gegen 07:45 ist kleine Arztvisite. Um 08:15 Uhr kommen sie mit dem Frühstück. Um 09:00 Uhr kommt mein Neurochirurg mit seinem Assistenzarzt. Anschließend gehe ich nur kurz spazieren, da meine Beine etwas schwach sind. Im Gang sehe ich wie den italienischen Pfleger mit der Patientin redet, die ich am Weg zur OP getroffen habe. Ich frage sie, ob die Operation mit der Entfernung des Tumors gut verlaufen sei, worauf sie meint, dass sie alles erwischt hätten und alles bestens sei, was natürlich auch mich freut. Auch sie freut sich, dass bei mir alles gut gegangen ist. Sie erzählt mir, dass gestern Abend ihre Schwester bei ihr gewesen sei und sie zusammen eine Pizza gegessen hätten, was für sie wie ein Festessen gewesen sei, nach dem lausigen Essen hier. Heute kann sie zum Glück wieder nach Hause. Wir wünschen uns gegenseitig alles Gute.

Anschließend kommt der Pfleger zu mir. Wir reden ein paar Worte miteinander. Den Rest des Tages schlafe ich wieder, bis zum Nachessen. Anschließend Waschen, Zähneputzen, Fernsehen, Thrombosespritze usw.

22.11.2018

Es ist Donnerstag. Ich stehe, wie immer um 06:45 Uhr auf, rasiere mich, dusche mich, ziehe mich an. Nach dem Frühstück ist um 08:30 Uhr wieder Arztvisite. Es kommen dabei die gleichen Leute wie vor einer Woche. Wie immer bei solchen Visiten, wird einfach gefragt, wie es geht,und bevor man antworten kann, sind sie schon wieder weg. Um 11 rufe ich kurz meinen alten Schulfreund an. Wir machen auf Nachmittag ab. Er kennt ja meine Tante von der Konfirmation meiner Tochter her auch.

Ich gehe also um 13:30 Uhr ins Restaurant hinunter und nehme im hinteren Teil Platz. Ca. um 14:15 Uhr kommt der Krankenpfleger aus Finnland und teilt mir mit, dass eine ältere Dame mich besuchen wolle. Sie sei sehr redhaft und hätte ihm schon ihr halbes Leben erzählt. Ich weiß natürlich sofort, dass dies meine Tante sein muss. Ich gehe also mit dem Pfleger nach oben, wo mich meine Tante herzlich begrüßt. Als ich ihr meine beiden „Hörner" zeige, erschrickt sie ein wenig. Wir gehen zusammen nach unten. Da sie vorher beim Arzt war, kann sie nicht mehr sitzen, weshalb sie die ganze Zeit steht. Um 15:00 Uhr kommt dann mein Schulfreund und setzt sich zu uns. Von nun an redet nur noch meine Tante. Mein Freund und ich sind nun zum Zuhören verurteilt, wobei es nicht einmal langweilig ist. Sie kann sehr gut und auf eine spannende Art aus ihrem Leben erzählen.

Inzwischen ist es schon spät und draußen schon dunkel geworden. Nachdem wir uns von meiner Tante verabschieden, kommt mein Jugendfreund noch schnell nach oben, da er sehen möchte, wie mein Einzelzimmer eingerichtet ist. Als wir aus dem Fenster schauen, sehen wir in der Ferne den Vollmond in seiner vollen Größe. Er scheint etwas größer zu sein als normal. Später kommt die MPA von der Visite und verabschiedet sich. Vom Montag an arbeitet sie im Seniorenzentrum, um dort ihre Lehre weiter zu führen. Sie ist eben verpflichtet, während der Lehre an verschiedenen Orten zu arbeiten.

Nach dem Nachtessen wie üblich Waschen, Zähne putzen, Umziehen, Fernsehen, Thrombosespritze.

23.11.2018

Ich erwache um 05:45 Uhr und gehe mir die Zähne putzen, mich rasieren und duschen. Nun heißt es zuerst warten, dann frühstücken. Um 09:00 Uhr kommen mein Neurochirurg und sein Team. Ich frage ihn wegen dem Ausweis, wobei er zuerst nicht weiß, was ich meine. Als ich „Flugplatz" erwähne, kommt er nach und meint, dass er mir diesen Ausweis noch geben werde. Wie meistens am

Morgen hole ich in der Aufenthaltsecke die Zeitung. Als ich diese um 10:50 Uhr wieder zurückbringe, wartet dort die Frau, welcher man den Tumor entfernt hat. Sie klagt über heftiges Kopfweh. Als ihr eine Krankenschwester ein Stück Kuchen bringt, geht es ihr nach einer Weile etwas besser. Sonst geht es ihr aber gut. Sie ist froh, diese Operation gemacht zu haben. Nachdem wir ein paar Worte gewechselt haben, wünschen wir uns gegenseitig alles Gute, vor allem gute Gesundheit. Um 11:15 Uhr rufe ich die Mutter von meinem Göttikind an. Sie freut sich darüber. Wir diskutieren über diverse Dinge. Sie hat Probleme mit ihren Knien, geht aber trotzdem ins Altersturnen, da sie merkt, dass es ihr guttut.

Den Rest des Tages verbringe ich mit Spazieren und vor allem mit Schlafen.

Am Nachmittag spritze ich mir Metoject 17,5 mg gegen meine Polyarthritis.

24.11.2018

Es ist Samstag. Heute kommt eine neue MAP, eine hübsche, junge Krankenschwester, welche viel Ruhe und Geborgenheit ausstrahlt. Sie ist aus Italien, aber hier aufgewachsen. Sie kommt ab und zu und fragt nach dem Befinden.

Heute kann mein Nachbar, den man von Zeit zu Zeit gehört hatte, das Spital verlassen.

Auch heute ist, außer beim Essen, wieder schlafen angesagt. Ich habe zwar gehofft, dass meine Cousine und ihr Mann mich heute besuchen würden, aber dem war nicht so.

25.11.2018

Es ist Sonntag. Es tönt wie Musik in meinen Ohren, als zwischen 10:15 Uhr und 10:30 Uhr die verschiedenen Glocken von B. ertönen.

Sonst heißt es auch heute schlafen und noch einmal schlafen. Ich erinnere mich an unsere Tochter, als sie klein und krank war, da hat sie manchmal sechzehn Stunden am Stück geschlafen und ist anschließend wieder gesund aufgestanden.

Mein Bruder sendet mir ein WhatsApp, in dem er von einem Berliner Sender berichtet, welcher eine DBS-OP gefilmt haben. Ich schaue mir diesen Film an, bis nichts mehr geht und die Meldung kommt, dass ich mein Telefon wieder aufladen müsse.

Zweite Reha

26.11.2018

Ich erwache um 06:00 Uhr und gehe Zähne putzen, rasieren und duschen. Nun heißt es warten, frühstücken und weiter warten. Die Schwester teilt mir dann noch mit, dass ich den Arztbericht noch bekommen werde.

Gegen 09:15 Uhr kommen mein Chirurg und sein Team. Sie bringen mir den Arztbericht.

Nun heißt es warten, bis ich abgeholt werde, um nach R. gebracht zu werden. Um ca. 10:00 Uhr kommt der Chauffeur. Obwohl auch er mich auffordert, im Rollstuhl Platz zu nehmen, ziehe ich es dieses Mal vor, selber zu gehen. Dieses Mal nehmen wir einen normalen PKW. Der Fahrer ist noch nicht lange Chauffeur. Er war die vergangenen Jahre in den USA als Krankenpfleger tätig und wollte wieder in die Schweiz zurück. Durch ein Inserat ist er dann auf diesen Dienstgeber gekommen und hat sich als Fahrer beworben. Während der erste Fahrer direkt auf die Autobahn zusteuerte, fährt der jetzige Fahrer zuerst in Richtung Autobahn, verlässt diese aber wieder und fährt dann durch mehrere Ortschaften bis zur Rehaklinik.

In der Reha gehen wir zuerst zum Anmeldeschalter. Der Helfer, welcher mich in mein Zimmer bringen wird, erklärt mir zuerst, dass ich noch einen Moment warten müsse, da mein Bett noch nicht bereit sei.

Ich gehe mit einer Helferin den Gang entlang zum Lift, dann in den zweiten Stock und ins Zimmer. Dieses Mal bin ich im alten Teil, was man auch merkt, denn die Zimmer sind nicht so modern wie im neuen Gebäudeteil.

Trotzdem haben auch die alten Zimmer einen eigenen Balkon. Dieses Mal habe ich keinen Fensterplatz. Die Helferin gibt mir neben einem Informationsblatt noch einen Essensgutschein für das Mittagessen. Auf dem Informationsblatt stehen die verschiedenen Termine von heute drauf.

11:30 Uhr bis 12:45 Uhr   Mittagessen in der Cafeteria.
13:30 Uhr bis 13:30 Uhr   Therapieplanung im Zimmer

Um 10:30 Uhr kommt eine große, junge und hübsche Ärztin und macht diverse Untersuchungen, z. B. Blut, Sauerstoffgehalt, Blutdruck, Puls usw. Sie macht auch verschiedene Bewegungsübungen, ähnlich wie der Arzt in der Uniklinik. Als sie meine Krankengeschichte etwas durchschaut, fragt sie mich, ob man seit der Lungenembolie eine weitere Untersuchung z. B. einen Ultraschall von meiner Lunge gemacht hätte. Als ich verneine, empfiehlt sie mir, dies das nächste Mal beim Hausarzt anzusprechen.

Das Mittagessen nehme ich in der Cafeteria ein. Nach dem Mittagessen werde ich von der Patientenmanagerin auf dem Zimmer begrüßt. Zusammen besprechen wir den weiteren Therapieplan. Da ich vom letzten Mal noch einiges weiß, äußere ich den Wunsch, dass man mir unter anderem Akupunktur, Klangbett und Massage verschreibt.

Um 15:00 Uhr mache ich das erste Mal Bekanntschaft mit meinem Zimmergenossen, einem Inder, welcher am Rücken operiert wurde und während der Operation einen Schlaganfall erlitt. Er ist richtig hilflos und braucht Hilfe beim Waschen, beim Anziehen oder beim auf die Toilette Gehen.

Da ich eine Telefonkarte brauche, fahre ich mit dem Bus in die Stadt und hole beim Kiosk eine solche Karte für 100,00 CHF. Anschließend spaziere ich, da das Wetter mitspielt, zur Reha zurück.

Um 17:00 Uhr gehe ich zum Nachtessen. Den Weg zum Esssaal kenne ich ja noch.

Dort angekommen begrüßt mich die Chefin des Speisesaals. Sie führt mich zum Tisch. Ich werde kurz vorgestellt.

Links von mir sitzt ein 44-jähriger Mann, welcher vor zwei Jahren einen schweren Schlaganfall hatte und seither halbseitig gelähmt ist. Rechts von mir sitzt ein Patient, welcher ebenfalls einen Schlaganfall hatte, zum Glück aber nur einen leichten. Neben ihm sitzt eine Patientin, welche wegen einer Knieoperation hier ist. Visavis von ihr sitzt eine Frau, welche wegen Hüftproblemen hier ist. Rechts neben ihr sitzt ein Mann, der wegen Hüft-, Rücken- und Schulterschmerzen in der Reha ist. Rechts neben ihm und gegenüber mir sitzt eine Frau, welche ebenfalls wegen Hüft- Rücken- und Schulterschmerzen hier ist. Die ganze Truppe harmoniert ausgezeichnet, noch fast besser als die Gruppe, in welcher ich vor einem Monat war. Zwei Tage später kommt dann noch die Zimmergenossin der Tischkollegin mit den Hüft- Rücken- und Schulterschmerzen zu uns. Sie wollten sie zuerst am Nachbarbartisch platzieren, worauf unsere Tischkollegin reklamierte, bis sie zu uns kam. Die neue Tischnachbarin ist wegen einem Schleudertrauma hier und passt ausgezeichnet zu unserem Tisch.

Jeder an unserem Tisch hat sein eigenes Schicksal. Während der Schlaganfall-Patient neben mir nicht richtig reden kann, da die eine Hälfte normal ist, die andere aber gelähmt, ist der zweite Schlaganfallpatient immer gut aufgelegt und hat immer einen Spruch auf Lager. Die beiden Frauen mit den Knie- bzw. den Hüftproblemen ergänzen unseren Tisch mit ihrer ruhigen Art zu diskutieren. Den beiden Patienten mit den Hüft-, Rücken- und Schulterschmerzen sieht man zeitweise an, dass sie Schmerzen haben. Beide schwärmen von ihren Kindern:

Er erzählt mir einmal, dass er mit seinem Vater eine Firma hatte, welche sein Vater dann ruinierte oder an den „Karren" fuhr. Seine Ehe ging auch in die Brüche, weil seine Frau, als die Tochter in den Kindergarten ging, anfing zu trinken und jeden Abend in den Ausgang ging und betrunken nach Hause kam. Dabei hatten sie ein schönes Haus, welches er selber gebaut hatte. Sie hätten es wirklich schön haben können zusammen. Sein einziger Stolz sind seine Kinder, eine Tochter und ein Sohn. Da er sich beruflich zu viel zugetraut hatte mit dem Herumschleppen, hat er vor allem seinen Rücken und somit auch seine Gesundheit kaputt gemacht und ist auf IV angewiesen.

Seine Sitznachbarin hat gesundheitlich ein ähnliches Schicksal wie er und manchmal heftige Schmerzen in der Hüfte, dem Rücken und der Schulter. Sie hat als MPA ihren Rücken beim Herumtragen von Patienten kaputt gemacht.

Beide kennen sich von früher, weil sie im Nachbardorf gewohnt hat. Sie haben sich dann aus den Augen verloren und wurden nun zufällignebeneinander platziert. Eigentlich hätten die Beiden zueinander gepasst, denn sie ergänzen sich beide, schon durch ihre gesundheitlichen Probleme. Irgendwie hat es aber das Schicksal anders mit ihnen gemeint.

Die neue Tischkollegin mit dem Schleudertrauma, welche einmal fünf Sprachen sprach, war mit ihrem Mann in Italien auf der Autobahn unterwegs als vor ihnen plötzlich ein Teil auftauchte, welches ein Lastwagen verloren hatte. Sie konnten nicht links und auch nicht rechts ausweichen und flogen über das Teil. Beim Aufprall schleuderte es ihren Kopf nach hinten und wieder nach vorne, also ein typische Schleudertrauma. Seither hat sie manchmal heftige Schmerzen, welche sich vor allem auf ihrer rechten Seite vom Gesicht nach unten bis in den Arm ziehen. Zu Hause hat man sie dann als Simulantin hingestellt, was ihr bis heute zu schaffen macht. Ich erzähle ihr von der Atlaslogie, einer sanften, energetischen Methode: Der erste Halswirbel heißt Atlas und trägt den Kopf. Der Atlas wird bei der Atlaslogie ohne Hilfsmittel und Apparate in Schwingung gebracht und so zentriert. Die Schwingung des Atlas überträgt sich auf die restliche Wirbelsäule. Dadurch wird die bestmögliche Statik der Wirbelsäule wiederhergestellt und somit kann die bestmögliche Selbstheilung im Körper wieder stattfinden. Verschiebungen von Wirbeln und Bandscheiben können Reizungen des Nervensystems verursachen und die Strukturen, Organe und Funktionen beeinträchtigen, was zu vielerlei Beschwerden führen kann. Ich verspreche ihr, dass ich ihr Adressen von Atlaslogisten bringen werde.

Ich gehe deshalb nach dem Nachtessen ans Internet und finde die Adressen von mehreren Atlaspraxen:
https://www.praxis-lapietra.ch/therapieformen
https://www.atlantotec.com/de/
https://www.zfkm.ch/

Nach dem Zähneputzen und Waschen wird wie meistens um diese Zeit Fernsehen geschaut.

27.12.2018

Nach der Morgentoilette gehe ich, wie meistens, kurz vor 07:00 Uhr zum Frühstück, nachdem ich zuerst zur Blutentnahme gegangen bin. Anschließend bin ich wieder der erste an unserem Tisch. Das Frühstücksbuffet bietet, wie schon letztes Mal, als ich hier war, einiges von verschiedenen Broten, Butter, Konfitüre, Honig, Käse, Schinken, Birchermüesli, Jogurt, Orangen- oder Kiwisaft usw. Da ich richtig Hunger habe, schlage ich dementsprechend zu.

Ich gebe der Tischnachbarin mit dem Schleudertrauma, welche kurz nach mir kommt, noch die Atlaslogieinfos.

Der Therapieplan hat heute Folgendes für mich vorgesehen.

07:20 Uhr bis 07:40 Uhr	Blutentnahme im Labor Nüchtern vor Frühstück	8 (0) Labor
09:15 Uhr bis 09:55 Uhr	Terrain-Training (Im Freien)	12 (0) Physiotherapie Erw.
10:30 Uhr bis 10:55 Uhr	Balance-Gruppe	15 (0) Physiotherapie Erw.
12:45 Uhr bis 13:15 Uhr	Physiotherapie	13 (0) Med Training
14:45 Uhr bis 15:30 Uhr	Ergotherapie	13 (1) Ergotherapie Erw.
16:00 Uhr bis 16:15 Uhr	Ausdauertraining(Bitte feste Schuhe anziehen)	13 (0) Med. Training

Als ich vom Spazieren zurückkomme, sehe ich in der Ferne einen Mann, welcher mir bekannt vorkommt. Später kommt mir in den Sinn, dass es einer sein muss, mit dem ich vor drei Jahren in der Parkinsonstudie in der Universität B. zusammen war.

Für das Terrain-Training werden zwei Gruppen gebildet. Eine Gruppe läuft die leichte Route ums Reha-Gelände, während die andere Gruppe in den Wald geht. Ich schließe mich dieses Mal der Reha-Gruppe an, da ich mich irgendwie zu schwach fühle, um mit der Waldgruppe zu gehen, da diese doch ein hohes Tempo anschlägt.

Beim Balance-Gruppen-Training müssen wir zuerst kreuz und quer herumlaufen, manchmal schnell, dann wieder langsam. Dann ein Fuß vor den anderen. Dann mit schwenkenden Armen. usw. Eigentlich ist es wie das letzte Mal, als ich hier war.

In der Physiotherapie macht eine junge, hübsche, aufgestellte Frau mit mir diverse Übungen. Sie macht sich auch Notizen. Die Gleichgewichtsübungen sind dabei gar nicht so leicht. Es gelingt mir nicht immer, ruhig z. B. auf einem Bein zu stehen.

Ergotherapie habe ich bei einer hübschen, jungen und ebenfalls aufgestellten Frau. Wir reden über diverse Dinge, vor allem über meine DBS-Operation. Sie ist sehr interessiert. Schließlich sagt sie, dass sie das Gefühl hätte, dass ich keine Ergotherapie brauche. Wenn ich aber möchte, könne ich mein Gedächtnis selber trainieren, und zwar jeden Nachmittag für eine halbe Stunde am Computer. Sie schreibt mir auf, wie ich in das entsprechende Programm hineinkomme. Dabei kann ich z. B. unter Bilderreihe und Doppelspiele diverse Übungen machen.

Als ich mich von Me. verabschiede, kommt mir vom Lift her ein Mann entgegen und spricht mich auf meine DBS an. Auch er hat zwei „Hörner", also auch eine DBS-Operation hinter sich. Auch er wurde durch meinen Neurochirurgen operiert. Wir reden ein paar Worte miteinander, vor allem über unsere Krankheit.

Um 17:00 Uhr kommt die Ärztin, die mich gleich nach meiner Ankunft in der Reha untersucht hat, noch einmal und hat noch ein paar gesundheitliche Fragen.

Im Ausdauertraining werde ich im Fitnesscenter auf dem Velo instruiert.

Als ich vom Nachtessen zurückkomme, steht der Fremde und doch Bekannte, welchen ich am Morgen gesehen habe im Gang und diskutiert mit einem der Pfleger. Ich gehe zu ihnen. Es ist tatsächlich einer der Studienteilnehmer. Er hätte mich nicht erkannt. Wir reden eine Weile miteinander, vor allem über unsere Krankheit. Er hat ja die DBS vor vier Jahren machen lassen und hatte nun vier Jahre seine Ruhe. Nun haben sie ihm neue Tabletten gegeben und seither hat er Probleme. Er hat Schmerzen in seinen Füßen und Beinen und kann nicht mehr richtig laufen. Er hat nun einen Termin mit dem Chefarzt der Klinik abgemacht und hofft natürlich, dass ihm dieser helfen kann.

Anschließend ist Zähne putzen und waschen angesagt und wie meistens um diese Zeit Fernsehen. Leider zittere ich heute wieder an meiner linken Hand.

28.11.2018

Heute ist schon Mittwoch.

Beim Frühstück verlange ich für das Mittagessen einen Gutschein, da ich heute im Restaurant mit einem ehemaligen Arbeitskollegen abgemacht habe. Leider zittere ich heute wieder an meiner linken Hand.

Mein Sitznachbar, der seit dem Schlaganfall teils gelähmt ist, hat heute seinen letzten Tag und verlässt uns.

Der Therapieplan hat heute folgendes für mich vorgesehen.

09:15 Uhr bis 09:55 Uhr	Terrain-Training (Im Freien)	12 (0) Physiotherapie Erw.
10:00 Uhr bis 10:30 Uhr	Akupunktur	8 (0) Chinesische Medizin
12:45 Uhr bis 13:15 Uhr	Physiotherapie	12 (0) Physiotherapie Erw.
14:00 Uhr bis 14:30 Uhr	Eigentraining PC	13 (1) ErgotherapieErw.
15:15 Uhr bis 15:45 Uhr	Klassische Massage	15 (0) Massage

Auch heute entscheide ich mich für die Reha-Gruppe.

Um 10:00 Uhr habe ich bei einer zierlichen Chinesin Akupunktur. Als erstes meint sie mit zierlicher Stimme: „Leider spreche ich noch nicht so gut Deutsch." Zuerst macht sie, wie alle chinesischen Doktoren, Puls- und Zungendiagnose. Anschließend muss ich mich aufs Bett legen. Sie steckt die etwa 15 Nadeln so, dass man überhaupt nichts spürt. Nun muss ich eine halbe Stunde liegen. Ich versuche, autogenes Training zu machen, was mir aber nicht ganz gelingt. Vor allem das Schweregefühl bringe ich nicht hin.

Kurz vor 12:00 Uhr setze ich mich rechts vom Eingang in einen der Sessel. Von hier habe ich den Überblick und sehe sofort, wenn mein ehemaliger Arbeitskollege kommt. Dieser kommt pünktlich um 12:05 Uhr. Bevor wir uns setzen, holen wir zuerst unser Essen.

Anschließend erzählt er mir, wie er seit seinem Schlaganafall gewaltige Konzentrationsmängel habe und bei der Arbeit oft am Anschlag sei. Als ich ihm von den diversen Patienten hier in der Reha erzähle, welche Hirnschläge hatten und nun halbseitig gelähmt im Rollstuhl sind, meint er nur, dass er den Herrgott im Hosensack gehabt hätte. Er wisse schon, dass er wahnsinniges Glück gehabt hätte.

Wir reden dann noch ein wenig über meine Krankheit und die Aussichten. Leider habe ich um 12:45 Uhr schon meinen nächsten Termin. Ich habe nicht einmal Zeit, ihn ein wenig in der Reha herumzuführen. Wir machen aber ab, dass ich mich nächstes Jahr bei ihm melden werde und wir uns dann mehr Zeit nehmen.

Von 12:45 Uhr bis 13:15 Uhr habe ich Physiotherapie bei einem, jungen aufgestellten Typ. Er schaut sich zuerst die Notizen der Therapeutin an, bei welcher ich das letzte Mal Physiotherapie hatte. Er zeigt mir dann diverse Übungen:

Physiotherapeutische Übungen

Brustkorb-Rotation:	Zuerst muss ich die Hände auf meinen Brustkorb legen. Nun muss ich den Brustkorb leicht und rhythmisch hin und her bewegen. Der Kopf und das Becken bleiben stabil und bewegen sich nicht mit.Wiederhole die Übung 30–60 Sekunden.
Aufrichtung:	Setze dich mit möglichst geraden Rücken hin. Die Hände sind in der Taille abgelegt. Ziehe die Schulterblätter nach hinten-unten. Verlagere den aufrechten Körper nach vorne und wieder zurück. Wiederhole die Übung 15 Mal.
Mobilisation Becken + Lendenwirbelsäule:	Setze dich mit möglichst geraden Rücken hin. Lege die Arme auf Deine Oberschenkel. Kippe nun das Becken nach vorne, sodass sich die Lendenwirbelsäule streckt. Rolle über den Sitzbeinhöcker zurück in die Ausgangsstellung. Wiederhole die Übung 20 Mal.

Der Therapeut ist sehr streng und korrigiert mich ständig. Aber er hat schon Recht und macht dies sehr gut. Trotzdem sind die Übungen recht anstrengend. Ich erzähle ihm anschließend von den LSVT-Übungen gegen Parkinson. Er zeigt Interesse und meint, dass ich diese das nächste Mal mitbringen solle. Er gibt mir noch das Leintuch und bittet mich, dieses das nächste Mal ebenfalls mitzubringen. Die halbe Stunde ist recht schnell vorbei.

Zwischen 14:00 Uhr bis 14:30 Uhr hätte ich Ergotherapie-Eigentraining am PC. Da ich gemeint habe, dass ich wie immer abgeholt werde, warte ich bis um 14:10 Uhr. Plötzlich sehe ich ein kleines Schild, mit der Aufschrift „Eigentraining" an der Türe. Auf der Zeittabelle sehe ich, dass mein Name eingetragen ist. Als ich die Türe öffne, ist aber schon jemand drin. Ich lasse deshalb dieses heutige Eigentraining sausen und gehe ins Zimmer zurück und lege mich etwas hin.

Leider habe ich keine Ruhe, da die Putzfrauen im Zimmer sind. Dabei schlägt die eine mit ihrem Besen ständig an die Wand „Päng" „Päng". Wieso kann die nicht etwas ruhiger putzen?

Um 15:00 Uhr gehe ich nach unten ins Erdgeschoss in die Abteilung Massage. Zwischen 15:15 Uhr und 15:45 Uhr habe ich bei einem groß gewachsenen Physiotherapeuten Klassische Massage. Zuerst möchte er mein Problem wissen. Ich erzähle ihm, dass ich Probleme mit meiner rechten Schulter hätte. Er möchte zuerst wissen, wie hoch ich meinen rechten Arm heben kann. Als ich in der Waagrechten bin, ist schon fertig und ich habe Schmerzen. Er montiert nun ein Nackengestell am Bett, auf welches ich mich legen muss, nachdem ich meinen Oberkörper frei gemacht hatte. Er massiert nun meinen Nacken, vor allem rechts und kommt dabei auf einige schmerzhafte Punkte. Tut das gut! Ich merke, wie sich die Verspannung löst. Nach der Massage fordert er mich auf, den Arm zu heben, wobei ich dieses Mal ohne Probleme bis nach oben komme. Super. Wenn man nur alles so schnell wegmassieren könnte. Leider zittere ich heute wieder an meiner linken Hand.

Zum Nachtessen bekommen wir einen neuen Gast, welcher links neben mir Platz nimmt. Er hatte auch vor Jahren einen Schlaganfall und ist nun zum zweiten Mal hier und kennt deshalb den Betrieb.

Nach dem Nachtessen, ist, wie immer um diese Zeit, Zähneputzen und Waschen und Fernsehen angesagt. Wie immer rufe ich vorher, d. h. um 19:00 Uhr meine Frau an, um mich zu erkundigen, ob sie die Tabletten genommen hat. Gleichzeitig bitte ich sie, mir ein paar von meinen Büchern mitzubringen, sowie meine Parkinsonübungen. Da ich mir Sorgen mache wegen der Vergesslichkeit meiner Frau, versuche ich ihr zu erklären, wo sie diese Unterlagen finden kann. Gleichzeitig bitte ich sie, mir eine Telefonkarte für 50 Franken zu bringen, da mein Kontostand wieder auf 0 ist.

29.11.2018

Ich habe gut geschlafen. Das Personal verhielt sich ganz ruhig und, wenn jemand reingekommen ist, haben sie mit geflüstert. Nach der Morgentoilette schaue ich mir zuerst den heutigen Therapieplan an.

09:30 Uhr bis 10:15 Uhr	Ergotherapie	13 (1) Ergotherapie Erw.
10:15 Uhr bis 11:00 Uhr	Arztvisite	Zimmer
13:15 Uhr bis 13:40 Uhr	Balance-Gruppe	15 (0) Physiotherapie Erw.
14:00 Uhr bis 14:30 Uhr	Ausdauertraining(Bitte feste Schuhe anziehen)	13 (0) Med. Training
14:30 Uhr bis 15:00 Uhr	Eigentraining PC	13 (1) Ergotherapie Erw.
15:45 Uhr bis 16:15 Uhr	Akupunktur	8 (0) Chinesische Medizin

Ich erzähle der Ergotherapeutin davon, dass ich gestern in das Eigentraining wollte und erst nach zehn Minuten realisiert hätte, dass an der Türe ein kleines Schild hing mit der Aufschrift „Eigentraining". Leider sei dann aber schon jemand anderes im Raum gewesen. Sie erklärte mir dann, dass der Raum, wenn ich auf dem Plan eingetragen sei, auch für mich reserviert sei.

Dieses Mal fordert sie mich auf, auf Kognitive Strategien/ Auswahl/Trainigsstufen zu gehen, wo es ebenfalls einige interessante Übungen gibtt.

Da der Chefarzt krank ist, auch dies kann es geben, dass ein Arzt krank ist, kommt heute bei der Arztvisite um 11:15 Uhr der Chef persönlich. Dieser möchte wissen, wie es geht. Da es mir im Moment wieder gut geht, sage ich nichts von den Zitterattacken in den letzten Tagen.

Das Balance-Gruppen-Training wird heute unserer Trainerin und einer Azubi geleitet. Heute ist das Thema Gleichgewicht. Zuerst müssen wir uns auf dem Stuhl gerade hinsetzen. Der Rücken ist gerade. Nun müssen wir das Becken nach vorne kippen und anschließend wieder zurück. Nun stehen wir langsam auf, indem wir das Gewicht des Oberkörpers langsam nach vorne bewegen. Nun schauen wir zum Nachbar rechts und anschließend nach links. Nun schauen wir nach oben, dann nach unten. Bei der nächsten Übung reichen wir einen Ball dem Nachbarn rechts. Nun versuchen wir, auf einem Bein zu stehen. usw.

Vor dem Mittagessen möchte ich meinen Safe öffnen, aber es funktioniert nicht. Schließlich klingle ich der MPA. Als diese kommt, meint sie, dass sie den Hausdienst anrufen müsse.

Da dieser aber nicht kommt, gehe ich nach dem Mittagessen noch einmal ins Büro und erkundige mich noch einmal. Die MPA hat es vergessen, ruft aber sofort an und fünf Minuten später steht der vom Hausdienst schon da und entriegelt meinen Safe mit seinem speziellen Code.

Meine Frau kommt vorbei, bleibt aber nicht lange, einerseits, weil ich Therapie habe, andererseits, weil sie wieder nach B. möchte. Sie hat mir leider das Buch über Parkinson gebracht, anstatt die Parkinsonübungen, zudem konnte sie meine Bücher über die Besteigung des Kilimandscharo nicht finden. Ich erkläre ihr deshalb noch einmal ganz ruhig, wo sie die entsprechenden Unterlagen finden kann.

Im Ausdauertraining, welches im Fitnesscenter stattfindet, werde ich zuerst auf dem Velo instruiert. Dann geht es an ein Gerät, wo ich an Seilen ziehen muss, um ein Gewicht hochzuheben, um angeblich die Schultergelenke zu stärken. Nachher heißt es Platznehmen auf dem Gerät, bei dem man die Beine mit Gegengewicht nach vorne drücken muss. Anschließend wieder zurück. Beim letzten Gerät muss ich auf einer beweglichen Platte stehen, um das Gleichgewicht zu schulen.

Von 14:00 Uhr bis 14:30 Uhr habe ich Ergotherapie-Eigentraining am PC.

Um 15:45 Uhr habe ich Akupunktur. Zuerst macht sie wie letztes Mal die Puls- und Zungendiagnose. Anschließend soll ich mich aufs Bett legen. Nun muss ich wieder eine halbe Stunde liegen. Ich versuche wieder, autogenes Training zu machen, was mir aber auch heute nicht ganz gelingt.

Dann treffe ich den Patienten an, der ebenfalls eine DBS hatte. Er fragt mich, ob ich Zeit hätte für einen Kaffee. Wir gehen zusammen ins Restaurant und reden natürlich über unsere Operationen.

Inzwischen hat mir meine Frau die Parkinsonübungen und auch die Bücher gebracht.

Nach dem Zähneputzen und Waschen schaue ich wieder fern.

Der DBS-Kollegesendet mir ein E-Mail mit diversen Feststellungen. Allerdings kann ich es nicht anschauen, da ich meine Daten zu Hause vergessen habe.

Beim Frühstück wird uns ein neuer junger Bewohner vorgestellt, der rechts neben mir Platz nimmt. Als ich ihn frage, weswegen er hier sei, meint er, wegen Überarbeitung. Als ich ihn frage, ob es wegen einem Burnout sei, meint er nur kurz, ja man könne dem so sagen. Es scheint, dass er einen rechten Hunger hat, denn der Mann schaufelt recht in sich hinein wie einer, der die letzten zwei Wochen nichts gegessen hat.

Mein DBS-Kollege, welcher gerade am Nebentisch sitzt, zittert heute wieder recht stark. Wir reden kurz miteinander. Er hatte gestern Abend ein kurzes Gespräch mit dem Chefarzt und einen guten Eindruck von ihm.

Der Therapieplan hat heute Folgendes für mich vorgesehen.

09:15 Uhr bis 09:55 Uhr	Terrain-Training (Im Freien)	12 (0) Physiotherapie Erw.
10:45 Uhr bis 11:30 Uhr	Physiotherapie	12 (0) Physiotherapie Erw.
13:30 Uhr bis 14:00 Uhr	Eigentraining PC	13 (1) Ergotherapie Erw.
14:30 Uhr bis 15:15 Uhr	Ergotherapie	13 (1) Ergotherapie Erw.

Auch heute entscheide ich mich für das Terrain-Training mit der Reha-Gruppe,

Da mein Therapeut heute krank ist, habe ich mit einem jungen Mann mit Bart Physiotherapie. Wir machen zuerst kurz die Übungen, welche mir der Therapeut das letzte Mal gezeigt hat. Anschließend macht er mit mir die Parkinsonübungen, wobei er selber auch mitmacht und schon nach kurzer Zeit ins Schwitzen kommt.

Kurz nach dem Mittagessen habe ich wieder Ergotherapie-Eigentraining am PC. Vor mir hat meine Tischnachbarin mit dem Schleudertrauma ihr Eigentraining. Sie hat große Mühe, sich zu konzentrieren.

Anschließend habe ich wieder Ergotherapie. Während ich wie beim Eigentraining meine Übungen mache, erledigt sie andere Arbeiten.

Leider zittere ich heute wieder an meiner linken Hand. Die Schwingungen vom Zittern übertragen sich aufs Bett und von dort auf die Stange, an der der Alarmknopf hängt.

Am späten Nachmittag spritze ich mir Metoject 17,5 mg gegen meine Polyarthritis.

01.12.2018

Es ist Samstag. Unsere Tischkollegin mit den Hüftproblemen erzählt uns während dem Frühstück, dass sie gestern Abend mit einem anderen Patienten den Gang nach hinten gelaufen sei und sie mit ihm in den Lift ging. Als sie den Knopf gedrückt hätte, gingen die Türen aber nicht zu. Sie gingen dann wieder hinaus und in diesem Augenblick wollte sich die Türe schließen. Sie hat dann kurz ihren Fuß dazwischen gehalten. Sie sind dann wieder eingestiegen. Sie hat wieder den Knopf gedrückt, worauf die Türen wieder nicht zugingen. Schließlich kam ein Pfleger, nahm den anderen Patienten mit sich und meinte zu den andern, dass der Lift, wenn dieser Mann im Lift sei, dann nicht funktioniere. Wir diskutieren anschließend, wieso so etwas möglich sei. Später vernehmen wir dann, dass dieser Patient einen Patch auf sich trägt, welcher dafür sorgt, dass der Lift nicht funktioniert. Dies sei zur Sicherheit des Patienten, da er schon ein paar Mal ab wollte.

Meine Tischkollegin mit den Knieproblemen erzählt dann, dass ihr dieser Patient gestern erzählt hätte, dass er einmal kurz aus dem Gebäude gegangen sei und anschließend den Eingang nicht mehr gefunden hätte und fast erfroren sei.

Der Therapieplan hat heute Folgendes für mich vorgesehen.

09:30 Uhr bis 09:55 Uhr	Balance-Gruppe	15 (0) Physiotherapie Erw.
10:15 Uhr bis 11:00 Uhr	Vortrag zum Thema Gedächtnisdefizite – ergotherapeutische Ansätze (Angehörige willkommen)	15 (0) Seminarraum Aare

Heute haben wir Balance-Übungen bei einem Therapeuten, welchen ich schon seit dem letzten Mal in Erinnerung habe als einen, welcher die Leute nicht anschauen kann, sondern immer an ihnen vorbeischaut. Trotzdem macht er heute einen besseren Job als das letzte Mal. Er macht den Kurs zwar ähnlich wie seine Kollegen, dieses Mal gestaltet er ihn aber vielseitiger.

Anschließend gehe ich in den Seminarraum wo der Vortrag zum Thema Gedächtnisdefizite und ergotherapeutische Ansätze gehalten wird.

Da draußen das Wetter nicht schlecht ist und von Zeit zu Zeit sogar die Sonne scheint, gehe ich nach dem Vortrag auf den Reha Rundgang, d. h. ich gehe spazieren.

Ich bin nur kurz im Zimmer, als kurz vor 12:00 Uhr mein Telefon klingelt und unsere Tochter dran ist. Sie fragt mich, wo ich sei, worauf ich erwähne, dass ich in der Reha in meinem Zimmer sei. Sie ist mit ihrem Freund unten im Restaurant und fragt mich, ob ich nicht nach unten kommen könne. Ich gehe zuerst zum Büro und frage nach einem Essensgutschein. Anschließend gehe ich nach unten. Ich freue mich über die Beiden. Wir gehen zur Theke und holen unser Mittagessen. Während dem Essen reden wir zuerst über meine Operation. Als ich meiner Tochter erzähle, dass ich immer noch von Zeit zu Zeit dieses Zittern habe, ist sie ein wenig enttäuscht. Auch sie hat sich erhofft, dass das Zittern nach der Operation weg sein würde. Anschließend reden wir über den Tesla, den die Beiden diese Woche gefahren sind. Da er Fan ist von Tesla, hat ihm meine Tochter einen Gutschein geschenkt, einen Tag lang einen Tesla zu fahren. Wir kommen dann natürlich auch auf Energiesparen zu sprechen. Der Freund meiner Tochter träumt davon, sein Elternhaus mit Sonnenpanelen auszurüsten. Ich erkläre ihm dann, wieso ich von diesem Plan abgekommen bin, dies bei uns zu machen. Wir reden dann noch über diverse andere Themen. Irgendwie mag ich den Freund meiner Tochter. Als sie sich verabschieden, laufen wir an meinen beiden Tischnachbarinnen vorbei, die weiter vorne sitzen. Ich stelle ihnen kurz meine Tochter und ihren Freund vor.

Da mein Zimmergenosse nicht anwesend ist, hole ich mir noch etwas Lesestoff und setze mich auf die Terrasse. Allerdings ist es schon etwas kühl, aber mit der warmen Jacke geht es schon. Zudem wärmt die Sonne schon ein wenig. Nach ca. zwei Stunden lege ich mich etwas hin, denn ich bin etwas müde.

02.12.2018

Es ist Sonntag. Heute haben wir wieder einen Wegzug zu verkraften, denn unsere Tischnachbarin mit den Hüftproblemen verlässt uns. Sie ist natürlich froh, dass sie wieder nach Hause kann.

Beim Frühstück benutzt das Servicepersonal nun endlich die iPads, um Essensbestellungen aufzunehmen. Sie haben diese Geräte schon seit drei Tagen, aber bisher nicht benutzt. Da heute aber viele Patienten ins Weekend nach Hause gegangen sind, ist natürlich die beste Zeit dafür. Der stellvertretende Servicechef hilft ihnen dabei.

Heute verbringe ich den Tag mit Herumspazieren, Fotos Machen, Herumsitzen, Zeitung Lesen, Herumliegen und Schlafen.

Beim Nachtessen sind nur eine Tischnachbarin, die MPA mit den Rückenproblemen, und ich anwesend. Alle anderen sind über das Wochenende nach Hause gegangen. Sie hat ein ähnliches Menü bestellt wie ich, außer, dass sie noch ein spezielles Brötchen dazu gehabt hätte. Leider habe ich genau dieses Brötchen vorher genommen. Wir rufen die für uns zuständige Serviceperson. Da ich noch nicht das ganze Brötchen gegessen habe, verstecke ich den Rest unter meiner Hand. Brigitte macht mich lachend auf die Brosamen auf meinem Pullover aufmerksam, welche ich schnell wegputze. Wir fragen, wo das Brötchen zu dem Menü ist und ob da der Computer schuld sei. Die Frau vom Service lacht nur und holt am Nebentisch ein anderes Brötchen. „Ja, ja, der Computer ist schuld und hat das Brötchen vergessen", meint sie nur. Meine Tischnachbarin kann sich fast nicht mehr erholen vor Lachen und steckt mich auch an damit. Zusammen haben wir es dann richtig lustig und machen unsere Sprüche. Sie meint noch: „Zum Glück haben wir das mit den Brosamen noch bemerkt, sonst hätte sie es bestimmt realisiert, dass ich das Brötchen genommen habe." „Da sieht man, wieviel Spass man haben kann wegen einem kleinen Brötchen." Wir haben anschließend noch einigen Spass mit der Frau vom Service. Immer wenn etwas schief geht, ist der Computer schuld.

Beim Abendessen wird uns ein neuer Tischkumpel vorgestellt, welcher sich am Platz unserer ehemaligen Tischnachbarin bereit macht.

Nach diesem lustigen Abendessen können wir entspannt in den Abend gehen.

03.12.2018

Es ist Montag. Auch heuet haben wir wieder einen Wegzug zu verkraften, den nach dem Morgenessen verlässt uns die Tischkollegin mit den Knieproblemen.

Der Therapieplan hat heute Folgendes für mich vorgesehen.

08:30 Uhr bis 09:15 Uhr	Ergotherapie	13 (1) Ergotherapie Erw.
09:15 Uhr bis 09:55 Uhr	Terrain-Training (Im Freien)	12 (0) Physiotherapie Erw.
10:30 Uhr bis 11:00 Uhr	Einführung Med. Training (Bitte feste Schuhe anziehen)	13 (0) Med. Training
13:30 Uhr bis 14:00 Uhr	Eigentraining PC	13 (1) Ergotherapie Erw.
15:15 Uhr bis 15:45 Uhr	Akupunktur	8 (0) Chinesische Medizin
16:30 Uhr bis 16:55 Uhr	Balance-Gruppe	15 (0) Physiotherapie Erw.

Kurz nach dem Frühstück habe ich Ergotherapie bei einer – wie alle hier – jungen, hübschen Ergotherapeutin. Dieses Mal fordert sie mich auf, auf Kognitive Strategien/Auswahl/Trainigsstufen zu gehen. Auch sie findet, dass ich eigentlich keine Ergotherapie brauchen würde.

Auch heute gehe ich für das Terrain-Training mit der Reha-Gruppe. Allerdings dieses Mal ist meine Tischnachbarin mit den Rückenproblemen dabei. Da sie heute wieder Schmerzen und Mühe hat beim Gehen, ist auch sie in der Reha-Gruppe unterwegs. Wir laufen und reden zusammen. Dabei erzählt sie mir von unserem Tischnachbarn, der ebenfalls Rückenprobleme hat und welchen sie schon seit ihrer Jugend kennt. Wie schon früher erwähnt, haben sie einander aus den Augen verloren und einander erst hier wieder getroffen. Sie erzählt mir dann noch, wie er seine Kinder liebe und wie schade es sei, dass seine Ehe in die Brüche ging, denn er sei doch so ein lieber Kerl. So wie sie über ihn redet, ist es eigentlich schade, dass die Beiden nicht zusammengekommen sind.

Das medizinische Training ist das gleiche wie das letzte Mal.

Kurz nach dem Mittagessen gehe ich ins Ergotherapie-Eigentraining. Auch heute hat meine Tischkollegin mit dem Schleudertrauma vor mir ihr Eigentraining.

Die Akupunktur von 15:15 Uhr bis 15:45 Uhr verläuft wie die anderen Male.

Das Balance-Gruppen-Training wird auch heute von derselben Therapeutin geleitet. Ihr zur Seite stehen zwei Azubis. Heute ist das Thema Gleichgewicht. Wir machen dabei ähnliche Übungen wie das letzte Mal am 29.11.2018.

Während dem Nachtessen wird uns eine ältere Türkin vorgestellt, welche den frei gewordenen Platz einnimmt. Sie ist sehr ruhig und redet nicht viel.

Dann fragt mich mein DBS-Kollege, ob wir uns nach dem Essen im Restaurant treffen können. Ich gehe deshalb nach dem Nachtessen dorthin. Er, seine Exfrau und mein Kollege von der Parkinsonstudie sind schon dort. Wir reden vor allem über Parkinson, unsere Ärzte, den Parkinsonspezialisten, den Neurochirurgen und den Chefarzt. Mein DBS-Kollege meint noch, dass er das Gefühl hätte, dass keiner der Ärzte eine eigentliche Ausbildung genossen hätte mit der Einstellung der Sonden. Als ich ihnen erkläre, dass mein Neurologe, welcher seine Ausbildung an der Uni B. genossen hat, mir gesagt hätte, dass dies so sei, ist niemand mehr erstaunt. Mein Kollege von der Studie meint dann noch, dass er aber das Gefühl hätte, dass der Parkinsonspezialist Bescheid wisse. Ich erzähle ihm dann von meiner Begegnung mit einem der Ärzte im Spital und dass mein Neurologe meinte, dass unser Parkinsonspezialist älter sei und auf seine Pension warte. Ich mache mit meinem Parkinsonkollegen ab, dass ich im neuen Jahr einmal ein Treffen organisieren werde mit unserer Parkinsongruppe. Dabei können wir ja auch meinen neuen DBS-Kollegen einladen. Ich mache den Vorschlag, dass wir uns im Chinesenrestaurant in Weil am Rhein treffen könnten, da ein Mittagsmenü recht günstig sei. Beide sind damit einverstanden.

04.12.2018

Es ist Dienstag. Ich hoffe, dass ich heute in der Arztvisite Klarheit bekomme, wann ich nach Hause gehen kann.

Der Therapieplan hat heute Folgendes für mich vorgesehen.

09:15 Uhr bis 09:40 Uhr	Balance-Gruppe	15 (0) Physiotherapie Erw.
10:45 Uhr bis 11:30 Uhr	Arztvisite	Zimmer
13:00 Uhr bis 13:30 Uhr	Physiotherapie	12 (0) Physiotherapie Erw.
14:00 Uhr bis 14:30 Uhr	Eigentraining PC	13 (1) Ergotherapie Erw.

In der heutigen Balance-Gruppe ist neben der Therapeutin auch wieder die Azubi dabei, welche schon am 29.11.2018 die andere Therapeutin unterstützte. Wir machen ähnliche Übungen wie in den vergangenen Balance-Gruppen.

In der Arztvisite kommen der Chefarzt, seine Assistenzärztin, die Patientenmanagerin sowie anderes Hilfspersonal. Der Chefarzt will natürlich zuerst wissen, wie es mir geht. Ich erzähle ihm, dass ich in der ersten Woche nach der Operation überhaupt keine Probleme hatte. Seit etwa drei Tagen hätte ich aber wieder das Zittern in der linken Hand, vor allem wenn ich flach auf dem Bett liege. Die Schwingungen vom Zittern übertragen sich dann aufs Bett und von dort auf die Stange, an der der Alarmknopf hängt. Er sieht nun selber, wie meine linke Hand zittert und verspricht mir, dass er am Nachmittag mit dem Gerät, welches er im Moment nicht bei sich hat, vorbeikommen werde.

Ich spreche ihn dann noch kurz darauf an, wegen dem Nachhausegehen. Ich erzähle ihm, dass der Neurochirurg gemeint habe, dass mir, da ich mich das letzte Mal so schnell erholt hätte, dieses Mal eine Woche Reha genügen würden, ich inzwischen aber schon eineinhalb Wochen hier sei. Er fragt mich dann, wann ich dann gehen möchte. Als ich ihm erkläre, dass ich am liebsten am Donnerstag den 06.11.2018 gehen möchte, gibt er seinen Leuten entsprechende Anweisungen.

Ich spreche dann noch kurz mit der Patientenmanagerin wegen den Therapien. Ich habe eigentlich damit gerechnet, dass ich schon gestern Massage, Musiktherapie, sowie Physiotherapie bekommen würde. Leider sei dies aber gestern und auch heute nicht der Fall gewesen. Sie meint dann, dass dies morgen auf dem Programm sei.

Inzwischen hat mir meine Frau die Parkinsonübungen und die Bücher gebracht.

Pünktlich um 13:00 Uhr kommt der Chefarzt. Er stellt nun den Wert meiner linken Sonde etwas höher. Anschließend merke ich schon, dass es besser ist.

Da mein Physiotherapeut immer noch krank ist, habe ich wieder mit dem anderen Therapeuten Physiotherapie. Er macht zuerst Ballübungen mit mir, d. h. ich muss, während ich den Gang hinauf und hinunter laufe, einen Ball in die Luft werfen und wieder auffangen. Anschließend muss ich auf einer beweglichen Platte stehen, während er mir einen Luftballon zuwirft und ich ihn wieder an ihn zurückwerfen muss.

Anschließend habe ich wieder Ergotherapie-Eigentraining.

Da mein Handy inzwischen schon wieder Geld verbraucht hat, fahre ich mit dem Bus in die Stadt und hole mir eine neue Telefonkarte. Später erfahre ich dann durch meine Tochter, dass bei meinem Handy das WLAN ausgeschaltet war. Da das Wetter heute schlechter ist und es inzwischen wieder angefangen hat, leicht zu regnen, nehme ich auch für den Rückweg den Bus.

05.12.2018

Es ist Mittwoch. Meine beiden Tischnachbarn mit den Rückenproblemen sind schon am Frühstückstisch, als ich komme. Ich übergebe beiden je eines meiner Bücher. Da unsere Tischkollegin mit dem Schleudertrauma heute einen frühen Termin hatte und lieber noch etwas schlafen wollte, werde ich ihr das Buch eben morgen übergeben. Beide Tischkollegen freuen sich über das überraschende Geschenk.

Der Therapieplan hat heute Folgendes für mich vorgesehen.

07:00 Uhr bis 07:20 Uhr	Blutentnahme Im Labor Nüchtern vor dem Frühstück	8 (0) Labor
08:00 Uhr bis 08:30 Uhr	Lymphdrainage	15 (0) Massage
10:00 Uhr bis 10:15 Uhr	Ausdauertraining (Bitte feste Schuhe anziehen)	13 (0) Med. Training

14:00 Uhr bis 14:30 Uhr	Eigentraining PC	13 (1) Ergotherapie Erw.
14:45 Uhr bis 15:15 Uhr	Physiotherapie	12 (0) Physiotherapie Erw.
16:30 Uhr bis 17:30 Uhr	Austrittsgespräch mit Assistenzarzt. Die eingeplante Zeit entspricht nicht der Gesprächsdauer. Der Zeitraum ist für mehrere Patienten reserviert.	Zimmer

Vor dem Frühstück gehe ich noch ins Labor zur Blutentnahme.

Von 08:00 Uhr bis 08:30 Uhr steht bei mir Lymphdrainage im Terminplan. Allerdings weiß ich nicht, für was ich Lymphdrainage brauche, denn ich habe nirgends geschwollene Stellen. Er möchte zuerst wissen, was mein Problem sei. Ich spreche ihn deshalb darauf an und erkläre ihm, dass ich letzte Woche Massage in meiner Schulter hatte, da ich zeitweise unter Schulterschmerzen rechts leide. Er schaut schnell im Computer nach und meint dann, dass wir in diesem Fall heute auch Massage machen. Er holt im Nebenraum das Nackengestell, das er dann am Kopfende des Betts montiert. Er massiert nun meinen Nacken, vor allem rechts. Er kommt dabei, wie sein Kollege letztes Mal, auf einige schmerzhafte Punkte. Es ist wirklich herrlich, wie sich die Verspannung löst und man plötzlich keine Schmerzen mehr hat.

Zum Ausdauertraining gehe ich heute nicht, da es mir stinkt.

Hingegen ins Ergotherapie-Eigentraining gehe ich dann wieder.

Die Physiotherapie habe ich heute wieder mit demselben Therapeuten. Zuerst wiederholen wir die Übungen, welche er mir letzte Woche gezeigt hat, bevor er krank wurde. Anschließend gehen wir die Übungen durch.

Er ist, wie das letzte Mal, sehr streng, macht aber seine Sache wirklich gut und bringt kleine Korrekturen an, wo es notwendig ist.

Am Schluss fragt er mich, ob ich morgen noch einmal komme, bevor ich nach Hause gehen würde.

Pünktlich um 16:30 Uhr kommen der Chefarzt und seine Assistenzärztin, um mir noch diverse Unterlagen zu überreichen und sich von mir zu verabschieden und mir alles Gute zu wünschen.

Als ich den Arztbericht durchlese, stelle ich fest, dass im Bericht steht, dass ich eine Zunahme des Ruhetremors rechts verspürt hätte, dabei war es aber links. Ich gehe auf das Stationsbüro und melde dies. Zehn Minuten später bringt die MPA mir das neue Dokument.

Als ich mich zum Abendessen begebe, treffe ich meinen Tischnachbarn mit den Rückenproblemen an. Er erzählt mir, dass er schon angefangen hätte, mein Buch zu lesen. Er findet es spannend geschrieben, wofür ich ihm danke.

Nach dem Essen treffen mein Kollege von der Parkinsonstudie und ich uns zum letzten Mal im Restaurant. Er ist auch froh, dass er am Samstag nach Hause gehen kann.

Bevor ich mich zum letzten Mal für mein Nachtlager bereit mache, fange ich an zu packen.

06.12.2018

Es ist Donnerstag, mein letzter Tag in der Reha. Beim Frühstück übergebe ich auch meiner Tischnachbarin mit dem Schleudertrauma eines meiner Bücher. Sie freut sich, kommt zu mir, umarmt mich herzlich und dankt mir für diese Überraschung.

Der Therapieplan hat heute Folgendes für mich vorgesehen.

08:30 Uhr bis 09:00 Uhr	Physiotherapie	12 (0) Physiotherapie Erw.

In der Physiotherapie macht der Therapeut mit mir zuerst die Übungen, welche er mir schon am 28.11.2018 gezeigt hat. Er übergibt mir diese Übungen in Papierform, damit ich sie auch zu Hause machen kann.

Anschließend machen wir wieder die LSVT-Übungen. Er bringt dabei einige Korrekturen an. Ich bin froh darüber, dass er mich auch auf Kleinigkeiten aufmerksam macht.

Am Schluss wünschen wir uns gegenseitig alles Gute.

Anschließend gehe ich in mein Zimmer, um noch fertig zu packen.

Gegen 10:00 Uhr gehe ich zur Busstation und warte auf den Bus zum Bahnhof. Ich schaue zuerst was schneller geht und ob ich über P. oder G. fahren soll. Nach ca. einer Viertelstunde sitze ich im Bus nach G. Schon bald sitze ich im Zug nach S. und im Bus nach Z.

Nach der neuen Mediliste brauche ich wesentlich weniger Medikamente, worüber ich natürlich froh bin.

Medikamentenliste
von Walter Schaub-Chan

Medikamente		Morgenessen			Mittagessen			Abendessen			Vor dem schlafen	Bemerkung	Bestellen bei
		vor	mit	nach	vor	mit	nach	vor	mit	nach			
DHEA	10mg	1										täglich	Dr. Meier
Pregnenolon	60mg	1										täglich	Dr. Meier
Vitamin B-Komplex Plus											1	täglich	Dr. Meier
Rabeprazole Sandoz	20mg										1	täglich	Dr. Meier
Allopurinol-Mepha	300mg	1										täglich	Dr. Meier
Selen	40mg	1											Dr. Meier
Dekristol 20000 IE						1						Montag+Donnerstag	Dr. Meier
Vitarubin Depot B12				1								Mittwoch	Dr. Meier
Nebido												alle 2 Wochen 1/2 Spritze	Dr. Meier
Eiseninfusion												alle 3 Wochen 1/2 Spritze	Dr. Meier
Aderlass												nach Bedarf	Dr. Meier
Lacrycon-Augentropfen												nach Bedarf	Dr. Branca
Calcium D3 Sandosz			1									nach Bedarf	Dr. Hülstrung
Metoject	15mg		1									täglich	Dr. Hülstrung
Acidum folicum Streuli	5mg		1					1				immer am Freitag eine Spritze	Dr. Hülstrung
Sinemet CR 25/100	100mg	1 1/2					1/2	1 1/2			1/2	Samstag+Sonntag	Apotheke
Clopin ECO	25mg				1 1/2		1					täglich	Apotheke
Lion`s Mane										1		täglich	i-Herb

Medikamentenliste
von Walter Schaub-Chan

Medikamente		Morgenessen			Mittagessen			Abendessen			Vor dem schlafen	Bemerkung	Bestellen bei
		vor	mit	nach	vor	mit	nach	vor	mit	nach			
Lacrycon-Augentropfen												nach Bedarf	Dr. Branca
Calcium D3 Sandosz			1									täglich	Dr. Hüllstrung
Metoject	17,5mg							1				immer am Freitag eine Spritze	Dr. Hüllstrung
Acidum folicum Streuli	5mg		1									Samstag+Sonntag	Dr. Hüllstrung
Carbidopa/Levodopa Sandoz CR 25/100	100mg	1			1			1				täglich	Apotheke

Wieder zuhause

16.12.2018

Ich habe Probleme beim Treppen steigen und kann nur Stufe für Stufe nehmen. Auch beim Spazieren habe ich gewaltig Mühe.

18.12.2018

Heute habe ich den ersten Termin in der Uniklinik nach meinen beiden Operationen. Ich nehme den 13:17 Uhr Bus nach S. Schon bald bin ich im Schnellzug nach B. und im Tram zur Station Universitätsklinik. Dort treffe ich auf eine der Ärztinnen. Sie erkennt mich zuerst nicht und ist erstaunt, als ich sie anspreche. Als ich ihr meinen Namen sage, erinnert sie sich wieder und meint dann noch, dass sie gehört hätte, dass ich Probleme gehabt hätte. Nach kurzem Smalltalk wünschen wir uns gegenseitig schöne Festtage und alles Gute.

Nachdem ich zuerst auf die Toilette gegangen bin, warte ich im Warteraum und lese in der „20-Minuten" und dem „Blick am Abend". Kurz vor 15:00 Uhr kommt der Arzt vorbei. Als er mich sieht, begrüßt er mich und meint, dass ich mit ihm kommen solle. Ich soll Platz nehmen, gehe aber zuerst noch einmal auf die Toilette. Ich weiß nicht, was los ist, aber ich muss heute ständig Wasser lösen. Als ich zurückkomme, fordert mich eine Schwester auf, mit ihr zu gehen. Sie führt mich zu einem Raum gerade um die Ecke und bittet mich, Platz zu nehmen.

Kurz darauf kommt der Arzt wieder und möchte als erstes Wissen, wie es mir geht. Als ich ihm erkläre, wie es mir seit der Operation ergangen ist und dass ich mich im Moment etwas kraftlos fühle und Probleme habe beim Treppensteigen und Laufen, meint er nur, dass mich die Operationen eben geschwächt und nicht spurlos an mir vorbei gegangen seien.

Nachher macht der Arzt diverse Tests und stellt mir diverse Fragen.

Verschiedene Neurologische Tests.
- Ich muss die Finger auf und zu spreizen.
- Ich muss die Arme hochheben.
- Ich muss die Arme hinter den Kopf halten.
- Ich muss die Finger spreizen.
- Die Hände mit der Innenfläche nach oben nach vorne ausstrecken.
- Die ausgestreckten Hände drehen und zurück.
- Nun muss ich die Hände im Handgelenk so schnell als möglich drehen.
- Hände auf meine Oberschenkel legen.
- Die rechte Hand abwechselnd, so schnell als möglich, mit der Innen- und dann mit der Außenseite auf meinen Oberschenkel legen.
- Die gleiche Übung mit der linken Hand.
- Den rechten Zeigfinger und den rechten Daumen abwechselnd, so schnell als möglich, zusammenbringen und wieder auseinanderspreizen.
- Die gleiche Übung mit dem linken Zeigfinger und Daumen.
- Ich muss mit der rechten Zeigefingerspitze zur Nase und zurück.
- Ich muss mit der linken Zeigefingerspitze zur Nase und zurück.
- Ich muss auf den Zehen stehen und ein paar Schritte gehen.
- Ich muss auf den Fersen stehen und ein paar Schritte gehen.
- Ich muss mit dem rechten Fuß auf den Boden stampfen.
- Anschließend mit dem linken Fuß.
- Ich muss mit der rechten Ferse auf den Boden stampfen.
- Anschließend mit der linken Ferse.
- Ich muss meinen Kopf ein paar Mal nach links und dann nach rechts drehen.
- Ich muss meinen Kopf ein paar Mal nach vorne und dann nach hinten bewegen.
- Ich muss die Hände nach vorne ausstrecken, wobei der Arzt Gegendruck gibt.
- Der Arzt steht hinter mir und zieht mich nach hinten und schaut, welchen Ausfallschritt ich mache.

- Ich muss nun meine Arme vor der Brust verschränken und aufstehen.
- Nun muss ich im Raum hin und her laufen.
- Ich muss mich auf das Bett legen.
- Ich muss das linke Bein nach oben drücken, während er Gegendruck gibt.
- Ich muss das rechte Bein nach oben drücken, während er Gegendruck gibt.
- Ich muss eine Uhr zeichnen mit der Zeit 10:11 Uhr.

Verschiedene Fragen zur neurologischen Untersuchung.

Haben Sie Veränderungen in Ihrem Wesen festgestellt?	Leichter nervös, ungeduldiger
Wie verbringen Sie den Tag?	Parkinsonübungen, Spazieren,
Hat Ihr Gedächtnis nachgelassen?	Ja
Wie steht es mit Ihrer Konzentration?	Ist schlechter geworden
Ich muss von 100 immer 7 abzählen.	$100 - 93 - 86 - 79 - 72$
Er erwähnt 5 Begriffe, welche ich mir merken muss.	Samt, Kirche, Blau,
Ich muss Tiere benennen.	Löwe, Nashorn, Kamel.
Ich muss einen Text nachsagen.	Die Katze versteckt sich unter dem Sofa, als der Hund in die Stube kommt.
Welches Datum haben wir heute?	Den 18.12.2018
Wo sind wir hier?	Im Universitätsspital
In welcher Ortschaft?	In B.
Haben Sie Schluckprobleme?	Ja öfters

Wie ist Ihr Geruchsinn?	Ich rieche schon seit zehn Jahren nichts mehr
Haben Sie Probleme beim Gehen?	Ja
Fahren Sie Auto?	Ja, aber nur noch wenig
Sind Sie ungeduldiger?	Ja
Reagieren Sie gereizt?	Manchmal
Sind Sie öfters müde?	Ja
Schieben Sie Arbeiten immer wieder hinaus?	Ja eher
usw.	

Nach den verschiedenen Tests und Fragen, holt der Arzt um 16:00 Uhr den Professor, der auf Parkinson spezialisiert ist. Auch er möchte zuerst wissen, wie es mir geht. Er empfiehlt, dass man sicherheitshalber noch ein EKG machen sollte.

Der Arzt geht mit mir in einen anderen Raum, wo eine Pflegefachfrau schon bereit ist, das EKG zu machen. Nachdem sie alle Elektroden auf dem Brustkorb, den Armen und den Beinen angebracht hat, stellt der Arzt meinen Schrittmacher ab, da dieser das Bild stören könnte. Beim ersten Mal kann sie das Resultat nicht ausdrucken, weshalb sie die Prozedur wiederholen müssen.

Anschließend gehen wir wieder in den ersten Raum zurück. Bevor wir uns gegenseitig schöne Festtage und alles Gute wünschen für das neue Jahr, bitte ich den Arzt, dass er auch mir den Arztbericht sendet.

25.12.2018

Ich bestelle bei der Versandapotheke drei Packungen „Carbidopa/Levodopa Sandoz CR 25/100"

31.12.2018

Der Postler bringt die drei bestellten Packungen „Carbidopa/Levodopa Sandoz CR 25/100".

Ich sende meinem Neurochirurgen ein E-Mail mit meinem Gesundheitsverlauf.

Sehr geehrter Herr Doktor

Ich sende Ihnen im Anhang meinen Gesundheitsverlauf, seit ich von der Reha in R. zurück bin. Ich bin im Großen und Ganzen sehr zufrieden und froh, dass ich die DBS-Operationen gemacht habe, auch wenn es zwei Anläufe gebraucht hat.

Gleichzeitig wünsche ich Ihnen einen guten Rutsch ins 2019 und alles Gute im neuen Jahr, vor allem gute Gesundheit.

Freundliche Grüße
Walter Schaub-Chan

01.01.2019

Ich habe heute den ganzen Tag Probleme beim Gehen und beim Treppensteigen. Auch mein Tremor plagt mich heute.

Durch den Tag nehme ich meine Parkinson- und Rheumamittel nach der Medikamentenliste.

02.01.2019

Ich habe heute den ganzen Tag Probleme beim Gehen und beim Treppensteigen. Es ist, wie wenn ich zu schwache Oberschenkelmuskeln hätte. Zwischendurch sacke ich ein, vor allem beim Treppensteigen. Wie jeden Tag nehme ich meine Parkinson- und Rheumamittel nach der Medikamentenliste.

03.01.2019

Ich habe heute den ganzen Tag Probleme beim Gehen und beim Treppensteigen. Am Abend reibe ich deshalb die Beine mit 99-Kräuteröl ein, was ein wenig Linderung bringt.

Durch den Tag nehme ich meine Parkinson- und Rheumamittel nach der Medikamentenliste.

04.01.2019

Heute ist es etwas besser mit meinen Beinen. Ich habe aber immer noch Probleme.

Am Nachmittag spritze ich mir Metoject 15,5 mg gegen meine Polyarthritis.

Durch den Tag nehme ich meine Parkinson- und Rheumamittel nach der Medikamentenliste.

05.01.2019

Ich erwache am Morgen mit heftigen blitzartigen Kopfschmerzen auf der linken Seite. Nach einer warmen Dusche sind die Schmerzen weg. Anschließend habe ich den ganzen Tag keine größeren Probleme. Ich genieße diesen schmerzfreien Tag.

Durch den Tag nehme ich meine Parkinson- und Rheumamittel nach der Medikamentenliste.

06.01.2019

Nach dem Aufstehen mache ich wie jeden Morgen meine LSVT-Übungen und steige eine Viertelstunde auf meinen Hometrainer. Ich nehme auch meine Medikamente.

Ich habe heute immer noch den ganzen Tag Probleme beim Gehen und beim Treppensteigen. Zudem bin ich erkältet. Nach dem Duschen tape ich meine beiden Knie.

Auch heute nehme ich meine Parkinson- und Rheumamittel nach der Medikamentenliste.

07.01.2019

Ich habe heute den ganzen Tag Probleme beim Gehen und beim Treppensteigen.

Trotzdem nehme ich durch den Tag meine Parkinson- und Rheumamittel laut der Medikamentenliste.

08.01.2019

Ich habe heute immer noch Probleme beim Gehen und Treppensteigen. Ich bin deshalb froh, dass ich heute in die Physiotherapie gehen kann.
   Die Therapeutin, eine Ruhe ausstrahlende Frau, möchte zuerst meine gesundheitlichen Probleme wissen. Ich erzähle ihr, dass ich vor allem zwei Probleme hätte, nämlich einerseits das Gehen und Treppensteigen und anderseits das Brennen in den Fußsohlen. Sie gibt mir die nächsten Termine.

Montag	14.01.2019	11:30 Uhr
Mittwoch	16.01.2019	11:00 Uhr
Dienstag	22.01.2019	14:30 Uhr
Donnerstag	24.01.2019	19:00 Uhr
Montag	28.01.2019	10:30 Uhr
Mittwoch	30.01.2019	09:00 Uhr
Montag	04.02.2019	09:00 Uhr
Donnerstag	07:02.2019	14:30 Uhr

Anschließend muss ich mich aufs Bett legen. Sie kontrolliert meine Knie. Bei der ersten Übung muss ich die Kniemuskeln anspannen. Dabei muss ich ein Bein langsam zusammenziehen und strecken. Diese Haltung muss ich etwa fünf Sekunden halten und dann wieder entspannen. Diese Übung muss ich zehn Mal wiederholen.

Die Therapeutin meint, dass meine Kniescheibe etwas lose sei und deshalb die Kniescheibensehnen und die Quadrizepssehnen gestärkt werden sollten.

Dann muss ich die Zehen nach oben ziehen, sodass eine Spannung auf die Beine und vor allem auf den Kniemuskel erzeugt wird. Auch diese Haltung muss ich etwa fünf Sekunden halten und dann wieder entspannen. Auch diese Übung muss ich zehn Mal wiederholen.

Bei der nächsten Übung geht es darum, die Waden in Form zu bringen, dabei stehe ich aufrecht mit den Füßen hüftbreit auseinander. Die Armen sind auf den Seiten. Nun drücke ich mich langsam hoch, sodass die Fersen vom Boden abheben und ich auf den Fußballen balanciere. Ich halte dies für fünf Sekunden und gehe dann langsam wieder runter. Ich wiederhole diese Übung zwanzig Mal.

Dann muss ich auf den Bettrand sitzen und die Füße nach rechts, dann nach links drehen. Gleichzeitig zeigt sie mir eine Übung für die Füße, indem ich mit meinen Füßen über einen Igelball gleiten muss.

Dann muss ich hin und her laufen, wobei sie keine gravierenden Fehlstellungen feststellen kann. Ich muss mich anschließend an die Wand stellen und zuerst das linke und anschließend das rechte Bein hochheben.

Am Schluss gehen wir raus und sie möchte sehen, wie ich Treppen laufen kann. Komischerweise geht dies nun gar nicht so schlecht, und zwar die Treppe hoch und die Treppe runter.

Durch den Tag nehme ich meine Parkinson- und Rheumamittel nach der Medikamentenliste.

09.01.2019

Nach dem Aufstehen mache ich, wie jeden Morgen meine LSVT-Übungen und steige eine Viertelstunde auf meinen Hometrainer und nehme meine Tabletten.

Ich habe heute immer noch Probleme beim Gehen und Treppensteigen. Allerdings habe ich heute viel weniger Probleme als noch gestern.

Durch den Tag nehme ich meine Parkinson- und Rheumamittel nach der Medikamentenliste.

10.01.2019

Ich habe heute immer noch Probleme beim Gehen und Treppensteigen. Ich bin deshalb froh, dass ich heute einen Termin bei meiner Hausärztin habe.

Zuerst erzähle ich ihr, dass ich eine Woche nach meiner Heimkehr aus R., plötzlich Mühe hatte beim Gehen und beim Treppensteigen. Ich habe dann am letzten Sonntag die Knie getapt, worauf es etwas besser ging. Sie meinte dann, dass dies auch eine Schwächung der Muskeln sein könne nach meinen beiden Operationen.

Anschließend wollte sie wissen, wie es mit den Schmerzen in meinem Unterbauch gehe. Sie war dabei ganz erstaunt, als ich ihr erklärte, dass ich heute keine Schmerzen mehr verspüre, außer wenn man auf den Bauch drückt. Zudem sei der Schmerz von meinem linken Unterbauch nach rechts gewandert und schmerze mich dort von Zeit zu Zeit. Im Weiteren habe ich das Gefühl, dass die Schmerzen rechts davon kommen, dass ich zu viel Luft in meinem Bauch hätte.

Nach meinen Schilderungen muss ich mich aufs Bett legen und die Ärztin untersucht meinen Bauch mit dem Ultraschall recht gründlich. Da sie nun auch sieht, dass viel Luft im Bauch ist, muss sie mit dem Ultraschallkopf etwas kräftiger drücken. Während auf der rechten Unterbauchseite viel Luft ist, kann sie auf der linken Seite ein paar Divertikel und eine leichte Entzündung erkennen. Zudem ist auch dicker Stuhl im Darm. Ich muss von Zeit zu Zeit tief einatmen, dann die Luft anhalten und wieder weiter atmen.

Darauf schlägt sie vor, dass wir zuerst etwas Blut abnehmen, um zu schauen, ob wirklich eine Entzündung vorhanden ist. Ich gehe deshalb zur Praxisassistentin, welche mir etwas Blut abnimmt, welches tatsächlich eine leichte Entzündung anzeigt.

Die Ärztin macht nun den Vorschlag, dass ich eine Woche lang Antibiotika nehmen solle, damit diese Entzündung weg geht. Zudem solle ich viel trinken, damit dieser verdickte Stuhl ausgeschwemmt wird, weil sonst die Gefahr besteht, dass es zu einem Darmdurchbruch komme, was dann gefährlich werden könnte. Sie gibt mir darauf zwei Schachteln Tiberal 500 mg, 1 Schachtel Cefuroxim 500 mg und 1 EchinaMed-Halsschmerzspray. Zudem bekomme ich noch eine Ernährungsempfehlung für Personen mit Divertikel Erkrankungen. Die Ordinationshilfe gibt mir dann noch den nächsten Termin am 17.01.2019 auf 09:00 Uhr.

Durch den Tag nehme ich meine Parkinson- und Rheumamittel nach der Medikamentenliste.

Ich habe heute immer noch Probleme beim Gehen und Treppen steigen. Um 14:30 Uhr habe ich einen Termin in der Neurochirurgie des Universitätsspitals B. bei meinem Neurochirurgen, welcher mich herzlich mit den Worten begrüßt: „Guten Tag, Herr Schaub, Sie sehen gut aus. Wie geht es Ihnen? Ich habe den Bericht von unserem Neurologen gelesen, welcher gut ausgefallen ist. Er musste ja bei Ihnen rechts auch ein wenig einstellen. Wie geht es Ihnen heute?" Er fordert mich auf, die Hände nach vorne auszustrecken. Er kann kein Zittern feststellen und ist natürlich erfreut darüber.

Bevor er weitermacht, frage ich ihn, ob er, wenn er den Operationsbericht und die Bilddokumentation an meine Hausärztin sendet, diese beiden Sachen auch an mich senden könne. Er ist ganz erstaunt, dass wir dies noch nicht bekommen haben und meint, dass er dies gerade erledigen möchte. Er kopiert alle Bilder in eine Datei, welche er dann zusammen mit dem Arztbericht zweimal ausdruckt. (einmal für meine Hausärztin, einmal für mich)

Anschließend kontrolliert er, mit seinem Gerät, meine Einstellungen und meint, dass alles in Ordnung sei und er im Moment nichts ändern möchte.

Als ich ihn frage, wie lange man eigentlich DBS-Operationen mache, meint er etwa 20 Jahre. Als ich ihn weiter frage, ob es oft vorkomme, dass man zweimal operieren müsse, meint er nur, zum Glück nicht. Bei mir sei dies eine Ausnahme gewesen. In seiner Karriere sei dies erst das zweite Mal gewesen.

Als ich ihn auf mein Fußbrennen anspreche, meint er, dass dies wahrscheinlich mit meiner Neuropathie zusammen hänge und ich dies mit einem Neurologen besprechen solle.

Er ist froh, dass es mir so gut geht und wir verabschieden uns und wünschen uns gegenseitig alles Gute.

Bald darauf sitze ich im Tram zum Bahnhof.

Am Nachmittag spritze ich mir Metoject 15,5 mg gegen meine Polyarthritis. Nebenbei nehme ich meine Parkinson- und Rheumamittel nach der Medikamentenliste.

12.01.2019

Am Morgen nach dem Aufstehen das übliche Prozedere.

Ich scanne die Bilder und den Arztbericht und kopiere sie auf einen Stick.

Durch den Tag nehme ich meine Parkinson- und Rheumamittel nach der Medikamentenliste.

14.01.2019

Heute habe ich um 11:30 Uhr den zweiten Termin bei der Physiotherapie. Sie ist erfreut, dass es mir schon wesentlich besser geht. Ich übergebe ihr zuerst die LSVT-Parkinsonübungen.

Sie behandelt mich nun am rechten Knie mit Ultraschall, um etwas in die Tiefe zu gehen. Dann massiert sie dieses Knie und vergleicht es mit dem linken. Anschließend muss ich seitlich zum Bett stehen, und zwar so, dass das Bett links von mir steht, damit ich mich, wenn notwendig, daran festhalten kann. Nun muss ich ein Tuch um den rechten Knöchel tun und nach oben ziehen. Dabei muss ich achten, dass ich den Oberschenkel nach hinten ziehe, damit ich die Spannung erhöhen kann.

Am Schluss gehen wir wieder raus und sie möchte sehen, wie ich Treppen laufen kann. Auch dieses Mal geht es gar nicht so schlecht, und zwar die Treppe hoch und die Treppe runter, und zwar ohne Schmerzen.

Die Therapeutin meint dann noch, dass wir, wenn es mit dem Knie und dem Treppensteigen so gut gehe, genug Zeit hätten, uns den Füßen zu widmen.

Durch den Tag nehme ich meine Parkinson- und Rheumamittel nach der Medikamentenliste.

16.01.2019

Heute habe ich um 11:00 Uhr den dritten Termin bei der Physiotherapie. Nachdem sie zuerst wissen will, wie es seit dem letzten Mal gegangen ist und ich ihr erkläre, dass es viel besser sei, ist sie erfreut und behandelt mein rechtes Knie zuerst mit Ultraschall, bevor sie es, vor allem den schmerzhaften Punkt auf der Innenseite, gezielt und gekonnt massiert. Dabei bleibt sie manchmal länger Zeit auf dem schmerzhaften Punkt, bis der Schmerz weg ist. Sie meint dann noch, dass es möglich sei, dass ich anschließend mehr Schmerzen hätte als jetzt.

Am Schluss gehen wir wieder raus, da sie sehen möchte, wie ich Treppen steigen kann, was auch dieses Mal recht gut geht, und zwar schmerzfrei die Treppe hoch und die Treppe runter.

Bevor wir uns verabschieden schlage ich ihr das Du vor, worauf sie mir spontan ihren Vornamen nennt.

Durch den Tag nehme ich meine Parkinson- und Rheumamittel nach der Medikamentenliste.

17.01.2019

Heute habe ich um 09:00 Uhr einen Termin bei meiner Hausärztin. Zuerst macht die Praxisassistentin einen Quick, d. h. sie nimmt mir etwas Blut ab.

Als die Ärztin, wie meistens, lachend hereinkommt, mache ich ihr den Vorschlag, dass wir einander Du sagen können. Sie hat nichts dagegen. Dann schlage ich ihr einen Deal vor, sie gibt mir den Arztbericht von dem Neurologen im Spital und ich gebe ihr den Operationsbericht von meinem Neurochirurgen sowie die Bilddokumentation von der DBS-OP. Sie ist erfreut, diese Dokumente zu bekommen. Ich erkläre ihr, dass ich den Chirurgen als Mensch kennen gelernt hätte, der die Dinge gerade erledigt, darum hätte ich ihn darauf angesprochen. Worauf er erstaunt war, dass wir diese Unterlagen noch nicht bekommen hätten. Darauf hat er spontan gesagt, dass wir dies zuerst erledigen würden und er je eine Kopie für sie und eine für mich ausgedruckt hätte. Meine Ärztin findet dies super. Ich frage sie, ob sie es elektronisch wolle und übergebe ihr den Stick. Bevor wir zu meinem Problem kommen, schaut sie sich zuerst die Bilder an und ist fasziniert. Da sie sieht, dass ich überhaupt nicht mehr zittere, erkläre ich ihr, dass ich diese OP wieder machen würde, auch wenn es bei mir halt zwei Operationen gebraucht hätte. Allerdings komme dies laut meinem Neurochirurgen, zum Glück, sehr selten vor und sei ihm selber in den letzten zwölf Jahren erst einmal passiert.

Anschließend möchte sie wissen, wie es mir geht. Als ich ihr mitteile, dass ich im Moment keine Probleme mehr hätte mit meinem Bauch, meint sie nur, dass sie mir trotzdem empfehlen würde, mit den beiden Antibiotika etwa vier Tage weiterzumachen.

Nächstes Mal am 06.02.2019 werde sie dann noch einmal einen Ultraschall machen, um weiter zu entscheiden, ob ich ins Spital müsse zum Operieren. Da ich aber schon zwei schwere Operationen hinter mir hätte, wolle sie mir im Moment eine weitere Operation ersparen.

Sie gibt mir anschließend noch eine Schachteln Cefuroxim 250 mg, wobei ich morgens und abends jedes Mal zwei nehmen muss, zusammen mit einem Tiberal 500 mg.

Bevor wir uns gegenseitige verabschieden, übergibt sie den Stick an die Praxisassistentin, welche die Daten ins System überträgt. Leider vergessen wir dabei den Arztbericht von meinem Neurologen im Spital.

Durch den Tag nehme ich meine Parkinson- und Rheumamittel nach der Medikamentenliste.

18.01.2019

Nach dem Aufstehen mache ich wie jeden Morgen meine LSVT-Übungen und steige eine Viertelstunde auf meinen Hometrainer.

Am Nachmittag spritze ich mir Metoject 15,5 mg gegen meine Polyarthritis und durch den Tag nehme ich meine Parkinson- und Rheumamittel nach der Medikamentenliste.

22.01.2019

Heute habe ich um 14:30 Uhr den vierten Termin bei der Physiotherapie. Sie möchte zuerst wissen, wie es ergangen ist. Ich erkläre ihr, dass es die ersten drei Tage super war, aber als es dann kälter wurde, hätte ich wieder Schmerzen im rechten und später auch im linken Knie bekommen. Sie massiert nun zuerst das rechte Knie und kommt dabei über einige schmerzhafte Punkte. Anschließend behandelt sie mich wieder mit Ultraschall, bevor sie mich noch einmal massiert und das Knie bewegt.

Zum Schluss zeigt sie mir draußen bei der Treppe noch zwei Übungen. Bei der ersten muss ich mit den Zehenspitzen auf der Treppe stehen. Dann muss ich mit dem Körper langsam nach oben, dabei muss ich möglichst geradestehen, bis ich eine Spannung in den Waden und dem Oberschenkel spüre. Anschließend wieder langsam nach unten. Nun wippe ich auf und ab.

Bei der zweiten Übung muss ich normal auf der ersten Stufe der Treppe stehen. Dann muss ich zuerst mit den Zehenspitzen des linken Fußes den Boden berühren. Anschließend mit den Zehenspitzen des rechten Fußes.

Beide Übungen muss ich je fünf bis sechs Mal wiederholen.

Anschließend muss ich die Dehnungsübung mit dem Tuch um den rechten Knöchel, wie am 14.01.2019 machen.

Ich rufe den Atlaslogisten an, um einen Termin abzumachen. Ich kann am 29.01.2019 um 10:00 Uhr zu ihm gehen.

Durch den Tag nehme ich meine Parkinson- und Rheumamittel nach der Medikamentenliste.

24.01.2019

Heute habe ich um 08:00 Uhr den fünften Termin bei der Physiotherapie.

In der Nacht erwache ich etwa um 01:00 Uhr mit heftigen Knieschmerzen, und zwar an beiden Knien. Ich erinnere mich, dass mein Vater einmal gesagt hat, dass ihm eine ältere Bauernfrau erzählt hat, dass er bei Knieschmerzen, diese mit Schmierseife einreiben solle. Zum Glück haben wir diese zu Hause. Also reibe ich beide Knie mit Schmierseife ein, was erstaunlicherweise sofort eine Linderung der Schmerzen bringt.

Meine Therapeutin sieht, dass ich etwas komisch die Treppe runtergehe und meint, dass dies nicht gut aussehe. Ich erzähle ihr dann vom Schmerzverlauf der vergangenen Tage und vom Geschehen in der vergangenen Nacht.

Sie massiert zuerst mein rechtes Knie, bevor sie es mit Ultraschall behandelt. Dann massiert sie es noch ein wenig, ohne fest zu drücken. Dabei findet sie wieder einige schmerzhafte Punkte.

Anschließend macht sie das gleiche mit dem linken Knie, einfach ohne Ultraschall. Sie stellt dabei fest, dass ich die gleichen Symptome habe wie auf meiner rechten Seite.

Sie bittet mich, die erste Übung vom letzten Mal, wo ich mit den Zehenspitzen auf der Treppe stehen und auf und ab wippen musste, wegzulassen und dafür das Bein anzuspannen, indem ich die Zehen nach oben ziehe. Dabei muss ich bei der ersten Übung mit dem gestreckten Bein nach oben und wieder nach unten bewegen. Bei der zweiten Übung mache ich das gleiche, bewege aber das gespannte und gestreckte Bein nach rechts oben. Bei der dritten Übung mache ich das gleiche, bewege aber das gespannte und gestreckte Bein nach links oben.

Zum Schluss möchte sie sehen, wie es geht mit Treppensteigen, was dieses Mal wieder erstaunlich gut geht.

Durch den Tag nehme ich meine Parkinson- und Rheumamittel nach der Medikamentenliste.

25.01.2019

Ich habe gut geschlafen und bin ganz entspannt.

Am Nachmittag spritze ich mir Metoject 15,5 mg gegen meine Polyarthritis.

Durch den Tag nehme ich meine Parkinson- und Rheumamittel nach der Medikamentenliste.

28.01.2019

Heute habe ich um 10:30 Uhr den sechsten Termin bei der Physiotherapeutin. Sie sieht auch heute, dass ich schräg und schrittweise die Treppe runtergehe und meint, dass dies nicht gut aussehe. Ich erzähle ihr dann vom Schmerzverlauf der vergangenen Tage.
    Sie massiert zuerst mein rechtes Knie, bevor sie es mit Ultraschall behandelt. Dann massiert sie es noch ein wenig, ohne

fest zu drücken. Dabei findet sie wieder einige schmerzhafte Punkte.

Anschließend macht sie das gleiche mit dem linken Knie, einfach ohne Ultraschall. Sie stellt dabei fest, dass ich die gleichen Symptome habe wie auf meiner rechten Seite, nur nicht so stark.

Durch den Tag nehme ich meine Parkinson- und Rheumamittel nach der Medikamentenliste.

29.01.2019

Ich habe heute um 10:00 Uhr den ersten Termin beim Atlaslogisten in Z. Da in der Nacht mein Uhrenband kaputt gegangen ist und ich keine Uhr mehr anhabe, hätte ich den Termin fast verpasst. Atlaslogist hat sich gut vorbereitet und diverse Modelle bereit gemacht, um mir Atlaslogie zu beschreiben und zu erklären. Als ich ihm aber erkläre, dass ich wisse, was Atlaslogie sei und meine Frau und ich vor Jahren Bekanntschaft mit dieser Methode gemacht hätten, legt er seine Modelle weg und geht zuerst zum Administrativen. Neben meinem Namen, dem Geburtsdatum, will er vor allem wissen, welche gesundheitlichen Probleme ich habe. Ich erkläre ihm dann, dass ich neben Parkinson und der Polyneuropathie unter anderem an zeitweisen Gelenkschmerzen, vor allem am rechten Knie leiden würde. Der eigentliche Grund meines Besuchs sei aber vor allem, dass ich es als Vorbeugung sehen würde.

Ich spreche ihn dann noch auf seinen Sohn an, welcher mit seiner koreanischen Frau vor ein paar Wochen bei uns auf Besuch war. Wir reden dabei einen kurzen Moment über die Beiden, welche heute in Z. wohnen.

Nun muss ich mich zuerst auf den Bauch legen, damit er anhand der Füße mit dem Beintest Hinweise auf Fehlstellungen des Atlas, Beckenschiefstand und Beckenrotation feststellen kann. Bei mir kann er einen Beckenschiefstand feststellen, was ich bis jetzt nicht bemerkt habe.

Anschließend muss ich mich auf den Bettrand setzen, damit er eine sogenannte Palpation vornehmen konnte, also ein Abtasten des Atlas. Er tastet dabei mit beiden Mittelfingern die Querfortsätze meines Atlas ab und lokalisiert die Atlasposition. Dabei kann ein geschulter Atlaslogist bis zu achtzehn verschiedene Verschiebemöglichkeiten feststellen. Der Bekannte von uns, welcher uns damals mit Atlaslogie behandelte, hat uns einmal erzählt, dass sie während der Ausbildung durch sieben Telefonbuchseiten hindurch ein menschliches Haar spüren mussten. Daran kann man sehen, wie sensibilisiert ein Atlaslogist arbeiten muss.

Dann kommt das Kernstück des Atlaslogisten, das sogenannte Adjustment, also das Zentrieren des Atlas. Dabei berührt der Atlaslogist mit seinen beiden Mittelfingern die seitlichen Fortsätze des Atlas. Dabei wird der Atlas mittels energetischem Impuls in Schwingung versetzt. So bringt sich der Atlas selber in seine Urposition zurück. Diese Schwingung wird vom Atlaslogisten wahrgenommen, welche anschließend über die Wirbelsäule bis zu den Lendenwirbeln, zum Kreuz- und Steißbein übertragen wird. Ein allfälliger Beckenschiefstand kann sich so aufheben. Das heißt, dass die Beine optisch wieder gleich lang sind. Anschließend erfolgt die Erfolgskontrolle durch den Beintest.

Dann kommt eine Ruhephase, d. h. ich muss ca. 20 bis 25 Minuten ruhig liegen. Während dieser Zeit hat die Wirbelsäule Zeit sich auszurichten.

Obwohl ich normalerweise in einen völligen Ruhezustand komme, wenn ich abliege, gelingt mir dies heute nicht, Schluckbeschwerden wegen meinem Parkinson hindern mich daran, ruhig zu liegen und mich zu entspannen.

Nach ca. 25 Minuten kommt der Atlaslogist und fragt mich, ob er außer Programm noch diverse Triggerpunkte mit seinem Licht- und Farbstift behandeln dürfe. Natürlich habe ich nichts dagegen. Er behandelt nun diverse Punkte an den Füßen und in der Bauchgegend. Er drückt dabei so fest, dass es zeitweise recht schmerzhaft ist.

Zum Schluss muss ich mich noch einmal mit dem Bauch aufs Behandlungsbett legen, um einen erneuten Beintest zu machen und zu kontrollieren, ob ich immer noch einen Beckenschief-stand habe, was nun nicht mehr der Fall ist.

Anschließend muss ich mich noch einmal auf den Bettrand setzen, damit er auch auf diese Weise die Atlasstellung feststellen kann.

Ganz zum Schluss behandelt er mich, auch außer Programm, mit einem speziellen Gerät, bei dem er drei Zacken in meinen Na-cken drückt. Dabei muss ich den Kopf ein paar Mal nach links und dann wieder nach rechts bewegen. Durch diese Behand-lung kann er die starken Verhärtungen in meinem Nacken lösen.

Beim Verabschieden machen wir noch Duzis, d. h. ich frage ein-fach, ob wir uns nicht Du sagen können.

Am Abend, als ich ins Bett gehe, stelle ich fest, dass meine Beine und vor allem mein linker Fuß wieder stark geschwollen sind, d. h. ich habe wieder Wasser in den Beinen.

Durch den Tag nehme ich meine Parkinson- und Rheumamit-tel nach der Medikamentenliste.

30.01.2019

Heute habe ich um 09:00 Uhr den siebten Termin bei der Physio-therapie. Sie sieht, dass ich gut die Treppe runtergehe und meint, dass dies gut aussehe. Ich erzähle ihr dann vom Schmerzverlauf der vergangenen Tage und dass ich die Igelrollen oft angewendet hätte. Zudem habe ich die Knie mit Schmierseife eingeschmiert. Ich erzähle ihr dann von den geschwollenen Beinen und dem geschwollenen Fuß, vor allem links. Sie macht mir den Vorschlag, dass sie heute am linken Bein Lymphdrainage machen würde, was mir recht ist. Die halbe Stunde ist dabei schnell vorbei.

Durch den Tag nehme ich meine Parkinson- und Rheumamittel nach der Medikamentenliste.

31.01.2019

Heute muss ich um 11:30 Uhr zu meinem Augenarzt. Nachdem die Praxisassistentin meine Augen voruntersucht hat, testet der Arzt meine Augen gründlich und meint, dass alles in Ordnung sei und ich in einem Jahr wiederkommen solle.

Durch den Tag nehme ich meine Parkinson- und Rheumamittel nach der Medikamentenliste.

01.02.2019

Nach dem Aufstehen mache ich wie jeden Morgen meine LSVT-Übungen und steige eine Viertelstunde auf meinen Hometrainer.

Am Nachmittag spritze ich mir, wie jeden Freitag Metoject 15,5 mg gegen meine Polyarthritis.
Zudem nehme ich durch den Tag meine Parkinson- und Rheumamittel nach der Medikamentenliste.

04.02.2019

Heute habe ich um 09:00 Uhr den achten Termin bei der Physiotherapie. Nachdem ich ihr erklärt habe, wie es mir ergangen ist, massiert sie zuerst mein rechtes Knie. Zwischendurch behandelt sie mich mit Ultraschall. Sie findet wieder einige Verhärtungen, welche sehr schmerzhaft sind und unter ihren Fingern hindurch-gleiten. Am Schluss zeigt sie mir noch eine Übung an der Türe, dabei muss ich mit dem Rücken zur Türe so stehen, sodass ich mich langsam nach unten und wieder nach oben bewegen kann.

Um 15:30 Uhr habe ich einen Termin bei meinem Atlaslogisten. Er möchte zuerst wissen, wie es ergangen ist. Ich erzähle ihm von den geschwollenen Beinen und Füßen. Darauf meint er, dass es eine Reaktion gewesen sein könnte, mit Betonung auf „könnte." Er behandelt mich wieder wie das letzte Mal, also Abtasten des At-las, Zentrieren des Atlas, Erfolgskontrolle durch den Beintest, Ru-hephase, erneuter Beintest, Atlasstellung Feststellen und Zacken-behandlung. Dieses Mal schlafe ich während der Ruhephase ein.

Ich sende meinem Neurochirurgen meinen Gesundheitsbericht vom Januar 2019, sowie Fragen zu Max's Problemen mit dem Zittern.

Sehr geehrter Herr Doktor,

Ich sende ihnen hier meinen Gesundheitsverlauf vom Januar 2019. Gleichzeitig habe ich noch eine Frage. Ein guter Freund von mir leidet ebenfalls unter sehr starkem Zittern. Er war dann bei ei-nem Neurologen, welcher ihm die Diagnose Parkinson mitteilte. Da seine Frau aus Taiwan kommt, sind sie während den Win-termonaten immer in Taiwan. Er ließ sich dann in Taiwan noch einmal untersuchen, wo man angeblich durch einen speziellen Hauttest herausfand, dass er nicht unter Parkinson, sondern un-ter Alterszittern leiden würde.
Da er zeitweise mehr zittert, als es bei mir der Fall war, habe ich nun die Frage, ob man auch bei einem Patienten ohne Parkin-son, aber mit starkem Tremor so eine Hirnstimulation machen würde, wie bei mir.

Freundliche Grüße
Ihr Patient Walter Schaub

Ich bekomme ein E-Mail von meinem Neurochirurgen.

Sehr geehrter Herr Schaub

Besten Dank für diese Informationen!

„Alterszittern" ist keine neurologische Diagnose; ein Tremor ist kein Bestandteil vom gesunden Älter-Werden und kann im hohen Alter (wie auch sonst) verschiedene Ursachen haben. Darüber hinaus existiert meines Wissens kein Haut-Test, womit man verschiedene Tremor-Ursachen voneinander unterscheiden könnte. Es scheint sich eher um etwas aus dem Bereich der „traditionellen chinesischen Medizin" zu handeln. Für eine wissenschaftlich begründete Diagnose und Behandlung, wäre Ihr Kollege wohl bei einem guten Neurologen besser aufgehoben.

Prinzipiell ist die tiefe Hirnstimulation gegen Tremor von verschiedenen Ursachen wirksam, nicht nur Parkinsontremor; aber bei allen Tremor-Patienten gilt auch das Prinzip, dass erst alle nichtchirurgischen Behandlungen ausgeschöpft werden sollten, bevor man das (geringe, aber reelle) Operationsrisiko auf sich nimmt.

Ich würde Ihrem Kollegen empfehlen, wieder Rat bei seinem Neurologen zu suchen – der ihn gerne ins USB für eine konsiliarische Meinung wegen tiefer Hirnstimulation zuweisen könnte, falls erwünscht.

Freundliche Grüße
…

Durch den Tag nehme ich meine Parkinson- und Rheumamittel nach der Medikamentenliste.

Heute haben meine Frau und ich um 10:00 Uhr einen Termin bei unserer Hausärztin. Ich frage sie wegen dem Arztbericht von der Neurologie der Universitätsklinik B. Ich gebe ihr einen Stick und sie kopiert den Bericht darauf. Dann möchte sie zuerst wissen, wie es mir geht. Anschließend untersucht sie gründlich meinen Unterbauch mit Ultraschall, kann aber nichts Außergewöhnliches feststellen. Sie meint dann, dass wir im Moment nichts unternehmen sollten und wenn es wiederkomme, so solle ich mich melden. Nachher zeige ich ihr meinen Hautausschlag auf meinem linken Oberschenkel. Ich zeige ihr auch noch die Bilder vom Handy und erkläre ihr, dass ich zuerst vermutet hätte, dass es Gürtelrose sein könnte. Nachdem ich dann aber Dermovate von meiner Frau eingerieben hätte und innerhalb von ca. drei Stunden der Juckreiz verschwunden sei, hätte ich gewusst, dass es nicht Gürtelrose sein kann. Dann habe ich auf die Rösleinkrankheit getippt, was ich dann aber auch verwarf, da diese Krankheit, vor allem bei Stress auftaucht, aber ich habe ja keinen Stress. Was mich gewundert hat, ist, dass die Hausärztin diese Krankheit kannte, aber auch sie meint, dass es diese Krankheit nicht sein könne. Ich erzähle ihr dann noch von Padma 28 und dass ich mich gefragt habe, ob eventuell dieses Mittel diesen Hautausschlag verursacht. Sie meint, dass es sein könne, sie glaube aber eher nicht.

Sie rät mir, weiterhin immer am Abend Dermovate einzureiben, und zwar für ca. zwei bis drei Wochen.

Zum Schluss verlange ich von ihr noch eine Physiotherapieverlängerung. Zu Hause beschließe ich, Padma 28 vorerst wegzulassen.

Durch den Tag nehme ich meine Parkinson- und Rheumamittel nach der Medikamentenliste.

07.02.2019

Heute habe ich um 14:30 Uhr den neunten Termin bei der Physiotherapie. Zuerst übergebe ich ihr die neue Verordnung. Sie gibt mir dabei folgende Termine

Donnerstag	14.02.2019	19:00 Uhr
Donnerstag	21.02.2019	19:00 Uhr
Donnerstag	28.02.2019	15:30 Uhr
Donnerstag	21.03.2019	18:00 Uhr
Donnerstag	28.03.2019	14:30 Uhr
Donnerstag	04.04.2019	17:00 Uhr
Donnerstag	11.04.2019	14:30 Uhr
Donnerstag	16.04.2019	14:30 Uhr
Donnerstag	02.05.2019	14:30 Uhr

Wobei ich erst zu Hause bemerke, dass wir am 11.04.2019 auf unserer Schiffsreise sind. Nach dem Administrativen, massiert sie wieder mein rechtes Knie. Sie findet dabei wieder einige Verhärtungen, welche sehr schmerzhaft sind und unter ihren Fingern hindurchgleiten.

Durch den Tag nehme ich meine Parkinson- und Rheumamittel nach der Medikamentenliste.

08.02.2019

Am Nachmittag spritze ich mir Metoject 15,5 mg gegen meine Polyarthritis.

Gegen Abend habe ich wieder heftige Schmerzen und Koliken in meinem Unterbauch. In der Nacht muss ich zwei Mal aufstehen und Schmerzmittel nehmen. (Buscopan)

Durch den Tag nehme ich meine Parkinson- und Rheumamittel nach der Medikamentenliste.

09.02.2019

Nach dem Aufstehen mache ich wie jeden Morgen meine LSVT-Übungen und steige eine Viertelstunde auf meinen Hometrainer.

Ich habe heute den ganzen Tag Schmerzen in meinem Unterbauch.

Durch den Tag nehme ich meine Parkinson- und Rheumamittel nach der Medikamentenliste.

10.02.2019

Ich rufe in der Praxis von meinem Hausarzt an. Die Ordinationshilfe gibt mir einen Termin für 10:15 Uhr.

Um 10:15 Uhr muss ich zuerst zur Blutentnahme. Die Lehrtochter entnimmt mir Blut. Leider kommt es heute nicht so schnell, weshalb wir beim ersten Mal abbrechen müssen. Nachdem ich einen anderen Finger unter das heiße Wasser gehalten habe, geht es etwas besser.

Anschließend bin ich bei einem der Ärzte, welcher mich mit Ultraschall untersucht und sehr schnell sieht, dass ich wieder unter Divertikulitis leide. Er empfiehlt mir Tiberal 500 mg kombiniert mit Cefuroxim 500 mg 2 Mal am Tag einzunehmen. Wenn es bis morgen nicht besser ist, soll ich ins Spital gehen.

Anschließend zeige ich ihm noch meinen Hautausschlag auf meinem rechten Knie und Oberschenkel. Als ich ihm erkläre, dass ich schon auf der linken Seite einen solchen Ausschlag gehabt hätte und es nach dem Einreiben von Dermovate rasch besser geworden sei, fragt er mich, ob ich noch mehr hätte von dieser Salbe. Er meint dann, dass ich für etwa zwei bis drei Wochen, jeden Abend davon einstreichen solle. Zum Schluss gibt er mir noch eine Ernährungsempfehlung für Divertikulitis.

Die Lehrtochter gibt mir anschließend Tiberal 500 mg, sowie Cefuroxim 500 mg, sowie einen Termin für Montag den 11:02.2019 um 07:30 Uhr.

Als ich zu Hause beim Frühstück bin, kommt mir plötzlich in den Sinn, dass meine Frau und ich seit etwa zwei oder drei Wochen Ingwer verwenden. Ich frage mich nun, ob eventuell dies den Hautausschlag und sogar die Divertikulitis ausgelöst hat und nicht Padma 28. Ich werde nun Ingwer weglassen, denn dieses macht das Blut heiß, was zu Hautausschlägen führen kann.

Durch den Tag nehme ich meine Parkinson- und Rheumamittel nach der Medikamentenliste.

11.02.2019

Ich habe heute um 07:30 Uhr einen Termin bei der Hausärztin. Zuerst will sie wissen, wie es mir geht. Sie meint dann, dass ihr Kollege am letzten Samstag sofort gesehen habe, dass ich wieder Divertikel hätte. Sie schlägt mir vor, dass ich die Antibiotika weiter nehmen solle. Zusätzlich möchte sie mich für ein CT in die Radiologie nach L. schicken, um ein genaueres Bild meines Darmproblems zu bekommen. Anschließend schaut sie sich noch einmal meinen Hautausschlag an. Da sie sich nicht ganz erklären kann, was für einen Ausschlag ich habe und was der Auslöser ist, entnimmt sie mir zwei Hautproben, macht also eine Biopsie. Zuerst desinfiziert sie die entsprechende Stelle, dann betäubt sie sie mit einer Spritze. Mit einer kleinen 2 mm Durchmesser großen Hautstanze schneidet sie dann ein Stücklein Haut heraus und tut es in ein Röhrchen. Diese Prozedur macht sie an zwei Stellen, um sicher zu sein.

Das Röhrchen wird anschließend ins Labor gesendet. Nun müssen wir nur noch abwarten.

Im Labor wird das Stück Gewebe aufbereitet, d. h. in dünne Scheiben geschnitten und gefärbt. Anschließend legt der Laborant die Haut unter das Mikroskop und schaut sich die einzelnen Zellen genau an. So kann er Tumorzellen erkennen, aber auch Bakterien oder Pilze entdecken. Nach einigen Tagen liegt das Ergebnis vor.

Zum Schluss bekomme ich noch eine Tube Dermovate Creme und den nächsten Termin für den 14.02.2019 um 08:30 Uhr, sowie eine Überweisung an die Radiologie in L. für morgen Mittwoch den 12.02.2019 um 08:15 Uhr.

Durch den Tag nehme ich, wie jeden Tag, meine Parkinson- und Rheumamittel nach der Medikamentenliste.

12.02.2019

Heute habe ich um 18:15 Uhr einen Termin im Radiologieinstitut in L. Nach der Anmeldung gibt man mir einen Fragebogen zum Ausfüllen, sowie einen Liter Wasser, welchen ich innerhalb der nächsten 45 Minuten trinken muss, zwecks besserer Darstellung des Darms.

Anschließend werde ich abgeholt. In einer Umkleidekabine muss ich alles ausziehen und Pampers, Hüttensocken, Wegwerfhosen, sowie eine Wegwerfbluse anziehen. Dann muss ich mich auf den fahrbaren Untersuchungstisch legen.

Zuerst wird noch ein Einlauf gemacht, welcher bei mir ein Gefühl auslöst, wie wenn ich auf die Toilette gehen müsste. Da die Aussagekraft einer Computertomographie-Untersuchung durch Gabe von jod-haltigem Kontrastmittel in die Vene (intravenös) erheblich gesteigert werden kann, wird mir in der Ellenbeuge eine Vene punktiert (ähnlich wie bei einer Blutentnahme). Schon nach kurzer Zeit empfinde ich in Wärmegefühl in meinem Körper. Der Untersuchungstisch wird nun langsam in die kreisförmige Öffnung des Ringes des Computertomographen bis auf Höhe der zu untersuchenden Körperregion gefahren. Durch einen Lautsprecher werde ich aufgefordert, einzuatmen und den Atem kurz anhalten. Dann kreist eine Röntgenröhre auf einem Ring um den Körper und erzeugt einen schmalen Röntgenstrahl. Dieser durchdringt die gewünschte Körperstelle und wird innerhalb des Körpers durch die verschiedenen Strukturen (z. B. Fett, Muskeln, Organe, Knochen) unterschiedlich stark abgeschwächt.

Gegenüber der Röntgenröhre befindet sich auf demselben Ring eine Vielzahl von Sensoren (Detektoren), die das abgeschwächte Signal empfangen. Die Messungen werden nachträglich vom Computer zu einem Schnittbild oder zu dreidimensionalen Bildern weiterverarbeitet.

Das Ganze dauerte ca. eine Minute.

Die Computertomographie ist ein Schnittbildverfahren. Es ist eine Weiterentwicklung der Röntgentechnik. Sie wird vor allem zur Untersuchung des Kopfes, der Lunge, der Bauchorgane, der Wirbelsäule und von Knochen angewendet.

Da sie das Ergebnis zuerst noch dem zuständigen Arzt zeigen möchte, muss ich noch einen Moment liegen bleiben.

Bevor ich mich dann von den beiden Ladys verabschiede bitte, ich die eine, dass man mir auch einen Arztbericht sendet. Sie erklärt mir, dass sie es weiterleitet und ich ebenfalls einen Bericht bekommen werde.

Dann kann ich mich wieder umziehen und gehen.

Anschließend gehe noch zur Praxis meines Rheumatologen, um mich mit neun Spritzen Metoject 15 mg einzudecken.

Ich bekomme von meiner Hausärztin die Patientenanmeldung für die Radiologie.

Ich habe heute um 13:00 Uhr den dritten Termin beim Atlaslogisten. Wie das letzte Mal möchte er zuerst wissen, wie es ergangen ist. Ich erzähle ihm vom Hautausschlag an meinen Oberschenkel. Er behandelt mich wieder wie das letzte Mal, also Abtasten des Atlas, dem Zentrieren des Atlas, Erfolgskontrolle durch den Beintest, Ruhephase, erneuter Beintest, Atlasstellung feststellen und der Zackenbehandlung. Dieses Mal schlafe ich während der Ruhephase wieder ein.

Durch den Tag nehme ich meine Parkinson- und Rheumamittel nach der Medikamentenliste.

Heute habe ich um 08:30 Uhr einen Termin bei der Hausärztin. Zuerst werde ich von der Praxisassistentin ins Labor gebeten um mir etwas Blut zu entnehmen.

Anschließend bin ich bei der Ärztin, welche auch heute zuerst wissen will, wie es mir geht. Ich erkläre ihr, dass ich immer am Morgen beim Aufstehen auf der linken Darmseite Schmerzen hätte. Sie meint dann, dass der Befund bei der Radiologie auf dem CT klar zeigt, dass wieder eine Divertikulitis da sei. Laut dem Bluttest seien aber die Entzündungswerte nach der Einnahme von Antibiotika klar am Abnehmen. Trotzdem sei sie am überlegen, ob sie mich nach L. ins Spital schicken solle, um noch einmal eine genauere Abklärung zu machen. Es könne dann allerdings sein, dass sie noch einmal eine Darmspiegelung machen und anschließend eine Operation vorschlagen würden. Nachdem ich nun aber schon fünf Mal Divertikulitis gehabt habe, komme ich wahrscheinlich nicht um eine Operation herum. Wir machen ab, dass sie mich im Spital anmeldet.

Ich erzähle ihr dann vom gestrigen Ausflug nach L., wo ich sehr große Mühe hatte beim Gehen. Laut meinem Neurologen könnte meine Muskelschwäche auch mit dem Parkinson zusammenhängen.

Anschließend reden wir über meinen Hautausschlag. Sie schaut sich noch einmal die die betreffenden Stellen an und meint, dass ich jeden Abend Dermovate Creme einstreichen und anschließend mit Küchenfolie abdecken solle. Diese durchsichtige Folie würde die Haut zwar zum Schwitzen bringen, aber auch die Wirkung der Creme verstärken. Leider hat sie das Resultat der Hautuntersuchung noch nicht bekommen.

Zum Schluss reden wir noch über meine Frau. Ich erkläre der Ärztin, dass ich mir etwas Sorgen mache, da meine Frau in letzter Zeit so vergesslich ist. Wenn ich mir z.B. die Schuhe anziehe, fragt sie mich: „Where are you going?". Wenn ich ihr dann sage, dass ich zum Arzt, auf die Post oder auf die Bank gehe, meint sie nur: „OK“. Nur eine Minute später, wenn ich mir dann die Jacke anziehe, fragt sie mich wieder: „Where are you going?“.

Es kommt manchmal vor, dass sie etwas verlegt und mich beschuldigt, es genommen zu haben, oder nicht mehr weiß, wohin sie es getan hat.

Auch wenn wir das Haus verlassen, muss ich beim Kochherd nachschauen, ob er ausgeschaltet ist, oder ob das Licht gelöscht ist. Kürzlich war wieder eine ähnliche Situation, wo sie sich anschließend weinend entschuldigt hat, als ich ihr gesagt habe, dass wir nun schon seit 31 Jahren füreinander da waren und auch die nächsten 31 Jahre für einander da sein werden.

Es kann auch sein, dass sie sagt, dass sie schnell in die Garage gehe, um etwas aus dem Kühlschrank zu holen. Dann kommt sie vielleicht ohne etwas zurück. Wenn ich sie frage, ob sie die Ware nicht gefunden hätte, kann sie mich fragen: „Welche Ware?“. Ich erkläre der Ärztin auch, dass si keine Motivation mehr hätte, etwas zu unternehmen und den ganzen Tag zu Hause sein möchte und einen chinesischen Film nach dem anderen anschaue.

So kommen verschiedene Situationen immer häufiger vor. Die Ärztin macht sich ihre Notizen und verspricht mir, dass sie beim nächsten Mal mit meiner Frau einen Test machen werde.

Um ca. 13:30 Uhr ruft mich meine Physiotherapeutin an und erklärt mir, dass jemand abgesagt hätte und ich schon um 17:00 Uhr anstatt um 19:00 Uhr kommen könne.

Heute habe ich also den zehnten Physiotherapietermin. Zuerst möchte sie wissen, wie es mir geht. Ich erzähle auch ihr von gestern, als wir in L. waren und dass ich starke Mühe hatte beim Gehen. Sie sieht auch, dass mein Hautausschlag am rechten Knie stärker geworden ist. Sie behandelt mich zuerst auf beiden Seiten mit Ultraschall. Anschließend massiert sie das Knie und findet vor allem auf der linken Innenseite einige schmerzhafte Punkte.

Ich bestelle bei der Versandapotheke per Internet drei Schachteln Carbidopa/Levodopa Sandoz CR 25/100.

Durch den Tag nehme ich meine Parkinson- und Rheumamittel nach der Medikamentenliste.

15.02.2019

Heute muss ich laut Hausärztin keine Metoject-Spritze machen, wegen der Antibiotika für den Darm.

Der Postbote bringt schon die bestellten Parkinsonmittel. Leider gibt es bis März 2019 kein Carbidopa/Levodopa Sandoz CR 25/100, weshalb sie mir drei Schachteln Sinemet CR 25/100 senden.

Durch den Tag nehme ich meine Parkinson- und Rheumamittel nach der Medikamentenliste.

16.02.2019

Ich bekomme, wegen der Diverticulitis vom Kantonsspital L. eine Sprechstunden-Einladung für Dienstag den 19.02.2019 um 10:30 Uhr.

Da ich an diesem Tag einen Atlaslogie-Termin hätte, rufe ich ihn an. Leider ist niemand zu Hause, also schreibe ich ihm ein E-Mail.

Auch heute nehme ich meine Parkinson- und Rheumamittel nach der Medikamentenliste.

18.02.2019

Nach dem Aufstehen ist es wie jeden Morgen. Zuerst meine LSVT-Übungen und dann eine Viertelstunde auf meinen Hometrainer.

Mein Atlaslogist ruft mich an wegen morgen. Wir machen ab, dass ich mich wieder melde.

19.02.2019

Ich habe heute wegen meiner Diverticulitis um 10:30 Uhr einen Termin im Kantonsspital L. Da ich etwas früh dran bin, laufe ich zum Bahnhof. Ich habe genügend Zeit und verzichte auf den Schnellzug nach L. und nehme deshalb den nachfolgenden Bummler. In L. spaziere ich gemütlich zum Kantonsspital. Nach dem WC-Aufenthalt gehe ich zum Schalter des chirurgischen Ambulatoriums, um mich anzumelden. Ich bin zwar 25 Minuten zu früh, aber im Wartecorner zu warten und den vorbeiziehenden Leuten zuzuschauen, ist interessant, z. B. dieser ältere Herr, welcher sich am Auskunftsschalter nach dem Weg zum Röntgen erkundigt. Die Dame hinter dem Schalter erklärt ihm den Weg, aber er läuft mit seinem Rollator in eine andere Richtung. Nach einer Weile kommt er wieder zurück und läuft hin und her, bevor er eine vorbeigehende MPA fragt, welche ihn auffordert, mit ihr zu gehen.

Ein anderer Herr kommt ganz nervös von draußen rein und setzt sich auf einen Nebensitz in der gleichen Wartezone, wo ich schon sitze. Er schaut nervös herum. Gerade als ich ihn fragen will, ob ich ihm helfen könne, steht er auf und geht an den Schalter.

Rechts von mir kommen zwei Frauen vom Warteraum. Die ältere der beiden bleibt vor dem Getränkeautomaten stehen und erklärt der jüngeren, dass sie Durst habe und ein Wasser möchte. Als diese den Preis sieht, meint sie: „Mama, komm wir gehen an den Kiosk, dort ist es viel billiger als hier." Die Jüngere steckt ihr Parkticket in den Automaten und bezahlt zuerst ihre Parkgebühr. Anschließend gehen sie, ohne Wasser, zum Ausgang.

Die Zeit vergeht dabei recht schnell und schon bald werde ich aufgerufen und in ein Zimmer begleitet, wo ich einen kurzen Moment warten muss, bis der Assistenzarzt, ein junger, gutaussehender Mann hereinkommt und mich begrüßt. Nach kurzer Befragung über meinen Gesundheitszustand, kommt auch schon der Professor, mit dem ich den Termin habe. Da meine Hausärztin meine bisherige Krankengeschichte ausführlich beschrieben hat, wissen die beiden Ärzte schon recht gut über mich Bescheid. Der Professor fragt mich als erstes, wie es mir mit dem Parkinson gehe. Er meint dann noch, dass er dies frage, weil seine Frau Neurologin sie und er sich deshalb ebenfalls ein wenig für neurologische Belange interessiere. Nach weiterer Durchsicht meiner Akten, meint er, dass man bei mir nach fünf Mal Diverticulitis schon fragen müsse, ob es nicht besser wäre zu operieren. Er schlägt mir also eine Operation vor. „Wissen Sie, Herr Schaub, ich mache täglich solche Operationen", versucht er mich zu beruhigen. Anhand von einer Modellzeichnung erklärt er mir, was er machen würde. Das einzige Problem, das er im Moment sieht, ist Metoject 15 mg, also die Spritze gegen Arthritis, welche ich mir einmal pro Woche spritzen muss. Er beauftragt den jungen Arzt, meinen Rheumatologen anzurufen und ihn zu fragen, ob man dieses Mittel ein, oder zwei Mal absetzen könne.

Er selber meint dann noch, dass ein weiteres Problem sei die Lungenembolie vor einem Jahr, sowie meine Hirnstimulation, weil er sich die Frage stellte, ob man die Stimulation ausschalten müsse oder nicht. Er ruft zuerst einen internen Experten an. Ich gebe ihm die Telefonnummer von meinem Neurochirurgen vom Universitätsspital B., welchen er gerade anruft und zum Glück auch erreicht. Anscheinend kennen sie einander, denn sie duzen sich. Ich bekomme nur mit, dass mein Neurochirurg auch nach L. kommen würde, falls dies erforderlich ist. Nach längerem Telefongespräch meint der Professor, dass er zwei Systeme zur Verfügung hätte, wobei er beim einen meine Stimulation nicht ausschalten müsste. Inzwischen hat der junge Arzt meinen Rheumatologen erreicht. Dieser meint, dass er es lieber sehe, wenn man Metoject 15 mg nicht absetzen würde, aber wenn es notwendig sei, nicht mehr als zwei Wochen.

Als mich der Professor fragt, wann es mir am besten gehe mit der Operation, sage ich spontan Mitte März. Er meint dann, dass er folgende Woche nicht hier sei, aber am 06.03.2019 wäre gut für ihn. Als ich ihm sage, dass es für mich OK sei, denn dann sei mein Geburtstag, meint er nur: „Nein, nein, in diesem Fall machen wir es am 07. oder noch besser am 08.03.2019." Als er mich fragt, wann ich Metoject 15 mg spritze und ich ihm sage, am Freitag, meint er, dass dies perfekt sei, denn dann müssten wir es nur einmal ausfallen lassen.

Inzwischen bringt mir eine MPA eine Karte mit allen Terminen, also am 25.02.2019 um 10:00 Uhr die Anästhesiebesprechung, Eintrittstag am 07.03.2019 und Operation am 08.03.2019.

Nachdem sich die beiden Ärzte verabschiedet haben, kommt eine hübsche junge Ärztin und erklärt mir noch einmal den Ablauf der Operation.

Zudem füllt sie verschiedene Formulare aus, welche ich zum Teil unterschreiben muss, um mein Einverständnis zu geben. Zum Schluss bekomme ich verschiedene Broschüren zur geplanten Operation, darunter das ERAS-Programm, ein Programm zur raschen Erholung nach Bauchoperationen. Zudem bekomme ich noch eine allgemeine Information über Dickdarm- und Mastdarmoperationen.

Durch den Tag nehme ich meine Parkinson- und Rheumamittel nach der Medikamentenliste.

20.02.2019

Heute habe ich um 09:00 Uhr einen weiteren Termin bei meiner Hausärztin. Als ich hereinkomme, kommt mir die Praxisassistentin lachend entgegen und bittet mich, im Besprechungszimmer Platz zu nehmen. Kurz darauf kommt die Ärztin und möchte als erstes wissen, wie es mit meinem Hautausschlag geht. Leider ist es um mein rechtes Knie schlechter geworden. Das Resultat der Hautuntersuchung hat nichts Außergewöhnliches ergeben. Da sie nun selber sieht, dass die betroffene Stelle röter geworden ist, ruft sie noch den Leiter der Praxis dazu, welcher zuerst wissen möchte, wie es mit dem Parkinson gehe. Er schaut sich meine gerötete Haut an und weiß auch nicht, was es sein könne. Er meint nur, dass es eventuell von den Antibiotika komme, welche ich für meine Divertikulitis einnehmen musste. Er empfiehlt uns nun, die Stelle mit einer Fettsalbe z. B. Excipial einzustreichen und zu schauen, was passiert. Wenn es bis in einer Woche nicht besser ist, solle sie mich an einen Dermatologen schicken.

Bevor wir weiter machen, bitte ich die Ärztin, mir noch eine Kopie vom Arztbericht der Radiologie auf meinen Stick zu kopieren. Ich erkläre ihr dann, dass ich gestern im Spital gewesen sei und sie mir eine Operation empfohlen haben, welche nun am 08.03.2019 gemacht wird.

Wegen dem Hautarzt meint sie zuerst, dass sie mich nach L. senden werde, worauf ich ihr erkläre, dass ich gerne zu einem Hausarzt gehen möchte, den ich schon kenne.

Zum Schluss bekomme ich eine Tube Excipial-Fettsalbe und einen Termin für den 27.02.2019 um 09:00 Uhr.

Die Ärztin kopiert noch den Radiologie-Bericht auf meinen Stick.

Durch den Tag nehme ich meine Parkinson- und Rheumamittel nach der Medikamentenliste.

21.02.2019

Da mein Hautausschlag mehr juckt als gestern, rufe ich in der Praxis von meinem Hausarzt an und erkläre der Ordinationshilfe mein Problem. Sie nimmt zuerst Rücksprache mit meiner Ärztin, welche meint, dass ich das gestrige Mittel Excipial weglassen und nur mit Bepanthol einreiben solle.

Ich rufe meinen Atlaslogisten an wegen einem weiteren Termin. Da er nächste Woche in den Ferien ist, machen wir den 05.03.2019 um 14:00 Uhr ab.

Heute habe ich um 19:00 Uhr den elften Termin bei der Physiotherapie. Zuerst fragt sie mich, ob ich am 28.02.2019 erst um 16:00 Uhr anstatt um 15:30 Uhr kommen könne. Sie hat irrtümlich schon eine andere Person auf 15:30 Uhr eingeschrieben. Ich teile ihr dann noch mit, dass ich am 11.04.2019 mit meiner Frau eine Schiffsreise machen werde und deshalb diesen Termin verschieben müsse. Sie gibt mir einen neuen Termin für den 09.05.2019 um 14:30 Uhr.

Sie möchte zuerst wissen, was die Hautuntersuchung gebracht hat und ist erstaunt, dass die Ärzte nicht wissen, warum ich einen solchen Hautausschlag habe. Das einzige, was wir wissen ist, dass es nichts Gefährliches oder Ansteckendes ist.

Sie massiert mich zuerst, vor allem auf der Knieinnenseite. Dabei findet sie wieder einige schmerzhafte Stellen, weshalb sie sich entscheidet, mich mit dem Ultraschall zu behandeln. Nach dem Ultraschall stellen wir fest, dass die vorher gerötete Stelle ganz weiß ist. Allerdings nicht für lange. Wir machen noch Sprüche, dass sie nun eine neue Methode gefunden hätte zur Behandlung von Hautausschlägen.

Während der Behandlung erzähle ich ihr von meinem gestrigen Besuch im Kantonsspital L. und der geplanten Darmoperation. Sie fragt mich nach dem Namen des Arztes und als ich ihr von dem Professor erzähle, meint sie spontan, dass ich bei ihm in sicheren Händen sei, denn der sei sehr gut. Eine Bekannte hätte sich erst kürzlich auch von ihm operieren lassen und sie sei sehr zufrieden gewesen mit ihm. Natürlich beruhigt mich dies gewaltig.

Nach dem Ultraschall massiert sie gründlich mein Knie, was schon ein wenig Erleichterung bringt. Zum Schluss behandelt sie mich noch einmal mit Ultraschall. Ich verlasse die Praxis wieder schmerzfrei.

Per Post bekomme ich den Sprechstundenbericht von dem Professor.

Durch den Tag nehme ich meine Parkinson- und Rheumamittel nach der Medikamentenliste.

22.02.2019

Nach dem Aufstehen mache ich wie jeden Morgen meine LSVT-Übungen und steige eine Viertelstunde auf meinen Hometrainer.

Am Nachmittag spritze ich mir Metoject 15,5 mg gegen meine Polyarthritis.

Am späten Nachmittag treffe ich vor der Post ein Dorforiginal von S., welcher auch schon seit Jahren an Parkinson leidet. Er fragt mich, wie es mir gehe. Als ich ihm erzähle, dass ich Mühe hätte beim Laufen und Treppensteigen, meint er lachend, dass dies auch bei ihm, schon seit einem Jahr, das größte Problem sei. Wir müssten einfach das Beste daraus machen. Wir wünschen uns gegenseitig alles Gute.

Durch den Tag nehme ich meine Parkinson- und Rheumamittel nach der Medikamentenliste.

25.02.2019

Heute habe ich um 10:00 Uhr einen Termin in der Anästhesie des Kantonsspitals in L. Da ich auch heute Probleme habe beim Laufen, nehme ich den Bus nach S. Bald darauf sitze ich im Schnellzug nach L. Mir gegenüber sitzt eine junge hübsche Frau, welche in Erwartung ist. Sie streichelt ab und zu über ihren Bauch, wie wenn sie ihr Baby streicheln möchte. Zuerst möchte ich sie noch fragen, wann es dann soweit sei, denn ihr Bauch ist recht groß. Ich lasse es dann aber sein. In L. spaziere ich gemütlich zum Kantonsspital, wo ich mich bei der Anästhesie anmelde. Ich bekomme einen Fragebogen zum Ausfüllen. Bevor ich richtig angefangen habe, werde ich schon von einer MPA aufgerufen.
    Sie möchte zuerst meine Blutgruppenkarte. Anschließend bittet sie mich, mich oben frei zu machen, wegen einem EKG. Als ich ihr sage, dass man beim letzten EKG den Schrittmacher

ausgeschaltet hätte, meint sie, dass sie dies abklären werde. Nach einer Weile kommt sie herein und meint, dass man den Schrittmacher nicht ausschalten müsse. Nach der Blutabnahme werde ich von einem Arzt abgeholt. Als erstes frage ich ihn, ob mein Hautausschlag einen Einfluss hätte auf die Operation. Er schaut sich mein rechtes Bein an und meint, dass die Haut zu trocken sei und empfiehlt mir Eucerin mit Harnstoff. Anschließend gehen wir zusammen den Fragebogen durch. Er schaut sich auch meine Krankengeschichte an und stellt mir diverse Fragen dazu. Er möchte z. B. wissen, ob ich ab und zu saures Aufstoßen hätte, was bei mir doch ab und zu der Fall ist. Als er sieht, dass ich den Geschmackssinn verloren hätte, meint er, dass dies ein typisches Vorzeichen von Parkinson sei.

Er erklärt mir noch einmal kurz, was während der ca. viereinhalbstündigen Operation abläuft. Ich werde einen Blasen- und einen Venenkatheter bekommen. Zudem werden während der Operation die Beine nach oben und der Kopf leicht nach unten geneigt sein, was manchmal zu leichtem Schwindel führen könne. Zudem gebe es zwei verschiede Verfahren, nämlich den Bauchschnitt (Laparotomie oder offene Bauchoperation) und die Bauchspiegelung (Laparoskopische Operation oder Schlüsselloch-Chirurgie) Bei mir ist das zweite Verfahren geplant.

Was den Schrittmacher angeht, so müssten sie diesen ausschalten, da sie während der Operation ein EKG machen müssen und das EKG von vorher sei unbrauchbar. Ich erkläre ihm, dass mein Neurochirurg, wenn man ihn frühzeitig informiere, auch nach L. kommen würde, was der Arzt super findet. Er wird sich mit ihm in Verbindung setzen.

Kurz darauf verabschieden wir uns und ich spaziere gemütlich zum Bahnhof, wo ich eine Viertelstunde später einen Zug nach S. habe.

Durch den Tag nehme ich meine Parkinson- und Rheumamittel nach der Medikamentenliste.

Heute habe ich um 09:00 Uhr einen weiteren Termin bei meiner Hausärztin. Bei meiner Ankunft fordert mich die Praxisassistentin auf, mit ihr zu kommen. Sie bringt mich in eines der Behandlungszimmer. Als die Ärztin kommt, kommen wir sofort auf meinen Hautausschlag zu sprechen. Ich erzähle ihr vom Anästhesisten, welcher mir Eucerin mit Harnstoff gegen meine Hautprobleme empfohlen hat. Ich zeige ihr dann auch noch die Haut-Fotos von 2007 bis 2019. Sie schaut sich den Ausschlag noch einmal an und meint, dass es wesentlich besser sei. Die Haut schuppe sich zwar, aber es bildet sich neue Haut. Sie schreibt mir ein Rezept für Eucerin Trockene Haut 10% Urea-Crème. Da der Testosteronspiegel, der Prostatawert und andere Blutwerte kontrolliert werden sollten, bekomme ich von der Praxisassistentin einen Termin für eine Blutentnahme am 20.03.2019 um 07:30 Uhr, sowie einen Besprechungstermin am 28.03.2019 um 09:00 Uhr.

Per Post bekomme ich vom Kantonsspital L. eine Willkommensbroschüre, sowie eine Checkliste für den Eintritt.

Als ich zur Bank gehe, um Geld abzuheben für Rechnungen, sehe ich auf der anderen Straßenseite den Chef von meinem verstorbenen Vater. Da mir ein Bekannter gesagt hat, dass dieser auch Parkinson hat, gehe ich zu ihm. Er erkennt mich sofort: „Ah, das ist ja der Herr Schaub, wie schön, dass ich Sie wieder einmal sehe." Ich frage ihn, wie es ihm gehe. Obwohl er sehr stark zittert, sagt er, dass es ihm sehr gut gehe: „Endlich weiß ich, was ich habe. Ich habe nämlich Parkinson." Als ich ihm sage, dass ich diese Krankheit auch habe, ist er ganz überrascht. Ich zeige ihm meine zwei Hörner und erzähle ihm von meiner Hirnstimulation. „Ah, das wusste ich gar nicht, dass man dies machen kann." Als ich ihn frage, wie er mit dieser Krankheit zurechtkomme, meint er nur: „Man kann ja nichts ändern, also müssen wir das Beste daraus machen. Mir geht es ja sonst gut. Ich komme gerade von der Physiotherapie, welche mir guttut." Als ich ihn frage, wo er diese Therapie mache, meint er, bei der Physio in S. Als er mich fragt, wie es mir denn gehe, und ich ihm erzähle, dass ich im Moment Mühe hätte beim Treppensteigen und Laufen, meint er nur, dass er, zum Glück, in dieser Hinsicht keine Probleme hätte. Wir reden dann noch ein wenig über dies und jenes und wünschen uns zum Schluss gegenseitig viel Glück und alles Gute. Er bedankt sich dann noch, dass ich auf ihn zugekommen und ihn angesprochen habe.

Wie immer nehme ich durch den Tag meine Parkinson- und Rheumamittel nach der Medikamentenliste.

28.02.2019

Heute habe ich um 16:00 Uhr den zwölften Termin bei der Physiotherapie. Sie sieht, dass meine Haut heute schon viel besser ist und fragt mich, was ich gemacht hätte. Ich erzähle ihr von diesem Anästhesisten welche mir Eucerin mit Harnstoff empfohlen hätte.

Sie behandelt zuerst mein rechtes Knie mit Ultraschall und anschließend massiert sie es wieder.

Zum Schluss massiert sie noch mein linkes Knie, wo sie wieder einige schmerzhafte Punkte findet, welche sie dann gezielt behandelt.

Als ich zu Hause bin, versuche ich, mit meinem Massagegerät meine Oberschenkel zu massieren. Erstaunlicherweise lösen sich gewisse Spannungen. Vor allem die schmerzhaften Triggerpunkte, werden gelöst. Auch die Faszien werden dadurch gelöst und bringen doch ein wenig Entspannung.

Durch den Tag nehme ich meine Parkinson- und Rheumamittel nach der Medikamentenliste.

Ich sende meinem Neurochirurgen ein E-Mail.

> *Sehr geehrter Herr Doktor*
>
> *Ich sende ihnen hier meinen Gesundheitsverlauf vom Februar 2019.*
>
> *Was die Stimulation angeht, so bin ich bisher sehr zufrieden. Ich würde es jedem, der wegen Parkinson an einem Tremor leidet, empfehlen. Wie Sie aus dem Gesundheitsverlauf entnehmen können, habe ich im Moment nur beim Treppensteigen und Spazieren meine Probleme.*
>
> *Wie Sie inzwischen gehört haben, muss ich mich am 08.03.2019 einer Darmoperation unterziehen, da meine Diverticulitis mich nun zum fünften Mal recht heftig geplagt hat.*
> *Im Weiteren habe ich eine Frage. Bis zu welchem Alter werden Hirnstimulationen gemacht?*
>
> *Freundliche Grüße*
> *Ihr Patient Walter Schaub*

Am Nachmittag spritze ich mir Metoject 15,5 mg gegen meine Polyarthritis.

Auch heute versuche ich mit meinem Massagegerät meine Oberschenkel zu massieren. Auch heute werden die Faszien dadurch wieder gelöst.

Durch den Tag nehme ich meine Parkinson- und Rheumamittel nach der Medikamentenliste.

05.03.2019

Heute habe ich um 14:00 Uhr den vierten Termin bei meinem Atlaslogisten. Er möchte zuerst wissen, wie es geht. Als ich ihm erkläre, dass ich große Mühe hätte mit dem Laufen und dem Treppensteigen, versucht er zuerst einige Faszienpunkte zu lösen. Anschließend behandelt er mich wieder wie die letzten Male, also Abtasten des Atlas, Zentrieren des Atlas, Erfolgskontrolle durch den Beintest, Ruhephase, erneuter Beintest, Atlasstellung Feststellen und Zackenbehandlung. Dieses Mal schlafe ich während der Ruhephase wieder ein. Anschließend meint er, dass mein Atlas nun in der richtigen Lage sei und ich eigentlich nicht mehr kommen müsse.

Auch heute massiere ich mit meinem Massagegerät meine Oberschenkel.

Durch den Tag nehme ich meine Parkinson- und Rheumamittel nach der Medikamentenliste.

06.03.2019

Heute habe ich Geburtstag.

Neben meinen täglichen Parkinsonübungen massiere ich auch heute meine Oberschenkel mit meinem Massagegerät und nehme durch den Tag meine Parkinson- und Rheumamittel nach der Medikamentenliste.

Außerdem heißt es heute packen, denn morgen muss ich ins Kantonsspital L., wegen meiner Darmoperation.

Auch heute nehme ich meine Parkinson- und Rheumamittel nach der Medikamentenliste.

Darmoperation

Heute muss ich im Kantonspital L. einrücken. Ich nehme am Morgen zuerst eine Dusche und wasche mich gründlich, ich wasche auch meine Haare.

Meine Frau, welche mich begleitet, und ich nehmen den Bus um 09:18 Uhr nach S. Bald darauf sitzen wir im Schnellzug nach L. Im Spital melde ich mich um 09:45 Uhr bei der Anmeldung. Nachdem ich einen Moment warten musste, werde ich in einen der Räume hinter der Anmeldung gebeten, wo meine persönlichen Daten noch einmal kontrolliert werden. Anhand von diesen, sieht mein Gegenüber, dass ich gestern meinen 71. Geburtstag hatte, weshalb sie mir gratuliert.

Nach kurzer Befragung muss ich noch einmal draußen Platz nehmen, bis mich eine weitere Spitalsmitarbeiterin abholt und in den 3. Stock ins Zimmer bringt und mir alles Gute wünscht.

Das Bett beim Fenster ist schon durch einen 84-jährigen Mann aus Kroatien besetzt, welcher leider kein Deutsch spricht, obwohl er angeblich schon über 20 Jahre in der Schweiz lebt.

Nachdem sich meine Frau verabschiedet hat, räume ich meine Kleider in meinen Kleiderschrank. Gerade als ich mich hingelegt habe, kommt eine Krankenpflegerin, untersucht mich und nimmt mir Blut ab.

Beim Mittagessen benütze ich das Übersetzungsprogramm von meinem Samsung-Telefon, um mit meinem Zimmergenossen zu kommunizieren. Er erzählt mir dabei, dass er fünf Monate in serbischer Gefangenschaft gewesen sei und sie ihn wirklich unmenschlich behandelt hätten. Man hat ihm z. B. eine Handvoll Salz in seinen Mund gestopft und vor seinen Augen eine Flasche Wasser ausgeleert. Er hat in dieser Zeit über 34 kg an Gewicht verloren. Er sagt immer wieder: „Kroaten und Bosnier gut, Serben sehr schlecht." Man merkt, dass er die Serben hasst. Er meint auch, „Libyen super, Gaddafi super, Saddam Husein super, Tito super, alle waren super." All dies erzählt er mir drei Mal. Ich habe irgendwie das Gefühl, dass er immer noch unter diesem Trauma lebt und es noch nicht vergessen hat und es wahrscheinlich auch nie vergessen kann. Zudem hat er am rechten Fuß keine Zehen mehr, da sie ihm diese wegen angeblichen Zuckerproblemen amputieren mussten.

Nach dem Frühstück wird er von einem Transporteur zur Operation abgeholt. Er wird dabei an seinem linken Bein operiert, da er unter Venenproblemen leidet.

Am Nachmittag kommen zuerst zwei Ärzte, stellen ein paar Fragen und informieren mich wegen der Operation. Als sie noch ein EKG machen wollen, erkläre ich ihnen das Problem wegen meinem Hirnschrittmacher. Am 25.02.2019 hat man schon ein EKG gemacht, welches man aber wegen dem Schrittmacher nicht brauchen konnte, da es ganz verzerrte Linien zeigte. Ich erzähle ihnen, dass der Neurologe vom Unispital B. am 18.012.2018 ein EKG gemacht und dabei den Schrittmacher ausgeschaltet hätte. Einer der Ärzte wird sich mit dem Neurologen in Verbindung setzen und dabei das erwähnte EKG verlangen. Später kommt er noch einmal vorbei und verlangt von mir eine Unterschrift, damit er dieses EKG bekommt. Gleichzeitig entschuldigt er sich, dass er mir noch nicht zum Geburtstag gratuliert hat.

Um ca. 15:50 Uhr kommen der Professor und der Arzt von vorhin vorbei, um mich zu begrüßen und mich noch einmal zu informieren, was morgen ablaufen wird. Sie werden dabei eine Laparoskopische Operation machen, also mittels Schlüssellochoperation. Dabei werden vier bis sechs keine Schnitte gemacht, durch welche die Kamera und die Arbeitsinstrumente in den Bauch eingeführt werden.

Mein Neurochirurg von der Uni B. wird morgen vorbeikommen. Im Moment wissen sie noch nicht, ob sie den Schrittmacher ausschalten oder nicht. Sie wissen auch noch nicht, ob sie die bipolare Technik anwenden. Bei dieser Technik fließt der Strom im Gegensatz zur monopolaren Technik nur durch einen kleinen Teil des Körpers, denjenigen, in dem die chirurgische Wirkung gewünscht ist. All dies wird morgen spontan entschieden. Es sieht aber so aus, dass sie den Schrittmacher nicht ausschalten.

Um 16:30 Uhr kommt eine Pflegerin, misst die Temperatur und gibt mir eine abführende Flüssigkeit, welche ich in einer Stunde trinken muss. Auch sie hat inzwischen gesehen, dass ich gestern Geburtstag hatte und gratuliert mir.

Am späten Nachmittag wird mein Zimmergenosse wieder zurückgebracht. „Libyen super, Gaddafi super, Saddam Husein super, Tito super, alle waren super", tönt es von meinem Zimmergenossen. Als er sich eine Jacke anzieht, frage ich ihn, ob er es kalt hätte, was er bejaht. Da es draußen schon ein wenig kalt und auch im Zimmer nicht so angenehm ist, schaue ich nach, ob die Heizung eingeschaltet ist, was nicht der Fall ist, also schalte sich sie ein und stelle sie auf 3 ein. Kurze Zeit später ist es schön warm im Zimmer, worauf sich mein Zimmernachbar in seinem gebrochenen Deutsch bedankt.

Auch heute nehme ich meine Parkinson- und Rheumamittel nach der Medikamentenliste.

Um ca. 19:40 Uhr wird ein Einlauf gemacht und um 20:10 Uhr bekomme ich einen isotonischen Drink mit Apfelgeschmack. Anschließend rufe ich meine Frau an und schaue etwas fern, bevor ich schlafe.

Kurz vor 09:00 Uhr kommt noch die Nachtschwester, um mir eine Thrombosespritze zu machen.

08.03.2019

Heute werde ich operiert und kann deshalb Metoject 15,5 mg gegen meine Polyarthritis weglassen.

Um 06:20 Uhr macht die Pflegerin einen weiteren Einlauf und bringt mir noch einen stärkenden isotonischen Drink mit

Apfelgeschmack. Um 08:00 Uhr kommt eine MPA, um mein Gewicht, den Blutdruck und Puls zu kontrollieren. Ich bekomme noch diverse Tabletten und weiße Stützstrümpfe, welche ich nach dem Duschen um 08:30 Uhr anziehe. Die Operation soll um ca. 12:40 Uhr oder früher sein. Allerdings spielt dies keine Rolle, denn ich bin bereit.

Um ca. 09:15 Uhr kommt die Patientenmanagerin und fragt mich, wie es gehe mit meinem Zimmergenossen, denn dieser sei manchmal verwirrt und könne unangenehm sein. Ich erzähle ihr von seinen traumatischen Erlebnissen und dass er wahrscheinlich deswegen die ganze Nacht das Licht brennen lasse. Sie ist etwas erstaunt und meint, dass sie dies nicht gewusst hätte. Sie meint noch, dass ich mich, wenn mich das Licht störe, melden solle. Allerdings stört mich dies nicht, denn nachts schlafe ich und ich kann trotzdem schlafen.

Was mich allerdings stört, ist, dass mein Zimmerkollege, wenn Ier auf die Toilette geht und pinkeln muss, die ganze WC-Brille verpinkelt und ich diese jedes Mal putzen und desinfizieren muss. Er ist da nicht der einzige, denn es gibt viele Männer, welche keine Kinderstube genossen haben.

Um 10:10 Uhr kommt ein Pfleger vorbei und nimmt die Essenswünsche für morgen entgegen.

Gegen 12:00 Uhr kommt ein Transporteur, holt mich im Bett ab und fährt mich in den Operationssaal, wo ich schon von einem Team der Anästhesie in einem Vorbereitungsraum in Empfang genommen und begrüßt werde. Es werden nun alle Vorkehrungen für die Narkose getroffen. Schon bald schlafe ich ein und bekomme von der eigentlichen Operation überhaupt nichts mit. Während ich bereits schlafe, wird ein Blasenkatheter eingelegt, um meine Harnausscheidung zu kontrollieren.

Nach der Operation wurde ich in die Überwachungsstation gebracht. Man ist dabei an diversen Geräten angeschlossen. Dabei werden die Vitalparameter, also Puls, Blutdruck und Temperatur regelmäßig überwacht.

Als ich aufwache, sehe ich die kleinen Schnitte an meinem Bauch, was mir bestätigt, dass sie die Schlüssellochtechnologie angewendet haben, wie im Vorfeld besprochen. Gegen Schmerzen wurde mir kontinuierlich eine Medikamentenlösung über einen Katheter verabreicht. Im linken Unterbauch ist eine Drainage angelegt, durch welche die nächsten Tage das Wundsekret abgeleitet wird.

Eine Anästhesiepflegekraft, fragt mich regelmäßig nach meinem Befinden und ob ich Schmerzen hätte, was bei mir, zum Glück, nicht der Fall ist. In der Nacht schlafe ich eigentlich nicht schlecht. Nur einmal erwache ich kurz, als ein paar Ärzte reinkommen, von Bett zu Bett gehen und so laut reden.

Durch den Tag nehme ich, wie immer, meine Parkinson- und Rheumamittel nach der Medikamentenliste.

09.03.2019

Für die Erholung ist es wichtig, dass man schmerzfrei ist, damit man leichter und tiefer atmen, sich leichter bewegen und aufstehen kann. Man kann auch besser schlafen und sich dabei schneller erholen. Ich weiß nicht, was sie mit mir gemacht haben, aber ich habe eigentlich nie heftige Schmerzen. Nur zwei Mal haben sie mir ein Schmerzmittel mittels Injektion gegeben und einmal ein Dafalgan.

Als ich am Morgen aufwache, höre ich aus dem Nebenraum, welcher in der Aufwachstation nur durch einen Vorhang getrennt war, dass ein älterer Herr in einem Kreisel von einem Autofahrer abgeschossen, also angefahren wurde und sich dabei schwer verletzt hat. Von einer Frau höre ich, dass sie einen Schlaganfall erlitten habe und nun am Darm operiert wurde. Ich frage mich, wie dies zusammenhängt.

Gegen 10:00 Uhr bekomme ich einen dieser Energiedrinks, welche nicht einmal schlecht sind. Noch vor dem Mittag werde ich wieder abgeholt und in die Normalstation gefahren. Von Zeit zu Zeit kommt eine Pflegerin oder ein Pfleger vorbei und befeuchtet meinen Mund. Später bekomme ich dann etwas Wasser oder Tee, welche ich schluckweise einnehmen muss, um langsam mit dem Kostaufbau zu beginnen.

Da ich mir keine Lungenentzündung, Venenthrombose oder Muskelschwäche holen möchte, fange ich schon im Bett mit den Beinübungen an, welche im ERAS-Programm beschrieben sind.

Zudem fange ich an, Kaugummi zu kauen, um die Darmaktivität anzuregen. Ich kann mich schon kurz danach an den Bettrand setzen und meine Beine baumeln lassen. Im Weiteren mache ich die Atem- und Hustenübungen, welche mir eine Physiotherapie schon kurz nach meinem Eintreffen in der Normalstation gezeigt hat. Dabei muss ich mich auf den Rücken legen und die Hände auf meinem Bauch verschränken. Dann muss ich durch die Nase tief einatmen und durch, den leicht geöffneten Mund, wieder ausatmen. Dies muss ich etwa zwei Minuten lang machen, Einatmen, Ausatmen, Einatmen, Ausatmen usw. Durch den Tag verteilt soll ich diese Übung etwa 10 bis 15 Mal machen. Zudem fordert mich die Physiotherapeutin auf, etwa drei bis fünf Mal am Tag den Gang hinunter und zurück, sowie später die Treppe runter und rauf zu spazieren. Im Weitern gibt sie mir Beinübungen zu machen.

Beinübungen

nach Operation

Die erste Übung
Drehe die Füsse von rechts nach links.

Die zweite Übung
Ziehe Deine Füsse im Sprunggelenk an und drücke sie darnach wieder hinunter.

Die dritte Übung
Strecke die Beine gerade hinunter.

Wiederholung
Mache obige Beinübungen 4 bis 5 Mal pro Tag.

Als mich am Nachmittag meine Tochter und ihr Freund besuchen kommen, sind sie überrascht, mich schon so aktiv zu sehen. Wir gehen zusammen ins Café. Ich bestelle ein Wasser und ein Stück weicheren Kuchen. Wir reden über dies und jenes. Es freut mich, dass die beiden mich besuchen.

Gegen Abend kommt der Pfleger, welcher heute Nachtdienst hat. Er ist ein junger aufgestellter Typ, welcher sehr gut mit Patienten umgehen kann.

Zum Nachtessen gibt es noch leichte Kost in Form von Joghurt und einem Schwöbli. Auch der obligatorische Energiedrink mit Apfelgeschmack darf nicht fehlen.

Um 19:00 Uhr rufe ich meine Frau an und frage sie, wie es ihr geht. Nach der täglichen Thrombosespritze mache ich meine Toilette, schaue fern und schlafe auch schon bald ein.

Durch den Tag nehme ich meine Parkinson- und Rheumamittel nach der Medikamentenliste.

10.03.2019

Mein Zimmernachbar ließ auch diese Nacht das Licht brennen. Ich vermute, dass es wirklich wegen seinem Kriegstrauma ist. Es scheint auch, dass er sehr unruhig schläft.

Um 06:30 Uhr stehe ich auf, putze die Zähne, rasiere und dusche mich und mache mich für den neuen Tag bereit. Bevor ich spazieren gehe, schalte ich aber meinen Schrittzähler an meinem Samsung ein. Anschließend mache ich meinen morgendlichen Spaziergang.

Dann kontrolliert die MPA meinen Puls, den Blutdruck, den Sauerstoffgehalt im Blut und mein Gewicht. Der Pfleger kommt mit dem Arzt, welcher wissen möchte, wie es mir geht. Es ist alles bestens. Der Pfleger entleert noch meine Flasche. Beim zweiten Spaziergang komme ich an einer Gruppe Pflegefachangestellten vorbei, welche vor einer Tafel stehen und durch den Einsatzleiter die Arbeiten besprechen. Der Einsatzleiter ruft dabei die Namen der Anwesenden auf, welche mit „Ja" antworten. Als ich auf gleicher Höhe bin und der Einsatzleiter wieder einen Namen aufruft, sage ich laut und deutlich „Ja". Alle lachen, sogar der Einsatzleiter, welcher es zuerst gar nicht realisiert hat. Später, wenn einer von diesen Pflegefachangestellten an mir vorbei läuft, muss er lachen, weil ihm anscheinend die morgendliche Situation in den Sinn kommt.

In der Wartezone setze ich mich eine Weile hin und blättere in einem Ärztemagazin. Dabei sehe ich einen Artikel über eine Frau, welche über 42 Jahre an Depressionen und Kopfweh gelitten hat. Im Spital in Be. haben sie ihr dann eine Hirnstimulation gemacht, also ähnlich wie bei mir und seither hat sie keine Beschwerden mehr.

Inzwischen bin ich wieder in meinem Zimmer, wo mein Nachbar unter heftigen Schmerzen leidet. Der Pfleger hilft ihm, diese etwas erträglicher zu machen.

Bei mir entleert und entfernt er die Drainage mit dem Blut und überklebt die Stelle mit einer Kompresse und einem Verband. Nachdem ich das morgige Essen bestellt habe, habe ich plötzlich Schmerzen in meinem rechten Unterbauch, welche durch zu viel Luft erzeugt werden. Nachdem mir Schmerzmittel etwas Erleichterung bringen, schreibe ich diverse E-Mails an meinen Bruder, an Max, und weitere Freunde. Außer meinem Jugendfreund, welcher anruft, schreiben alle zurück und wünschen mir alles Gute. Ich bin etwas enttäuscht, dass mich mein Jugendfreund mich heute nicht besucht hat.

Am Nachmittag besucht mich meine Frau. Wir gehen ins Café hinunter. Später kommt dann noch eine Freundin. Es geht mir wieder gut, ich habe keine Schmerzen mehr.

Gegen Abend telefoniere ich noch mit einem ehemaligen Arbeitskollegen. Obwohl wir schon einige Jahre nicht mehr zusammenarbeiten, haben wir immer noch Kontakt miteinander und telefonieren drei oder vier Mal pro Jahr.

Mein Zimmergenosse deutet mir an, dass ihm heiß ist, indem er mit der Hand über seine Stirn fährt. Auf die Idee, die Heizung zurückzustellen kommt er aber nicht. Ich stelle sie ihm deshalb etwas zurück.

Durch den Tag nehme ich, wie immer, meine Parkinson- und Rheumamittel nach der Medikamentenliste.

Schon bald ist es Abend. Ich bekomme ein leichtes Nachtessen mit Joghurt, einem Schwöbli und Kaffee. Nach der Nachttoilette schaue ich noch etwas fern. Um 19:00 Uhr rufe ich wie gewöhnlich meine Frau an, um zu schauen, wie es ihr geht. Nach der Thrombosespritze schlafe ich auch schon bald ein.

11.03.2019

Wie immer stehe ich um 06:15 Uhr auf, mache meine Morgentoilette und dusche mich. Anschließend mache ich, vor dem Frühstück, meinen obligatorischen Spaziergang und mein Treppensteigen. Der Pfleger schaut auch kurz herein und fragt uns, wie es uns geht. Ein MPA kontrolliert meinen Puls, den Blutdruck, den Sauerstoffgehalt im Blut und mein Gewicht. Es ist alles bestens. Um 10:30 Uhr kommt ein Arzt und untersucht mich am Bauch. Es sieht alles gut aus.

Als ich am Nachmittag spazieren gehe, komme ich an drei hübschen Pflegefachassistentinnen vorbei, welche laut lachen. Als ich auf ihrer Höhe bin, schaue ich eine von ihnen an und frage sie: „Hei dr's luschtig?" Nun müssen alle drei noch mehr lachen. Sie lachen dabei so herzhaft, dass es richtig ansteckend wirkt. Ich entferne mir mich mit einem inneren Lächeln von ihnen. Später, wenn eine von ihnen an mir vorbeiläuft, wird mir jedes Mal ein Lächeln geschenkt.

Um 15:30 Uhr kommt mein Mameli vorbei. Wir gehen zusammen ins Café. Da das Wetter nicht so gut ist, bleibt sie nicht so lange. Nach dem Nachtessen kommen um ca. 18:20 Uhr noch Freunde, um mich zu besuchen. Ich freue mich riesig über ihren Besuch, vor allem, weil ich sie gar nicht erwartet habe.

Sonst ist heute ein ruhiger Tag, welchen ich vor allem mit Beinübungen, Spazieren, Kaugummi kauen, meine Parkinson- und Rheumamittel nach der Medikamentenliste Schlucken und Herumliegen verbringe. Nach dem Zähneputzen, Waschen und Umziehen und der Thrombosespritze, schaue ich noch etwas fern.

12.03.2019

06:15 Uhr aufstehen, Zähne putzen, waschen und duschen, anziehen und spazieren gehen, also mein übliches Programm.

Meinem Nachbarn geht es heute nicht gut. Er hat heftige Schmerzen. Der Pfleger kümmert sich vorbildlich um ihn. Da die Ärzte keine Zeit haben, holt er ein Ultraschallgerät und untersucht ihn, kann aber nichts finden. Er gibt ihm dann gezielte Schmerzmittel. Zwischendurch versucht er immer wieder, einen Arzt zu erreichen. Je länger es geht, umso besser geht es dem Nachbarn.

Der stellvertretende Stationsleiter kontrolliert meinen Puls, den Blutdruck, den Sauerstoffgehalt im Blut und mein Gewicht. Später entfernt der Pfleger noch meinen Blasenkatheter.

Eine Krankenschwester fährt meinen Nachbarn ins Badezimmer zum Waschen. Während er seine Morgen-Toilette macht, räumt sie in seinem Nachttisch auf. Da sie etwas gerochen hat, hat sie in einer Schublade verschimmeltes Joghurt, Käse und Brot gefunden, welches sie nun wegwirft. Auch sie meint, dass dies sehr wahrscheinlich mit den Kriegserlebnissen zusammenhänge, wo er zu wenig zu essen bekommen habe.

Zwischendurch muss ich mein erstes Gagi machen, dabei muss ich richtig pressen. Es ist, wie wenn ich verstopft wäre.

Beim Spazierengehen treffe ich eine der lachenden Schwestern an. Sie strahlt und lächelt mich an. Ich frage sie: „Heid ers immer no luschtig?" Sie lacht noch mehr als gestern, mit einem Lachen, bei dem jeder Patient wieder gesund wird.

Inzwischen kommt eine jüngere Putzfrau, mit welcher ich ein längeres Gespräch führe. Als ich sie frage, ob sie nicht eine Lehre machen möchte im Pflegebereich, meint sie, dass sie eine Lehre hinter sich hätte als Reinigungskraft. Sie wollte anschließend eine Lehre im Pflegebereich machen, aber sie haben sie nicht angenommen, weshalb sie nun warten müsse. Allerdings hatte ich das Gefühl, dass sie Lernprobleme hat, weshalb sie sie nicht genommen haben, denn die Art wie sie sich ausdrückt, scheint dies zu bestätigen.

Später schreibe ich meinem Patenkind eine WhatsApp und informiere sie über meinen Gesundheitszustand. Sie schreibt mir zurück, dass ich sie weiter informieren solle, damit sie mich abholen könne.

Gegen 11:00 Uhr kommt eine Ernährungsberaterin mit ihrer Kollegin vorbei. Sie stellen mir diverse Fragen. Am Schluss meinen sie, dass ich eigentlich keine Ernährungsberatung brauche. Heute haben zwei andre Pflegefachkräfte Spätdienst.

Nachdem ich gegen 16:00 Uhr noch einmal spazieren gehe, kommen um ca.17:15 Uhr er Professor sein Gefolge. Er schaut sich meinen Bauch an und meint, dass die Operation nicht so einfach gewesen sei, weil ich, wie alle oder die meisten Männer, doch einen Wohlstandsbauch mit viel Fett hätte. Es sei aber alles gut verlaufen und es sehe auch alles gut aus.

Nach dem Nachtessen rufe ich um 19:00 Uhr wieder meine Frau an, mache die Nachttoilette, schaue fern und lege ich mich früh zum Schlafen hin, nachdem mir die Nachtschwester die Thrombosespritze verabreicht hat.

Durch den Tag nehme ich meine Parkinson- und Rheumamittel nach der Medikamentenliste.

Ich starte den Tag um 06:15 Uhr, wie immer mit meinem üblichen Morgenprogramm. Auch heute kommt der stellvertretende Stationsleiter, kontrolliert meinen Puls, den Blutdruck, den Sauerstoffgehalt im Blut und mein Gewicht. Dem Nachbarn geht es inzwischen wieder schlechter. Trotzdem kann er morgen wieder nach Hause. Vor dem Frühstück kommt noch eine Physiotherapeutin vorbei, um zu schauen, wie es mit meinem Atmen geht. Um 10:30 Uhr ist Arztvisite. Anschließend mache ich meinen zweiten Spaziergang, kaue Kaugummi und mache meine Beinübungen. Nach dem Mittagessen kommt um 13:50 Uhr der Professor vorbei, um zu sehen, wie es mir geht. Als ich ihn frage, wie viel sie bei mir herausgeschnitten hätten, meint er so ca. 30 cm. Die gute Nachricht ist, dass ich am Freitag wieder nach Hause gehen kann.

Da sie gerade etwas Zeit hat, rede ich mit der zuständigen Pflegefachfrau, einer Kroatin. Wir kommen dabei auf ihre albanischen Mitarbeiterinnen zu sprechen, welche sie überhaupt nicht mag. Wie meine Frau im Geschäft, meint auch sie, dass die meisten von ihnen immer den Chef spielen wollen, dabei verstehen sie gar nichts von ihrer Arbeit. Sie erzählt von den Problemen, die sie mit ihren Nachbarn hst, welche nachts um elf Uhr manchmal so lauten Lärm machen und sich gar nicht an Regeln halten. So wie sie redet, scheint sie mir mehr Schweizerin zu sein als Kroatin. Sie und ihre Familie wären jetzt solche, welchen ich sofort unser Miethaus anvertrauen würde.

Um 15:10 kommt Mameli. Wir gehen zusammen runter ins Café, wo wir eine alte Freundin aus Singapur antreffen und welche schon seit Jahren hier im Café arbeitet. Sie ladet uns spontan zum Kaffee und Kuchen ein und kommt später in ihrer Pause auch zu uns. Wir haben uns schon lange nicht mehr gesehen und haben uns gegenseitig viel zu erzählen, vor allem über unsere Familien.

Als mein Mameli wieder gegangen ist und ich wieder in meinem Zimmer bin, informiere ich meine Tochter, unsere chinesischen Freunde, meine Cousine und den Götti meiner Tochter, dass ich am Freitag wieder nach Hause gehen könne. Meinem Göttikind teile ich mit, dass sie mich nicht holen müsse, da ich schon um 09:00 Uhr das Spital verlassen kann und sie mich erst um 12:00 Uhr hätte holen können.

Um 19:00 Uhr rufe ich, wie jeden Abend, meine Frau an. Anschließend heißt es Thrombosespritze und schlafen.

Durch den Tag nehme ich meine Parkinson- und Rheumamittel nach der Medikamentenliste.

14.03.2019

Heute ziehe ich wie jeden Morgen um 06:15 Uhr mein Morgenprogramm durch. Heute kommt die Pflegefachfrau und kontrolliert meinen Puls, den Blutdruck und mein Gewicht. Eine Hilfsschwester möchte den Sauerstoffgehalt im Blut kontrollieren. Leider ist der Wert heute etwas tief. Sie fordert mich auf, die Hände vor den Mund zu halten und hinein- und wieder auszuatmen. Schon nach kurzer Zeit ist der Wert wieder normal.

Da mein Zimmergenosse heute nach Hause kann, will er sich heute nicht waschen. Obwohl normalerweise der Spitalaustritt für Patienten um 10:00 Uhr ist, kommen seine beiden Söhne erst um 10:25 Uhr. Regeln scheinen die Beiden nicht zu interessieren. Sie verlangen vom Personal Plastiksäcke, um Schuhe und schmutzige Wäsche zu verstauen. Sie hinterlassen eine richtige Sauerei, auch das Bett lassen sie schräg im Zimmer stehen. Die Pflegefachfrau findet im Nachttischchen wieder verderbliche Esswaren. Sie fragt mich, ob sie das Fenster öffnen dürfe, um den Gestank etwas aus dem Zimmer zu bringen. Ich benutze die Gelegenheit und gehe etwas spazieren.

Um ca. 14:10 Uhr kommt meine Frau. Wie üblich gehen wir ins Café. Unsere Bekannte hat heute frei und ist deshalb nicht hier. Dafür treffen wir einen alten Freund von uns und seinen Wan-

derfreund an. Unser Freund hatte auch schwierige gesundheitliche Zeiten hinter sich, da er unter Kehlkopfkrebs gelitten hat.
Im Moment leidet er an einer seltenen Krankheit, bei der sich
die Haut ganz weiß färbt. Es ist, wie wenn sein Körper einfrie-
ren würde. Er versucht sich mit Wärmepflaster, Warmduschen
oder einfach mit einem Föhn warm zu halten.

Gegen Abend ruft mich mein Jugendfreund an und möchte wissen, wie es mir geht. Da er etwas gegen das Kantonsspital L. hat,
fragt er so abschätzig, ob sie in L. überhaupt noch zu tun hätten,
wenn die Ärzte alle davonlaufen. Er ist deshalb ganz erstaunt, als
ich ihm sage, dass sie jeden Tag um die 30 bis 40 Operationen
machen würden. Zudem ist er erstaunt, dass das Kantonsspital L.,
aufgrund seiner Expertise und Teamstruktur schweizweit zu den
anerkannten Spitälern auf dem Gebiet der Tumorchirurgie gehört.
Außerdem gehört es europaweit zu einem der führenden Kom-
petenzzentren für die operative Entfernung von Tumoren oder
Absiedlungen (Metastasen) im Bauch- und Brustraum. Zudem
umfasst es das gesamte Spektrum der Tumorchirurgie des Öso-
phagus (Speiseröhre), Magen, Leber, Pankreas (Bauchspeicheldrüse) sowie Dünn-, Dick- und Enddarm. Das Chirurgie-Team
bietet einem in L. das gesamte Spektrum der Viszeralchirurgie
in offener, laparoskopischer (minimal-invasiver/Schlüsselloch-
technologie) sowie Roboter-assistierter Operationstechnik (Da-
Vinci-Roboter) an. Dass L. so einen guten Namen hat, ist zum
großen Teil der Verdienst des Professors, der mich operiert hat.
     Auch wenn das Kantonsspital L. manchmal schlecht geredet
wird, von Leuten wie meinem Jugendfreund, ich hatte von Beginn an volles Vertrauen zu meinem Chirurgen und seinem Team.

Schon bald gibt es das Nachtessen und es heißt, Mameli anrufen,
Thrombosespritze, sich für die Nacht bereit machen, eine Nacht
ohne Licht vom Nachbarn, denn ich bin diese Nacht allein und
schlafe wie ein Herrgöttli.

Heute heißt es für mich um 06:15 Uhr zum letzten Mal aufstehen, Zähne putzen, Waschen und Duschen, Anziehen und nein, heute gibt es keinen Spaziergang. Zum letzten Mal wird mein Puls, Blutdruck, Sauerstoffgehalt im Blut und Gewicht kontrolliert. Gegen 09:00 Uhr verabschiede ich mich draußen, wo ein Teil vom Personal Spalier steht. Ich gehe nach unten, wo ich beim Eingang nicht lange auf meine Frau warten muss, welche mich abholen kommt. Wir spazieren gemütlich Richtung Bahnhof, wo wir zuerst in ein Café gehen, da meine Frau Hunger hat und zuerst ein Gipfeli verdrücken muss. Bald darauf sitzen wir auch schon im Bummler nach S. und anschließend im Bus nach Z. Wieder zu Hause nimmt mich Mama in den Arm, was sie selten macht, und sagt „Papa es ist schön, dass Du wieder zu Hause bist."

Durch den Tag nehme ich meine Parkinson- und Rheumamittel nach der Medikamentenliste.

Wieder zuhause

Nach dem Aufstehen mache ich, wie jeden Morgen meine LSVT-Übungen und steige eine ¼ Stunde auf meinen Hometrainer. Anschließend nehme ich meine Tabletten.

Ich schreibe an die Herstellerfirma meines Hirnschrittmachers ein E-Mail, wegen DBS-Adressen.

Sehr geehrte …

am 11.11.2018 habe ich Sie angefragt, ob es eine weltweite Ärzteliste gibt mit den Chirurgen, welche eine Ausbildung mit dem Hirnstimulations-Programmiergerät gemacht haben.

Am 13.11.2018 haben Sie mir dann, per E-Mail mitgeteilt, dass sie keine weltweite Liste der Spezialisten führen, dass ich mich aber bei Bedarf an Sie wenden könne und Sie mir dann aktuelle Informationen zukommen lassen.

Vom 06.04.2019 bis 14.04.2019 sind wir nun auf einer Adria-Schiffsreise unterwegs.

Tag 1 Schweiz > Venedig/Italien
Tag 2 Bari/Italien
Tag 3 Korfu/Griechenland
Tag 4 Piräus (Athen)/Griechenland
Tag 5 An Bord
Tag 6 Kotor/Montenegro
Tag 7 Dubrovnik/Kroatien
Tag 8 Venedig/Italien > Schweiz

Im Weitern planen wir im Juli vier Tage Barcelona, im Oktober vier Wochen Hongkong, sowie vom Dezember 2019 bis Januar 2020 zwei Monate Philippinen.

Ich wäre ihnen dankbar, wenn Sie mir für die die entsprechenden Orte, die aktuellen Informationen senden könnten.

Zum Voraus dankt Ihnen
Walter Schaub-Chan

Per Post bekomme ich den provisorischen Austrittsbericht von meinem Chirurgen vom Kantonspital in L.

Durch den Tag nehme ich meine Parkinson- und Rheumamittel nach der Medikamentenliste.

19.03.2019

Eine Mitarbeiterin vom Kantonsspital ruft mich an und möchte wissen, wie es mir nach der Darmoperation geht. Ich erkläre ihr, dass ich im Moment noch etwas Durchfall hätte. Sie will wissen, wie viele Male ich dies pro Tag hätte. Als ich ihr erkläre, dass ich z. B. gestern sieben Mal auf die Toilette gehen musste, meint sie, dass sich dies schon wieder normalisieren werde. Sie möchte wissen, wie die Informationen, der Aufenthalt und das Pflegepersonal gewesen seien und ob ich mit den einzelnen Leistungen zufrieden gewesen sei. Sie möchte auch wissen, ob ich mit dem ERAS® Programm (Enhanced Recovery After Surgery) zufrieden gewesen sei und ob ich noch Schmerzen hätte, was ich verneinen kann. Im Weiteren will sie wissen, ob mich auch eine Ernährungsberaterin besucht hätte, was ich bejahen konnte. Als sie mich nach Verbesserungsvorschlägen fragt, erkläre ich ihr, dass im Zimmer eine Uhr fehle, was sie lachend entgegennimmt.

Per Post bekomme ich den Operationsbericht von meinem Chirurgen.

Ich gehe am Abend an einen öffentlichen Vortrag „Divertikel im Dickdarm", welcher vom Kantonsspital B. organisiert wird. Leider ist mein Chirurg nicht anwesend.

Zuerst stellt ein schlanker, großgewachsener leitender Arzt der Chirurgie das Programm vor. Ein eher kleingewachsener Assistenzarzt der Chirurgie erzählt dann, was Divertikel oder Divertikulose ist. Er geht auch auf die Ursachen, die Diagnose und auf die Risikofaktoren ein. Man erfährt auch, dass die Menschen im Westen die Divertikulose-Schmerzen auf der linken Unterbauchseite spüren, während asiatische Menschen diese Schmerzen eher auf der rechten Unterbauchseite haben.

Anschließend erklärt uns eine hübsche Ernährungsberaterin einiges über die Ernährung bei Divertikel-Erkrankungen. Man erfährt dabei auch, dass die Theorie, dass Menschen mit Divertikulitis keine Früchte mit kleinen Kernen, z. B. Kiwi, oder Erdbeeren essen sollten, heute nicht mehr stimmt.

Am Schluss geht der größere der beiden Ärzte auf die Behandlung von Divertikel-Erkrankungen ein. Er erklärt dabei den Ablauf von den ersten Anzeichen der Erkrankung über die erste Sprechstunde, den Ablauf der Operation bis zur Nachbetreuung genau, was alles passiert. Anhand von Operationsbildern kann man sehen, wie alles vor sich geht. Er stellt dann auch das ERAS®-Programm vor, ein Programm, welches schnellere Erholung, weniger Risiken und Komplikationen, sowie kürzeren Spitalaufenthalt garantiert, was bei mir wirklich geholfen hat.

Durch den Tag nehme ich, wie immer, meine Parkinson- und Rheumamittel nach der Medikamentenliste.

20.03.2019

Nach dem Aufstehen mache ich wie jeden Morgen meine LSVT-Übungen und steige eine Viertelstunde auf meinen Hometrainer. Anschließend nehme ich meine Tabletten.

Ich schreibe meinem Chirurgen ein E-Mail und danke ihm für seine Arbeit.

> *Sehr geehrter Herr Professor*
>
> *ich habe gehofft, Sie am gestrigen Vortrag in L. anzutreffen, um Ihnen und Ihrem Team persönlich zu danken für den guten Verlauf der Darmoperation vom 08.03.2019.*
> *Ich möchte Ihnen danken für die guten Informationen bei der Voruntersuchung und die vorbildlichen Abklärungen mit meinem Neurochirurgen wegen meiner Hirnstimulation, sowie mit meinem Rheumatologen wegen meiner Arthritis*
> *Mein Dank geht auch an das Pflegepersonal, welches mich vorbildlich betreut haben. Ich habe mir Mühe gegeben, die Ratschläge des ERAS-Programms zu befolgen, was sicher dazu beigetragen hat, dass ich mich so schnell erholt habe. Ich habe zwar immer noch etwas Durchfall, was laut einem der vortragenden Ärzte, mit welchem ich gestern kurz gesprochen habe, normal ist.*
>
> *Noch einmal herzlichen Dank und alles Gute.*
>
> *Ihr Patient Walter Schaub-Chan.*

Der Chirurg schreibt mir zurück.

> *Lieber Herr Schaub,*
>
> *danke für Ihr freundliches E-mail. Ich hatte einen zweiten Termin, so dass ich nicht da sein konnte. Es freut mich sehr, dass alles bei Ihnen so gut gegangen ist.*

Dürfte ich Ihr E-Mail mit den Anfangsbuchstaben Ihres Namens auf unsere Homepage setzen, damit wir Positives nach außen tragen können?
Das wäre sehr freundlich.

Beste Grüße
Prof. …
Freundliche Grüße

Ich bekomme von der Herstellerfirma meines Hirn-Schrittmachers ein E-Mail.

Sehr geehrter Herr Schaub

Besten Dank für Ihre Anfrage.
Ich bin gerade daran, die aktuellsten Adressen für Ihre Route anzufragen und werde Ihnen so bald als möglich Bescheid geben. Ich hoffe, Ihnen bis Ende dieser Woche eine Antwort zuzusenden.

Zögern Sie in der Zwischenzeit nicht, mich zu kontaktieren, falls Sie weitere Anliegen haben.

Beste Grüße
…

Ich bekomme heute die Parkinson-Zeitschrift. Sonst lese ich die einzelnen Artikel schnell durch und nehme sie einfach zur Kenntnis. Heute spricht mich aber ein Artikel besonders an, nämlich „Magenkeim Helicobacter pylori". Als ich nämlich das Wort „Helicobacter pylori" lese, hatte ich das Gefühl, dass ich dies schon irgendwo gelesen hatte. Nach längerem herumstöbern in meinen Krankentagebüchern stoße ich auf den 13.08.2003. An diesem Tag war ich bei einer Heilpraktikerin in R., welche damals mein Blut untersuchte und anhand von Fotos beweisen konnte, dass ich neben einer Quecksilbervergiftung, einem Sauerstoffmangel auch noch Helicobacter pylori-Bakterien in meinem Blut und meinem Mund hätte.

Unter diesem Artikel in der Parkinson-Zeitschrift stehtge-
schrieben, dass infizierte Parkinsonbetroffene, bei denen der
Darm medikamentös keimfrei gemacht wurde, bedeutend geringere motorische Symtome und zudem eine verbesserte Levodopa-Aufnahme haben.

Blutuntersuchung bei der Heilpraktikerin in R. am 13.08.2003

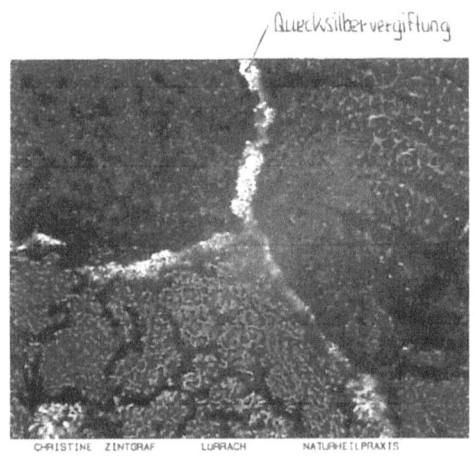

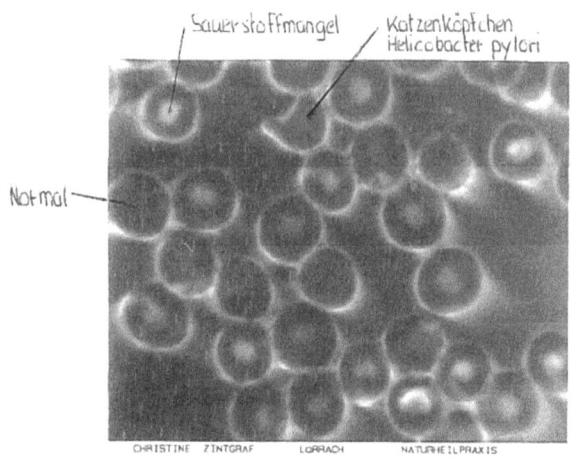

Magenkeim
Helicobacter pylori

Oft gehen den motorischen Symptomen einer Parkinsonerkrankung nicht-motorische Symptome voraus, etwa Verstopfung. Dies stützt die Theorie, dass der Krankheitsprozess schon früh im Darm beginnt. Dabei ist in den letzten Jahren ein Magenkeim besonders in den Fokus gerückt: der Helicobacter pylori. Das Forscherteam um den amerikanischen Mikrobiologen David McGee vermutet gar, dass das Bakterium bei der Entstehung der Krankheit eine Rolle spielt.

Ein kausaler Zusammenhang bei der Entstehung der Krankheit konnte allerdings noch nicht belegt werden. Hingegen zeigen mehrere Studien, dass Parkinsonbetroffene ohne den Magenkeim Helicobacter pylori besser leben. Das Bakterium scheint die Parkinsonkrankheit gleich mehrfach zu beeinflussen. Infizierte Parkinsonbetroffene, bei denen der Darm durch eine sogenannte Eradikation medikamentös keimfrei gemacht wurde, haben bedeutend geringere motorische Symptome und zudem eine verbesserte Levodopa-Aufnahme.

Eine gerade publizierte Metanalyse von zehn Studien, die den Zusammenhang des Bakteriums mit Parkinson untersuchen, stützt diese Erkenntnisse. Es gibt eine Assoziation zwischen dem Helicobacter pylori und der Parkinsonkrankheit. Der Befall des Bakteriums ist bei Parkinsonbetroffenen klar höher als bei Vergleichspersonen. Die motorischen Symptome sind bei Parkinsonbetroffenen mit Helicobacter-pylori-Befall stärker als bei anderen Parkinsonbetroffenen. Nach der Eradikation des Bakteriums sind die motorischen Symptome schwächer.

Als ich dies erkenne, glaube ich, dass ich, wenn man diese Helicobacter pylori damals vor sechzehn Jahren behandelt hätte, gar nie an Parkinson erkrankt wäre, oder die Chance viel kleiner gewesen wäre.

Ich werde diese Beobachtungen am nächsten Mittwoch ansprechen, wenn ich einen Termin habe bei meiner Hausärztin. Zudem werde ich diese Erkenntnis meinem Neurologen, dem Neurologen in der Uniklinik, sowie meinem Chirurgen in L. mitteilen.

Am meisten erhoffe ich mir dabei von dem Professor in L., vor allem, weil er einerseits Magen-Darm-Spezialist ist und seine Frau andererseits Neurologin.

21.03.2019

Ich schreibe meinem Chrirurg ein E-Mail zurück und antworte auf seine Frage.

Sehr geehrter Herr Professor,
Da das Spital L. leider auch bei Bekannten von uns einen eher negativen Ruf hat, was mir eigentlich unverständlich ist, bin ich selbstverständlich dafür, dass sie mein E-Mail auf Ihre Homepage setzen.
Ich unterstütze alles, was dazu beiträgt, dass das Kantonsspital L. den Namen bekommt, den es verdient.
Schon bei dem Vortrag, habe ich mit dem Gedanken gespielt meine Erfahrungen mit Ihnen, Ihrem Team und dem Pflegepersonal zu erwähnen.

Noch einmal herzlichen Dank und alles Gute.
Ihr Patient Walter Schaub-Chan.

Heute habe ich den um 18:00 Uhr den dreizehnten Termin bei der Physiotherapie. Wie immer möchte sie zuerst wissen, wie es mir geht. Im Moment habe ich keine Beschwerden, außer beim Spazieren oder beim Treppensteigen. Sie behandelt mein rechtes

Knie zuerst mit Ultraschall und anschließend massiert sie es wieder. Wir reden über meine Operation und meine Entdeckung wegen den Helicobacter pylori – Bakterien.

22.03.2019 um 11:47 Uhr

Ich bekomme von der Herstellerfirma meines Hirn-Schrittmachers ein weiteres E-Mail.

Sehr geehrter Herr Schaub
Ich hatte Ihnen eine Rückmeldung bis Ende dieser Woche versprochen, leider kann ich Ihnen aber aufgrund von Abwesenheiten der zuständigen Personen noch nicht Bescheid geben.

Vergessen werde ich Sie auf jeden Fall nicht und werde mich gleich nächste Woche erneut bei Ihnen melden.

Besten Dank für Ihre Geduld.
Freundliche Grüße
…

Am Nachmittag spritze ich mir Metoject 15,5 mg gegen meine Polyarthritis.

Durch den Tag nehme ich, wie immer, meine Parkinson- und Rheumamittel nach der Medikamentenliste.

25.03.2019

Ich rufe in der Praxis meines Rheumatologen an wegen Sandoz D20. Die Praxisassistentin reserviert eine Schachtel, welche ich im Laufe des Morgens hole. Ich bringe noch eine Rechnung zur Versicherung.
Mein Chirurg. schreibt mir ein E-Mail.

Lieber Herr Schaub,

ich danke Ihnen sehr und wünsche alles Gute.

Freundliche Grüße
Kantonsspital B.
Prof. …

Durch den Tag nehme ich, wie immer, meine Parkinson- und Rheumamittel nach der Medikamentenliste.

26.03.2019

Ich schreibe dem Chirurg und meiner Hausärztin. je ein E-Mail mit meiner Beschreibung „Ist Parkinson heilbar?"

Sehr geehrter Herr Professor,

ich gelange heute mit einem anderen Anliegen an Sie. Wie Sie wissen habe ich vor sechs Jahren die Diagnose Parkinson bekommen. Seit ich diese Krankheit habe, interessiere ich mich natürlich umso mehr dafür. Letzten Samstag habe ich nun eine Erkenntnis gemacht, welche ich Ihnen unbedingt kundtun wollte. (Siehe dazu im Anhang.) Da Sie mir erzählt haben, dass Ihre Frau Neurologin ist, scheinen Sie, als Magen-Darm-Spezialist und Ihre Frau die ideale Kombination für mein Anliegen.
Ich bin mir bewusst, dass ich nicht Ihr einziger Patient bin und dass Sie sich nicht um jeden einzelnen kümmern können. Da ich aber einen sehr guten Eindruck von Ihnen bekommen habe, wie Sie an Ihre Arbeit herangehen, würde ich dazu gerne Ihre Meinung hören.

Freundliche Grüße
Ihr Patient Walter Schaub-Chan.

Sehr geehrter Herr Professor,

Nachdem mein Geruchssinn 2008 gewaltig nachließ und ich seither nichts mehr rieche, belächelte mein damaliger Hausarzt die Situation und meinte, dass er dies auch schon hatte.
Am 29.10.2013 bekam ich dann die Diagnose Parkinson. Inzwischen habe ich einige Leute kennengelernt, welche das gleiche Schicksal haben. Was mir dabei schon früh aufgefallen ist, dass alle Magen-Darm-Probleme haben oder hatten. Dies brachte mich zur Überzeugung, dass die Lösung zur Heilung von Parkinson im Verdauungstrakt liegen müsse. Mein Neurologe, sowie Professoren vom Universitätsspital B. haben meine Idee belächelt und mich nicht ernst genommen.
Im Jahr 2010 hatten dann Forscher von der TU Dresden die Vermutung, Parkinson habe seinen Ursprung im Nervensystem des Magen-Darm-Traktes. Gleichzeitig stellten Forscher vom Max-Planck Institut die Theorie auf, dass der Mensch zwei Gehirne hat, nämlich eines im Bauch und eines im Kopf. Man sagt ja manchmal, dass dies ein Bauchentscheid gewesen sei. Die Forscher stellten damals die Idee in den Raum, dass das Bauchhirn dem Kopfhirn den Befehl geben muss, Dopamin, also den Nerven-Botenstoff, zu produzieren. Wenn dieser Befehl aber nie im Gehirn ankommt, weil die Verbindung vom Bauch zum Kopf unterbrochen ist, ist dieser Mensch krank, d. h. er hat Parkinson. Heute sind sich die Forscher nicht ganz einig, ob sogar neben Parkinson auch andere Nervenkrankheiten wie MS, die Creutzfeldt-Jakob-Krankheit, oder Alzheimer wegen diesem Unterbruch entstehen. Soweit zur Max-Planck-Theorie.
Am letzten Samstag habe ich nun in der Parkinson-Zeitschrift den „Magenkeim Helicobacter pylori Artikel gelesen.
Irgendwie hatte ich das Gefühl, dass ich dieses Wort „Helicobacter pylori" irgendwo gelesen habe. Da ich schon seit 1966 ein medizinisches Tagebuch führe, brauchte ich über zwei Tage, bis ich auf den 13.08.2003 stieß. An diesem Tag hatte ich einen Termin bei einer Heilpraktikerin. Nach der ersten Befragung machte sie eine kinesiologische Austestung. Sie druckte mein Blutbild aus

und meint, dass ich eine leichte Quecksilbervergiftung hätte. Zudem hätten meine Blutkörperchen zu wenig Sauerstoff. In meinem Blut und meinem Mund findet sie Helicobacter-Bakterien. (Ich sende Ihnen deshalb die Blutuntersuchung vom 13.08.2003.) (siehe 20.03.2019)

Seither lässt mich diese Erkenntnis nicht mehr los. Als ich damals diese Resultate meinem damaligen Hausarzt mittelte, lächelte er nur und meinte, dass er auch solche Fotos machen könne, welche aber nichts aussagen würden. Heute bin ich überzeugt, dass ich, wenn man mich damals richtig behandelt und man diese Helicobacter-Bakterien aus meinem Körper eliminiert hätte, heute wahrscheinlich kein Parkinson hätte, oder dass die Krankheit sehr viel später ausgebrochen wäre.
Ich werde als nächstes einen Termin bei der Heilpraktikerin abmachen und mein Blut noch einmal untersuchen lassen. Wenn die Helicobacter-Bakterien aus mir raus sind, werde ich von meinem Neurologen ein DatScan machen lassen. Wenn es dann immer noch Parkinson anzeigt, akzeptiere ich die Krankheit. Wenn nicht, werde ich beim Neurochirurgen von B. vorbeigehen und meinen Hirnschrittmacher abstellen lassen und schauen was passiert.

Ich sende auch meiner Hausärztin ein E-Mail und teile ihr meine Erkenntnisse mit.

Liebe Frau Doktor

Da ich am nächsten Donnerstag, den 28.03.2019, bei Dir einen Termin habe, sende ich Dir im Vorfeld den beiliegenden Bericht, damit Du Dir schon vorher Deine Gedanken dazu machen kannst.

Was meinen Bauch angeht, ist alles OK. Mehr Probleme habe ich mit meinem rechten Knie. Immer wenn ich Physiotherapie hatte, ist es gut, aber nach zwei, drei Tagen habe ich Probleme, vor allem beim Treppensteigen und Spazieren.

Wie Du weißt, habe ich vor sechs Jahren die Diagnose Parkinson bekommen. Seit ich diese Krankheit habe, interessiere ich mich natürlich umso mehr dafür. Letzten Samstag habe ich nun eine Erkenntnis gemacht, welche ich Dir unbedingt kundtun wollte. (Siehe dazu im Anhang.)

Liebe Grüße
Dein Patient

Durch den Tag nehme ich, wie immer, meine Parkinson- und Rheumamittel nach der Medikamentenliste.

28.03.2019

Ich schreibe meiner Hausärztin ein weiteres E-Mail.

Liebe Frau Doktor

Leider habe ich im E-Mail von gestern zwei weitere Probleme vergessen anzusprechen.

Das erste Problem ist mein Hautausschlag. Er ist zwar zurückgegangen, hat sich aber vom Oberschenkel in die Beine verlagert. Wenn man mit der Hand darüber fährt, fühlt es sich an wie viele kleine Pickel. Es sieht aus wie Nesselsucht und juckt, obwohl ich immer feuchtigkeitsspendende Creme drauf streiche.

Das zweite Problem ist meine Frau. Ich mache mir wirklich Sorgen um sie. Wenn ich z. B. meine Schuhe anziehe, fragt sie mich: „Wo gehst Du hin?" Wenn ich ihr dann antworte: „Ich gehe auf die Post, oder ich habe einen Arzttermin, oder ich gehe einkaufen", scheint alles in Ordnung. Wenn ich dann eine Minute später meine Jacke anziehe, fragt sie mich wieder: „Wo gehst Du hin?"

Manchmal kommt es vor, dass sie sagt: „Ich gehe schnell in die Garage, um Kotelett aus dem Gefrierschrank zu holen." Es kann sein, dass sie fünf Minuten später zurückkommt ohne Kotelett. Wenn ich dann frage, ob es keine mehr gehabt hätte, fragt sie mich: „Was für Kotelett?". Weitere zehn Minuten später heißt es dann wieder: „Ich gehe schnell in die Garage, um Kotelett aus dem Gefrierschrank zu holen." Meistens sage ich dann nichts, aber ich mache mir wirklich Sorgen. Es kann dann sein, dass sie wieder ohne Kotelett zurückkommt und mich weitere zehn Minuten später fragt: „Wo hast Du die Kotelett hingetan, welche ich vorher aus der Garage geholt habe."

Sie zieht sich immer mehr zurück und möchte nur noch zu Hause bleiben. Sie schaut dabei einen chinesischen Film nach dem anderen. Wenn wir irgendwo eingeladen sind, will sie nicht mitkommen, sodass ich meistens allein hingehe. Wenn uns jemand besucht, gerät sie unter Stress.

Vor zweieinhalb Wochen hat sie mich zum Spital begleitet, wegen meiner Darmoperation. Am Tag darauf wollte sie mich besuchen, wobei sie am Spital vorbeigelaufen ist und erst bei der Gewerbeschule gemerkt hat, dass sie zu weit gelaufen ist. Irgendwie hat sie dann den Weg und den Eingang zum Spital gefunden.

Wenn wir in einem Restaurant sind und sie muss auf die Toilette, muss ich mit ihr gehen, weil sie sonst den Weg nicht mehr zurückfindet.

Seit zwei Monaten habe ich nun angefangen auf der Gemeinde Tageskarten zu kaufen, um zwei bis drei Mal pro Monat einen Ausflug mit ihr zu machen. Sie blüht dann richtig auf und man merkt, dass ihr dies gefällt. Letzte Woche waren wir z. B. bei schönstem Wetter auf der Schwägalp. Eigentlich wollten wir auf den Säntis, aber die Luftseilbahn war außer Betrieb. Trotzdem hat es ihr gefallen mit dem Zug und Bus unterwegs zu sein und die schneebedeckte Bergwelt zu genießen.

Vom 6. bis 14. April machen wir nun eine Schiffsreise, worauf sie sich jetzt schon freut.

Auf der einen Seite mache ich mir wirklich Sorgen um meine Frau, auf der anderen Seite lenkt es mich von meinen eigenen gesundheitlichen Problemen mit meinem Hautausschlag, den Knieschmerzen und dem Parkinson ab.

Liebe Grüße,
Dein Patient Walter Schaub

Heute habe ich um 09:00 Uhr einen weiteren Termin bei meiner Hausärztin. Als ich in der Praxis eintreffe, führt mich eine hübsche MPA ins Behandlungszimmer, wo bald darauf meine Ärztin mit einem Lächeln hineinkommt. Sie geht zuerst auf die Blutuntersuchung ein. Es ist alles gut. Die Nieren- und Leberwerte sind gut. Der Testostern- und der Prostatawert sind auch gut. Es ist eigentlich alles bestens.

Anschließend zeige ich ihr meine Hautausschläge an den Beinen, sowie den geschwollenen rechten Fuß.

Wegen den Hautausschlägen, bei denen sie darüberfährt und die kleinen Blattern auch spürt, meint sie, dass sie mich nun doch zum Hautarzt nach B. schicken möchte, um genauer abklären zu lassen, was es sein könnte.

Wegen dem geschwollenen Fuß, an dem sie auch herumdrückt, meint sie, dass ich Wasser in den Beinen hätte und es das Beste ist, wenn ich wieder Stützstrümpfe tragen würde.

Anschließend kommen wir auf meine E-Mails zu sprechen. Studien hätten gezeigt, dass Patienten, bei denen der Darm von Helicobacter pylori befreit wurde, eine verbesserte Aufnahme von Levodopa-Aufnahme hätten, d. h. diese Patienten haben zwar immer noch Parkinson, aber in abgeschwächter Form. Da sie gestern in Be. gewesen sei, hätte sie sich nicht so lange damit auseinandersetzen können. Zudem hätte sie auf diesem Gebiet zu wenig Erfahrung. Das Ganze sei aber sehr spannend. Als ich ihr erzähle, dass ich den Bericht auch an meinen Chirurgen gesendet hätte, da er Magen-Darm-Spezialist und seine Frau Neurologin sei, meinte sie auch, dass dies natürlich die ideale Kombination für mein Problem sei.

Was die Aufnahmen von der Heilpraktikerin angeht, meinte sie, dass sie auch hier keine Erfahrung hätte, diese Fotos richtig zu interpretieren. Aus medizinischer Sicht würde sie mir einen Stuhltest vorschlagen, um festzustellen, ob ich immer noch Helicobacter-Bakterien in mir habe.

Im Weiteren denke sie, dass ein Neurologe entscheiden müsste, bei mir einen DatScan zu machen und den Hirnschrittmacher abzustellen, da dies doch ein einschneidender Entscheid wäre.

Dann kommen wir auf meine Knieschmerzen zu sprechen, welche in letzter Zeit doch heftiger geworden sind. Die Ärztin fragt mich, ob man dieses Knie schon einmal geröntgt hätte. Als ich ihr erkläre, dass dies auch schon drei oder vier Jahre her sei, schlägt sie mir vor, dies noch einmal zu tun.

Da der Röntgenraum besetzt ist, muss ich noch ein Weilchen warten, weshalb die Ärztin eine Voruntersuchung macht, bei der ich mich mit freiem Bauch auf das Bett legen muss. Sie drückt auf meinem Bauch herum und will wissen, ob ich dabei Schmerzen hätte, was zum Glück nicht der Fall ist. Sie meint, dass die Narben alle schön verheilt seien und alles gut aussehe. Als ich erwähne, dass ich nun öfters auf die Toilette gehen müsse, um zu stuhlen, meint sie, dass dies nach so kurzer Zeit normal sei und dies noch eine Zeit lang andauern werde, da sich der Darm an die neue Situation gewöhnen müsse.

Als der Röntgenraum frei ist, bittet mich die Assistentin zum Röntgen. Ich muss zuerst die Hosen ausziehen und mich auf den Röntgentisch legen, und zwar so, dass das rechte Knie mit der Außenseite gebeugt auf der Röntgenplatte liegt. Für den oberen Teil bekomme ich zum Schutz eine Bleischürze. Dann wird das erste Bild gemacht.

Beim zweiten Bild muss ich stehen. Dazu muss die Assistentin den Röntgentisch wegfahren und den Röntgenapparat etwas drehen. Ich muss nun etwas schräg vor der Röntgenplatte stehen und das Bein belasten. Schwupp und das zweite Bild ist auch gemacht.

Bei der anschließenden Besprechung erklärt mir die Ärztin, dass ich eine leichte Arthrose hätte, welche allerdings noch nicht so schlimm sei, dass man operieren müsse. Sie würde mir gerne eine Cortisonspritze machen. Da diese aber meinen Hautausschlag beeinflussen würde, empfiehlt sie mir bei starken Schmerzen Novalgin zu nehmen und erst nach meinem Besuch beim Hautarzteine Spritze zu machen.

Während die MPA Versucht, einen Termin beim Hautarztzu bekommen, gibt mir die andere Assistentin den Stuhltest. Meine Ärztin gibt mir dann noch das Schmerzmittel Novalgin, gegen meine Knieschmerzen. Da die MPA. nicht durchkommt bei dem Hautarzt, machen wir ab, dass sie mir den Termin am Nachmittag gibt, wenn ich zur Physio gehe.

Heute habe ich um 14:30 Uhr den vierzehnten Termin bei meiner Physiotherapeutin. Ich erzähle ihr von den heftigen Knieschmerzen rechts am Montagabend. Seit ich das Knie getapt habe, geht es etwas besser. Sie massiert das Knie und geht dabei auch auf den Unterschenkel, wo sie starke Verhärtungen feststellt. Sie findet dabei wieder einige sehr schmerzhafte Punkte. Am Ende ist wieder alles gut. Ich kann ohne Schmerzen die Treppe hochsteigen.

Anschließend bekomme ich noch von der MPA den Termin beimeinem Hausarzt. am 25.04.2019 um 10:30 Uhr und von der Ordinationshilfe den nächsten Termin bei meiner Hausärztin am 20.05.2019 um 09:00 Uhr.

Die MPA sendet mir den Laborbericht.

Durch den Tag nehme ich, wie immer, meine Parkinson- und Rheumamittel nach der Medikamentenliste.

Am Nachmittag spritze ich mir Metoject 15,5 mg gegen meine Polyarthritis.

Auf Reisen

03.04.2019

Ich schreibe der Mitarbeiterin von der Herstellerfirma meines Hirn-Schrittmachers ein weiteres E-Mail.

Sehr geehrte Frau …

Nachdem ich am 18.03.2019 ein E- Mail an Ihre Kollegin geschrieben habe, haben Sie mir am 20.3.2019 geschrieben, dass Sie mir so bald als möglich Bescheid geben würden. Am 22.3.2019 schrieben Sie mir dann, dass Sie mir aufgrund von Abwesenheiten der zuständigen Personen noch nicht Bescheid geben können, dass Sie sich aber gleich nächste Woche erneut bei mir melden würden. Leider habe ich bis heute noch nichts mehr gehört oder bekommen und am Samstag gehen wir in unsere Ferien.

Ich wäre Ihnen wirklich dankbar, wenn Sie mir für die die entsprechenden Orte, die aktuellen Informationen senden könnten.

Freundliche Grüße
Walter Schaub-Chan

Sie. schreibt mir umgehend zurück und sendet mir die geforderten DBS-Center.

Adria-Schiffsreise
vom 06.04.2019 bis 14.04.2019

Tag 1 Schweiz > Venedig/Italien
Tag 2 Bari/Italien
Tag 3 Korfu/Griechenland
Tag 4 Piräus (Athen)/Griechenland

Tag 5 An Bord
Tag 6 Kotor/Montenegro
Tag 7 Dubrovnik/Kroatien
Tag 8 Venedig/Italien > Schweiz

City	Country	DBS Center (Name & Adresse)	Comments
Venezia	Italy	Ospedale dell'Angelo, Neurologia Department, Via Paccagnella, 11, 30174 Venezia	Directo is opened from 8.30 to 17.30, from Monday to Friday.
Bari	Italy	Ospedale Perrino, Neurologia Department, Strada Statale 7 per Mesagne, 72100 Brindisi BR Ospedale Miulli Neurologia Department, Strada Prov. 127 Acquaviva – Santeramo Km. 4,100, 70021 Acquaviva delle Fonti BA	Directo is opened from 8.30 to 17.30, from Monday to Friday.
Ioannina (near Corfu island)		University Hospital of Ioannina, Stavros Niarchos Av. 455 00 Ioannian	
Piräus		Metropolitan Hospital 9 Ethnarchou Makariou & 1 E. Venizelou Streets, GR–18547 Neo Faliro, Piraeus	

Kotor	Monte-negro	Clinical hospital Dubrava, Zagreb, Avenija Gojka Suska 6	The same site in Zagreb can be useful also if travelling from Kotor (Montenegro).
Dubrov-nik	Croatia	Clinical hospital Dubrava, Zagreb, Avenija Gojka Suska 6	The only DBS site in Croatia is in Zagreb. The road distance from Dubrovnik to Zagreb is 600 km.

The quickest flight from Dubrovnik airport to Zagreb is direct flight which takes 55 min. |

Barcelona

City	Country	DBS Center (Name & Adresse)
Barce-lona	Spain	Hospital Clínic i Provincial de Barcelona Carrer de Villarroel, 170, 08036 Barcelona

Hongkong

City	Country	DBS Center (Name & Adresse)
Hong-Kong	China	Department of Surgery Faculty of Medicine The Chinese University of Hong Kong

Philippinen

City	Country	DBS Center (Name & Adresse)
Manila	Philippines	Medtronic Philippines, Inc. DBS Centers Makati Medical Center and Asian Hospital and Medical Center Philippine Movement Disorder Surgery Center Neurologist

Durch den Tag nehme ich, wie immer, meine Parkinson- und Rheumamittel nach der Medikamentenliste.

04.04.2019

Heute habe ich um 17:00 Uhr den fünfzehnten Termin bei meiner Physiotherapeutin. Ich erzähle ihr von den heftigen Knieschmerzen rechts am Montagabend. Sie massiert das Knie und geht dabei auch auf den Unterschenkel, wo sie starke Verhärtungen feststellt. Zudem legt sie heute vermehrt Wert darauf, die Faszien zu behandeln. Sie findet dabei wieder einige sehr schmerzhafte Punkte. Am Ende ist wieder alles gut. Ich kann ohne Schmerzen die Treppe hochsteigen.

Da wir nächste Woche in den Ferien sind und meine Therapeutin mit ihrer Familie anschließend im Osterurlaub ist, wünschen wir uns gegenseitig schöne Ferien.

Wie jeden Tag nehme ich durch den Tag meine Parkinson- und Rheumamittel nach der Medikamentenliste.

05.04.2019

Am Nachmittag spritze ich mir Metoject 15,5 mg gegen meine Polyarthritis.

Wie jeden Tag nehme ich durch den Tag meine Parkinson- und Rheumamittel nach der Medikamentenliste.

Vom 06.04.2019 bis 14.04.2019 sind wir auf unserer Schiffsreise
Generell hatte ich nur Probleme beim Laufen.

08.04.2019:   In Bari hatte ich keine Probleme.
09.04.2019:   In Korfu hatte ich nur wenige Probleme.
10.04.2019:   In Piräus machte mir der Weg zur Metro etwas Mühe. Zur Akropolis konnten wir nicht bis ganz nach oben, da mich die Schmerzen im rechten Knie zu stark plagten. Zudem hatte ich Mühe beim Gehen. Ich hatte keine Kraft mehr in meinen Beinen. Auch der Weg von der Metro zum Schiff machte mir große Mühe. Unterwegs mussten wir in einem Café eine Pause einlegen.
12.04.2019:   In Kotor hatte ich wieder weniger Probleme.
13.04.2019:   In Dubrovnik machten mir vor allem die steilen Treppen Probleme. Wir konnten deshalb nicht ganz nach oben.

Wie jeden Tag, nehme ich auch auf dieser Reise durch den Tag meine Parkinson- und Rheumamittel nach der Medikamentenliste.

12.04.2019

Am Nachmittag spritze ich mir Metoject 15,5 mg gegen meine Polyarthritis.
Wie jeden Tag nehme ich durch den Tag meine Parkinson- und Rheumamittel nach der Medikamentenliste.

Wieder zuhause

16.04.2019

Ich habe um 09:30 Uhr einen Termin bei meinem Rheumatologen. Zuerst gebe ich die Box ab mit den Spritzen. Anschließend muss ich fast eine Stunde warten.

Der Arzt möchte wissen, wie es mir geht. Als ich ihm von meinen Knieschmerzen erzähle, drückt er an meinem rechten Knie herum und meint, dass ich Wasser in diesem Knie hätte. Anschließend drückt er an meinen Finger-, Hand-, Schulter- und Fußgelenken herum. Es scheint alles gut zu sein, außer eben mein rechtes Knie. Er fragt mich, ob man dieses schon einmal geröntgt hätte. Als ich bejahe, fordert er die Röntgenbilder per Diktiergerät an. Wegen dem Knie meint er, dass man das Wasser herausnehmen sollte, damit man exakt bestimmen könne, ob ich Arthrose hätte, oder nicht. Wobei nach meinen Angaben spreche eigentlich alles dafür. Er meint, dass ich mit den Metoject 15 mg-Spritzen weiterfahren solle.

Am Schalter bekomme ich dann einen Termin für morgen den 17.04.2019 um 15:30 Uhr für die Wasserentnahme. Zudem bekomme ich noch eine neue Box für meine Spritzen.

Heute habe ich um 14:30 Uhr den sechzehnten Termin bei meiner Physiotherapeutin. Ich erzähle ihr von unseren Ferien und von meinem Besuch beim Rheumatologen und dem Wasser in meinem Knie. Sie sieht nun auch, dass ich Wasser im rechten Knie habe und macht eine Lymphdrainage. Während der Behandlung reden wir über verschiedenes und auch über unsere Ferien.

Ich schreibe um 17:22 Uhr an meinen DBS-Kollegen aus der Reha und an alle Leute, welche vom März 2015 bis Mai 2015 an einer Parkinsonstudie teilgenommen haben. Ich mache ihnen den Vorschlag, wie mein Reha-Kollege und ich in der Reha in

R. besprochen haben, dass wir uns am 02.05.2019 zum Mittagessen treffen könnten.

Lieber ???

Wie geht es Dir?

Vom März 2015 bis Mai 2015 haben wir zusammen an einer Parkinsonstudie mitgemacht. Inzwischen habe ich eine Hirnstimulation hinter mir. Nach diesen zwei Operationen habe ich in der Reha R. einen der Parkinsonpatienten angetroffen, welcher auch mit uns an der Studie teilgenommen hat.
Wir hatten dann die Idee, dass wir uns alle einmal zu einem Mittagessen treffen könnten. Ich habe dann spontan das Chinarestaurant in W. vorgeschlagen. Es ist nicht teuer und man kann, wenn man Buffet nimmt, für € 12,90 so viel essen, wie man will. Zudem ist es wirklich gut.
Als Datum schlage ich Donnerstag den 02.05.2019 vor. Wir würden uns beim Bahnhof treffen und mit dem Tram bis nach W. bis zur Haltestelle nahe dem Rheincenter oder selber direkt zum Restaurant fahren. Es wäre toll, wenn Du auch kommen könntest, um mit Deinen Leidensgenossen Erfahrungen auszutauschen. Lass es mich wissen, ob Du kommst oder nicht.

Liebe Grüße und alles Gute
Walter Schaub-Chan

Wie jeden Tag nehme ich durch den Tag meine Parkinson- und Rheumamittel nach der Medikamentenliste.

17.04.2019

Ich habe heute um 15:30 Uhr einen weiteren Termin bei meinem Rheumatologen. Ich muss zuerst meine Hosen und Schuhe ausziehen und mich aufs Bett legen. Der Arzt schiebt eine

Rolle unter meine Kniekehle. Er tastet mein rechtes Knie noch einmal ab. Bevor er mir einen Mundschutz anlegt, zieht er sich selber einen an. Dann muss ich das Knie etwas beugen. Bevor er mit einer dünnen Nadel seitlich in mein Knie sticht, überprüft er mit dem Ultraschallgerät mein Knie und meint, dass gar nicht so viel Flüssigkeit in meinem Knie sei. Er hat mehr erwartet. Vielleicht hat meine Physiotherapeutin gestern mit der Lymphdrainage doch einiges herausgepresst. Tatsächlich holt er dann nicht so viel, 4.5 ml, gelbliche, leicht blutige, Flüssigkeit heraus. Trotzdem reicht die Menge, um es ins Labor zu senden, wo sie dann feststellen können, ob ich Arthrose oder Arthritis habe. Allerdings könne er feststellen, dass eine kleine Stelle Gicht und leichte Verkalkungen im Ansatz der Patellarsehne anzeige. Nach der Flüssigkeitsentnahme spritzt mir der Arzt etwa 40 mg Triamcinolon, ein entzündungshemmendes Mittel, sowie Lidocain, ein Betäubungsmittel, in mein Knie. Ich muss mich nun etwas aufrichten und mein Knie abstützen, während er die herausgeholte Flüssigkeit in ein Röhrchen abfüllt und dieses in einen Briefbeutel steckt. Nachdem er die Einstichstelle mit einem Pflaster zugeklebt hat, fordert er mich auf, in nächster Zeit meinen Blutdruck und Puls zu kontrollieren und, wenn er über ein paar Tage 160/90 sei, zum Arzt zu gehen, weil Lidocain auch bei Herzrhythmusstörungen eingesetzt werde. Da meine Hausärztin im Arztbericht meine Hautprobleme erwähnte, zeige ich dem Rheumatologen ein paar Handybilder.

Am Schluss bekomme ich noch einen neuen Termin für den 10.07.2019 um 11:00 Uhr, sowie 10 Spritzen Metoject 15 mg.

Wie jeden Tag nehme ich durch den Tag meine Parkinson- und Rheumamittel nach der Medikamentenliste.

18.04.2019

Nach dem Aufstehen mache ich wie jeden Morgen meine LSVT-Übungen und steige eine Viertelstunde auf meinen Hometrainer.

Als ich aufstehe, habe ich keine Knieschmerzen mehr. Auch das Treppensteigen geht heute recht gut.

Wie jeden Tag nehme ich durch den Tag meine Parkinson- und Rheumamittel nach der Medikamentenliste.

19.04.2019

Ich bekomme von dem ersten der Studienteilnehmer aus B. ein E-Mail wegen dem Parkinsontreffen.

Lieber Walti.

Ich komme gerne. Ich nehme den Tram ca. 12.00 ab Bahnhof. Kannst Du einen Tisch reservieren lassen?

Beste Grüße
D.

Per Post bekomme ich den Arztbericht von meinem Rheumatologen.

Wie jeden Tag nehme ich durch den Tag meine Parkinson- und Rheumamittel nach der Medikamentenliste.

21.04.2019

Heute ist Ostern. Es ist das schönste Wetter. Ich habe keine Knieschmerzen mehr und Lust, nach langer Zeit wieder etwas spazieren zu gehen. Ich wähle wieder meine Route von Z. oben durch nach S. Sogar das Treppensteigen geht wieder recht gut. Ich kann zwar nicht schnell gehen, aber doch ohne Schmerzen.

22.04.2019

Heute ist Ostermontag. Es ist immer noch das schönste Wetter. Ich habe auch heute Lust zum Spazieren.

H. ruft mich an wegen dem Parkinsontreffen an. Auch er würde gerne kommen.

Wie jeden Tag nehme ich durch den Tag meine Parkinson- und Rheumamittel nach der Medikamentenliste.

25.04.2019

Heute habe ich um 10:30 Uhr einen Termin in der Praxis des Dermatologen zwecks Abklärung meines Hautausschlags. Er begrüßt mich wie einen alten Kumpel und fragt mich, wie es mir geht. Als ich ihm sage, dass er das letzte Mal gerade Vater geworden sei, meint er, ja dann sind das auch schon drei Jahre her und er sei wieder Vater geworden. Es scheine so, immer wenn ich zu ihm komme, werde er Vater. Wir müssen beide darüber lachen.
  Laut Bericht meiner Hausärztin hätte ich einen ziemlich hartnäckigen Hautausschlag. Als ich ihm erzähle, dass dieser inzwischen verschwunden sei, meint er nur, dass dies normal sei. Wenn es darauf ankomme, sei plötzlich nichts mehr da. Ich zeige ihm meine Handybilder. Er sieht nun, dass es eine Zeit lang ein recht starker Ausschlag gewesen ist. Er meint, dass viele Leute im Herbst, wenn es langsam kälter wird, einen solchen Ausschlag bekommen, weil sich die Haut wegen der Kälte öffnet und sich so Entzündungen entwickeln können, welche sehr hartnäckig sind. Er schaut sich die betroffenen Stellen an, kann aber nichts mehr erkennen. Er empfiehlt mir, die nächsten zwei bis drei Wochen Antidry Calm, ein Mandelöl einzureiben und anschließend mit Carbamid Creme. Ich solle vom Antidry noch etwas übriglassen und es im Herbst wieder nehmen. Zudem empfiehlt er mir, beim nächsten Mal, morgens um 7 Uhr anzurufen und zu er-

wähnen, dass es ein Notfall sei, dann werden es die Krankenkasse übernehmen.

Zum Schluss gibt er mir ein Rezept mit für Antidry Calm,
ein Mandelöl und Carbamid Creme für trockene Haut. Als er
mich noch einmal fragt, ob sonst alles in Ordnung sei, erwähne ich meine Lungenembolie und meine Hirnstimulationen.
Er sieht es nun auch und meint noch, dass die heutige Medizin
schon Erstaunliches machen könne. Wir wünschen uns gegenseitig alles Gute.

Anschließend spaziere ich zur Tram, fahre ein paar Stationen und
gehe dann zu meiner Versandapotheke, um die beiden Mittel,
Antidry Calm und Carbamid Creme, zu holen.

Wie jeden Tag nehme ich durch den Tag meine Parkinson- und
Rheumamittel nach der Medikamentenliste.

26.04.2019

Am Morgen ruft mich eine Angestellte von der Apotheke an und
meint, dass sie mir gestern das falsche Mittel gegeben hätten, da
sie für mich speziell eines zusammenstellen müssen. Dies werde aber bis Mitte nächster Woche dauern. Sie würden sich dann
wieder melden. Das schon abgegebene Mittel Antidry könne ich
aber weiterverwenden.

Am Nachmittag spritze ich mir Metoject 15,5 mg gegen meine Polyarthritis.

Wie jeden Tag nehme ich durch den Tag meine Parkinson- und
Rheumamittel nach der Medikamentenliste.

27.04.2019

Am Nachmittag versuche ich, meinen DBS-Kollegen und die Teilnehmer der Parkinsonstudie anzurufen. Während ich O. nicht erreichen kann, erreiche ich R., welche inzwischen eine andere E-Mail-Adresse hat. Ich verspreche ihr und W., dass ich Ihnen einen Plan von unserem Treffpunkt mit Zeitangabe senden werde. R. allerdings im Moment noch nicht, ob sie kommen kann, was ich auch begreife, denn ihr Wohnort liegt nicht gerade am Weg.

Während ich R. noch einmal das E-Mail vom 16:04.2019 zusätzlich mit dem Plan sende, sende ich W. einfach den Plan mit den Zeitangaben.

Wie jeden Tag nehme ich durch den Tag meine Parkinson- und Rheumamittel nach der Medikamentenliste.

29.04.2019

Heute habe ich um 10:00 Uhr einen Termin bei meinem Neurologen. Zuerst möchte er wissen, wie es mir geht. Er meint, dass ich gut und erholt aussehe. Er will auch wissen, ob ich von der Operation keine Nebenwirkungen wie Nervosität oder Depressionen verspürt hätte. Ich kann alles mit ruhigem Gewissen mit „Nein" beantworten. Wir reden dann noch über meine Darmoperation und den Chirurgen und dass dieser sich vorbildlich um alles gekümmert hätte.

Ich zeige ihm auch noch den Artikel in der Parkinsonzeitschrift vom März 2019 über den Magenkeim Helicobacter pylori, die Blut-Aufnahmen von der Heilpraktikerin am 13.08.2003, sowie meine Vermutung, dass ich, wenn mein damaliger Hausarzt damals etwas unternommen hätte, entweder kein oder erst viel später Parkinson bekommen hätte. Der Neurologe bestreitet nicht, dass Patienten, welche vom Helicobacter pylori keimfrei gemacht wurden, bedeutend geringere motorische Symptome und zudem eine verbesserte Aufnahme von Levodopa hätten, aber er muss doch zugeben, dass er diese Studie noch nicht kenne und deshalb sich auch nicht näher dazu äußern könne. Er schreibt sich aber die Quelle dieses Artikels auf und verspricht mir, ihr nachzugehen.

Anschließend macht er mit mir diverse Tests.

Neurologische Tests
- Die erste Aufgabe bestand darin, Zahlen und Buchstaben zu verbinden, z. B. 1-A-2-B-3-C usw.
- Bei der zweiten Aufgabe musste ich eine Uhr zeichnen mit der der Zeitangabe 11:10 Uhr.
- Dann musste ich abgebildete Tiere nennen. Löwe, Nashorn, Kamel.
- Nun musste ich mir Wörter merken und wiederholen. Gesicht, Tulpe, Rot,
- Nun musste ich mir Wörter merken und umgekehrt wiederholen. Rot, Tulpe, Gesicht.
- Nun musste ich mir eine Zahlenreihe merken und wiederholen.
- Ich muss von 100 immer 7 abzählen.
  100 – 93 – 86 – 79 – 72 – 65 – 58
- Ich muss einen Text nachsagen. Die Katze versteckt sich unter dem Sofa, als der Hund in die Stube kommt.
- Welches Datum haben wir heute? den 29.04.2019
- In welcher Stadt sind wir hier? In L.
- Ich muss so schnell wie möglich „Blablablablabla" sagen.
- Ich muss so schnell wie möglich „Bliblibliblibli" sagen.
- Ich muss so schnell wie möglich „Lalalalalalala" sagen.
- Ich muss so schnell wie möglich „Lilililililililililililili" sagen.
- Ich muss im Gang hin und herlaufen.
- Ich muss mich aufs Bett setzen.
- Ich muss die Finger auf und zu spreizen.
- Ich muss die Arme hochheben.
- Die Hände mit der Innenfläche nach oben nach vorne ausstrecken.

- Die ausgestreckten Hände drehen und zurück.
- Hände auf meine Oberschenkel legen.
- Die rechte Hand abwechselnd, so schnell als möglich, mit der Innen- und dann mit der Außenseite auf meinen Oberschenkel legen.
- Die gleiche Übung mit der linken Hand.
- Den rechten Zeigfinger und den rechten Daumen abwechselnd, so schnell als möglich, zusammen bringen und wieder auseinander spreizen.
- Die gleiche Übung mit dem linken Zeigfinger und Daumen.
- Ich muss mit den rechten Fuß auf den Boden stampfen.
- Anschließend mit dem linken Fuß.
- Ich muss meinen Kopf ein paar Mal nach links und dann nach rechts drehen.
- Ich muss meinen Kopf ein paar Mal nach vorne und dann nach hinten bewegen.
- Ich muss die Hände nach vorne ausstrecken, wobei der Arzt Gegendruck gibt.
- Ich muss das linke Bein nach oben drücken, während er Gegendruck gibt.
- Ich muss das rechte Bein nach oben drücken, während er Gegendruck gibt.
- Der Arzt streicht nun mit seinen Händen den Beinen entlang vom Oberschenkel bis zu den Knöcheln.
- Mit seinem medizinischen Hämmerchen klopft er nun auf meine Knie.
- Mit der Stimmgabel berührt er zuerst mein rechtes, anschließend mein linkes Knie, wobei ich beide Male etwas spüre.
- Mit der Stimmgabel berührt er zuerst meinen rechten, anschließend mein linker Knöchel, wobei ich links nichts spüre.
- Ich muss mich nun auf den Rücken legen.
- Zuerst das rechte Bein in die Höhe strecken, anschließend das linke Bein.
- Dann das linke Bein anwinkeln und mit der rechten Ferse zum linken Knie, sowie dem linken Bein entlang nach unten bis zum Knöchel.

- Die gleiche Übung umgekehrt.
- Ich muss nun aufstehen.
- Der Arzt steht hinter mir und zieht mich nach hinten und schaut welchen Ausfallschritt ich mache.

Während dem ganzen Test, macht sich der Neurologe seine Notizen. Er meint, dass alles sehr gut aussehe. Von 30 Punkten habe ich 28 gemacht, was ein sehr gutes Resultat sei. Im Übrigen meinte er, dass es, leider immer mehr Patienten mit Parkinson gebe. Was ihn erschrecke sei, dass es immer mehr Junge sind. Für mich hat er keine Angst, denn der Verlauf sei bei mir eher langsam. Er hätte zwar bemerkt, dass es bei mir übers Kreuz verlaufe, d. h. das rechte Bein und der linke Arm seien bei mir betroffen und zittern manchmal ganz wenig.

Was die Polyneuropathie angehe, so hätte er das Gefühl, dass es immer noch gleich sei. Es sei eben sehr schwierig genaue Diagnosen zu stellen und solange ich seine „Streicheleinheiten" spüre, sei es noch nicht so schlimm.

Er stellt mir noch ein neues Jahresrezept für Carbidopa/Levodopa Sandoz CR 25/100 aus und wird es direkt an die Apotheke „Zur Rose" senden. Der nächste Termin ist, wenn nichts dazwischenkommt in einem Jahr, und zwar am 21.04.2020 um 10:00 Uhr.

Ein Herr vom Kantonsspital L. ruft mich an und erkundigt sich wegen meinem Befinden nach der Darmoperation. Es ist alles Bestens.

Ich rufe meine Physiotherapeutin an wegen dem Termin vom 02.05.2019, den ich wegen dem Parkinsontreffen verschieben muss. Da sie nicht abnehmen kann, ruft sie mich später zurück. Wir machen einen neuen Termin ab und zwar am 21.05.2019 um 14:30 Uhr.

Ich bekomme ein E-Mail von der Versandapotheke mit der Mitteilung, dass meine bestellte Ware unterwegs ist. Also hat mein Neurologe das Jahresrezept schon weitergeschickt.

Ich rufe Hansruedi Schädeli und Dieter Riggenbach an wegen dem Parkinsontreffen. Anschließend send ich Hansruedi noch den gleichen Plan, wie vorher den Andern.

Wie jeden Tag, nehme ich durch den Tag meine Parkinson- und Rheumamittel nach der Medikamentenliste.

30.04.2019

Ich bekomme von der Apotheke „Zur Rose" per Post eine Schachtel Carbidopa/Levodopa Sandoz CR Tabl 25/100 mg.

Ich rufe im Chinarestaurant Rheinpark in Weil Friedlingen an und reserviere für Donnerstag den 2ten Mai einen Tisch für 4 Personen, wenn möglich ein Fensterplatz.

Wie jeden Tag, nehme ich durch den Tag meine Parkinson- und Rheumamittel nach der Medikamentenliste.

02.05.2019

Heute findet das Parkinsontreffen statt. Ich bin mit dem Bus und Zug nach B. gekommen. Beim Bahnhof B. gehe ich hinten hinaus Richtung Brücke und von dort zur Markthalle.
 Obwohl ich etwa zehn Minuten zu früh bin, sehe ich von weitem H. Man kennt ihn an seinem fast tänzelnden Gang. Kurz vor 12:00 Uhr kommt auch schon W. Er, der während der Parkinsonstudie meistens mit dem Trottinet gekommen ist, ist nun mit einem Rollator unterwegs. Nun fehlt nur noch D. Als das Tram kommt, steigen wir ein. Kurze Zeit später ruft mich D. an. Wir haben uns nur kurz verpasst. Als ich ihm erkläre, dass wir schon unterwegs sind, meint er nur, dass er das nächste Tram nehme und deshalb etwas später komme. Bei der Haltestelle nahe dem Rheincenter steigen wir aus und spazieren gemütlich zum Chi-

narestaurant, welches am Rhein schön gelegen ist. Wir haben den reservierten Fensterplatz, von dem man den vorbeifahrenden Schiffen nachschauen und von der weiten Welt träumen kann. Wir bestellen zuerst unsere Drinks und beschließen auf D. zu warten. Als er nach einer Viertelstunde immer noch nicht hier ist, beschließen wir, unser Essen am Buffet zu holen. Wie vermutet kommt er genau in diesem Moment. Auch er ist mit einem Rollator unterwegs. Es scheint, dass H. und ich noch am besten dran sind, obwohl ich zugeben muss, dass ich seit etwa drei Monaten meine Mühe habe beim Laufen. Es ist also eine Frage der Zeit, bis auch ich mir einen Rollator zutun muss.

Da D. am meisten behindert ist, fragen wir ihn, ob wir ihm etwa bringen sollen vom Buffet. Er ist froh, als ich ihm eine Auswahl vom ganzen Menüspektrum bringe und genießt es auch dementsprechend. Es gibt alles, was das chinesische Herz begehrt. Abwechslungsreiche Vorspeisen, Frischen Salat und Gemüse, Muscheln und Garnelen, Frühlingsrollen, Beef, Hirsch, Rindfleisch, Hühnchen, gebratene Ente, Sushi-Spezialitäten, usw. Auch das Dessertbuffet mit verschiedenen Früchten und Eis ist nicht zu verachten. Während dem Essen erzählen wir uns gegenseitig, wie es uns im Moment geht und wie sich der Parkinson verändert hat. Wie schon vor drei Jahren, habe ich das Gefühl, dass ich trotz meiner Gehprobleme noch am besten dran bin. H. geht es den Umständen entsprechend nicht so schlecht. Er geht ein wenig schwankend, aber doch schnell. Allerdings hat er manchmal heftige Schmerzen in den Füßen und hat dann auch Probleme mit dem Gehen. W,. der Ruhigste von allen, sagt nicht viel. Er ist aber auch einer, der nicht jammert, obwohl er schon 26 Jahre unter Parkinson leidet und eigentlich auch nicht so gut dran ist. Er hat seine Hirnstimulation vor sechs Jahren in Be. am Spital machen lassen, während H. und ich es in B. an der Universitätsklinik machen ließen, H. 2015 und ich 2018. Was das Zittern, also den Tremor angeht, ist es bei uns drei ganz gut. Was den Verlauf der Krankheit angeht, dünkt es uns, dass es bei D. schlechter geworden ist in den letzten drei Jahren.

Nachdem wir unsere Bäuche mit chinesischem Essen vollgestopft haben, darf das Dessert nicht fehlen. Auch dieses Mal gehen H. und ich zwei Mal. Je eine Schale mit den verschiedensten Früchten, wie Orangen, Litschi, Banane, diversen Nüssen, sowie eine Schale mit Schoggi-, Vanille-, und Pistache-Eiscreme. Aber auch W. holt sich seine Rationen, Während wir D. eine Schale mit diversen Früchten bringen. Er hat nicht gerne Eiscreme.

Obwohl sie das Restaurant normalerweise um 14:30 Uhr schließen, für Zimmerstunde, geht die Zeit so schnell vorbei und wir merken erst um 15:00 Uhr, dass wir überzogen haben. Als es ums Bezahlen ging, übernimmt W. die ganze Rechnung, obwohl wir dies eigentlich gar nicht wollten.

Als D. aufsteht und gegen den Ausgang läuft, sehen H. und ich, dass D. während dem Essen in die Hosen gepinkelt hat. Wahrscheinlich hat er dies gar nicht bemerkt. In diesem Fall würde ich Pampers anziehen. Seit meiner Prostataoperation 2007 habe ich manchmal auch meine Probleme. Manchmal ist es gut, aber manchmal ist es wie ein tropfender Wasserhahn. Darum trage ich immer Einlagen oder Pampers.

Kurz vor dem eigentlichen Ausgang, bleibt D. stehen. Seine Hosen sind ihm runtergerutscht. Ich helfe ihm, diese wieder hinauf zu ziehen, was gar nicht so einfach ist, da er wie ich, „einen ziemlichen Ranzen", sprich Fett, um seine Rippen hat.

Anschließend warten wir auf ein Taxi, welches D. bestellt hat. Er hat ein Abonnement, welches es ihm erlaubt zu einem günstigeren Tarif in B. und Umgebung herumzufahren. Inzwischen hat es wieder leicht angefangen zu regnen. Wir verabschieden uns von D. und wünschen uns gegenseitig alles Gute.

Da ich noch in die Apotheke muss, kommen die beiden anderen mit mir. Voltaren Schmerzgel forte und die Kytta-Schmerzsalbe sind hier viel billiger ist als bei uns, weshalb auch H. eine Tube Schmerzgel kauft, gegen seine Fußschmerzen.

Anschließend gehen wir zum deutschen Zoll, wo ich meinen Einfuhrschein abstempeln lasse. Kurz darauf sitzen wir im Tram und fahren Richtung Marktplatz, wo H. und ich uns von W. verabschieden, welcher von hier aus Richtung B. fährt. Beim

Bahnhof verabschiede ich mich auch noch von H., welcher den Schnellzug Richtung Zürich nimmt, während ich den Bummler nach S. nehme. Auch wir wünschen uns gegenseitig alles Gute und versprechen uns, in Verbindung zu bleiben.

Wie jeden Tag nehme ich durch den Tag meine Parkinson- und Rheumamittel nach der Medikamentenliste.

ÜBERSICHT

Vom ersten Zittern im Juli 2013 bis zu unserem ersten Parkinsontreffen im Mai 2019 habe ich viel über Parkinson gelernt. Ich hatte zahlreiche Arzttermine, unter anderem beim Hausarzt, beim Neurologen und beim Rheumatologen, war bei Ergo- und Physiotherapie und mehrfach im Krankenhaus, von der Teilnahme an Studien bis hin zu einigen Operationen. Der größte Eingriff war wohl die DBS. Doch mein Erfahrungsbericht mit Parkinson soll damit noch nicht enden. Im zweiten Band berichte ich unter anderem über die Zeit von Mai 2019 bis Mitte 2020.

Meine Operationen

1983	Blinddarmoperation
22.05.1990	Meniskusoperation am rechten Knie
14.05.1995	Entfernen der rechten Ohrspeicheldrüse
02.10.1998	Kieferoperation
25.10.2007	Prostataoperation
03.04.2008	Meniskusoperation am linken Knie
18.03.2013	Meniskusoperation am rechten Knie
11.06.2014	Entfernen einer Zyste aus meiner linken Kieferhöhle
03.12.2014	Entfernen der toten Zähne im Oberkiefer
12.01.2015	Entfernen der toten Zähne im Unterkiefer
05.04.2016	Einsetzen von Implantaten (1 unten links und 2 oben links)
30.05.2016	Einsetzen von Implantaten (2 unten rechts und 2 oben rechts)
12.04.2017	Einsetzen von Implantat (1 oben links)
04.05.2017	Entfernen einer Goldkrone und Einsetzen eines Implantats (1 unten rechts)
14.09.2018	1. Hirnstimulation (12.09.2018 bis am 25.09.2018)
16.11.2018	2. Hirnstimulation (14.11.2018 bis am 26.11.2018)
07.03–15.03.2019	Darmoperation

Meine Magen- Darmprobleme

23.06-22.09.2009	Heftige Magendarmbeschwerden (Divertikulitis)
13.08.2009	Darmspiegelung
22.09.2009	Magenspiegelung
17.01-29.03.2011	Heftige Magendarmbeschwerden (Divertikulitis)
24.02.2011	Computertomographie (CT)
16.08-27.08.2013	Heftige Magendarmbeschwerden (Divertikulitis)
08.02-29.02.2016	Heftige Magendarmbeschwerden (Divertikulitis)
17.02-21.02.2016	Blutkontrolle, EKG, CT-Abdomen, Intravenöse Antibiotische Therapie
30.03.2016	Darmspiegelung
30.01.2019	Heftige Magendarmbeschwerden (Divertikulitis) Behandlung mit Tiberal 500 mg und Ce- furoxim 500 mg
12.02.2019	Computertomographie (CT)
07.03-15.03.2019	Darmoperation

Virenerkrankungen

01.02–17.03.2000	Gürtelrose
20.06.2000	Borreliosen durch Zeckenbiss (32-fach höher als normal)
05.04–26.06.2003	Hautausschlag auf dem rechten Handrücken
06.07.2004	Hautausschlag (Behandlung mit Cipralex 10 mg)
17.10.2006	Zeckenbiss
11.06.2007	Hautausschlag auf dem rechten Handrücken
18.01.2008 Achselhöhle	Hautausschlag auf Handrücken und in der
11.06.2009	Hautausschlag am rechten Fuß + linken Oberschenkel
27.02–12.06.2010	Hautausschlag in der linken Achselhöhle
18.01.2013	Hautausschlag in der linken Armbeuge
01.02–27.02.2019	Hautausschlag (Behandlung mit Dermovate, Excipial + Bepanthol)

Gesundheitsverlauf von 1966 bis 2020

Seit 1966 litt ich an folgenden gesundheitlichen Problemen
- Magen-Darm-Störungen mit Magenkrämpfen und Durchfall
- Heftige Bauchschmerzattacken
- Starkes Magenbrennen und Durchfall
- Saures Aufstoßen mit Mundgeruch
- Brechreiz
- Juckende Hautausschläge.
- Zeitweiliges Unwohlsein
- Starkes Zungenbrennen
- Juckreiz am After, am rechten Arm, am Hals und den Ohren
- Gelenkschmerzen, in den Fußgelenken, den Kniegelenken, den Fingergelenken, den Handgelenken und den Ellbogen
- Ab und zu Schmerzen in den Beinen, vor allem hinten von den Schenkeln bis zu den Fußknöcheln
- Probleme mit der Blase, vor allem beim Wasser lassen
- Geschwollener linker Fuß mit Venenproblemen
- Kopfschmerzen und Schwindelanfälle.

Beschwerden und Behandlungen in chronologischer Reihenfolge
- Seit 2008 habe ich **Geruchsstörungen** d. h. ich schmecke nichts mehr.
- Seit 2009 zeitweise starke Schmerzen und **Gefühlslosigkeit in den Fußsohlen**, vor allem gegen die Zehen (Ich vermute Polyneuropathie, während der Hausarzt dies nicht für möglich hält).
- Ebenfalls seit 2009 immer wieder **geschwollene Füße**.
- Am 29.03.2011 **Schreibprobleme**, d. h. ich war plötzlich blockiert beim Schreiben. Zudem hatte ich plötzlichen Stimmverlust, d. h. ich hatte einfach keine Stimme mehr und brachte keinen Ton heraus. Abklärungen ergaben nichts.

- Hormonprobleme, vor allem mein **Testosteronspiegel sinkt immer wieder ab** (Nebido seit 08.07.2011. Zuerst alle 10 bis 12 Wochen eine ganze Dosis. Dann Abstände immer kürzer. Ab 24.10.2017 alle 3 Wochen eine halbe Dosis, seit Spitalaufenthalt (Lungenembolie 11.01.2018) keine mehr.
- Am 18.03.2013 Meniskusoperation am rechten Knie in Liestal.
- Zeitweise schwankender Blutdruck und hoher Puls.
- **Diagnose Parkinson** (Erste Vermutung am 27.08.2013, neurologische Bestätigung am 29.10.2013).
- Am 10.02.2015 ergibt eine Blutkontrolle einen kritisch hohen Anteil an roten Blutkörperchen, d. h. es besteht erhöhtes Risiko für Thrombose, Herz-, Lungen-, oder Nierenprobleme.
- Juckreiz in den Augen.
- Zeitweise starke Knieschmerzen, vor allem rechts. Beim Liegen, Sitzen oder Autofahren keine Probleme, aber beim Gehen. Alle 20 oder 30 Meter heftige Schmerzattacken, welche mich zum Stehenbleiben veranlassen.
- Am 17.05.2016 ergibt eine Nervenuntersuchung an meinen Füßen und Beinen die Diagnose **Polyneuropathie** (Schmerzen und Gefühlslosigkeit in den Fußsohlen seit 2009)
- Am 27.05.2017 muss ich wegen heftiger Schmerzattacken auf der linken Seite in den Notfall des Kantonsspitals in L. Wegen zu vieler roten Blutkörperchen wird ein Aderlass gemacht, sonst findet man nichts.
- Am 22.07.2016 ergibt eine Blutuntersuchung, dass die Werte von Selen, Chrom, Molybdän und Kupfer im Minus sind, während Zink extrem im Plus ist.
- Am 21.11.2016 bestätigt eine Untersuchung in der Neurologischen Universitätsklinik, dass ich neben Parkinson auch an einer **Polyneuropathie unklarer Art leiden** würde.
- Am 28.07.2017 heftige **Schmerzen im rechten Schulterbereich** vom Nacken über die Schulter bis zum rechten Handgelenk. Später auch linker Schulterbereich bis zu den Fingern. Ich kann die Arme und die Finger nicht mehr bewegen. Nach mehreren Arztbesuchen, Schmerztabletten bekomme ich am 25.09.2017 endlich einen Termin in der Schulter-Ellbogen-

Hand-Sprechstunde des Kantonsspitals in L., wo eine Kombinationsspritze und gezielte Physio- und Ergotherapie gewaltige Erleichterungen bringen.

- Am 07.09.2017 ergibt ein OligoScan, dass ich einen sehr niedrigen Jodwert und einen massiv hohen Quecksilberwert habe. Zudem sind Silicium, Chrom und Selen etwas niedrig, Während Aluminium, Silber, Cadmium und Blei etwas erhöht sind.
- Am 13.10.2017 ergibt eine Untersuchung beim Rheumatologen, dass ich auch unter **Rheumatoider Arthritis** leiden würde.
- Nachdem ich schon am 09.01.2018 unter Wadenschmerzen leide, werden diese am 11.01.2018 so heftig, dass ich in den Notfall des Kantonsspitals gehe. Dort stellt man fest, dass ich eine **Lungenembolie** hatte. Ultraschall-Untersuchungen in den Beinen, dem Magen-, Herz- und Hodenbereich ergeben keine Thrombosebestätigung. Hingegen meinen mehrere Ärzte, dass die Testosteroninjektionen für diese Embolie verantwortlich seien, weshalb mir empfohlen wird, diese und diverse Medikamente weg zu lassen. (siehe bisherige Medikamentenliste).
- Am 14.09.2018 wird in der Universitätsklinik B. die **erste Hirnstimulation** gemacht.
- Da die erste Hirnstimulation vor allem auf der linken Seite nicht angesprochen hat, wird am 16.11.2018 eine **zweite Hirnstimulation** gemacht, dabei wird festgestellt, dass die rechte Sonde im entsprechenden Bereich um 2 mm aus der Mitte verschoben war.
- Am 30.01.2019 habe ich wieder heftige Darmbeschwerden, welche mit Tiberal 500 mg und Cefuroxim 500 mg behandelt werden, sowie einem Hautausschlag, welchen ich mit Dermovate-Creme + Excipial-Fettsalbe + Bepanthol behandeln muss.
- Vom 07.03.2019 bis am 15.03.2019 **Darmoperation** im Kantonsspital in L.
- **Vom 02.06.2019 bis zum 07.06.2019 in der Augen- und Universitätsklinik B. wegen verschwommenem Gesichtsfeld.** Ein CT ergibt, dass mein Schluckverhalten beeinträchtigt ist.

- Am 06.07.2019 werde ich wegen Doppelbildern, verzogenen Mundwinkel und nicht mehr bewegen Können des linken Arms mit der Ambulanz ins Universitätsspital gefahren. Wahrscheinliche Ursache ist eine Durchblutungsstörung im Gehirn. Ich werde wieder nach Hause geschickt.
- Am 07.07.2019 wieder ähnliche Attacke, wie am 06.07.2019, nur stärker. Nach mehreren Untersuchungen stellt man fest, dass die Ursache bei der Hirnstimulation liegt und stellt diese etwas zurück. Seither wieder etwas mehr Tremor, aber keine Doppelbilder mehr. Spitalaufenthalt vom 07.07.2019 bis am 11.07.2019.
- Am 12.07.2019 wird eine Herzuntersuchung in L. gemacht, welche, für mich, positiv ausfällt.
- Am 30.07.2019 verschreibt man mir Pramipexol-Mepha. Als ich die Nebenwirkungen lese und das Schlimmste, was passieren kann, Herzstillstand, bedeutet, verzichte ich darauf und nehme den Tremor in Kauf.
- Am 13.08.2019 programmiert mein Arzt das DBS-Gerät so, dass ich zwischen den Programmen A, B, C und D wählen kann.
- Obwohl die Einstellung A am besten ist gegen den Tremor, habe ich manchmal Probleme mit Doppelbildern.
- Am 16.08.2019 empfiehlt mir mein Neurologe, im Spital in Be. eine Zweitmeinung einzuholen.
- Am 04.10.2019 bin ich dann im Spital in Be. Die Ärzte meinen, dass es möglich sei, dass die rechte Sonde zu tief platziert wurde und somit zu nahe an den Hirnnerven sei und meine Probleme verursache. Mit den MRI vom Unispital B. konnten sie leider nicht viel anfangen. Zudem rät man mir, dass ich die jetzige Einstellung lassen und nicht jeden Tag umstellen solle, oder wenn, dann nur einmal pro Woche.
- Vom 03.12.2019 bis 10.12.2019 bin ich im Spital in Be.
- Am 04.12.2019 untersucht mich dann eine junge Medizinaltechnikerin, die sich mit den Komponenten der Hirnstimulation auskennt, denn nach kurzer Zeit meint sie: „Herr Schaub, kein Wunder, dass Sie so zittern, denn die Batterie von Ihrer Stimulation ist am Ende." Durch weitere Tests fin-

det sie heraus, dass die Sonde, welche für die linke Körperseite verantwortlich ist, defekt sein muss und zudem nicht dort ist, wo sie sein sollte.

- Sie kann sich nicht erklären, warum die Ärzte in B. die Probleme, welche ich habe, nicht erkannten.
- Zuerst will ich, nach meiner Rückkehr aus Be. die ganze Angelegenheit an die FMH Swiss Medical Association oder gar dem Kassensturz melden, denn irgendwie hat die Bevölkerung das Recht, darüber informiert zu werden. Es geht mir nicht darum, die Ärzte in Be. und B. gegeneinander auszuspielen, sondern darum, zukünftige Patienten davor zu bewahren, dass sie nicht das gleiche Schicksal erleiden müssen wie ich.
- Es darf doch nicht sein, dass man nicht einmal merkt, dass eine Batterie leer, oder eine Sonde defekt ist.
- Später erklärt mir ein Arzt, dass man in einem nächsten Schritt herausfinden müsse, wieviel die beiden Sonden verschoben, also falsch positioniert sind. Später müsse man diese rechte Sonde gelegentlich in einer weiteren Operation herausnehmen. Anschließend müsse ich drei bis vier Monate warten, bis das Loch verheilt sei, bevor man in einem weiteren Schritt eine neue Sonde und gleichzeitig eine neue Batterie einpflanzen könne, wobei sie mir eine wiederaufladbare Batterie empfehlen.
- Am 13.01.2020 treten die Doppelbilder und das verschwommene Sehen wieder auf.
- Der Arzt vom Augenzentrum in B. kann nichts Außergewöhnliches finden und telefoniert mit meiner Hausärztin.
- Bis zum nächsten Termin am 22.01.2020 leider keine Besserung. Der Arzt meint, dass es ein neurologisches Problem sei und ich mich wieder im Spital in Be. melden solle.
- Im Spital in Be. empfiehlt man mir dringend, ein MRI machen zu lassen.
- Auf mein Mail lädt mich mein Neurochirurg zu einem Treffen ein.
- Am 24.01.2020 gehen unsere Tochter und ich zu der Aussprache mit den Ärzten in B. Für uns ist diese aber eine Enttäuschung, denn es sind nur der Neurochirurg und der Neuro-

loge anwesend. Teilweise werden Fehler zugegeben. Als ich sie auf das vom Spital in Be. geforderte MRI anspreche, reagiert man sehr angriffig und beleidigend. Der Chirurg meint, dass mein Fall bei ihnen abgeschlossen sei und ich mich in Be. melden solle. Sie hätten nichts mehr damit zu tun, denn dies sei nun Sache vom Spital in Be. Das heißt, er verweigert mir, für mich und unsere Tochter völlig unverständlich, ein MRI zu machen.

- Mein Hausarzt und mein Neurologe können diese Haltung auch nicht verstehen. Bei Beiden bekomme ich aber auch keine Verordnung für ein MRI. Vom Spital in Be. bekomme ich einen Termin für Donnerstag den 30.01.2020 um 13:00 Uhr.
- Die ganze Zeit, seit dem 13.01.2020 habe ich nun diese Doppelbilder und das verschwommene Sehen.
- Abklärungen mit der Krankenkasse ergeben, dass sie die Kosten in Be. übernehmen werden.
- Am 06.02.2020 wird in der Radiologie in L. ein CT von meinem Kopf gemacht, welches glücklicherweise nichts Gravierendes hervorbringt.
- Gegenwärtige Abklärungen wegen meinen Doppelbildern bei der Augenärztin und der Orthoptistin sind noch im Gange.
- Der Termin vom 30.03.2020 wird wegen der Coronaepidemie auf den 24.04.2020 um 11:00 Uhr verschoben.
- Vom 18.05.2020 bis 20.05.2020 habe ich den nächsten Termin im Spital in Be., wo man ein MRI macht, welches die Vermutung eines Hirnschlags nicht bestätigt. Die Hirnstimulation wird nun komplett ausgeschaltet. Ein Arzt erklärt mir dann, dass es klar sei, dass die eine Sonde schon etwas nahe am dritten Hirnnerv, dem Augenmuskelnerv, sei. Er vermutet deshalb, dass die Schädigung dieses Nervs am Anfang entstanden sein muss, als man das Programmiergerät eingeschaltet habe. Normalerweise koordinieren die Augen zusammen, d.h. wenn das rechte Auge nach oben geht, geht auch das linke Auge nach oben. Bei mir ist dieser Mechanismus nun gestört, d.h. wenn mein rechtes Auge nach oben geht und mein linkes Auge stehen bleibt, sehe ich zwei Bilder, also Doppelbilder.

- Da die Sonden zu tief und seitlich verschoben platziert wurden, macht man am 06.08.2020 den Vorschlag, die Sonden
  etwas herauszuziehen.

Aktuelle gesundheitliche Probleme
- (Parkinson, Polyneuropathie, Rheumatoide Arthritis)
- Parkinson mit zeitweisem Tremor links
- Probleme mit Doppelbildern
- Ich habe manchmal Probleme mit der Blase, welche tropft
  wie ein Wasserhahn.
- Ich habe Mühe beim Gehen und Treppen steigen.
- Ich habe an Gewicht zugenommen.
- Ich habe oft geschwollene Beine und Füße. (Elefantenfuß)

INDEX

FÜR AUTOREN A HEART FOR AUTHORS À L'ÉCOUTE DES AUTEURS MIA KAPΔIA ΓIA ΣYΓΓ
FÖR FÖRFATTARE UN CORAZÓN POR LOS AUTORES YAZARLARIMIZA GÖNÜL VERELIM S
PER AUTORI ET HJERTE FOR FORFATTERE EEN HART VOOR SCHRIJVERS TEMOS OS AUT
ZÖINKÉRT SERCE DLA AUTORÓW EIN HERZ FÜR AUTOREN A HEART FOR AUTHORS À L'ÉCO
ΑÇÃO ВСЕЙ ДУШОЙ К АВТОРАМ ETT HJÄRTA FÖR FÖRFATTARE À LA ESCUCHA DE LOS AUT
EURS MIA KAPΔIA ΓIA ΣYΓΓΡΑΦΕΙΣ UN CUORE PER AUTORI ET HJERTE FOR FORFATTERE EEI
ARIMI GÖ ER ZERZÖINKÉRT SERCE DLA AUTORÓW EIN HERZ FI
SCHR OS S A ORAÇÃO ВСЕЙ ДУШОЙ К АВТОРАМ ETT HJÄRTA F

Der Autor

Walter Schaub, am 6. März 1948 in Basel geboren, verbrachte seine Jugend und Schulzeit in Sissach. Er besuchte zunächst eine Holz-, anschließend eine Metallvorlehre und schließt die darauffolgende Mechanikerlehre als Zweitbester im Kanton ab. Nach einer Zusatzlehre als Maschinenzeichner besucht er eine Konstrukteurschule, arbeitet u.a. in Südafrika und absolviert noch eine Werkmeisterschule und die Handelsschule. 1987 heiratete er eine Lehrerin aus Hongkong, drei Jahre später wird die gemeinsame Tochter Merlina geboren. Berufliche und gesundheitliche Rückschläge machen Walter Schaub-Chan zunehmend zu schaffen, halten ihn aber nicht davon ab, seine liebsten Hobbys weiterzuführen: Das Reisen und das Schreiben. 2011 wird Polyneuropathie diagnostiziert, 2013 Parkinson. 2018 werden zwei Hirnstimulationsoperationen durchgeführt. Trotz einiger Verbesserungen gibt es erneut Rückschläge - v.a. beim Sehen. Doch statt zu resignieren, recherchiert und dokumentiert er alles zu seinem ungebetenen Untermieter Parkinson.

novum ◆ VERLAG FÜR NEUAUTOREN

Der Verlag

*Wer aufhört
besser zu werden,
hat aufgehört
gut zu sein!*

Basierend auf diesem Motto ist es dem novum Verlag
ein Anliegen neue Manuskripte aufzuspüren, zu ver-
öffentlichen und deren Autoren langfristig zu fördern.
Mittlerweile gilt der 1997 gegründete und mehrfach
prämierte Verlag als Spezialist für Neuautoren in
Deutschland, Österreich und der Schweiz.

**Für jedes neue Manuskript wird innerhalb
weniger Wochen eine kostenfreie, unverbind-
liche Lektorats-Prüfung erstellt.**

Weitere Informationen zum Verlag und
seinen Büchern finden Sie im Internet unter:

w w w . n o v u m v e r l a g . c o m

Walter Schaub-Chan

Parkinson mein Untermieter

Von den Folgen der Hirnstimulation und der Kunst, damit zu leben

ISBN 978-3-99107-379-6
514 Seiten

Im 2. Band von „Parkinson mein Untermieter" schildert Walter Schaub-Chan die Nachwirkungen seiner DBS-Operationen, die Therapievorschläge verschiedenster Ärzte, neueste Studien, Medikationen und diverse Nebenwirkungen. Ein medizinisches Tagebuch mit Mehrwert.